普通高等教育物流管理专业系列教材

冷链物流

主　编	甘俊伟
副主编	余曲波　马　捷
参　编	王　喆　罗　永
	许丽娟　陈　林

机 械 工 业 出 版 社

本书基于冷链物流数字化、低碳化、绿色化、标准化发展的现实背景，参考最新冷链物流的学术成果、产业政策、法规标准与企业应用案例编写而成。本书主要内容有：冷链物流概述、易腐物品保鲜机理与方法、冷链物流技术、冷库的建造与管理、冷链运输与配送、冷链物流包装、冷链物流节能降耗管理、冷链物流数字化、冷链物流支撑体系等，并配有丰富案例，覆盖了冷链物流的主要理论、技术和产业前沿。

本书可作为高等院校物流管理与工程类、食品科学与工程类专业本科生的教材，也可作为冷链物流工程技术人员、管理干部、教师以及相关学者的参考书。

图书在版编目（CIP）数据

冷链物流／甘俊伟主编. -- 北京：机械工业出版社，2025. 7. -- （普通高等教育物流管理专业系列教材）. -- ISBN 978 - 7 - 111 - 78689 - 4

Ⅰ. F252. 8

中国国家版本馆 CIP 数据核字第 2025ND9377 号

机械工业出版社（北京市百万庄大街 22 号　邮政编码 100037）
策划编辑：常爱艳　　　　　　责任编辑：常爱艳　王华庆
责任校对：王荣庆　张亚楠　　封面设计：鞠　杨
责任印制：邓　博
北京中科印刷有限公司印刷
2025 年 9 月第 1 版第 1 次印刷
184mm×260mm・17. 75 印张・438 千字
标准书号：ISBN 978-7-111-78689-4
定价：59. 80 元

电话服务　　　　　　　　　　网络服务
客服电话：010-88361066　　　机 工 官 网：www.cmpbook.com
　　　　　010-88379833　　　机 工 官 博：weibo.com/cmp1952
　　　　　010-68326294　　　金 书 网：www.golden-book.com
封底无防伪标均为盗版　　机工教育服务网：www.cmpedu.com

前　言

冷链物流贯通第一、二、三产业，是重要的基础性、战略性、先导性产业。近年来，伴随国家冷链物流利好政策加持、全社会食品安全意识增强、生鲜电商发展加快、乡村振兴强力带动、产业和消费升级不断等，我国冷链物流步入发展"快车道"，已成为社会发展的基础设施与刚性需求。当前，我国经济社会发展已进入数字化、绿色化、低碳化的高质量发展阶段，冷链物流发展呈现新特征。生鲜电商、社区团购、生鲜直播带货等业态蓬勃发展，冷链物流运营模式加速变革；物联网、大数据、人工智能、区块链等新兴技术与冷链物流深度融合，冷链物流新质生产力加快形成；低碳冷库、轻量化制冷设备、节能环保制冷剂、新能源冷藏车等应用比例快速增长，冷链物流绿色低碳转型加速实施。在此基础上，培养更多适应产业高质量发展需要的高素质复合型、创新型冷链物流人才势在必行。

本书是省级一流本科课程"冷链物流"课程建设的阶段性成果。本书编写团队以多年冷链物流教学、科研及企业实践应用的经验为基础，充分借鉴国内外冷链物流优秀教材，积极融入主流学术期刊最新冷链物流学术成果和最新产业政策、法规标准与企业案例等，力图全面反映冷链物流理论、技术与产业前沿。相较于同类书，本书融入了国家骨干冷链物流基地建设、移动冷库、冷链物流节能降耗管理、区块链＋冷链物流、冷链物流统计监测等反映冷链物流数字化、绿色化、低碳化发展的新内容；每章章首设计了"学习目标"，章末设计了"练习与思考"，前后呼应，便于读者检验学习成效；同时，每章章中通过"延伸阅读""知识拓展"等模块，深化和丰富了内容。

本书由甘俊伟主编。在编写本书的过程中，我们吸收借鉴了众多专家学者的学术观点，特别是谢如鹤、王国利、翁心刚、吕建军、刘广海、张喜才、李学工、汪利虹、李洋等专家关于冷链物流的研究成果；本书的编写得到了四川旅游学院本科教材建设资助项目的支持；本书的编写工作还得到了陈依然、沈焰敏、陈析羽、徐燕、王梦珂、马玉婷、李欣芮、蒋正豪等研究生和本科生的支持，他们参与了本书的资料整理和核实工作，在此一并表示感谢。

本书可作为高等院校物流管理与工程类、食品科学与工程类专业本科生的教材，也可作为冷链物流工程技术人员、管理干部、教师以及相关学者的参考书。

由于作者水平有限，书中若有不足之处，恳请读者不吝指正。

甘俊伟

目　录

第一章

冷链物流概述

学习目标

本章知识、能力和素质目标要求如下：

- 能够准确解释冷链、冷链物流和冷链物流系统的概念。
- 能够区分冷链物流与常温物流的不同之处。
- 能够解析冷链物流系统的构成要素。
- 能够归纳总结国外主要发达国家冷链物流发展概况。
- 能够归纳总结我国冷链物流的发展历程及各阶段的特征。
- 能够系统性、全方位认识到重视冷链物流发展对推动我国经济社会高质量发展的重大意义。
- 能够客观、准确地认识到我国冷链物流发展现状及发展面临的困境。
- 能够科学研判我国冷链物流发展面临的形势。
- 能够增强专业认同、专业自信和爱国情怀，自觉树立建设冷链物流强国的历史使命。

第一节 冷链物流的相关概念

冷链物流贯通第一、二、三产业，是巩固脱贫攻坚成果、有效衔接乡村振兴、促进消费升级的重要基础性、战略性、先导性产业。推动冷链物流高质量发展，是减少农产品产后损失和食品流通浪费、扩大高品质市场供给、更好满足人民日益增长的美好生活需要的重要手段；是支撑农业规模化及产业化发展、促进农业转型和农民增收、助力乡村振兴的重要基础；是满足城乡居民个性化、品质化、差异化消费需求，以及推动消费升级和培育新增长点、深入实施扩大内需战略和促进形成强大国内市场的重要途径；是健全"从农田到餐桌、从枝头到舌尖"的生鲜农产品质量安全体系、提高医药产品物流全过程品质管控能力、支撑实施食品安全战略和建设健康中国的重要保障。党中央、国务院高度重视冷链物流发展，中共中央政治局会议明确提出实施城乡冷链物流设施建设工程，国家"十四五"规划中明确提出"加快发展冷链物流"，国务院办公厅印发的《"十四五"冷链物流发展规划》对推动冷链物流高质量发展做出安排部署。冷链物流是现代物流领域的一片蓝海。

一、冷链的概念

冷链的起源可追溯到 19 世纪上半叶冷冻机的发明。随着电冰箱的出现，各种保鲜和冷冻农产品开始进入市场，进入消费者家庭。1908 年，工程师阿尔贝特·巴尔里尔（Albert Barrier）在说明控制低温条件能保障食品品质、减少食品腐败时，第一次提到"冷链"这一术语。自"冷链"概念提出 100 多年来，目前尚无一个统一的定义，不同的组织和学者从不同的角度给"冷链"以不同的定义。

美国对冷链的定义是在第二次世界大战后物流管理进入供应链管理时代的背景下提出的。美国食品药品管理局（Food and Drug Administration，FDA）将冷链定义为"贯穿从农田到餐桌的连续过程中维持正确的温度，以阻止细菌的生长"。

欧盟各国在物流发展方面非常注重物流的标准化，以减少相互交流的阻碍。因此，欧盟给出的冷链定义强调可操作性，具有标准化特征。欧盟将冷链定义为："从原材料的供应，经过生产、加工或屠宰，直到最终消费为止的一系列有温度控制的过程。冷链是用来描述冷藏和冷冻食品生产、配送、储存和零售这一系列相互关联的操作的术语。"

日本在第二次世界大战后从美国引进物流思想的同时引进冷链的定义。在日本经济高速发展的推动下，冷链得到快速发展。从日本冷链的具体发展来看，日本冷链注重采用新的流通方法和技术以及先进的设施设备。日本《明镜国语辞典》定义冷链为"通过采用冷冻、冷藏、低温储藏等方法，使鲜活食品、原料保持新鲜状态，由生产者流通至消费者的系统"。《日本大辞典》将冷链描述为"低温流通体系"。

随着冷链产业的发展和学术研究的深入，我国对冷链的定义不断丰富和完善。尤其是 21 世纪以来，伴随国家标准《物流术语》的三次修订，我国对冷链的定义越来越科学、严谨。

2001 年，国家标准《物流术语》（GB/T 18354—2001）将"冷链"定义为"保持新鲜食品及冷冻食品等的品质，使其在从生产到消费的过程中，始终处于低温状态的配有专门设备的物流网络"。该定义认为冷链本质上是物流网络，服务对象是"食品"，作业要求是"始终处于低温状态"。

2006 年，国家标准《物流术语》（GB/T 18354—2006）将"冷链"的定义修订为"根据物品特性，为保持其品质而采用的从生产到消费的过程中始终处于低温状态的配有专门设备的物流网络"。其中，"物流网络是物流过程中相互关联的组织、设施和信息的集合"。该定义在国家标准《物流术语》（GB/T 18354—2001）的基础上，将服务对象"食品"拓展为"物品"，认为冷链本质上仍是物流网络。

2021 年，国家标准《物流术语》（GB/T 18354—2021）将"冷链"的定义再次修订为"根据物品特性，从生产到消费的过程中使物品始终处于保持其品质所需温度环境的物流技术与组织系统"。该定义认为冷链作业不只是为物品提供低温环境，而是提供物品自身所需要的、适宜的、可控的温度，即能够保持其品质所需的温度环境。此外，该定义认为冷链本质上并非一个物流网络，而是为物品提供所需温度环境的一种物流系统。冷链的"冷"关键在于温度恒定，"链"关键在于上下游供应链的无缝衔接。

二、冷链物流的概念

（一）冷链物流的定义

国务院办公厅印发的《"十四五"冷链物流发展规划》将"冷链物流"（Cold Chain Logistics）定义为"利用温控、保鲜等技术工艺和冷库、冷藏车、冷藏箱等设施设备，确保冷链产品在初加工、储存、运输、流通加工、销售、配送等全过程始终处于规定温度环境下的专业物流"。

（二）冷链物流的特点

冷链物流除具有常温物流的特点外，还具有自身的特色，主要如下：

1. 投入成本高

首先是设备投入成本高。为了减少冷链产品在各个环节中的损耗，储存时需要靠冷库来维持合适的温度状态，运输时需要使用冷藏车、冷藏船等运输工具，这些冷链物流设施、设备投资规模大，维护成本较高。其次是技术投入成本高。冷链物流系统的参与者较多，为减少信息不对称的情况，需借助 GPS（全球定位系统）、区块链等技术手段实现全程监控，且为保证冷链产品在运输中一直处于合适的温湿度状态，需借助冷链温控技术对其温湿度进行实时控制。最后，冷链物流运营成本较高。冷库需要不间断地制冷才能保证温度处于恒定状态，造成冷库的电力成本居高不下；冷藏车也需要不间断地制冷才能保证产品的温度稳定，因此需要消耗更多的能源。

2. 管理较复杂

首先，冷链产品的质量主要取决于产品自身的属性、储存温湿度和运输时间等。由于冷链产品的种类较多，不同冷链产品属性不同，且对储存温湿度、运输时间及冷链技术要求不同，甚至涉及的法律法规约束不同，增加了冷链物流管理的难度。其次，冷链是一种特殊的供应链，冷链物流涉及冷链产品的生产、储存、运输、销售等环节，各个环节需要保持较高的协调性，否则容易出现断链现象。

3. 时效性要求高

由于冷链产品不耐储藏、保质期短，对各环节的流通速度要求较高，因此，冷链物流必须具有高时效性，以保证冷链产品的质量，提高消费者的满意度。

4. 连续性要求高

冷链物流过程中各环节的条件（主要是温度）必须保持统一的标准，并且不能中断。一旦断链，将会造成前面的工作白费，即使补救，也难以恢复产品的品质。

5. 工作安全及环境要求高

首先，冷链物流一般需要借助制冷剂来实现全程控温，但有些制冷剂（如氨）的浓度若过高，则会发生爆炸。因此，工作人员在使用制冷剂时必须明确操作规范，以确保个人安全。其次，重大疫情下的进口冷链食品及其外包装极有可能成为携带病毒的载体，因此需要加强对进口冷链食品预防性全面消毒工作，实现全流程闭环管控可追溯，最大限度地降低病毒通过进口冷链食品输入风险。最后，生鲜产品的自然属性对仓储、运输环境的温湿度、封闭性、光线、通风性等要求较高。

三、冷链物流系统的概念

(一) 冷链物流系统的定义

系统理论指出,组成系统需要具备三个要素:①由许多要素组成;②要素之间相互作用、相互制约;③具有某种功能的整体。

冷链物流符合系统的基本要求:①由许多要素组成,主要包括环境要素、主体要素、客体要素和技术要素四大类;②各类要素之间相互影响、相互关联、相互制约;③体现出具有冷链运输、仓储等多种功能。

因此,冷链物流符合系统的所有特征和要素,是一个复杂的大系统。

(二) 冷链物流系统的构成要素

1. 环境要素

(1) 社会环境要素,包括人口规模、年龄结构、种族结构、收入分布、消费结构和消费水平、人口流动性等。其中,人口规模直接影响一个国家或地区冷链物流市场的容量,消费结构和消费水平直接影响冷链产品的供需结构,年龄结构则决定冷链产品的需求种类及营销推广方式。

(2) 政策环境要素,包括政府或行业协会制定的对企业经营具有约束力的法律、法规和标准等,它们能够影响整个行业的运作和利润。例如 2021 年 3 月 11 日正式实施的强制性国家标准《食品安全国家标准 食品冷链物流卫生规范》(GB 31605—2020)规定了在食品冷链物流过程中交接、运输配送、储存、人员和管理制度、追溯及召回、文件管理等方面的要求和管理准则。又如 2024 年 4 月 1 日正式实施的强制性国家标准《限制商品过度包装要求 生鲜食用农产品》(GB 43284—2023)明确了判定蔬菜(含食用菌)、水果、畜禽肉、水产品和蛋等五大类生鲜食用农产品是否过度包装的技术指标和方法,为强化商品过度包装全链条治理、引导生鲜食用农产品生产经营企业适度合理包装、规范市场监管提供了执法依据和基础支撑。

(3) 经济环境要素,包括 GDP(国内生产总值)的变化发展趋势、居民可支配收入水平、市场机制的完善程度、市场需求状况等。由于冷链物流主体企业是处于宏观大环境中的微观个体,经济环境决定和影响其自身经营环境和战略。

(4) 技术环境要素,包括与冷链物流主体企业生产有关的新技术、新工艺、新材料的出现和发展趋势以及应用前景。

2. 主体要素

(1) 服务供给主体。冷链物流企业是冷链物流系统的服务供给主体。目前,我国冷链物流企业主要分为四大类:

1) 快递系:顺丰冷运、中通冷链、韵达冷链等。快递系企业长于全网运营,近年来发力于冷链零担业务。顺丰冷运连续多年蝉联"中国冷链物流百强榜"(由中国物流与采购联合会冷链物流专业委员会发布)第一名。

2) 电商系:京东物流、苏宁物流、安鲜达等。其中,京东物流侧重于仓储优势和电商平台,在农产品产地开设产地仓,提供"产地仓直发 + 冷链干线 + 末端配送"的供应链服务,同时整合京喜、京东生鲜、七鲜超市等商流与营销资源进行产地直销,服务于乡村振兴和农产品上行。

3）生产系：鲜生活冷链、光明领鲜、双汇物流等。生产系的冷链物流企业出身大型食品企业物流部门，深谙大型企业的"采购—生产—销售"流程与业务场景，且有母公司大笔订单支撑。

4）第三方冷链企业：郑明现代、荣庆物流等。其中，老牌物流企业拥有长期积累的仓配优势与客户资源，在向供应链转型的过程中，这些企业积极进行业务创新：荣庆物流选择了无人驾驶技术，郑明现代选择了金融科技、集采分销等模式创新。

（2）服务需求主体。冷链物流需求属于派生性需求，与第一、二、三产业发展水平和消费升级高度关联。当前，我国已转向高质量发展阶段，产业加快迈向全球价值链中高端，现代农业、食品工业、医药产业、服务业全面升级，对高品质、精细化、个性化的冷链物流服务需求日益增长。冷链物流服务需求主体主要包括原材料供应商、食品加工制造商、冷链批发商与零售商、冷链产品的消费者等。

（3）监管主体。现在，冷链物流已经不仅仅是一种企业和市场行为，还是关系到人们身体健康和生命安全的大事。加强对冷链物流系统的质量监管是全社会的共同责任，需要冷链企业、政府及相关职能部门共同努力。政府部门要强化对冷链物流的全程质量管理，不能只对某个节点的温度和卫生等进行监控，要建立对整个冷链物流系统的跟踪监控体系，促进冷链物流运作水平的提高。另外，还需要加大对冷链物流在安全、运输、储存、卫生检疫和疫情防控等方面的执法力度，坚决查处违规企业，杜绝安全隐患。

3. 客体要素

冷链物流系统的客体要素，即冷链物流的服务对象，是需要在规定温度环境下流通的冷链产品。根据国家标准《冷链物流分类与基本要求》（GB/T 28577—2021）可知，主要的冷链物流服务对象（客体要素）见表1-1。

表1-1 冷链物流客体要素

类别	对应物品
食品冷链物流	果蔬类、肉类、水产类、禽蛋类、乳类、粮食类及其加工制品等
医药、医疗类冷链物流	药品、医疗器械、生物样本等
花卉、植物类冷链物流	花卉、植物及其鲜切产品等
其他冷链物流	化学品、精密仪器、电子产品、艺术品等

国务院办公厅印发的《"十四五"冷链物流发展规划》围绕"6＋1"重点品类，包括肉类、水果、蔬菜、水产品、乳品、速冻食品等生鲜食品，以及疫苗等医药产品，聚焦制约冷链物流发展的突出瓶颈和痛点、难点、卡点问题，对"十四五"时期冷链物流高质量发展做出全面部署。

4. 技术要素

冷链物流功能的实现需要多种软、硬技术支持，具体包括：

（1）硬技术。所谓硬技术，是指贯穿在冷链物流各作业环节中的各种设施、装备、工具等物质手段，主要有原料前处理加工设备、预冷设备、速冻设备、冷藏设备、冷藏运输设备、冷藏冷冻陈列柜、电冰箱等，具体如图1-1所示。

下面对部分冷链物流技术装备展开介绍。

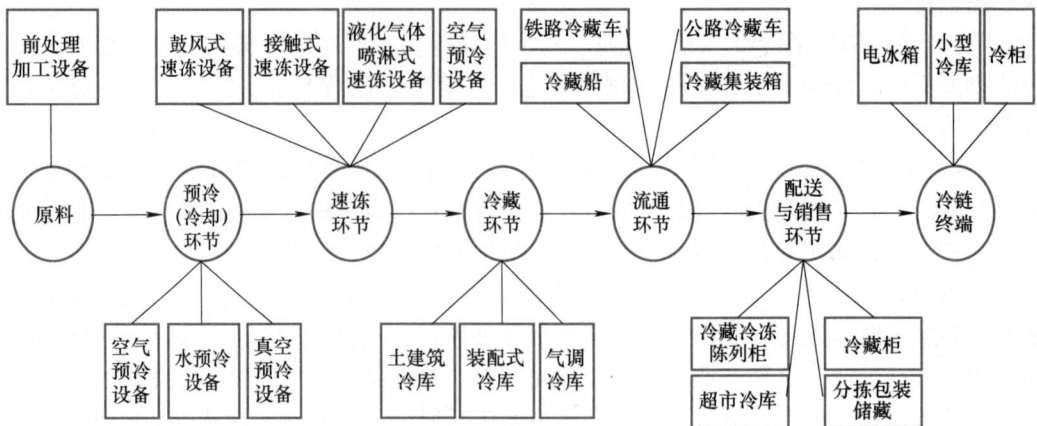

图1-1 生鲜食品冷链主要设备构成示意图

1）冷加工技术装备。我国是世界上最大的果蔬生产与消费国家。果蔬成熟采摘后，往往不经过预冷处理而直接在常温下进行长途运输，使得果蔬采后流通损失严重。据调查，江苏省、天津市、海南省等地采用向冷水池中投入冰块的方式使水温接近0℃，然后采用人工方式将装有蔬菜的塑料筐浸入冰水池中，以此实现蔬菜的预冷；广州市某果蔬保鲜有限公司利用接触式冷水冷却装备（见图1-2）对荔枝进行产地冷水预冷；山东省烟台市采用喷淋式冷水预冷装备来预冷樱桃，且不断对预冷技术装备进行改进，推广应用到山东省内的五莲县、厉家寨、泰安市以及河南省、陕西省、四川省等的樱桃产区。

图1-2 果蔬冷水冷却设备

随着国家经济的持续发展，近些年我国畜禽年产总量持续保持在 $8 \times 10^7 t$。工程领域围绕肉禽冷却工艺相关的设备技术开展研究，如猪胴体分段冷却技术可使冷却阶段的干耗减少30%～50%。建造常规冷却间所需的设备、材料和技术都实现了国产化。但为了提升自动化水平，进一步降低物耗和能耗，部分设备和元器件还需进口。随着肉禽生产效率和品质要求的进一步提高和设备国产化带来的成本持续降低，新建工厂大多采用螺旋预冷机（见图1-3）。

2）速冻技术装备。国内采用的速冻装置大致分为鼓风式速冻装备、间接接触式速冻装备、直接接触式速冻装备。鼓风式速冻装备包括隧道式速冻装备、螺旋式速冻装备、流态化速冻装备；间接接触式速冻装备涉及平板式、钢带式、回转式，其中平板式速冻装备应用更为广泛；直接接触式速冻装备包括浸渍式、喷淋式，其中基于液氮的直接接触式速冻设备应用最为广泛。液氮喷雾、液氮浸渍等装置应用于草莓、白灵芝、四季豆、西蓝花等的保鲜，能够对其中的多酚氧化酶（PPO）、过氧化物酶（POD）的活性产生明显影响。然而，完全采用液氮冻结附加值不高的果蔬是不经济的，应考虑采用液氮制冷与机械制冷相结合的联合制冷方式。不同种类食品对速冻技术装备的要求有所差别，需对果蔬、水产品、兽禽类、方便食品的速冻工艺进行深入研究，科学确定特定种类食品的最优速冻工艺。

图 1-3 螺旋预冷机

3）冷冻冷藏技术装备。冷冻冷藏技术装备主要服务于肉类加工行业、水产品加工行业、果蔬类加工行业。肉类联合加工厂的生产性冷库库温设计多为0℃或 -18 ~ -20℃，前者用于冷却肉或低温肉制品暂存，后者用于冻品存储。水产加工厂生产性冷库的设计库温通常在 -20℃以下，产品用于出口时往往设为 -23 ~ -25℃。果蔬加工分为鲜销和深加工两类。鲜销的加工过程一般包括原料整理、分级拣选、包装、入库冷却冷藏等工序；深加工主要包括速冻生产和净菜生产，其中速冻生产在物料速冻前还涉及清洗、漂烫、冷却等工序，净菜生产涉及清理、清洗甚至消毒和鲜切等工序。鲜销类的果蔬加工厂主要包括冷却和冷藏两种模式。冷却模式用于短期暂存品种，主要是应季果蔬在采摘后快速冷却，或提供基于冰瓶、冰袋的保温包装，以便在随后的运输过程中减少损耗。冷藏模式主要用于中长期储存和系统性品质维护，其核心功能是通过持续、稳定的低温环境（通常 0 ~ 4℃，部分热带果蔬需更高温度），结合湿度、气体成分等调控手段，以延长果蔬保鲜期，保持其品质和口感。速冻蔬菜加工厂与肉类联合加工厂类似，有所不同的是速冻蔬菜加工厂的冷却环节采用冰水，速冻环节全部采用速冻机，自动化程度更高。

4）冷藏运输技术装备。目前，我国冷藏运输方式以陆地运输为主，公路冷链运输市场需求旺盛，运输货物周转量逐年递增。在市场需求增加、国家政策支持的情况下，我国铁路冷藏运输发展整体取得了突破性进展，在铁路冷藏运输基础设施建设、铁路冷藏运输新线路开通、铁路冷藏运输时间优化等方面均有明显改善，铁路冷链物流的运送能力得到大幅提升，尤其是长距离冷藏运输优势日益明显。随着"一带一路"倡议的实施，生鲜电商、跨境食品贸易等市场日趋崛起，铁路、水路、航空等冷藏运输方式将发挥更大的优势，多种方式相结合的冷藏运输模式将在冷链物流市场中发挥更重要的作用。

（2）软技术。软技术即自然科学与社会科学方面的理论、方法应用于冷链物流领域形成的各种方法、支撑技术、作业技能和程序等。杨天阳等（2021）提出了我国生鲜农产品冷链储运关键技术（见图 1-4）。

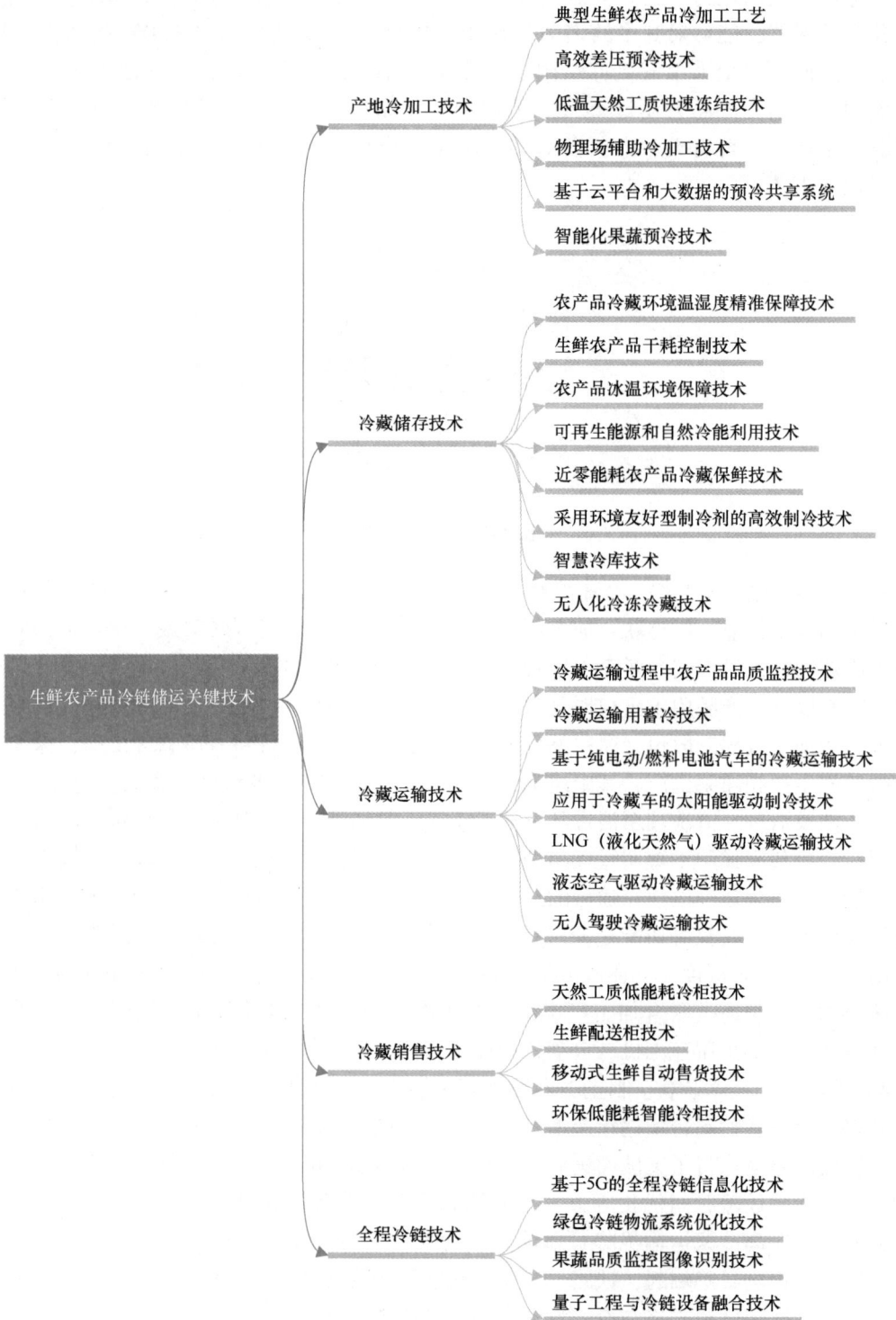

产地冷加工技术
- 典型生鲜农产品冷加工工艺
- 高效差压预冷技术
- 低温天然工质快速冻结技术
- 物理场辅助冷加工技术
- 基于云平台和大数据的预冷共享系统
- 智能化果蔬预冷技术

冷藏储存技术
- 农产品冷藏环境温湿度精准保障技术
- 生鲜农产品干耗控制技术
- 农产品冰温环境保障技术
- 可再生能源和自然冷能利用技术
- 近零能耗农产品冷藏保鲜技术
- 采用环境友好型制冷剂的高效制冷技术
- 智慧冷库技术
- 无人化冷冻冷藏技术

生鲜农产品冷链储运关键技术

冷藏运输技术
- 冷藏运输过程中农产品品质监控技术
- 冷藏运输用蓄冷技术
- 基于纯电动/燃料电池汽车的冷藏运输技术
- 应用于冷藏车的太阳能驱动制冷技术
- LNG（液化天然气）驱动冷藏运输技术
- 液态空气驱动冷藏运输技术
- 无人驾驶冷藏运输技术

冷藏销售技术
- 天然工质低能耗冷柜技术
- 生鲜配送柜技术
- 移动式生鲜自动售货技术
- 环保低能耗智能冷柜技术

全程冷链技术
- 基于5G的全程冷链信息化技术
- 绿色冷链物流系统优化技术
- 果蔬品质监控图像识别技术
- 量子工程与冷链设备融合技术

图 1-4　生鲜农产品冷链储运关键技术

第二节 冷链物流的分类与构成

一、冷链物流的分类

根据国家标准《冷链物流分类与基本要求》（GB/T 28577—2021），按温度带把冷链物流分为冷藏物流和冷冻物流两类，具体见表1-2。

表1-2 冷链物流按温度带分类

分类	类别细分	温度带	物流类型
冷藏（C）	C_1	$10℃ < C_1 \leq 25℃$	控温物流
	C_2	$0℃ < C_2 \leq 10℃$	冷藏物流
冷冻（F）	F_1	$-18℃ < F_1 \leq 0℃$	冰温物流
	F_2	$-30℃ < F_2 \leq -18℃$	冷冻物流
	F_3	$-55℃ < F_3 \leq -30℃$	
	F_4	$F_4 \leq -55℃$	超低温物流

注：C——Cold（冷藏）；F——Frozen（冷冻）。

二、冷链物流的构成

冷链物流主要由冷加工、冷藏、冷链运输及冷链销售等环节构成。

（一）冷加工环节

原料前处理、预冷、速冻这三个环节都是生鲜食品冷加工环节，可称其为冷链物流的"前端环节"，具体包括：肉禽类、鱼类和蛋类的冷却和冻结以及在低温状态下的加工作业过程，果蔬的预冷，各类速冻食品和奶制品的低温加工等。此处重点对果蔬预冷的相关知识进行介绍。

新鲜果蔬等易腐农产品采收以后，仍然是有生命的有机体，仍进行着旺盛的呼吸作用和蒸发作用，不断分解和消耗自身的营养成分，并释放出呼吸热。此外，新鲜果蔬从田间采收后随着自身温度的下降，还要释放大量的田间热。在不做特殊处理的情况下，由于释放呼吸热和田间热，果蔬温度迅速升高，果蔬加速成熟衰老，自身鲜度和品质明显下降。为了最大限度地保持果蔬新鲜度和原有品质，就必须在果蔬采收以后的最短时间内，用自然或人工方法将其冷却到规定的温度，使果蔬在维持其正常的生命活动和保证抗病能力的前提下，把呼吸作用和蒸发作用降低到仍能维持正常新陈代谢的最低水平，这个方法就叫预冷。

预冷是成功储运果蔬的关键，也是果蔬冷链流通中必不可少的环节。预冷使果蔬减缓呼吸作用、蒸腾作用等生命活动，延长果蔬生理周期，减少采后出现的失重、萎蔫、黄化等现象，提高果蔬自身抵抗机械伤害、病虫害及生理病害的能力。预冷还可以减少冷藏运输工具和冷藏库的冷负荷。有研究数据表明，果蔬在常温（20℃）下存放1天，就相当于缩短冷藏条件（0℃）下7～10天的储藏寿命；而且不经预冷处理的果蔬在流通中的损失率达到25%～30%，经过预冷处理的果蔬损失率仅为5%～10%。

由于预冷在冷藏运输中很重要，很多发达国家早已将预冷作为果蔬采收后加工的第一道工序。在日本，强制通风、差压、水冷等多形式的预冷设施外布于全国各地的果蔬产地附近，采摘之后的果蔬会立刻进行产地预冷。目前，日本90%以上的果蔬都必须经预冷后储藏、运输。

（二）冷藏环节

冷藏是利用温控设施创造适宜的温湿度环境并对易腐货物实施存储与保管的行为。只有让冷链产品处于规定的最佳温湿度环境下，才能保证存储物品的品质和性能，防止变质，减少损耗。冷藏环节包括生鲜食品的冷却储藏和冻结储藏，以及水果蔬菜等食品的气调储藏，保证食品在储存和加工过程中的控温保鲜。此环节主要涉及各类冷库/加工间、冷藏柜、冻结柜及家用电冰箱等。

冷链仓储系统主要包括冷库、各类货架、搬运设备、托盘、温湿度监控系统与管理信息系统等。规范冷链仓储的装载单元、集成单元，包括货品的包装单元尺寸、托板尺寸和其他配套设施，是确定整个冷链标准的基础。

冷链仓储对存储设备、存储环境的要求很高。冷链仓储的装载单元、集成单元的非标准化、定制化直接关联到所有冷链对接设施的技术尺寸，是冷链仓储设施进行设计规划的基础技术数据来源之一，直接影响冷链仓储系统解决方案的确立、规划设计与优化，存储设备库容量及其搬运设备的运行效率。实现冷链仓储的单元化、标准化，可通过对资源的最佳配置，让冷链仓储系统在为客户提供满意服务的同时，降低物流系统总成本，获得最佳经济效益。

（三）冷链运输环节

冷链运输环节是指使用装有特制冷藏设备的运输工具来运送易腐货物。在整个运输过程中，通过温控降低货物的新陈代谢，抑制微生物的生长，以保持易腐货物的良好外观、新鲜度和营养价值，从而保证货物的商品价值，延长货架期。常见的冷链运输包括铁路冷链运输、公路冷链运输、水路冷链运输、航空冷链运输和多种方式联合运输。

（四）冷链销售环节

冷链销售环节包括各种冷链生鲜品进入批发零售环节的低温储藏和销售，是冷链的末端环节，由生产厂家、批发商和零售商共同完成。大中城市各类连锁超市快速发展，正在成为冷链食品的主要销售渠道，而它们大量使用了冷冻冷藏陈列柜和储藏库，由此逐渐成为完整的食品冷链中不可或缺的重要环节。

第三节　冷链物流的发展概况及形势

一、国外主要发达国家冷链物流发展概况

（一）美国冷链物流发展概况

现代冷链物流起源于19世纪80年代的美国。随着经济的发展以及科学技术水平的提高，美国冷链物流发展迅速，并呈现出以下特点。

1. 链条较短

美国农产品的生产呈现区域化、规模化和专业化的特点，其产地市场集中，农产品物流

以大规模直销和配送为主,平均 78.5% 的农产品从产地经物流配送中心直接送达零售商,批发商分销量仅占 20% 左右。因此,美国冷链渠道短、中间环节少,较短的冷链链条极大地降低了物流成本,减少了损失率,提高了物流运转的效率。以蔬菜产业为例,美国的蔬菜物流是世界上十分先进且具有代表性的农产品冷链物流。蔬菜从田间采摘到送至终端消费者,始终处于所需的低温条件下。田间采后预冷→冷库冷藏→冷藏车运输→批发站冷库冷藏→超市冷柜销售→消费者冰箱储存,整个物流链的损耗率仅为 1%~2%。

2. 拥有发达的运输网络和先进的运输设备

冷链物流具有时效性强的特点,其对时间和温度有较高的要求。因此,必然要有配套的、完善的交通网络体系和先进的冷链运输设备。美国拥有一个庞大、通畅、复合、高效的交通运输网络体系,建有高质量、速度快、通行量大的高速公路,依靠这些纵横交错的高速公路网,冷藏汽车可以以最快速度将冷链物流的货物送达;美国的铁路运输能力比公路运输能力更强,四通八达的铁路运输网络每天将各种货物运往目的地,是美国货物运输的主力。美国各个州之间都有铁路进行连通,铁路网络运载能力强、运输速度快。

3. 分工明确,专业化强

以蔬菜产业为例,美国根据各地的气候、土壤条件,建立了蔬菜基地,专门生产几种适宜的蔬菜供应全国,形成了比较完善的全国性蔬菜生产分工体系,其西南部、中南部、南部以及北部四大产区的蔬菜产量约占其全国蔬菜总产量的 90%,蔬菜生产地呈现专业化的发展趋势。蔬菜农场也实现了专业化,且分工越来越细,很多农场甚至只生产某种蔬菜的某一品种。运输商家负责司机和运输车辆的规范化管理;仓储商家负责及时卸货和规范化的仓储管理。任何一个环节出现故障,都会有专门的维修公司进行维修。这样细致的分工不仅专业化更强,而且能提高效率,保证质量。

4. 重视加强农业信息化建设

美国十分重视加强农业信息化建设。美国政府每年拨款 1.5 亿美元用于建设农业信息网络,现已建成世界最大的农业计算机网络系统 AGNET。该系统覆盖美国国内 46 个州、加拿大的 6 个省以及美国和加拿大以外的 7 个国家,联通美国农业部、15 个州的农业署、36 所大学和大量的农业企业。农民通过家中的电话、电视或计算机,便可共享网络中的信息资源,实现了生产者、运营者和销售者的资源与信息共享。以信息技术、储运技术、冷链技术等为支撑,美国在发达国家中率先实现了农产品冷链物流的现代化和专业化。

(二)加拿大冷链物流发展概况

加拿大的冷链物流非常发达,已经成为推动其经济发展的新增长点。加拿大地广人稀,且人口分布非常集中。加拿大受人口和经济因素的影响,其冷链物流的发展呈现以下特征。

1. 具有高效的冷链物流运输网络

加拿大农副产品的冷链物流需求主要集中在经济特别发达的城市,但加拿大的农业生产基地离城市和加工中心比较远,因此必须建立高效的冷链物流运输网络,只有这样才能及时满足消费者的需求。

加拿大的冷链物流运输网络包含各种运输方式,如航空运输、水路运输、公路运输、铁路运输等。经过几十年的发展和改进,这些运输方式之间已经能够很好地衔接,共同组成适应加拿大国情的运输网络。目前,加拿大境内已经建立了东海岸运输路线、西海岸运输路线以及以五大湖地区为中心的公路和铁路运输路线共三大冷链物流运输路线。同时,在加拿大的东海岸和西海岸之间还建立了便利的铁路运输网和公路运输网。

2. 政府高度重视冷链物流的发展

加拿大政府通过优惠政策和资金支持来促进农产品冷链物流的发展,如加拿大政府通过对国家铁路公司进行补贴、改制并给予相关政策支持,使其扭亏为盈,盈利率大幅提高,成为北美地区效益极佳的铁路冷链物流运输企业。通过注入启动资金扶持,安大略省食品终端局(Ontario Food Terminal Board)成为北美巨大的农产品批发市场。

3. 行业协会组织健全

物流行业协会在政府与企业之间起着桥梁和纽带的作用,在完善行业管理的过程中有着重要作用。行业协会既能够从企业角度出发,向政府提出促进物流发展的政策和措施以及改善企业经营的意见和建议,又能够将政府的政策、法规向企业进行传达与解释。同时,行业协会从不同的角度起到沟通情况、协调关系、提供信息及咨询服务等作用。如加拿大汽车协会,是由加拿大运输企业、农产品产地加工企业、批发市场和配送中心等自愿组成的民间组织,该协会主要协助加拿大食品检验局(CFIA)制定冷链物流指导原则与标准,协调冷链物流环节行为主体的关系,组织制定本行业企业共同遵守的行为规范与纪律,并配合 CFIA 为协会成员提供技术咨询与人员培训,在推动加拿大冷链物流发展的过程中发挥着重要作用。

4. 完善的冷链物流标准和认证制度

为了确保冷链物流的食品质量与安全问题,加拿大对冷链物流的各个环节,如加工、储藏和运输等制定了严格的温度标准,如禽类加工环境温度要低于 10℃,冷藏与运输温度不得高于 4℃。此外,还建立了严格的专业认证制度,实行市场准入。近年来,加拿大正积极推动有机食品的发展。有机食品种植和加工者通过认证后,认证机构向其授予证书,并授权其使用有机产品标识,而后其产品方能进入流通与消费环节。又如,对于肉食品生产企业,要利用国际上共同认可和接受的食品安全保证体系 HACCP(危害分析与关键控制点)来监督和控制其生产操作过程,该体系不仅要求检查食品的农药残留量,还要检查生产厂家的卫生条件,对工作间温度、肉制品配方以及容器和包装等均做出了严格的规定。加拿大成熟的法律体系、健全的冷链物流标准、专业的资格认证以及权威的标识管理体系,推动其冷链物流健康、有序地发展。

(三)日本冷链物流发展概况

日本作为亚洲农产品冷链物流的先驱者,其交通运输设施发达,农产品保鲜、冷藏、运输、仓储、加工等物流装备和技术先进,农产品物流服务体系完备,已形成了从"田间到餐桌"的一整套农产品冷链物流体系。日本冷链物流呈现以下特点。

1. 拥有先进的、完善的冷链物流设施设备

为了实现生鲜农产品采后的高效保鲜并提高其附加值,日本在全国生鲜农产品主产地高密度地建设了专业化的冷库,在农产品保鲜、冷藏、运输、仓储、加工等环节采用了先进的冷藏、冷冻技术及设施设备,减少了农产品在储运过程中的损耗。

2. 建立了以中心批发市场为核心的农产品冷链物流体系

日本是一个典型的岛国,国土面积小,人口多,人均资源匮乏,而且日本的农户比较分散,导致交易成本比较高,因此日本建立了以农业合作社组织为主、以中心批发市场为核心的农产品冷链物流体系,为广大农户提供了一个农副产品的物流平台。虽然农户分散,生产的农产品规模也较小，但还是能通过中心批发市场有效保障了城市的生鲜农产品供应。日本农产品生产总量的 80% ~90% 是经由批发市场送达最终消费者的。

3. 拥有完整的冷链物流网络体系

日本在大中城市、港口、主要公路枢纽都对物流设施进行了合理规划，在全国范围内开展了包括高速公路网、新干线铁路运输网、沿海港湾设施、航空枢纽港、流通聚集地等在内的各种基础设施建设。

4. 自动化、信息化水平高

日本劳动力有限，因此其机械化和自动化水平很高。目前，全世界自动化立体仓库应用最广泛的就是日本，在这种仓库里，只需很少的操作人员就可以实现运转，货物的存取、分拣完全由机器自动完成，不仅提高了作业效率和准确性，而且无形中降低了成本，缓解了日本劳动力短缺的压力。在信息化方面，通过运用物联网等信息技术，对农产品的产、储、运、销全过程进行动态监控，同时实现物流信息在全国范围内的实时传递。

5. 注重法律法规和标准化方面的建设

进入 20 世纪 90 年代后，日本加大了物流法律法规和标准化方面的建设，先后颁布了《物流效率化法》《综合物流施政大纲》《新综合物流施政大纲》等一系列促进综合性物流发展的法律规范和政策，全面指导物流业的发展。

（四）荷兰冷链物流发展概况

荷兰素有"欧洲门户"之称，面向北海，背靠欧洲大陆腹地，地理位置优越，对外贸易发展历史悠久。荷兰建立了垂直合作一体化的市场运行体系，物流专业化程度高，如荷兰是全球最大的花卉出口国。荷兰的冷链行业非常发达，冷链物流整体水平高，其冷链物流的许多方面值得我们学习与借鉴。

1. 冷链物流基础设施和设备完善，物流运输网络发达

荷兰著名的世界贸易港口鹿特丹港靠近重要的蔬菜和水果种植地区，港区四周高速公路网络和通往内地的水路运输网络非常发达，而且靠近欧盟国家水果进出口中心所在地巴伦德雷赫特，为荷兰发展冷链物流提供了良好的地理条件，为农产品的运送提供了便利。各种大型货运机场和物流中心与各码头相连并建有运输通道，并拥有先进的运输装卸设备和信息技术，有利于提高冷链物流运输效率。

2. 优惠的税收制度和严格的生产标准

在荷兰，不论什么行业，都只需缴纳企业所得税的一个税种，且盈利在 4 万欧元以下不用缴纳所得税。荷兰与全世界近 100 个国家和地区签署了双边税收协定，企业通过海外控股公司投资，不需要单独和某个国家商讨双边税收优惠，在荷兰本国内的控股公司投资后所得的利润可享受零股息预提税。

此外，荷兰对食品安全非常重视，有着严苛的生产检测标准，每一个环节都有相应的追溯制度。以荷兰农业中最重要的乳制品为例，其生产标准远比国际标准严格。奶粉由荷兰的工厂生产出来后，厂家会在包装罐上印制生产追溯码，在整个物流运输过程中，每到一个中转站，当地物流管理部门都会在奶粉罐上印制物流追溯码，直到零售商将奶粉出售。所以，奶粉从生产到消费的整个过程的每个流程都是可以被追溯的，食品质量安全得到了有效保障。

3. 缩短冷链物流链条，实现物流增值

以花卉为例，通过"分类—鲜储—拍卖—包装"的程序，每天都有数万束鲜花从荷兰最大的鲜花拍卖市场——阿斯米尔鲜花拍卖市场运往世界各地。由于鲜花的保鲜期只有短短几天，所以要求每天清晨售出的鲜花一定要在当天晚上或者第二天出现在世界各地的花店中。这对整个物流链都是一个巨大的考验，而荷兰利用其"欧洲门户"的有利位置，并充分运用高度发达的海、陆、空运输网络以及分拨系统和通信系统，轻松实现。

4. 电子信息化程度高

荷兰花卉和园艺中心有最先进的拍卖系统以及新式电子交换式信息和订货系统。通过电子化的农业产品物流园区和配送中心向全球许多国家的广大消费者提供服务，缩短了交易时间和中间运输时间，大大降低能耗。

综上所述，发达国家的冷链物流起步较早，目前已发展得比较成熟，其主要的经验如下：

（1）建立"从农田到餐桌"的整套体系，实现全过程的食品安全与控制。

（2）采用先进的冷链物流技术及设施设备，延长产品保鲜期，保证产品品质并降低其腐损率。

（3）发展多式联运。发展多样化的运输，不是一味地依赖公路这一种运输方式，而是采用多元化的运输方式以应对多变的天气环境。

（4）减少流通环节。过多的流通环节不仅增加产品变质的风险，还会耗费更多的劳动力，既占用库存，又增加成本。

（5）建立并完善一系列法律法规和物流标准，以保障冷链物流产品的质量与安全。

（6）制定一系列优惠、扶持政策，加大对冷链物流企业的投入。

二、我国冷链物流的发展历程

冷链物流行业在我国的发展大致经历了三个阶段。

1. 萌芽阶段（1998年—2007年）

冷链行业处于萌芽阶段，很多企业没有重视冷链物流，冷链资源匮乏，且主要聚集在国有企业，冷链基础设施设备普遍缺失和落后，冷链物流发展处于资源短缺阶段。1992年，夏晖物流进入国内市场，冷链物流企业逐渐发展起来。

2. 起步发展阶段（2008年—2017年）

2007年，荣庆物流拿到今日资本的投资；2008年，北京举办奥运会，为满足运动员对食材的需求，冷链物流开始组织化、规模化运营；2010年，国家发展和改革委员会（以下简称国家发展改革委）出台《农产品冷链物流发展规划》，我国冷链物流进入起步发展阶段。这一阶段，冷链一体化服务开始形成，合同物流崛起，行业参与者也越来越多。中外运、招商局等央企布局冷链；全球知名的美冷、普菲斯、太古等外资冷链公司相继进入；双汇、光明等食品企业的物流部门独立；麦德龙、沃尔玛、永辉等连锁超市陆续建立生鲜配送中心；连锁餐厅也带动中央厨房遍地开花；京东、易果、天猫都试水生鲜电商。

3. 迅速发展阶段（2018年至今）

进入2018年以来，冷链市场进一步蜕变。全民冷链需求爆发、基础设施体系日益完善、新技术对产业驱动强劲。2021 年，我国冷链物流领域第一份五年规划《"十四五"冷链物流发展规划》出台，具有里程碑意义，标志着冷链物流被提升到国家战略层面高度，反映了国家对冷链物流发展的持续推动，预示着在新发展格局下，国家将以更大力度推动冷链物流发展。

三、我国冷链物流发展迎来政策利好

截至 2023 年 12 月，国家层面发布了一系列有关冷链物流行业发展的政策法规（见表 1-3），主要聚焦在冷链物流基础设施建设、冷链物流体系建设、促进农产品流通等方面，极大地促进了国内冷链物流行业发展，新规、新标准将快速催生行业迭代，为行业的快速良性发展保驾护航。从国家发布政策法规的频率可以看出，自 2017 年开始，国家对冷链物流行业的重视程度逐年攀升，对冷链行业的快速发展保持高度关注，冷链物流行业进入提档提质的发展阶段。

表 1-3　近年来我国冷链物流主要政策文件

发布时间	发布单位	政策文件名称
2010 年 6 月	国家发展改革委	《农产品冷链物流发展规划》（发改经贸〔2010〕1304 号）
2016 年 2 月	中国铁路总公司	《铁路冷链物流网络布局"十三五"发展规划》（铁总计统〔2016〕42 号）
2017 年 4 月	国务院办公厅	《国务院办公厅关于加快发展冷链物流保障食品安全促进消费升级的意见》（国办发〔2017〕29 号）
2017 年 8 月	交通运输部	《交通运输部关于加快发展冷链物流保障食品安全促进消费升级的实施意见》（交运发〔2017〕127 号）
2020 年 3 月	国家市场监督管理总局	《市场监管总局关于加强冷藏冷冻食品质量安全管理的公告》（2020 年第 10 号）
2020 年 4 月	农业农村部	《农业农村部关于加快农产品仓储保鲜冷链设施建设的实施意见》（农市发〔2020〕2 号）
2020 年 6 月	农业农村部办公厅	《农业农村部办公厅关于进一步加强农产品仓储保鲜冷链设施建设工作的通知》（农办市〔2020〕8 号）
2021 年 9 月	商务部、中国银行	《商务部　中国银行关于支持冷链物流发展的通知》（商流通函〔2021〕513 号）
2021 年 12 月	国务院办公厅	《"十四五"冷链物流发展规划》（国办发〔2021〕46 号）
2021 年 12 月	国家发展改革委	《国家骨干冷链物流基地建设实施方案》（发改经贸〔2021〕1809 号）
2022 年 2 月	中华全国供销合作总社	《全国供销合作社"十四五"公共型农产品冷链物流发展专项规划》
2022 年 4 月	交通运输部等五部门	《关于加快推进冷链物流运输高质量发展的实施意见》（交运发〔2022〕49 号）
2022 年 4 月	交通运输部办公厅	《交通运输部办公厅关于开展冷藏集装箱港航服务提升行动的通知》（交办水函〔2022〕675 号）
2022 年 5 月	财政部办公厅商务部办公厅	《关于支持加快农产品供应链体系建设进一步促进冷链物流发展的通知》（财办建〔2022〕36 号）
2022 年 6 月	国家发展改革委	《关于推进现代冷链物流体系建设工作的通知（发改办经贸〔2022〕458 号）

（续）

发布时间	发布单位	政策文件名称
2023 年 6 月	农业农村部 国家发展改革委 财政部、自然资源部	《冷链物流和烘干设施建设专项实施方案（2023—2030 年）》（农计财发〔2023〕6 号）
2023 年 7 月	农业农村部办公厅	《农业农村部办公厅关于继续做好农产品产地冷藏保鲜设施建设工作的通知》（农办市〔2023〕6 号）
2023 年 8 月	中央财办、中央农办等九部门	《中央财办等部门关于推动农村流通高质量发展的指导意见》（中财办发〔2023〕7 号）
2023 年 12 月	国家发展改革委	《城乡冷链和国家物流枢纽建设中央预算内投资专项管理办法》（发改经贸规〔2023〕1753 号）

四、我国冷链物流发展现状

近年来，我国肉类、水果、蔬菜、水产品、乳品、速冻食品以及疫苗、生物制剂、药品等冷链产品市场需求快速增长，营商环境持续改善，推动冷链物流较快发展，但仍面临不少突出瓶颈和痛点、难点、卡点问题，难以有效满足市场需求。我国进入新发展阶段，人民群众对高品质消费品，以及市场主体对高质量物流服务的需求快速增长，冷链物流发展面临新的机遇和挑战。

1. 行业规模显著扩大

近年来，我国冷链物流市场规模快速增长，国家骨干冷链物流基地、产地销地冷链设施建设稳步推进，冷链装备水平显著提升。2024 年，我国冷链物流需求总量约 3.65 亿 t，同比增长 4.3%；冷链物流总收入达到 5361 亿元，同比增长 3.7%；新能源冷藏车销量 21368辆，同比增长 350.8%，渗透率达到 33.9%，新能源冷藏车的普及和利用力度明显加强。

> **知识拓展**
>
> ### 国家骨干冷链物流基地建设
>
> 为贯彻落实党中央、国务院有关决策部署，按照"十四五"规划纲要和《"十四五"冷链物流发展规划》等有关工作安排，国家发展改革委印发《国家骨干冷链物流基地建设实施方案》（发改经贸〔2021〕1809 号）（以下简称《方案》），对"十四五"时期国家骨干冷链物流基地布局建设做出系统安排。
>
> 国家骨干冷链物流基地是依托存量设施群布局建设的大型冷链物流基础设施，是整合集聚冷链物流资源、优化冷链物流运行体系、促进冷链物流与相关产业融合发展的基础支撑、组织中心和重要平台。"十四五"期间，我国围绕支撑构建"四横四纵"的国家冷链物流骨干通道网络，结合农产品生产、流通空间格局、大型消费市场以及冷链物流基础设施区域分布，依托国家骨干冷链物流基地承载城市开展基地建设。《方案》公布的"四纵四横"通道承载城市 106 个，见表 1-4。截至 2025 年 6 月，国家发展改革委已分四批将 105 个国家骨干冷链物流基地纳入年度建设名单，有力推动物流降本增效，促进物流与相关产业集聚融合、创新发展。

表1-4　国家骨干冷链物流基地承载城市

国家骨干冷链物流基地承载城市	城市名单	数量	占比
东北地区	齐齐哈尔、哈尔滨、长春、四平、通辽、沈阳、营口、大连	8	8%
东部地区	秦皇岛、唐山、天津、北京、保定、石家庄、威海、烟台、青岛、潍坊、济南、聊城、上海、苏州、常州、南京、福州、泉州、厦门、漳州、汕头、深圳、东莞、广州、江门、茂名、湛江、洋浦、沧州、济宁、徐州、盐城、嘉兴、杭州、舟山、宁波、台州、温州	38	36%
中部地区	新乡、郑州、洛阳、运城、合肥、鄂州、武汉、襄阳、宜昌、呼和浩特、晋中、商丘、漯河、长沙、怀化、衡阳、永州、宿州、阜阳、蚌埠、南昌、上饶	22	21%
西部地区	延安、榆林、鄂尔多斯、包头、巴彦淖尔、银川、兰州、西宁、张掖、吐鲁番、乌鲁木齐、石河子、巴音郭楞（库尔勒）、阿拉尔、阿克苏、伊犁、喀什、西安、宝鸡、天水、拉萨、重庆、曲靖、防城港、百色、昆明、德宏（瑞丽）、伊犁、绵阳、达州、成都、自贡、遵义、六盘水、贵阳、南宁、玉林、崇左（凭祥）	38	36%
总计	—	106	100%

《方案》从产业链的生产、运输、消费的角度出发，强调冷链物流的发展要加强与产业链的结合，围绕着"产—运—销"一体化打造"三级节点"空间框架，带动提升冷链物流规模化、集约化、组织化、网络化运行水平，推动农产品产运销一体化运作、全程"不断链"水平明显提高，有效发挥冷链物流在支撑农产品规模化生产、调节跨季节供需、减少流通环节损耗浪费、平抑市场价格波动、扩大优质供给等方面的重要作用。

宏观层面，通过建设国家骨干冷链物流基地，打通区域间生鲜农产品流通路径，利用干线运输实现区域间大规模农产品运输；中观层面，通过建设产销冷链集配中心，对内打造区域性的生鲜农产品流通中心，服务区域农产品集散，对外实现向骨干基地集货送货，提升运输的规模化，降低生鲜农产品运输成本；微观层面，从"最先一公里"和"最后一公里"入手，推动末端共同配送的发展，通过田间地头冷链设施、前置仓、智能冷链自提柜等末端设施布局建设，补齐两端冷链物流设施短板，从源头和末端配送两个环节提高冷链物流服务质量。三级冷链物流节点设施网络如图1-5所示。

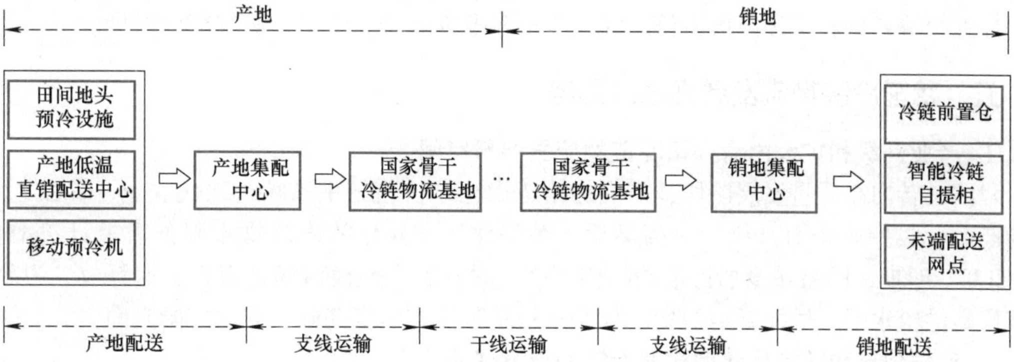

图1-5　三级冷链物流节点设施网络

2. 发展质量不断提升

初步形成产地与销地衔接、运输与仓配一体、物流与产业融合的冷链物流服务体系。冷链物流设施服务功能不断拓展，全链条温控、全流程追溯能力持续提升。冷链甩挂运输、多式联运加快发展。冷链物流口岸通关效率大幅提高，国际冷链物流组织能力显著增强。

3. 创新步伐明显加快

数字化、标准化、绿色化冷链物流设施装备研发应用加快推进，新型保鲜制冷、节能环保等技术加速应用。冷链物流追溯监管平台功能持续完善。冷链快递、冷链共同配送、"生鲜电商+冷链宅配""中央厨房+食材冷链配送"等新业态、新模式日益普及，冷链物流跨界融合、集成创新能力显著提升。

4. 市场主体不断壮大

冷链物流企业加速成长，网络化发展趋势明显，行业发展生态不断完善。市场集中度日益提高，冷链仓储、运输、配送、装备制造等领域形成一批龙头企业，不断延伸采购、分销、信息等供应链服务功能，资源整合能力和市场竞争力显著提升。

5. 基础作用日益凸显

冷链物流衔接生产消费、服务社会民生、保障消费安全的能力不断增强，在调节农产品跨季节供需、稳定市场供应、平抑价格波动、减少流通损耗中发挥了重要作用。此外，冷链物流对保障疫苗等医药产品运输、储存、配送全过程安全做出重要贡献。

但同时，我国冷链物流发展不平衡、不充分问题突出，跨季节、跨区域调节农产品供需的能力不足，农产品产后损失和食品流通浪费较多，与发达国家相比还有较大差距。从政策环境看：缺少统筹规划，东中西部、南北方和城乡间冷链物流基础设施分布不均，存在结构性失衡矛盾；冷链物流企业用地难、融资难、车辆通行难问题较为突出；冷链物流监管制度不全、有效监管不足，全链条监管体系有待完善。从行业链条看：产地预冷、冷藏和配套分拣加工等设施建设滞后；冷链运输设施设备和作业专业化水平有待提升，新能源冷藏车发展相对滞后；大中城市冷链物流体系不健全，传统农产品批发市场冷链设施短板突出。从运行体系看，缺少集约化、规模化运作的冷链物流枢纽设施，存量资源整合和综合利用率不高，行业运行网络化、组织化程度不够，覆盖全国的骨干冷链物流网络尚未形成，与"通道+枢纽+网络"的现代物流运行体系融合不足。从发展基础看：冷链物流企业专业化、规模化、网络化发展程度不高，国际竞争力不强；信息化、自动化技术应用不够广泛；冷链物流标准体系有待完善，强制性标准少，推荐性标准多，标准间衔接不够紧密，部分领域标准缺失，标准统筹协调和实施力度有待加强；冷链专业人才培养不足，制约行业发展。

五、我国冷链物流发展面临的形势

1. 产业升级和扩大内需开拓冷链物流发展新空间

我国已转向高质量发展阶段，产业加快迈向全球价值链中高端，现代农业、食品工业、医药产业、服务业全面升级，对高品质、精细化、个性化的冷链物流服务需求日益增长。"十四五"时期，随着城乡居民消费结构不断升级，超大规模市场潜力将加速释放，为冷链物流提高供给水平、适配新型消费、加快规模扩张奠定坚实基础，创造广阔空间。

2. 科技创新和数字化转型激发冷链物流发展新动力

伴随新一轮科技革命和产业变革，大数据、物联网、第五代移动通信（5G）、云计算等新技术快速推广，有效赋能冷链物流各领域、各环节，加快设施装备数字化转型和智慧化升级步伐，提高信息实时采集、动态监测效率，为实现冷链物流全链条温度可控、过程可视、源头可溯，以及提升仓储、运输、配送等环节一体化运作和精准管控能力提供了有力支撑，有效促进了冷链物流业态模式创新和行业治理能力现代化。

3. 实行高水平对外开放创造冷链物流发展新机遇

坚持实施更大范围、更宽领域、更深层次对外开放，特别是深入推进共建"一带一路"和推动构建面向全球的高标准自由贸易区网络将进一步优化区域供应链环境，有效发挥我国超大规模市场优势，深化与相关国家的贸易往来，扩大食品进出口规模，推动国内国际冷链物流标准接轨，借鉴推广先进冷链物流技术和管理经验，促进冷链物流高质量发展。

4. 碳达峰、碳中和对冷链物流低碳化发展提出新任务

冷链物流仓储、运输等环节能耗水平较高，在实现碳达峰、碳中和目标的背景下，面临规模扩张和碳排放控制的突出矛盾，迫切需要优化用能结构，加强绿色节能设施设备、技术工艺研发和推广应用，推动包装减量化和循环使用，提高运行组织效率和集约化发展水平，加快减排降耗和低碳转型步伐，推进冷链物流运输结构调整，实现健康可持续发展。

六、我国冷链物流发展面临的困境

1. 冷链物流成本高的困境

目前，我国冷链物流成本在总成本中的比重为70%左右，其中运输成本和仓储成本所占比重最大，企业最终利润率仅为8%左右，当冷库面积100%被利用时，利润率可以勉强达到20%。从冷链物流各环节分析，冷链流通率低、损耗高是成本居高不下的重要原因。

2. 冷链物流公益性与外部性的困境

全产业链视角下的冷链物流环节多、主体复杂，存在严重的信息不对称。冷链物流既具有公益性特征，又具有外部性特征。因此，冷链物流会导致市场失灵，政府必须干预和扶持。政府部门高度重视冷链物流的发展。近年来，中央一号文件、政府规划等政策文件中反复强调推动冷链物流发展，解决断链问题，打造全链条冷链物流体系。一是中央部门和地方政府相继出台多项产业政策并配套财政资金扶持冷链行业的发展。二是不断强化对冷链物流全过程的监管力度。三是推进标准化、供应链等全程冷链示范工作。但是，中国一直面临着在"大工业、小农业"二元经济结构内如何激活流通发展的难题，主要表现为农业、农民、农村对市场的不适应和制度、政策建设的落后。二元结构下的冷链物流体系的主体是小农户生产、小商贩物流体系和小摊贩零售体系。而政府的管理侧重于城市，侧重于大超市、大批发市场、大企业。而且由于冷链物流涉及国家发展改革委、商务部、农业农村部、交通运输部、中华全国供销合作社、国家邮政局等众多中央政府部门和各级地方政府，部门间协调困难并存在地方保护主义，导致冷链物流系统难以达到最优状态，时常出现断链，难以形成可持续冷链物流网络。政府政策过于注重财政补贴单一手段，容易产生"寻租"等政府失灵问题。流通产业作为基础性、先导性、战略性产业，不仅具有竞争性和营利性本质，而且具有社会共享性和公益性。

3. 冷链物流断链环节的困境

冷链物流始于产地预冷、包装，经过仓储、运输、配送、零售等诸多环节，形成一个产业链结构。我国冷链物流发展正处于起步阶段，这样的现实导致生鲜冷链物流断链是一种常态。冷链物流断链是指在冷链物流过程中由于企业和工作人员没有按照冷链物流要求进行操作，导致在某个运作环节或节点处于常温或者高温状态。我国冷链物流的断链情况严重，导致物流的效率和效益大大降低。冷链物流包括源头采集、加工、运输、配送、销售等各个环节，少了某个环节的冷链物流系统不够流畅，而且不好确定冷链发生断链的环节。

我国冷库数量不足、结构比例失衡以及落后的冷库管理，使得冷链在仓储环节容易断链；许多中小物流企业通过常温车加棉被的方式或使用改装过的不合规的运输车运输，以节省成本，使得运输途中断链；冷链物流中的装卸搬运也容易造成食品温度的变化，造成断链；国内的配送企业在配送途中做不到温度控制，冷链物流企业与商超对接效率低下都使得配送环节发生断链；我国在商超、便利店等出售的冷链食品所使用的低温陈列柜一般未进行仔细划分，大小不等，造成食品质量大大降低，使得销售环节断链，但是最终销售给消费者时，并不能确认是哪个环节出现的问题。目前，我国还没有完整独立的冷链物流体系。由于冷链基础设施结构不合理且不均衡，一旦形成冷链体系，就很容易断链，多数高投入的冷链在个别环节上出现短板就会让整个系统低回报甚至零回报。冷链物流断链的关键环节在哪里？影响因素是什么？还没有清晰的答案。

4. 冷链物流企业发展方向的困境

我国冷链物流企业类型多样，主要有运输服务型企业、冷库运营型企业、综合服务型企业等。其中，运输服务型企业以货物运输业务为主，为顾客提供站到站、门到站等服务；冷库运营型企业主要从事仓储业务，也可提供配送、加工等服务；综合服务型企业则可以为客户提供仓储、运输、配送、加工等多种物流服务。根据对美国等发达国家的考察，冷链物流企业主要以专业化为主，各环节分工明确、各司其职。专业化发展会让冷链物流各环节的专业性强，服务质量、速度和技术都具有优势，让整个冷链运行起来有据可依、有证可查，大大提高冷链物流的可操作性。我国冷链物流起步较晚，冷链物流企业的发展仍处于起步阶段，"散小乱"现象普遍存在，经营的业务环节较少。那么，企业未来的发展方向是什么？部分学者认为，在我国整个物流市场中，物流业在供给侧改革的思路和措施的指引下加以推进专业化、规模化、标准化的转型发展之路已是大势所趋。专业化的冷链物流公司更加重视提供高附加值、个性化的物流服务及解决方案，不断依据客户供应链布局创新专业化服务，进行物流资源配置。也有学者认为，我国冷链物流行业应该向着集加工、运输、配送、包装、仓储等物流服务于一体的综合性物流服务企业转型，采取纵向一体化经营。

同时又存在冷链物流企业市场集中度较低，缺乏龙头企业对行业资源的整合，以及冷链资源分散、无法形成规模效应进行优化配置的情况。在普通运输行业，物流信息平台资源较多，物流资源利用率相对较高，而冷链相关信息资源较少，难以集约化运作。

5. 冷链物流标准化的困境

冷链物流标准是行业健康发展的重要保障。据统计，截至2024年12月，我国冷链相关标准共计392项，但这些标准大都是推荐性标准。近几年，中国物流与采购联合会冷链物流专业委员会根据行业需要也制定了若干项关于冷链的国家标准，如《冷链物流分类与基本要求》（GB/T 28577—2021）、《食品冷链物流追溯管理要求》（GB/T 28843—2024）等，并进行了标准试点和宣贯工作。但是由于冷链标准缺乏监管，企业执行力度差，部分企业打着全程冷链的旗号，却经营着间歇性供冷，以此降低冷链物流成本。

物流标准化的构建是冷链产业链体系建设中的重要一环。我国冷链物流企业的数量、规模发展十分迅速，冷链物流供应能力不断加强。但我国冷链物流行业较分散，整体呈现"散乱小"的状态，企业的集约化程度不足，缺乏具有整合力的全国性网络巨头。当前的中小冷链物流市场，为了降低物流运行的成本，无视行业标准，很难做到全程冷链，由此使得产品的品质低下。我国个体农户规模小而散，也使得标准化难以进行。目前，各个冷链物流企业的技术标准与操作规范的行为带有随意性，这种情形不利于冷链物流行业规范统一发展。对于终端消费者来说，小企业的产品更为便宜，使得正规企业在竞争中处于劣势地位，显然这是不公平的，所以落实行业标准至关重要。目前，我国虽然出台了一系列冷链物流行业的标准，但是这些标准存在很多问题，各标准交叉重复，部分标准存在矛盾，部分领域的标准规范还处于空缺阶段。当前我国缺少贯穿整个冷链物流业的通用标准，约束力低，对冷链物流企业的规范与监管作用十分有限，缺乏有效的执行机制，而且标准并没有真正落实到冷链物流的运营中，未发挥实际作用。

6. 冷链物流安全困境

长期以来，人们对冷链物流安全关注更多的是食品安全，但冷链物流涉及主体多，环节复杂，安全因素也很复杂，如冷库的生产安全、冷藏车司机的职业安全等。冷链结构复杂，任意一个环节发生问题，都会直接影响产品的质量状况，最终危害消费者的身体健康。调研中发现，冷库中的产品如何存放、能存放多长时间、产品是否安全的界定都很模糊。对冷链物流中的产品质量的监控难度较大，较难处理产品质量安全突发事件，会使消费者恐慌，并动摇其消费信心。冷链中的消防安全也存在极大的隐患，想要将这些安全问题很好地解决，还需要努力探索相应的管理机制。冷链物流发展迅速，冷库规模不断扩张，运行设备和建设技术提高，冷库结构更加复杂。但是，很多中小企业存在管理不规范、老旧冷库设施陈旧以及随着技术的发展冷库不断产生新的安全问题，导致冷库安全事故并没有得到有效的遏制，每年都有重大安全事故发生，造成的人员和财产损失严重。

延伸阅读1-1

冷链物流"热"起来

冷链物流是运输生鲜果蔬的重要基础设施。2020年，中央一号文件提出，启动农产品仓储保鲜冷链物流设施建设工程。近年来，随着生鲜电商、蔬果宅配等新经济模式兴起，冷链物流迎来了黄金机遇期。冷链物流有哪些新形式？为我们的生活带来了哪些便利？

只需轻轻一点手机，水果蔬菜、肉禽蛋品、海鲜水产等来自全国各地，甚至世界各地的生鲜产品就能第一时间送到家门口。无论是包装、仓储、运输，还是"最后一公里"的配送环节，哪一部分缺少冷链物流，都会影响产品品质。冷链物流如何保证"从田间到餐桌"的新鲜？

1. 气调保鲜

高氮低氧让鲜杏"冬眠"，保鲜期从7天延长至25天。

新疆喀什地区英吉沙县有着400多年的杏树种植历史，几乎家家户户都有杏树。然而保鲜期短、运距长的问题一直是英吉沙鲜杏"走出去"的"拦路虎"。如何打通鲜杏出疆路？气调保鲜技术成为一种选择，通过调节气体比例，实现储藏保鲜。

2018 年，新疆果业集团与英吉沙县合作，开始建立鲜杏生产、包装、销售标准化管理体系。2019 年，新疆果业集团在英吉沙县建设了 1 条自动机器分拣生产线、9 条充氮包装线。在生产线上自动分拣之后，鲜杏被放入蛋托式包装盒内充入氮气封装。在高氮低氧的包装盒中，鲜杏开始代谢缓慢的“冬眠”，保鲜期从 7 天延长至 25 天。再以冰袋、吸水棉和防震棉保护，杏果经过长距离运输之后，依然能保证新鲜品质。

时任新疆果业大唐丝路电子商务有限公司执行总裁的杨永翔介绍，一种搭载综合保鲜技术、智能网联技术、云平台管理技术的新型智慧多功能冷藏车“智鲜仓”也在助力新疆水果“走出去”。2019 年 7 月，这款新型冷藏车已成功将 30t 英吉沙县鲜杏运到北京销售。

2. 冷链专列

在内蒙古满洲里口岸，一车车果蔬正在快速通关，它们将经俄罗斯后贝加尔斯克转运至莫斯科等地，同时，大量的肉奶制品、冰激凌等食品，又随返程列车进口至中国，形成“双向运输”通道。

每年有超过 30 万 t 的国内果蔬经由满洲里口岸出口到俄罗斯。由于铁路冷链运输成本不断下降，不少果蔬出口商开始尝试通过铁路集装箱将果蔬出口至俄罗斯。铁路冷链集装箱在 6500km 以上的长距离果蔬生鲜运输上，有着比较明显的成本优势。

此外，铁路运输还有不受天气影响、安全快捷、运输能力强等优点。“前些年由于技术尚不成熟，成本较高，几乎没人选择铁路运送果蔬。”黑龙江龙运集团哈尔滨俄运通科贸股份有限公司（以下简称俄运通公司）总经理张爽说，“现在不同了，随着冷链运输技术的进步和完善，果蔬经过十二三天的运输依旧能够新鲜如初，运输价格也不贵。”

“俄运通公司的‘龙海号’铁路冷链运输集装箱是符合国际联运标准的新造 40ft（1ft = 0.3048m）油电一体冷藏箱，可根据不同果蔬生鲜的运输需求进行温度、湿度自我管理和远程调节，并且配备全球定位导航和新风系统，客户可以通过俄运通公司的监控平台全程知晓货物状态，冷链运输全程实现数字可视化、远程可控化。”张爽说。

“铁路运输果蔬具有运量大、价格低、速度快等诸多优势，探索铁路冷链运输果蔬是一次有益的尝试，海关给予充分的支持和帮助。”满洲里车站海关副关长吴庆岩表示，满洲里海关主动优化业务流程，为果蔬出口申报提速，实现果蔬出口申报“零延时”。

据统计，自 2020 年 4 月 2 日首列果蔬班列开通以来，经满洲里铁路口岸运输出境的果蔬已累计发运百余个集装箱，运送出口果蔬 4794t，品种多达 30 余种。

3. 智能仓储

仓储管理系统自动调节温度，手持终端可远程调控。

“2 号库已到货一车，请求卸车。”随着一声汽笛响起，一辆大型制冷运输车在海韵冷链仓储有限公司大型冷库前稳稳停下，运行部经理王悫隔着对讲机向班组下达了指令。在福建省漳州招商局经济技术开发区招银冷链物流园里，像这样的大型转运车，每天要来来往往 20 多趟。

1台全自动叉车，4名班组工人，30t冷冻新鲜薯条，–18℃恒温仓储……一整套高效率、严规范的卸车流程，在不到2h内完成，这些薯条，将在偌大的冷库里度过为期3天到2周不等的"等待期"，随时准备被再次转运到闽西南地区的食品深加工公司，成为市民所熟知的油炸薯条，圆满完成这一次的"冷链之旅"。

"简单来说，我们就是个'大冰箱'，企业将需要冷藏的货品寄存在我们这儿，仓储并保证货品安全就是我们的职责。"海韵冷链仓储有限公司董事长陈海照介绍说。3.8亿元的投资规模、500余t的日吞吐量、4万t的总设计仓储量、40万t的年转运量，这家物流园满足着厦门湾区数十家进出口外贸公司的冷链仓储需要。

"202冷藏间，平均温度–18.3℃，设定温度–22℃，正常。"王悫紧盯着公司智能化仓储信息页面，30t新鲜薯条入仓，让冷藏间温度上浮了1℃多，但随着智能化仓储管理系统的自动调节，制冷机重新启动，仓内温度迅速恢复至–18℃。

"我们采用了二氧化碳和氨复叠制冷系统，在保证制冷效果的同时，大幅降低氨的使用量。另外，园区采用业界先进的智能化仓储管理系统，手持终端就能轻松掌握车辆调度、温度湿度调节、预冷合格率等情况。效率高，生产也更安全，还大大降低生产成本。"海韵冷链仓储有限公司总经理叶劲飞表示。

[资料来源：阿尔达克，张艺开，刘晓宇. 冷链物流"热"起来 [N]. 人民日报，2020-07-09（7）.]

延伸阅读1-2

推动冷链物流高质量发展

近几年，冷链物流在百姓生活中扮演着越来越重要的角色，肉类、水果、蔬菜、水产品、乳品、速冻食品等均离不开冷链运输。我国冷链物流展现出强劲韧性和巨大潜力。

"不过，我国冷链物流发展仍面临不少突出瓶颈和痛点、难点、卡点问题，难以充分满足市场需求。"交通运输部科学研究院现代物流研究中心主任萧赓指出。冷链物流是我国发挥强大国内市场优势和建设现代流通体系的重要领域，对保障食品和医药产品安全、建设人民满意交通、构建新发展格局具有重要意义，需要冷静面对机遇和挑战。未来，要通过构建国家冷链物流骨干通道，不断推动冷链物流高质量发展。

1. 市场规模迅速扩大

近年来，我国冷链物流市场规模快速增长，国家骨干冷链物流基地、产地销地冷链设施建设稳步推进，冷链装备水平显著提升。数据显示，2023年，我国冷链物流市场规模达到5170亿元，冷库总量约2.3亿m^3，冷藏车市场保有量达到43.2万辆。

萧赓分析说，当前，冷链物流市场蓬勃发展呈现出新特征，在物流供给规模增大和需求多样化的带动下，不同品类、不同来源产品的冷链物流发展细分加快，差异化服务增多；在生鲜电商、自采直销等新业态的助推下，食品冷链物流形成产地放射、中心城市汇集的形态；随着交通运输网络的完善，冷链物流资源加快向综合交通枢纽城市、国家综合立体交通网主骨架汇集，在空间分布上更加集约。

与此同时，市场主体不断扩大。我国冷链物流企业之间整合、并购、重组加快，在冷链仓储、运输、配送、装备制造等领域涌现一批龙头企业，全国冷链物流"百强企业"规模占市场总规模接近20%，资源整合能力和市场竞争力显著提升。

"冷链市场需求增加、冷链行业监管规范、冷链产业资源投入力度持续增强等利好，将推动冷链领域全产业链加快转型升级，快速向数字化、智能化和体系化等纵深方向发展，冷链产业持续向好。"顺丰冷运总裁危平介绍。2021年，顺丰冷运及医药业务实现不含税营业收入78亿元，同比增长20.1%。当前，冷链行业处于企业规模小、竞争分散的阶段，但政府及社会的空前重视和加强监管，以及资本的持续加码，均推动行业加速整合，走向高质量发展之路。

2. 加快补短板

"总体看，我国冷链物流仍处于发展阶段，冷链物流体系尚不健全，存在冷链流通率偏低、损耗偏大、成本较高等短板，与经济社会发展要求相比存在一定差距。"萧赓说。

数据显示，虽然总量有较大提升，但我国人均冷库容量仅为0.13m³，远低于美国（0.49m³）、日本（0.32m³）、韩国（0.28m³）。

专家指出，目前我国冷链基础设施薄弱，结构性失衡问题突出。中转联运换装和两端干支衔接易脱冷断链，城市人均冷库容量偏小，农村前端预冷和港站枢纽冷链设施资源不足，冷链物流设施在区域分布、产销地分布、温区功能等方面存在结构性失衡问题。

同时，我国农产品流通环节多，规模化、组织化程度偏低，流通效率低，导致物流成本增加，难以把控供应链质量，货物损耗率居高不下。目前，我国生鲜农产品物流成本占总成本的30%~40%，损耗率达10%~15%。

另外，我国冷链物流作业仍以人工为主，自动化和智能化分拣、搬运、装卸等设施设备应用不足，冷链作业专业化水平不高制约整体效率提升。冷藏车等配套设施数量少且技术水平不高，特别是新能源冷藏车发展滞后。对比发达国家，我国冷藏车数量仅占货运汽车总量的0.3%左右，而主要发达国家占比达0.8%~3%。我国冷链物流信息化程度较低，智能气调、精准控温、智能仓储、无接触配送、大数据补货等新型冷链物流信息化技术仍处在探索推广阶段，有很大的提升空间。

"除硬件外，冷链物流标准体系还有待完善，目前冷链物流从生产到流通、消费各环节缺少统一标准，强制性标准少，衔接不紧密，全链条、协同化的冷链物流监管体系尚未建立，信息化监管能力不足，冷链专业人才培养不足，这些都制约了行业发展。"萧赓表示。

3. 构建骨干通道

"'十四五'规划开局之年，对中国冷链物流企业来说利好不断。冷链物流已由起初的新兴需求转变为社会发展的基础设施与刚性需求，冷链产业体系现代化进入了'快车道'。"危平说。

2021年年底，国务院办公厅印发《"十四五"冷链物流发展规划》（以下简称《规划》），要求聚焦制约冷链物流发展的突出瓶颈和痛点、难点、卡点，补齐基础设施短板，畅通通道运行网络，提升技术装备水平，健全监管保障机制，加快建立畅通高效、安全绿色、智慧便捷、保障有力的现代冷链物流体系。

围绕现代冷链物流体系总体布局，《规划》提出加快形成高效衔接的三级冷链物流节点，构建服务国内产销、国际进出口的两大冷链物流系统，建设设施集约、运输高效、服务优质、安全可靠的国内国际一体化冷链物流网络；建设北部、鲁陕藏、长江、南部等"四横"冷链物流大通道，以及西部、二广、京鄂闽、东部沿海等"四纵"冷链物流大通道，形成内外联通的"四横四纵"国家冷链物流骨干通道网络。

2022年4月，交通运输部牵头印发《关于加快推进冷链物流运输高质量发展的实施意见》，聚焦冷链运输发展面临的难点、痛点、堵点问题，积极采取有效措施，推进冷链物流运输畅通高效、智慧便捷、安全规范发展，为保障食品流通安全、减少食品流通环节浪费、推动消费升级和培育新增长点、构建新发展格局提供有力支撑。

"交通运输贯穿冷链物流始终，是冷链物流发展的基础环节、重要载体和先导力量，未来应立足国内国际两个市场。要充分发挥综合交通运输体系的作用，就需要各部门协同发力、整体谋划、综合施策，共同推动冷链物流高质量发展。"萧赓分析指出。

第一，优化冷链物流枢纽和通道布局。引导各地错位发展、分工协同，打造通达全球、服务全国、联动产业的冷链物流组织中枢，提升冷链运输通道能力，推动形成集约、高效的冷链运输通道。

第二，支持冷链物流基础设施高质量建设。推动港站枢纽强化冷链组织功能，支持具有冷链功能的综合货运枢纽建设，综合强化城市配送中心及乡镇运输服务站的冷链服务功能。同时，发展冷链物流服务新模式新业态。结合新兴技术，推动冷链直达运输集约发展，深化枢纽、口岸、产业联动，进一步畅通冷链国内国际双循环。

[资料来源：齐慧. 推动冷链物流高质量发展 [N]. 经济日报，2022-04-26（6）.]

练习与思考

1. 名词解释

冷链　冷链物流　冷链物流系统　预冷　国家骨干冷链物流基地

2. 简答题

（1）冷链物流与常温物流相比，有何自身的特点？

（2）为什么说冷链物流系统是一种大且复杂的系统？

（3）简述国外主要发达国家冷链物流发展概况。

（4）我国冷链物流的发展经历了哪几个阶段？

（5）简述目前我国冷链物流发展现状。

（6）当前我国冷链物流发展面临怎样的形势？

本章参考文献

[1] 吕建军，侯云先. 冷链物流 [M]. 北京：中国经济出版社，2018.

[2] 全国物流标准化技术委员会. 物流术语：GB/T 18354—2001 [S]. 北京：中国标准出版社，2001.

［3］ 全国物流标准化技术委员会．物流术语：GB/T 18354—2006［S］．北京：中国标准出版社，2006．

［4］ 全国物流标准化技术委员会．物流术语：GB/T 18354—2021［S］．北京：中国标准出版社，2021．

［5］ 国务院办公厅．国务院办公厅关于印发"十四五"冷链物流发展规划的通知［EB/OL］．［2023-11-11］．https://www. gov. cn/zhengce/zhengceku/2021-12/12/content_5660244. htm.

［6］ 谢如鹤，王国利．冷链物流概论［M］．北京：中国财富出版社，2022．

［7］ 汪利虹，冷凯君．冷链物流管理［M］．北京：机械工业出版社，2019．

［8］ 翁心刚，安久意，胡会琴．冷链物流［M］．北京：中国财富出版社，2016．

［9］ 马进，司春强．中国冷链发展现状及环保潜力［J］．世界环境，2015（B10）：55-57．

［10］ 中国物流与采购联合会冷链物流专业委员会，国家农产品现代物流工程技术研究中心．中国冷链物流发展报告（2018）［M］．北京：中国财富出版社，2018．

［11］ 赵金红，朱明慧，温馨，等．芒果玻璃化转变与状态图研究［J］．农业机械学报，2015，46（4）：226-232．

［12］ ZHAO Y H, JI W, GUO J, et al. Numerical and experimental study on the quick freezing process of the bayberry［J］. Food and Bioproducts Processing, 2020（119）：98-107.

［13］ 杨天阳，田长青，刘树森．生鲜农产品冷链储运技术装备发展研究［J］．中国工程科学，2021，23（4）：37-44．

［14］ 全国物流标准化技术委员会．冷链物流分类与基本要求：GB/T 28577—2021［S］．北京：中国标准出版社，2021．

［15］ 欧阳玉子，孙鹏．国家骨干冷链物流基地建设和发展：以规模经济视角分析［J］．供应链管理，2022，3（10）：74-80．

［16］ 张喜才．中国农产品冷链物流经济特性、困境及对策研究［J］．现代经济探讨，2019（12）：100-105．

［17］ 李鸿冠．农村冷链物流所面临的困境及其对策探析：基于中央一号文件的视角［J］．宁德师范学院学报（哲学社会科学版），2020（2）：75-78．

第二章

易腐食品保鲜机理与方法

学习目标

本章知识、能力和素质目标要求如下：

- 能够阐释温度、气体、湿度和振动对冷链物流品质的影响机理。
- 能够提出实现冷链物流的条件。
- 能够阐释易腐食品低温保藏的原理。
- 能够描述并会使用肉、鱼、果蔬的保鲜方法与工艺。
- 能够列举主要的果蔬预冷方式并辨识各方式的优缺点。
- 能够解释农产品产地商品化的内涵及必要性。
- 能够描述并会使用易腐食品的解冻方法。
- 能够树立求真求实的精神，理解并探索新的易腐食品保鲜方法，培养创新精神。

第一节　影响冷链物流品质的因素

一、温度

（一）温度对微生物的影响

根据对温度适应性的不同，微生物可分为三个类群，即嗜冷、嗜温、嗜热。每一类群微生物都有最适宜生长繁殖的温度范围，但这三个类群微生物都可以在20～30℃之间生长繁殖，当食品处于这种温度的环境中时，各种微生物都可生长繁殖而引起食品的变质。

低温对微生物的生长极为不利，但微生物具有一定的适应性，在5℃左右或更低的温度（甚至−20℃以下）下仍有少数微生物能生长繁殖，使食品发生腐败变质，称这类微生物为低温微生物。低温微生物是引起冷藏、冷冻食品变质的主要微生物。食品在低温下生长的微生物主要有：假单胞菌属、黄色杆菌属、无色杆菌属等革兰氏阴性无芽孢杆菌；小球菌属、乳杆菌属、小杆菌属、芽孢杆菌属和梭状芽孢杆菌属等革兰氏阳性细菌；假丝酵母属、隐球酵母属、圆酵母属、丝孢酵母属等酵母菌；青霉属、芽枝霉属、葡萄孢属和毛霉属等霉菌。易腐物品中不同微生物生长繁殖的最低温度见表2-1。

表 2-1　易腐物品中不同微生物生长繁殖的最低温度

种类	微生物	生长最低温度/℃	种类	微生物	生长最低温度/℃
猪肉	细菌	-4	乳	细菌	-1~0
牛肉	霉菌、酵母菌、细菌	-1~1.6	冰激凌	细菌	-10~-3
羊肉	霉菌、酵母菌、细菌	-5~-1	大豆	霉菌	-6.7
火腿	细菌	1~2	豌豆	霉菌、酵母菌	-4~6.7
腊肠	细菌	5	苹果	霉菌	0
熏腊肉	细菌	-10~-5	葡萄汁	酵母菌	0
鱼贝类	细菌	-7~-4	浓橘汁	酵母菌	-10
草莓	霉菌、酵母菌、细菌	-6.5~-0.3			

这些微生物虽然能在低温条件下生长繁殖，但其新陈代谢极为缓慢，生长繁殖的速度也非常迟缓，因而它们引起冷藏食品变质的速度也较慢。

有些微生物在很低的温度下能够生长繁殖，其机理还不完全清楚，但至少可以认为它们体内的酶在低温下仍能起作用。另外也观察到嗜冷微生物的细胞质膜中不饱和脂肪酸含量较高，推测可能是由于它们的细胞质膜在低温下仍保持半流动状态，能进行活跃的物质传递。而其他生物则由于细胞质膜中饱和脂肪酸含量高，在低温下成为固体而不能发挥其正常功能。

（二）温度对果蔬储运的影响

1. 温度对果蔬呼吸的影响

运输温度对果蔬产品品质有决定性的影响。果蔬运输分为常温运输和冷藏运输两类。在运输中，果蔬产品装箱和堆码紧密，热量不易散发，呼吸热的积累常成为影响运输的一个重要因素。在常温运输中，果蔬产品的温度很容易受外界气温的影响。如果外界气温高，再加上果蔬本身的呼吸热（见表 2-2），果蔬温度很容易升高。一旦果蔬温度升高，就很难降下来，这常使产品大量腐败。在冷藏运输中，由于堆垛紧密，冷气循环不好，未经预冷的果蔬冷却速度通常很慢，而且各部分的冷却速度也不均匀。有研究表明，没有预冷的果蔬，在运输的大部分时间中，产品温度都比要求温度高。可见，要达到好的运输质量，在长途运输中，预冷是非常重要的。

表 2-2　一些水果、蔬菜在不同温度下的呼吸热　　　［单位：kJ/（t·天）］

品名	0℃	2℃	5℃	10℃	15℃	20℃
樱桃	1883	2971	4602	9205	15899	20920
杏	1464	2301	4812	8786	13389	17154
桃	1632	1883	3514	7950	11297	15481
李	1841	3012	5648	10878	15899	90083
梨（早期）	1255	2259	3974	54319	13807	23012
梨（晚期）	920	1925	3556	4812	10878	18828

（续）

品名	0℃	2℃	5℃	10℃	15℃	20℃
苹果（早期）	1590	1799	2720	5230	7950	10460
苹果（晚期）	920	1172	1799	2678	5021	7276
葡萄	837	1464	2092	3138	4184	6694
草莓	4017	5439	7950	15062	20920	25941
黄柠檬	837	1130	1674	2803	4058	5021
柑橘	920	1088	1632	3012	4812	6067
香蕉（青）	—	—	4393	8452	11297	13389
香蕉（熟）	—	—	5021	10042	14226	20920
菠菜	7113	10251	17154	36987	42677	77404
豌豆（连荚）	8996	12343	16318	23012	39748	55647
黄瓜	1757	2092	2929	5230	10460	15062
番茄（熟）	1506	1674	2301	3556	7531	8786
花椰菜（带叶）	5439	6067	6694	11924	22384	34727
蘑菇	10460	11297	13807	21757	41840	54818

2. 温度对果蔬水分蒸发的影响

温度升高，空气的饱和湿度就会增大，果蔬水分蒸发加快，容易失水萎蔫，降低耐储性。在一定的空气湿度下，降低运输环境的温度能抑制果蔬的水分蒸发，保持果蔬的新鲜品质，有利于运输。

3. 温度对冷害的影响

冷害是指0℃以上的低温对果蔬造成的生理伤害。冷害的症状大都有：表面出现凹点或凹陷的斑块；局部表皮组织坏死、变色，出现水渍斑块；不能正常成熟，有异味；果皮、果肉或果心褐变等，具体症状随果蔬种类的不同而不同。部分果蔬发生冷害的临界温度及症状见表2-3。

表2-3　部分果蔬发生冷害的临界温度及症状

种类	温度/℃	症状
苹果	−2.2 ~ −1.5	橡皮病、烫害、果肉褐变
绿番茄	7.2 ~ 10.0	水浸状软烂
香蕉	12.8	果皮出现褐色条纹，不能正常成熟
西瓜	4.0	凹陷、异味
黄瓜	7.2	表皮凹陷、果肉褐变、萎蔫
茄子	7.2	表皮凹陷、呈烫伤症状
甜椒	7.2	表皮水浸状凹陷
葡萄柚	10.0	烫害、凹陷、水浸状腐烂

冷害破坏了呼吸过程的协调性，引起果蔬不正常的呼吸，导致生理失调，耐储性和抗病

性下降，极易被微生物侵染，如香蕉的腐生菌、黄瓜的灰霉菌、柑橘的青绿霉菌、番茄的交链孢霉菌，使受冷害的果蔬迅速腐烂。

影响冷害发生与否及程度轻重的因素包括：①运输温度，在导致冷害发生的温度下，温度越低，发生越快，如甘薯在0℃下1天就受冷害；②持续时间，持续时间越长越严重，如蜜柚在0℃下4天尚无明显伤害，10天后损伤严重；③品种种类，不同种类、品种的果蔬对于低温的敏感性不同，使发生冷害的温度、难易程度有所不同，如香蕉若在低温下储藏，则易受冷害。

防止果蔬遭受冷害的措施有六种。①温度调节和温度锻炼。将果蔬放在略高于冷害临界温度的环境中一段时间，可以增加果蔬的抗冷性，但也有研究表明，有些果蔬在临界温度以下经过短时间的锻炼，然后置于较高的储藏温度中，可以防止或减轻冷害。②逐步降温法。此方法使果蔬逐步适应低温环境。适用于跃变型果实⊖。③热处理。运输前在30℃以上的温度中短时间处理，可以降低热带、亚热带果蔬对低温的敏感程度，减轻冷害的发生。④提高运输环境的相对湿度。接受100%的相对湿度可以减轻冷害症状，相对湿度过低却会加重冷害症状。用塑料袋包装可以减轻冷害症状，其原因一方面是塑料袋内的温度较高，另一方面可能是塑料袋内的湿度较高。实际上，高湿并不能减轻低温对细胞的伤害。高湿并不是使冷害减轻的直接原因，只是环境的高湿降低了蒸腾作用。⑤调节气体组分。在运输过程中，适当地提高 CO_2 的浓度、降低 O_2 的浓度有利于减轻冷害。调节气体组分对减轻冷害的作用是不稳定的，与处理时期、处理的持续时间及储运温度有关。在有些果实中，气调对冷害的作用还与产品的采收期有关。⑥化学物质处理。有些化学物质可以增加果蔬对冷害的忍受力，有效地减轻冷害。如储藏前用氯化钙处理，可以减少梨果维管束发黑及减少苹果和梨的内部败坏，也可减轻番茄的冷害，但不影响其成熟；用乙氧基喹和苯甲酸钠处理黄瓜和甜椒，可减轻其冷害；用二甲基聚硅氧烷、红花油和矿物油处理，可减轻香蕉失水和防止其表皮变黑。几种果蔬减轻冷害的温度调节措施见表2-4。

表2-4 几种果蔬减轻冷害的温度调节措施

温度调节措施	产品	具体方法
低温锻炼	桃	24℃处理2~5天，减轻储藏期果肉粉质化
	西葫芦	10℃或25℃处理2天，减轻2.5℃或5℃储藏期冷害
	柠檬	15℃处理7天，减轻0℃储藏冷害
逐渐降温	番茄	从10~14℃开始，每周降1℃，降到7~8℃，再每3天降1℃，降到0℃储藏
	香蕉	每12h降低3℃，从21℃降到5℃，5℃储藏
	鸭梨	每30~40天逐渐降到0℃储藏
热处理	绿熟番茄	36~40℃处理3天，减轻2℃储藏时的冷害
	杧果	38℃处理24h和36h，减轻5℃储藏期的冷害
	甜薯	29℃处理4~7天，减轻5℃储藏期的冷害

⊖ 某些肉质果实从生长停止到开始进入衰老的时期，其呼吸速率突然升高，称为呼吸跃变（respiratory climacteric）。苹果、香蕉、番茄、鳄梨、杧果等均具有这种现象，故称跃变型果实。

冻害是指低于0℃的低温对果蔬造成的生理伤害。果蔬处在其冰点以下的温度，如果温度继续降低，则会引起细胞内的水分外渗进入细胞间隙而结冰，细胞液浓度增高，某些离子的浓度增加到一定程度时，pH值就会改变，使细胞受害，代谢失调，再加之水结冰后体积膨胀，对细胞产生膨胀压力，引起机械损伤，细胞就会受到破坏而死亡，在解冻以后汁液外流，不能恢复到原来的鲜活状态，风味也遭受影响。

果蔬受冻害的程度取决于受冻时的温度及持续的时间。温度低、时间长，果蔬受冻害严重；环境温度不太低或持续时间并不长，组织的冻结程度轻，仅限于细胞间隙的水结冰，细胞结构还未遭到破坏，解冻后果蔬组织可以恢复生机。但是解冻时应注意：不宜搬动、翻动，要缓慢解冻，逐步升温，使细胞间隙的冰缓慢融化，重新被细胞吸收，解冻温度以4.5℃以下为宜，否则会影响品质。

4. 温度对乙烯产生的速度及其作用效应的影响

温度影响乙烯产生的速度及其作用效应，高温会刺激乙烯的产生。对于大部分果实来说，当果实的温度为16.6～21.2℃时，乙烯的催熟效应最大。

5. 果蔬的冷链物流温度控制

从理论上来说，果蔬的冷链物流温度与最适储藏温度保持一致是最为理想的。但是，在实践中，这样操作所付出的代价往往非常高。在现代运输和销售条件下，果蔬的陆上运输很少超过10天，因此，果蔬运输和销售只相当于短期储藏，没有必要套用长期冷藏的指标。

一般而言，根据对运输和销售温度的要求，可把果蔬分为四大类：

第一类为适于低温运输和销售的温带果蔬，如苹果、桃、梨，最适温度为0℃。

第二类为对冷害不太敏感的热带、亚热带果蔬，如荔枝、柑橘、石榴，最适温度为2～5℃。

第三类为对冷害敏感的热带、亚热带果蔬，如香蕉、杧果、黄瓜、青番茄，最适温度在0～10℃之间。

第四类为对高温相对不敏感的果蔬，适于常温运输和销售，如洋葱、大蒜等。

一些果蔬对长途运输温度的要求见表2-5。

表2-5　一些果蔬对长途运输温度的要求

果蔬名称	运输温度/℃	果蔬名称	运输温度/℃
木瓜	7～13	胡萝卜	0～2
番荔枝	15～20	芦笋	0～2
菠萝	8～13	土豆	2～5
香蕉	12～15	黄花菜	0～2
草莓	0～3	芹菜	0～2
葡萄	0～3	绿番茄	14～16
柑橘	4～8	初熟番茄	7～10
柠檬	10～13	成熟番茄	0～5
苹果、梨	0～4	黄瓜	10～13
桃	0～3	辣椒	7～13

二、气体

（一）气体对微生物的影响

微生物与氧气有着十分密切的关系。一般来说，在有氧的环境中，微生物进行有氧呼吸，生长、代谢速度快，食品变质速度也快；在缺乏氧气的环境中，由厌氧性微生物引起的食品变质速度较慢。氧气存在与否决定着兼性厌氧微生物是否生长和生长速度的快慢。例如，当水分活度 $A_w = 0.86$ 时，在无氧情况下，金黄色葡萄球菌不能生长或生长极其缓慢；而在有氧情况下，金黄色葡萄球菌则能良好生长。

在新鲜食品原料中，由于组织内一般存在着还原性物质（如动物性原料组织内的巯基），因而具有抗氧化能力。在食品原料内部生长的微生物绝大部分应该是厌氧性微生物，而在原料表面生长的则是需氧微生物。食品经过加工，物质结构改变，需氧微生物进入食品组织内部，使其更易变质。

另外，氢气和二氧化碳等气体的存在对微生物的生长也有一定的影响，可通过控制它们的浓度来防止食品变质。

（二）气体对果蔬运输的影响

1. 氧气的影响

环境中氧气的含量直接影响果蔬的呼吸强度，从而影响储运效果。一般大气中的氧气含量为 20.95%，当氧气含量低于 10% 时，呼吸强度会明显降低。低氧气浓度会减少促进成熟的植物激素的产生量，从而延缓成熟、衰老的进程。

2. 二氧化碳的影响

二氧化碳是果蔬呼吸代谢的产物之一，在大气中的含量约为 0.03%，提高储运环境中二氧化碳的浓度，会抑制果蔬的呼吸作用。对多数果蔬来说，适宜的二氧化碳含量为 1% ~ 5%，含量达到 10% 时，反而会刺激呼吸作用，严重时引起代谢失调，即二氧化碳中毒。二氧化碳中毒的危害甚至比无氧呼吸造成的伤害更严重。一定浓度的二氧化碳能减少促进成熟的合成反应，从而有利于延长果蔬的储运寿命。

3. 乙烯的影响

乙烯是一种促进果实成熟的植物激素，在正常条件下为气态。随着果实的成熟，其体内产生乙烯，而新产生的乙烯促进果实的成熟。果实成熟后内部会发生一系列变化，如：淀粉含量下降、可溶性糖含量上升、叶绿素含量下降、有色物质增加，水溶性果胶含量增加、果实的硬度降低，表现出成熟果实特有的色、香、味及质地。

不同种类及同一种类不同品种的果实中的乙烯产生量有较大差异。跃变型果实产生的乙烯较多，而非跃变型果实产生的乙烯相对较少。

无论是内源乙烯还是外源乙烯，都能使果实成熟、衰老，即使在很低的浓度（1ppm）的情况下，也具有催熟效应。在储藏中要避免不同跃变型果实同库存放，同时要尽量控制和减少储藏环境中的乙烯含量。

三、湿度

（一）湿度对微生物的影响

空气中的湿度对微生物生长和食品质量有重要影响，尤其是未经包装的食品。例如，把含水量少的脱水食品放在湿度高的地方，则食品易潮，表面水分迅速增加。在长江流域的梅雨季节，粮食、物品容易发霉，就是因为空气湿度太高（相对湿度在70%以上）。

Aw反映了溶液和作用物的水分状态，而相对湿度则表示溶液和作用物周围的空气状态。当两者处于平衡状态时，$Aw \times 100$就是大气与作用物平衡后的相对湿度。每种微生物只能在一定的Aw值范围内生长，但这一范围的Aw值要受到空气湿度的影响。

知识拓展 2-1

易腐物品的水分活度

水分是微生物生命活动的必要条件，微生物细胞组成不可缺少水，细胞内所进行的各种生物化学反应均以水分为溶媒。在缺水的环境中，微生物的新陈代谢发生障碍，甚至死亡。但各类微生物生长繁殖需要的水分含量不同，因此易腐物品中的水分含量决定了生长微生物的种类。一般来说，含水分较多的易腐物品，细菌容易繁殖；含水分少的易腐物品，霉菌和酵母菌容易繁殖。

在易腐物品中，水分以游离水和结合水两种形式存在。微生物在易腐物品中生长繁殖，利用的是游离水，因而微生物在易腐物品中的生长繁殖不是取决于总含水量，而是取决于水分活度（Aw）。因为一部分水与蛋白质、碳水化合物及一些可溶性物质，如氨基酸、糖、盐等结合，而这种结合水对微生物是无用的，所以通常用水分活度来表示易腐物品中可被微生物利用的水。

水分活度（Aw）是指易腐物品在密闭容器内测得的水蒸气压力（p）与同温下测得的纯水蒸气压力（p_0）之比，即

$$Aw = p/p_0$$

根据拉乌尔定律（Raoult's Law），在一定温度下，稀溶液的蒸气压等于纯溶剂的蒸气压乘以该溶剂在溶液中的摩尔分数。

易腐物品中的主要微生物类群生长的最低Aw值见表2-6。

表2-6　易腐物品中的主要微生物类群生长的最低Aw值

微生物类群	最低Aw值	微生物类群	最低Aw值
大多数细菌	0.90 ~ 0.99	嗜盐性细菌	0.75
大多数酵母菌	0.88 ~ 0.94	耐高渗酵母	0.60
大多数霉菌	0.73 ~ 0.94	干性霉菌	0.65

新鲜的食品原料，如肉类、水果、蔬菜等含有较多的水分，Aw值一般为0.98 ~ 0.99，适合多数微生物的生长，如果不及时加以处理，很容易腐败变质。为了防止食品变质，最常用的办法就是降低食品的含水量，使Aw值降至0.7以下，这样可以长期保存。Aw值为0.8 ~ 0.85的食品，一般只能保存几天；Aw值为0.72左右的食品，可以保存2 ~ 3个月；如果Aw值为0.65以下，则可保存1 ~ 3年。

在实际操作中，为了方便，也常用百分率来表示食品的含水量，并以此作为控制微生物

生长的一项衡量指标。例如，为了达到储藏目的，奶粉含水量应在8%以下，大米含水量应在13%左右，豆类含水量应在15%以下，脱水蔬菜含水量应在14%～20%。这些物质的含水量虽然不同，但其Aw均在0.7以下。

（二）湿度对果蔬运输的影响

1. 相对湿度

空气的相对湿度是影响果蔬水分蒸发的直接因素，一般用绝对湿度占饱和湿度的百分率来表示，也可用水蒸气压表示。

2. 结露

在果蔬储运过程中，当储运环境中水蒸气的绝对含量不变，而温度降到露点温度时，空气中的水蒸气达到饱和，会使过多的水蒸气在果蔬表面、塑料包装袋内壁等处凝结成水珠，这种现象称为结露。

容易出现结露现象的原因有：

（1）果蔬入库初期，水分蒸发量大，环境湿度高，库温骤然下降。

（2）果蔬在库内堆积过多，通风散热缓慢，造成堆内外温度、湿度的差异。

（3）利用塑料袋包装时，塑料袋内果蔬释放的呼吸热及水分蒸发使袋内形成高温、高湿的环境，塑料薄膜处于冷热交界面。

（4）冷藏后的果蔬，未经升温而直接放置在高温场所，空气中的水蒸气在果蔬表面（果蔬本身是冷源）形成水珠。

3. 控制相对湿度和结露的注意事项

不同种类的果蔬有其最适宜的储运湿度。不是所有的果蔬都适合高湿度，如温州蜜柑在高湿条件下果皮容易吸水而产生"浮皮"，果肉内的水分和其他成分向果皮转运，导致果实外表虽然饱满，但果肉干缩、风味淡，易发生枯水生理病害。果蔬最适宜的储运相对湿度为85%左右。

在果蔬储运中，应严格防止结露现象产生，措施有：维持稳定的低温状态，保持稳定的相对湿度；库内外温差较大时缓慢通风；产品堆积不宜过多，堆垛间留有一定空隙；果蔬预冷后入库，升温后出库等。

四、振动

振动对易腐货物尤其是果蔬有一定的影响。振动的物理特征是用振幅与频率来描述的，振动强度以振动所产生的加速度大小来分级。振动可以引起多种果蔬组织伤害，主要为机械损伤和生理失常两大类，最终导致果蔬品质下降。

机械损伤会导致呼吸作用加强。任何的机械损伤，即使是轻微的挤伤或压伤，都会导致呼吸作用加强。因为损伤破坏了完好的细胞结构，加速了气体交换，提高了组织内氧气的含量，同时增加了组织中酶与作用底物接触的机会。机械损伤给微生物侵染创造了条件。果蔬受到机械损伤时会产生保卫反应，使呼吸作用加强。

在实际运输中，果蔬能承受多大的振动加速度是一个非常复杂的问题。一般而言，按照果蔬的力学特性，可把果蔬划分为耐碰撞和摩擦、不耐碰撞、不耐摩擦、不耐碰撞和摩擦、脱粒等类型（见表2-7）。

表 2-7　各种果蔬对振动损伤的抵抗性

类型	种类	运输振动加速度的临界点
耐碰撞和摩擦	柿子、柑橘类、青番茄、甜椒、根菜类	$3g$
不耐碰撞	苹果、成熟番茄	$2.5g$
不耐摩擦	梨、茄子、黄瓜、结球生菜	$2g$
不耐碰撞和摩擦	桃、草莓、西瓜、香蕉、绿叶菜类	$1g$
脱粒	葡萄	$1g$

注：g 表示重力加速度。

第二节　实现冷链物流的条件

冷链物流与一般的物流系统相比，其实施对设施设备和运行环境有着特殊的要求。冷链物流必须具备以下条件：

一、"3P" 条件

"3P" 条件指的是易腐物品的质量（Produce）、处理工艺（Processing）、包装（Package），要求原材料质量好、处理工艺品质高、包装符合物品特性，这是物品进入冷链物流的"早期质量"要求。

二、"3C" 条件

"3C" 条件指的是在整个生产加工与流通的过程中，对易腐食品的爱护（Care）、保持清洁卫生（Clean）的作业环境，以及低温（Cool）的环境。这是保证易腐食品"流通质量"的基本要求。

三、"3T" 条件

"3T" 条件即著名的 T. T. T 理论，即时间（Time）、温度（Temperature）、耐藏性（Tolerance）。1948 年—1958 年，美国西部农产品利用研究所阿尔斯德尔（Arsdel）等人通过大量的实验，总结出了对于冻结食品的品质保持所容许的时间和品温之间所存在的关系，其理论要点如下：

第一，对每一种冻结食品而言，在一定的温度下所发生的质量下降与所经历的时间存在着确定的关系。根据大量的实验资料（主要是通过感观鉴定和生化分析），大多数冻结食品的品质稳定性随着温度的降低而呈指数关系增强。温度对于冻结食品品质稳定性的影响，用温度系数 Q_{10} 来表示。Q_{10} 是指温差为 10℃ 时品质降低的速度比，即温度下降 10℃，冻结食品品质保持的时间比原来延长的倍数。如 Q_{10} 的值为 5，品温从 −15℃ 降到 −25℃，品质降低的速度减少到原来的 1/5，或者说冷藏期比原来延长 5 倍。Q_{10} 的值随食品的种类而异，在实用冷藏温度（−15~25℃）的范围内，其值为 2~5。

第二，冻结食品在储运过程中，因时间温度的经历而引起的品质降低量是累积的，也是不可逆的，但是与所经历的顺序无关。

第三，对大多数冻结食品来说，都是符合 T. T. T 理论的。温度越低，冻结食品的品质变化越小，储藏期也就越长。冻结食品的温度系数 Q_{10} 的值几乎都在 2～5 之间，但是也有温度系数小于 1 的食品，此时 T．T．T 理论不再适用（如腌制肉）。冻结食品从刚生产出来直到被送到消费者手上，如果温度能稳定不变，则是保持质量的理想条件。但在实际流通过程中，在储藏、运输、销售等各个环节，冻结食品的温度经常会上下波动，这对品质产生很大的影响。因此，了解冻结食品在流通中的品质变化，在食用时就显得十分重要。把某个冻结食品在流通过程中所经历的温度和时间记录下来，根据 T．T．T 曲线即可计算确定食品的品质情况。

在一些特殊情况下，发生的质量损失要比根据 T．T．T 理论计算的质量的降低量更大。

例如，冰激凌由于温度反复上下波动，温度升高时达到其融化点而融化或变软，温度降低时又再一次冻结变硬。这种反复如果频繁的话就会产生大冰晶，原来滑溜的口感变得粗糙而失去商品价值。

再如，冷藏室内如果温度波动并且湿度过低，冻结食品内的冰晶成长，表面冰晶升华，干耗特别严重，导致其重量减轻、质量恶化，比根据 T．T．T 理论计算求得的质量降低率要高得多。

四、"3Q" 条件

冷藏设备数量（能力）（Quantity）协调能保证易腐食品总是处在低温的环境之中。因此，要求产销部门的预冷站、各种冷库、铁路的冷藏车和冷藏车辆段、公路的冷藏汽车、水路的冷藏船，都要按照易腐货物货源货流的客观需要，互相协调地发展。

设备质量（Quality）标准上的一致，是指各环节的标准，包括温度条件、湿度条件、卫生条件以及包装条件应当统一。例如，包装与托盘、车厢之间的模数配合就能充分发挥各项设备的综合利用效率。

快速（Quick）的作业组织，是指生产部门的货源组织、运输车辆的准备与途中服务、换装作业的衔接、销售部门的库容准备等都应快速组织并协调配合。

"3Q" 条件十分重要，并且有实际指导意义。例如，冷链各环节的温度标准若不统一，则会导致品质的极大降低。这是因为在常温中，暴露 1h 的质量损失量可能相当于在 -20℃下储存半年的质量损失量。因此，应避免冻结食品在高温下暴露，或者尽量缩短暴露时间。成本、空间、水源等一系列问题导致运输工具难以与地面冷库保持完全一致的温湿度条件，这时的补救办法就是尽量加快作业过程与运输速度。例如，在铁路冷链运输中可通过缩短装卸作业时间、加速车辆取送挂运等方法来进行弥补。

五、"3M" 条件

"3M" 条件即：①保鲜工具与手段（Mean），在"保鲜链"中所使用的储运工具的数量要求、技术性能与质量标准等均应协调一致；②保鲜方法（Method），在保鲜储运过程中所采用的气调、减压、保鲜剂、冰温、离子和臭氧、辐照和冻结真空干制等保鲜方法应符合食品的特性并应能取得最佳保鲜效果；③管理措施（Management），要有相应的管理机构和行之有效的管理措施，以保证各作业环节之间的协调配合，并促成各环节的设备能力、技术水平和质量标准的协调发展与统一。

这些条件分别从产品特性、设施设备条件、处理工艺条件、人为条件等方面为冷链物流的实施提供保障，它们相互影响、相互作用，如设备条件对处理工艺、管理和作业过程均有直接影响。因此，要合理配置各要素资源，均衡发展相关要素条件，保障冷链物流以最经济的成本取得最佳的质量效果。

第三节 易腐食品保鲜方法与技术

一、易腐食品低温保藏的原理

易腐物品在常温下储存较长时间后就会腐败变质，其主要是由微生物的生命活动以及易腐物品中的酶进行的生化反应造成的。微生物的生命活动和酶的催化作用都需要在一定的温度和湿度条件下进行。如果降低储藏温度，微生物的生长、繁殖就会减慢，酶的活性也会减弱，就可以延长易腐物品的储藏期。此外，在低温下，微生物的新陈代谢会被破坏，其细胞内积累的有毒物质及其他过氧化物能导致微生物死亡。当易腐物品的温度降至 −8℃ 以下时，易腐物品中90%以上的水分都会变成冰，形成的冰晶还会破坏微生物细胞，细胞或失去养料，或因部分原生质凝固，或因细胞脱水等，从而造成微生物死亡。因此，冻结易腐物品可以延长易腐物品的储藏期并保证其原有的品质。

生鲜食品可分为动物性食品和植物性食品两类。由于它们具有不同的特性，因此利用低温进行储藏时，应采用不同的处理方法。

对于禽、鱼、畜等动物性食品，在储藏时，因物体细胞都已死亡，本身不能控制引起食品变质的酶的作用，也无法抵抗微生物的侵袭。因此，储藏动物性食品时，要求在其冻结点以下的温度保藏，以抑制微生物的繁殖、酶的作用和减慢食品内的化学变化，从而在较长时间内地维持其品质。

对于果蔬等植物性食品，为了保持其鲜活状态，一般都在冷却的状态下进行储藏。果蔬仍然是具有生命力的有机体，还在进行呼吸作用，能控制引起食品变质的酶的作用，并对外界微生物的侵入有抵抗能力。降低储藏环境的温度，可以减弱其呼吸强度、降低物质的消耗速度，延长储藏期。但是，储藏温度也不能过低，否则会引起果蔬活体的生理病害，以致果蔬被冻伤。所以，果蔬类食品应放在不发生冷害的低温环境下储藏。此外，鲜蛋也是活体食品，当温度低于冻结点时，其生命活动也会停止。因此，活体食品一般都在冷却状态下进行低温储藏。

二、肉的冷却与冻结工艺

肉的储藏保鲜方法有很多，主要有物理储藏法（低温、高温和辐射）和化学储藏方法（盐腌、烟熏、气调、添加化学制剂等）。其中，低温储藏方法是应用最广、效果最好的一种方法，因为低温能够抑制酶和微生物的生命活动，且不会引起肉组织结构和性质发生根本性的变化，能保持肉固有的特性和品质。

（一）肉的冷却工艺

肉的冷却工艺有一次冷却工艺、二阶段冷却工艺等。

1. 一次冷却工艺

我国的肉类加工企业普遍采用一次冷却工艺。为了缩短冷却时间，在装入鲜肉之前，应将冷却间内的空气温度预先降到 −3~1℃。在大批鲜肉入库的同时，开启干式冷风机，进行供液降温。但由于肉热量的散发，冷却间的空气温度会急剧上升，但温度最高应不高于 3~4℃ 且不低于 0℃。经过 10h 后，室内温度应稳定在 −1~2℃，不能有较大的波动幅度。肉类一次冷却工艺技术参数见表 2-8。

表 2-8　肉类一次冷却工艺技术参数

冷却过程	半片猪胴体		1/4 牛胴体		羊整腔	
	库温/℃	相对湿度（%）	库温/℃	相对湿度（%）	库温/℃	相对湿度（%）
冷却间进货之前	−4 ~ −3	90 ~ 92	−1	90 ~ 92	−1	90 ~ 92
冷却间进货结束后	0 ~ 3	95 ~ 98	0 ~ 3	95 ~ 98	0 ~ 4	95 ~ 98
冷却 10h 后	1 ~ 2	90 ~ 92	−1 ~ 0	90 ~ 92	−1 ~ 0	90 ~ 92
冷却 20h 后	−3 ~ 0	90 ~ 92	−1 ~ 0	90 ~ 92	−1 ~ 0	90 ~ 92

冷却开始时，相对湿度一般在 95%~98%，随着肉温下降和肉中水分蒸发强度的减弱，相对湿度逐渐降低至 90%~92%。库内的相对湿度对肉的冷加工质量有直接的影响，过高会造成微生物繁殖，过低则会使肉中水分蒸发而引起质量损失。

空气的温度和流速影响着冷却速度和冷却期的食品干耗。在冷却间内肉胴体之间的空气流速一般为 0.5~1.5m/s，其平均干耗量为 1.3%。如果将热肉送入温度为 −5~−3℃、风速为 1~2m/s 的冷却间内冷却，24h 下比同风速下在 −1℃ 的冷却间冷却要少 15% 的冷却干耗。

在一定的空气温度和流速下，肉的冷却时间主要取决于肉的肥瘦、肉块的厚薄以及肉的表面积大小。猪胴体和 1/4 牛胴体的冷却时间一般为 20h 左右，羊整腔的冷却时间为 10~12h，肉胴体最厚的部位（一般指后腹）中心温度降至 0~4℃ 即可结束冷却过程。有些国家要求经屠宰加工后的肉胴体应在 1h 之内冷却，山羊肉和羔羊肉应当在 12h 内将肉胴体中心温度冷却至 7℃，猪肉、牛肉和小牛肉应当在 15~20h 内将肉胴体中心温度冷却到 10~15℃。当胴体最厚部位中心温度冷却到 7℃ 以下时，即认为冷却完成。

2. 二阶段冷却工艺

随着冷却肉消费量不断增加，各国对肉类的冷却工艺加强了研究，重点围绕加快冷却速度、提高冷却肉质量等方面。较为广泛采用的是一些欧洲国家提出的二阶段快速冷却工艺方法，其特点是采用较低的温度和较高的风速进行冷却。第一阶段是在快速冷却隧道或在冷却间内进行的，空气温度降得较低，一般为 −15~−10℃，空气流速一般为 1.5~2.5m/s，经过 2~4h 后，胴体表面在较短的时间内降到接近冰点，迅速形成干膜，而后腿中心温度还在 16~25℃；然后再用一般的冷却方法进行第二阶段的冷却，在该阶段，冷却间温度逐步升高至 0~2℃，以防止肉的表面冻结，直到肉的表面温度与中心温度达到平衡，一般为 2~4℃，冷却间内的空气循环随着温度的升高而慢下来。采用二阶段冷却工艺的方法有两种：一种是全部冷却过程在同一冷却间完成，另一种是在分开的冷却间进行。

3. 冷却肉的冷藏

经过冷却的肉，若不能及时加工和销售，应该立即送入冷却肉冷藏间短期储藏。肉的冷却储藏是使肉深处的温度降低到 0 ~ 1℃，然后在 0℃左右储藏的方法。此种方法不能使肉中的水分冻结（肉的冰点为 -1.2 ~ -0.8℃）。由于在这种温度下仍有一些嗜低温细菌可以生长，因此，冷却储藏方法的储藏期不长，一般猪肉可以储藏 1 周左右。经冷却处理后，肉的颜色、风味、柔软度都变好，这也是肉成熟的过程。这一过程是生产高档肉制品必不可少的。现在发达国家中消费的大部分生肉均是这种冷却肉。

经过冷却的肉胴体可以在安装了轨道的冷藏间内短期储藏。冷却肉在冷藏时，库内温度以 -1 ~ 1℃为宜，相对湿度应保持在 85% ~ 90%。相对湿度过高，有利于霉菌等微生物的繁殖，不利于保证冷却肉的质量。如果采用较低的冷藏库温，则其湿度可高些。

为了保证冷却肉在冷藏期间的质量，冷藏间的温度应保持稳定，尽量减少开门次数，不允许在储存有已经冷却好的肉胴体的冷藏间内再进热货。冷藏间的空气循环应当均匀，速度应采用微风速。一般冷藏间内的空气流速为 0.05 ~ 0.1m/s，接近自然循环状态，以维持冷藏间内的温度均匀，减少冷藏期间的干耗损失。

冷却肉的冷藏时间按肉的温度和冷藏条件来确定。试验表明，在 0℃左右的库温、90% 左右的相对湿度的条件下，猪胴体冷藏时间为 10 天左右。表 2-9 为国际制冷学会推荐的冷却肉冷藏期限，但在实际应用时应将此表所列的时间缩短 25% 左右为宜。

表 2-9　国际制冷学会推荐的冷却肉冷藏期限

种类	温度/℃	储藏期/周
猪肉	-1.5 ~ 0	1 ~ 2
羊肉	-1 ~ 1	1 ~ 2
牛肉	-1.5 ~ 0	4 ~ 5

（二）肉的冻结工艺

肉的冻结工艺通常分为：两阶段冻结工艺和直接冻结工艺。

1. 两阶段冻结工艺

在中华人民共和国成立初期，我国肉类的冻结普遍在两个蒸发温度系统下进行，即将经加工整理后的肉胴体先送入冷却间冷却，待肉胴体温度冷却至 0 ~ 4℃时再送入冻结间进行冻结。经过冷却的肉在室温 -23℃、空气流速为 0.5 ~ 2m/s 的条件下，约 24h 深层肌肉温度可降到 -15℃。目前，美国、英国、德国、日本等国家仍然对肉类的冻结采用两阶段冻结工艺方法。

供冻结用的肉类，以肥度良好的牲畜最为适宜，因其皮下脂肪能很好地预防干缩；而瘦畜的肉类不宜冻结，因其在冻结和冷藏期间的质量损失较多，外形的变化也较大。

2. 直接冻结工艺

由于两阶段冻结时间长、效率低，可把两阶段冻结工艺改为在一个蒸发温度系统下进行冻结，即在牲畜屠宰加工整理后，滴干体表水后，直接送入冻结间冻结。对肉类加工而言，直接冻结是一项较新的工艺。过去由于受国外提出的出口冻肉技术条件的影响，要求肉胴体必须先经过 24h 的冷却后才能冻结。根据此规定，必须建立冷却间，生产周期长，限制了生产力的发展。新的直接冻结工艺不仅效率高，而且冻结质量更好。我国自20世纪70年代以来设计建造的冷库较广泛地采用了这一工艺。

3. 冻结肉的冻藏

冻结肉的冻藏是指将冻结后的肉送入低温条件下的冷库中进行长期储存。在冻藏过程中，由于条件和方法不同，冻结肉的质量也会发生变化。因此，研究和制定冻结肉的冻藏条件对保证肉的质量具有重要意义。

冷库的温度是由冻结后的肉胴体的最终温度决定的，需要长期储藏的肉类进入冷库前的温度必须在 −15℃以下。冷库内的空气温度不得高于 −18℃，因为在这样的温度条件下，微生物的繁殖几乎完全停止，肉类的生物化学变化受到了抑制，表面水分蒸发量也较小，能够保持较好的质量。我国肉类低温冷库大都采用 −18℃的库温。也有一些大型储备型冷库采用 −20℃的库温，以保证长时期储存的肉类产品的质量。表2-10为冻结肉类冻藏温度和储藏期。

表 2-10 冻结肉类冻藏温度和储藏期

种类	温度/℃	储藏期/月	种类	温度/℃	储藏期/月
牛肉	−12	5~8	羊肉	−12	3~6
牛肉	−15	6~9	羊肉	−18	6~10
牛肉	−18	8~12	羊肉	−23	8~10
小牛肉	−18	6~8	猪肉	−12	2~3
肉酱	−12	5~8	猪肉	−18	4~6
肉酱	−18	8~12	猪肉	−23	8~12

对生产性冷库来说，冻肉进入冷库时，其中心温度在 −15℃以下；而对于分配性冷库来说，由于冻肉经历了长途运输，因此温度有所上升，但其也应在 −8℃以下进库，如果高于 −8℃，即说明冻肉已经开始软化，必须进行复冻后才能进入冷库储存。

冷库的温度应保持稳定，其波动范围要求不超过 ±1℃。如果温差过大，会造成组织内冻晶体融化和再结晶，增加干耗损失，加速脂肪酸败。空气相对湿度要求越高越好，并且要求稳定，以减少水分蒸发。一般要求空气相对湿度保持在 95%~98%，其变动范围不能超过 ±5%。

知识拓展 2-2

热鲜肉、冷鲜（却）肉、冷冻肉、储备肉与僵尸肉

1. 热鲜肉

热鲜肉是指屠宰后未经人工冷却的肉，通常是在凌晨宰杀，清晨售卖，常在菜市场出售。热鲜肉没有经过冷却处理，肌肉尚未进入僵直期就上市销售，一直处于温度较高的状态下，微生物得不到抑制，安全性较低。热鲜肉从屠宰到上市的时间较短，新鲜度较高，屠宰和储运成本较低，目前在市场上仍占有较大比例。

2. 冷鲜（却）肉

冷鲜（却）肉是指屠宰后经冷却处理，在24h内的中心温度降低到 0~4℃，并在 0~

4℃的环境中储存、销售的肉。畜禽经宰杀后，肌肉组织需经历僵直、解僵、成熟等阶段，才能成为适合食用的肉。冷鲜（却）肉经冷却处理后，由僵直期进入解僵、成熟期，肌肉组织在酶的作用下，变得柔软多汁且富有弹性，更易咀嚼，还生成更易消化吸收的氨基酸、鲜味物质，增加肉的滋味，改善肉质。在冷却过程中，肉的表面会形成一层微干的外膜，有助于减少肉中的汁液流失，最大程度地保留肉的营养成分。冷鲜（却）肉的优点包括：一是安全系数高，冷鲜（却）肉全过程始终处于被严格监控的状态，防止可能的污染和不安全因素；二是营养价值高，冷鲜（却）肉因其未经冻结，食用前无须解冻，不会产生营养流失；三是感官舒适性高，冷鲜（却）肉在规定的保质期内色泽鲜亮，肉质柔软，肌红蛋白不会褐变，看上去与刚宰杀的热鲜肉没有什么区别。售卖冷鲜（却）肉是肉类市场的发展趋势，占比在逐步提高。

3. 冷冻肉

冷冻肉是指屠宰后经过 -28℃ 以下快速冻结，其中心温度降低到 -15℃ 以下，然后在 -18℃ 以下的环境中储藏、运输和销售（冻结状态）的肉。在冷冻状态下，细菌不易生长，因此冷冻肉相对比较安全。冷冻肉烹饪前需要解冻，如果方法不合理，会造成肉内部储藏的大量汁液流出，营养物质也会随水分一同流失，导致烹饪后口感干柴。另外，如果冷冻时间过长，蛋白质和脂肪氧化也会加剧，严重影响肉的风味和口感，因此目前冷冻肉在市场上相对较少，主要作为战略储备和市场调控储备。根据国家标准和 FDA 等的要求，常见肉类的冷藏时间不宜超过 1 年，水产肉类储存期不得超过 9 个月。

4. 储备肉与僵尸肉

储备肉是指国家用于应对重大自然灾害、公共卫生事件、动物疫情或者其他突发事件引发的市场异常波动和市场调控而储备的肉类产品。储备肉包括两部分：一是储备的活畜（含活猪、活牛、活羊），二是储备的冻肉（含冻猪肉、冻牛肉、冻羊肉）。《中央储备肉管理办法》规定"冻猪肉原则上每年储备 3 轮，每轮储存 4 个月左右"。也就是说，一般最多冻 4 个月，就会换一批新的。有时候，由于有新的储备肉入库，储备冻猪肉经冷冻不足 4 个月，也会被出库售卖。至于牛羊肉冻品，在 -18℃ 的环境中的保质期长达 8~12 个月，而储备冻牛、羊肉每轮只储存 8 个月左右，也并未"过期"。对于储备肉，国家在饲养、宰杀、冷冻、运输等各个环节，都制定了严格的标准，储备肉的品质、安全性都是有保障的，消费者可以放心购买。

储备肉不是"僵尸肉"，"僵尸肉"是指冻龄超期的肉。

三、水产品温控保活与保鲜技术

水产品温控保活与保鲜技术是指通过对不同水产品物流过程中环境温度的调控（降低或升高），维持其生命基础代谢特征（存活），保持其新鲜度的一项专业技术。水产品温控保活技术主要分为有水保活技术与无水保活技术两大类，水产品温控保鲜技术主要分为水产品冷却和微冻保鲜技术与水产品冻结与冻藏技术。

（一）水产品温控保活技术

1. 有水保活技术

目前，我国活鱼运输主要采用传统有水运输和无水运输两种方法，原理大致相同，都是通过降低鱼的代谢强度并改善运输水体的水质来提高运输效率，但方法有所不同，传统有水运输以物理化学麻醉法和降温为主，下面简单介绍。

（1）停食暂养与拉网锻炼。根据运输计划，选择体质健壮的鱼苗、鱼种，做好鱼体锻炼工作。

（2）水箱加水。装鱼前先要将运鱼的汽车水箱装水，所用水最好采用地下硬水，一般水箱加水 40~50cm 深。在夏天运输时，加地下井水后最好再加 1/5 左右养殖池的原水，以免水箱水体和原养殖池水体差异过大。装完鱼后要求水箱内水面基本上接近箱顶，这样在运输过程中可降低水体振荡，从而减少鱼体损伤。

（3）装鱼。在装鱼时动作不要过大，以免鱼体受伤。在长途运输时，一般要在运输前 1~2 天停止投饵，使鱼的消化道排空，避免在运输过程中污染水质。

（4）开设增氧设备。在装鱼的过程中，如果装在水箱中的鱼有浮头的情况，则要打开充氧开关。充氧量的大小，以保证水箱底部的塑料软管气孔都能往外均匀散发气泡为准。如果装鱼较多，可根据情况适当增大充氧量。在装完鱼后，要把顶盖固定好。

（5）长途运输途中管理。在长途运输途中主要检查充氧设施是否完好，现在大部分运输车都把氧气瓶的压力表装在驾驶室内，如果一个氧气瓶内没有氧气可被及时发现。经常进行长途运输的运输车一般都把多个氧气瓶连在一起，这样可以避免氧气管在每个氧气瓶间多次转换。在进行长途运输时最好每隔 3h 左右到车顶上检查一下，以免发生意外情况。

（6）销地暂养与销售。在运达目的地后，将活鱼转入暂养水箱，调整合适的温度，暂养销售。

2. 无水保活技术

水产品的无水保活技术集"暂养—梯度降温—诱导休眠—无水包装—低温储藏—唤醒"全过程品控工艺、智能信息化及配套装备为一体。该技术可使水产品存活时间长达 60~81h，存活率达 98% 以上，成本低，自动化程度高，易于操作，能实现大批量的输送。配套装备与产品则严格按照工艺流程设计生产，主要包括低温驯化/唤醒箱、天然植物源休眠诱导剂、无水保活运输车、无水保活运输垫、无水运输箱等，有效地构成物流载体，从而实现水产品无水保活流通全程高效、绿色、低碳。通过对水产品无水保活技术及其配套装备与产品的革新，提高了成活率，增加了运输量，延长了成活时间，从而大幅提升了水产品的商业价值。该技术促进了水产品冷链物流行业的全面革新，降低了物流成本，提高了经济效益，保障了产品质量。其冷链物流环节简介如下。

（1）产地驯化。驯化的水产品应体质健壮、无病、无伤、无污染，其品质应符合《水产品流通管理技术规范》（GB/T 24861—2024）的规定；驯化的水产品通过《水产品抽样规范》（GB/T 30891—2014）进行抽样检测；驯化使用的水质符合《渔业水质标准》（GB 11607—1989），使用的人造冰符合水产行业标准《人造冰》（SC/T 9001—1984）。

驯化操作步骤：在驯化车间对水产品进行梯度降温，使水温降至 -2~5℃，降温梯度与降温速率之间的对应关系是：

1）降温至 10~30℃，降温速率为每小时降温 3~5℃。

2）降温至 5~10℃，降温速率为每小时降温 0.5~2℃。

3）降温至 -2~5℃，降温速率为每小时降温 0.3~0.6℃。

驯化车间由过滤器、水泵、控温箱、驯化池通过管道依次串联，水泵与控温箱之间并联紫外消毒器，控温箱连接调控仪，调控仪的另一端连接气泵，气泵位于驯化池外，气泵的另一端连接通向驯化池内部的管道，管道的另一端连接曝气器；驯化池内有地漏，地漏通过管道与过滤器相连接，暂养池内部还有带阀门的排水管道。

（2）产地包装。在包装车间，水产品由驯化车间通过传送带输送至包装架上，再转移至保温箱中，充入混合气体包装后由传送带输送至中转站内的冷链运输车上，由冷链运输车将水产品运送至目的地或转运机场进行航空运输。

1）航空运输包装的基本要求、包装材料、包装容器、包装方法参照《水产品航空运输包装通用要求》（GB/T 26544—2011）。

2）常规冷藏车运输包装的基本要求、包装材料、包装容器、包装方法参照《水产品航空运输包装通用要求》（GB/T 26544—2011），其中，包装容器可使用专用包装箱或选择性使用瓦楞纸箱。

3）采用无水运输车包装时，将无水运输车车厢内的温度提前降低至水产品驯化温度并充入氧气，将水产品装入无水运输托盘后转入无水运输车，堆码完毕后，车厢密封充入混合气体，驾驶室开启监控系统。

（3）长途运输。根据水产品品类、运输量、运输距离及成本选择合适的运输方式；根据不同的水产品控制运输过程中的环境温度，波动≤3℃。

运输工具应洁净、无毒、无异味、无污染，符合卫生要求。长途运输过程中所涉及的储运设备等应符合《水产品保鲜储运设备安全技术条件》（SC/T 6041—2007）。

（4）销地唤醒。在水产品到达目的地后，转入提前调好温度的唤醒池或唤醒桶（温度同运输温度一致），对其进行梯度升温唤醒步骤：

1）升温至 −2～5℃，每小时升温 0.8～1.5℃。

2）升温至 5～10℃，每小时升温 1.5～3℃。

3）升温至 10～30℃，每小时升温 3～5℃。

（5）销地暂养。在水产品唤醒后，转入暂养池暂养待售，暂养池应具备控温、过滤及消毒等功能。暂养环境要求符合《鲜活青鱼、草鱼、鲢、鳙、鲤》（SC/T 3108—2011）经销商要求符合《鲜活对虾购销规范》（SB/T 10524—2009）。

（二）水产品温控保鲜技术

1. 水产品冷却和微冻保鲜技术

本部分重点对鱼类的温控保鲜技术做介绍。鱼类的低温保鲜分为冻结方法和非冻结方法两种。如果我们把对渔获物的保藏期要求放在首位，那么最好采用冻结方法或部分冻结方法来保质；如果我们把对渔获物的质量要求放在首位，则要采用非冻结方法，非冻结方法一般有冰藏保鲜法、冷海水保鲜法、微冻保鲜法和超冷保鲜技术。

（1）冰藏保鲜法。冰藏保鲜法是鱼货保鲜最常用的方法。可以使用机制冰或天然冰冰藏保鲜，但最好使用机制冰，将冰块砸碎后使用。撒冰要均匀，一层冰一层鱼。一般鱼层厚度为 50～100mm，冰鱼混合物堆装高度一般为 75cm，否则易压伤鱼体。鲜鱼的加冰数量取决于冷却鱼货和保鲜过程中维持低温所需的冷量。此方法冷却鱼的速度较慢，鱼体温度达不到0℃，只能达到1℃左右。鱼体冷却用时和加冰量的关系见表2-11。

表 2-11 鱼体冷却用时和加冰量的关系

冷却程度	加冰量（相对于鱼）				备注
	100%	**75%**	**50%**	**25%**	
20℃→1℃	134min	139min	310min	冷却不到1℃	每尾鱼平均质量为 1.25kg，厚度为 5.5cm。
20℃→5℃	63min	68min	110min	236min	冰块厚约为4cm

鱼体冷却速度与鱼的品种、大小也有关，多脂鱼或大型鱼的冷却速度慢。当冰的质量为鱼的质量的200%，由20℃冷却到1℃时，鱼体厚度为50mm，需110min；鱼体厚度为60mm，需150min；鱼体厚度为70mm，需235min；鱼体厚度为80mm，需325min。

用海水冰藏鱼类比用淡水好，因海水冰的熔点比淡水冰低，并有较强的抑制酶活性的作用。用冰藏保鲜的鱼不能长期保藏，一般淡水鱼为8~10天，海水鱼为10~15天。冰中加入适当的防腐剂（如氯化物、臭氧、过氧化氢等）成为防腐冰，可延长冷却鱼的储藏期。总之，低温、清洁、迅速这三点是此方法最基本的要求。

（2）冷海水保鲜法。冷海水保鲜法是指把渔获物保藏在-1~0℃的冷海水中，从而达到储藏保鲜的目的。这种方法适合于围网作业捕捞所得的中上层鱼类。这些鱼大多数是红肉鱼，活动能力强，即使被捕获后也仍然活蹦乱跳，很难做到一层冰一层鱼那样储藏。如果不立即降低温度使其冷却，其体内的酶就会很快产生作用，造成鲜度的迅速下降。

具体的操作方法是将渔获物装入隔热舱内，同时加冰和盐。加冰是为了将温度降低到0℃左右，用量与冰藏时一样。同时还要加入质量为冰质量3%的食盐以使冰点下降。待满舱时，注入海水，这时还要启动制冷装置达到进一步降温和保温作用，最终使温度保持在-1~0℃。海水的量与渔获物的量之比为3∶7。

这种保鲜方法的优点是鱼体降温快，操作简单迅速。如再配以吸鱼泵操作，则可大大降低装卸劳动强度，渔获物新鲜度好。其不足之处是需要配备制冷装置，随着储藏时间的增加，鱼体开始逐渐膨胀、变咸、变色。在实际应用中还存在一些有待解决的问题。

（3）微冻保鲜法。微冻保鲜法是指将渔获物保藏在其细胞汁液冻结温度以下（-3℃左右）的一种轻度冷冻的保鲜方法，也称为过冷却或部分冷冻。在该温度下，微生物繁殖能够被有效抑制。

鱼类的微冻温度因鱼种类的不同而略有不同。一般淡水鱼的冻结点为-0.7~-0.2℃，海水鱼的冻结点为-0.75℃，洄游性海水鱼的冻结点为-1.5℃，底栖性海水鱼的冻结点为-2℃。根据这些特点可知，鱼类的微冻温度范围一般为-3~-2℃。

微冻保鲜法的基本原理是利用低温来抑制微生物的繁殖和酶的活力。在微冻状态下，鱼体内的部分水分发生冻结，微生物体内的部分细菌就开始死亡，其他一些细菌虽未死亡，但其活动也受到抑制，几乎不能繁殖，于是就能使鱼体在较长时间内保持鲜度而不发生腐败变质。与冰藏比较，微冻保鲜法能延长保鲜期1.5~2倍。

（4）超冷保鲜技术。超冷保鲜技术（超级快速冷却）是一种新型保鲜技术。具体的做法是把捕获后的鱼立即用-10℃的盐水做吊水处理，根据鱼体大小的不同，可在10~30min之内使鱼体表面冻结而急速冷却，这样缓慢致死后的鱼处于鱼仓或集装箱内的冷水中，其体表解冻时要吸收热量，从而使得鱼体内部初步冷却，然后根据不同保藏目的及用途确定储藏温度。

现在渔获物被捞起后，大多数都是靠冰藏保鲜的。虽然冰藏可使保藏中的鲜鱼处于0℃左右，但是冰量不足，与冰的接触不均衡，使鲜鱼冷却不充分，会造成鲜鱼憋闷死亡、肉质氧化、传热系数上升等。日本学者发现超级快速冷却技术对上述不良现象的出现有显著的抑制效果。

▶▶ 知识拓展 2-3

冰中放入盐后为什么迅速降温？

因为冰融化和盐溶解时，都会从周围吸取热量⊖，也就是说，正是它们的这种吸热作用才使温度下降的。不管是食盐的溶解，还是冰块的融化，都得从周围吸取一定的热量，取得热量之后，自己温度升高，才变成液体状态。也就是说，把冰块和食盐混在一起，冰块本身总会融化一点，融化需要周围的热量，所以周围冷了下来。融化了的冰块变成水，食盐又溶解在这些水中，食盐溶解还需要吸收周围的热量。如此重复冰块融化和食盐溶解的过程，每次变化，周围都失掉热量，就这样，冰块中加入食盐后温度就会下降。而且，盐溶于水形成盐溶液后会使冰点大大降低，在低温下不易结冰。理论上冰与盐混合能使冰点温度下降到 -20℃。

如果在冰中加入盐，冰会加快融化。因为盐能使冰融化。其原理是：盐的成分是氯化钠（NaCl），冰的成分是水。氯化钠是极易溶于水的化学物质。氯化钠溶于水后生成氯化钠水溶液，其中含有钠离子和氯离子。氯离子和钠离子会破坏水结晶的网状结构，使水不能结冰。而且，盐可以使冰的熔点降低，使其低温下不冻结。盐水的凝固点通常为 -18℃左右，向冰中加入一定量的盐，可以使高于 -18℃的冰融化。当水由固态向液态转化时，需要从周围的环境中吸收热量，从而达到降温的目的。碎冰与食盐3∶1通常可降温至 -18℃，理论上可达到 -20℃。

利用盐水的这一特性，在滴水成冰的寒冬，人们可用撒盐的方法防止公路路面、机场跑道结冰，盐可以使雪不结冰。一方面，盐作为一种十分细小的晶体，能够增大道路上车辆轮胎的摩擦系数，减少轮胎打滑现象；另一方面，盐是一种价格实惠且污染较小的物质，所以经常被用于结冰路面。

2. 水产品冻结与冻藏技术

本部分重点介绍鱼类冻结与冻藏技术。冷藏保鲜的鱼体内部并未完全冻结，细菌和酶的活性也未完全失去，所以在鱼死后，其体内的某些生化反应还在继续进行，保鲜期一般在20天以内。因此，冷却或微冻的鱼都不能长期储藏。为了长期储藏，必须除去鱼体的热量，使其温度降到 -18 ~ -15℃。

（1）鱼类的冻结工艺。

1）鱼冻结前的清洗和整理工作。鲜鱼在冻结前必须经过挑选和整理。首先排除已腐败变质、受机械操作破坏的鱼，然后将鱼放在3~4℃的清洁水中洗涤，以清除鱼体上的黏液

⊖ 盐溶解时，水分子与离子发生相互作用，水分子与离子之间的氢键能降低，需要吸收热量来克服这种相互作用，所以盐溶解吸热。

和污物。无鳞而多脂的鱼，如带鱼、鲳鱼等冻结前则不必清洗，因为洗涤会使其在冷藏过程中因脂肪氧化而迅速变黄。清洗时要轻拿轻放，在水中停留的时间不得过长。清洗完毕后就要进行整理。要装盘的鱼必须经过整理。要整理得平直整齐，否则会影响鱼的质量和损耗。不整齐的鱼不仅堆装困难，而且相互缠绕在一起，在销售过程中易断头、断尾，损耗会增加 10% 左右。

2）冻结及其方法。把鱼体的温度降到 -18℃ 可储藏 2~3 个月，降到 -30 ~ -25℃ 可储藏 1 年。水被冻结成冰后，鱼体内的液体成分约有 90% 变成固体，使得大多数化学反应不能进行或不易进行。因此，要想使鱼的储藏时间较长，就要用冻结的方法。按照冷却介质的不同，冻结的方法有以下几种。

① 吹风冻结法。

a）搁架式冻结法。将鱼盘放在管架上，再用风机吹风，风速为 1.5 ~ 2m/s，鱼盘与管架接触传热且鱼与管架间的冷空气对流换热而散失热量。冻结间的温度为 -25 ~ -20℃，相对湿度为 90% ~ 95%。定时改变空气流动的方向，以保证冻结间内各位置降温一致。但风不能直接吹到鱼体上，直吹会引起鱼体因脱水过多而变白。这种方法所用设备简单，温度均匀，耗电量少，但用钢管多，劳动强度大。

b）强烈吹风冻结法。目前采用隧道式空气冻结装置。库温为 -25 ~ -20℃，鱼体终温达到 -18 ~ -15℃。鱼块大小为 40cm×60cm×（11~12）cm，每块鱼的质量为 15kg，放入冻鱼车的鱼盘内或吊轨（装鱼笼架）上，每辆冻鱼车装 20 盘鱼，冻鱼车双列布置，用冷风机强烈吹风，风速为 3 ~ 5m/s，冻结时间为 8 ~ 11h，一般是一日冻两次。隧道式空气冻结装置冻结速度快，能力强，耗用劳动力少，改善了操作条件，因此被渔业冷库广为使用。

② 平板接触冻结法。

a）卧式平板冻结器。把鱼装在鱼盘中，鱼盘尺寸一般为 375mm×595mm×75mm，每盘鱼的质量为 10 ~ 12kg。鱼盘平放在冻结平板上，开动液压系统，使平板与鱼之间的接触压力为 6864.66 ~ 29419.95Pa。然后关好进货门，对平板供液降温制冷，致使与平板接触的鱼迅速冻结。当鱼厚度为 60 ~ 80mm，氨蒸发温度为 -33℃ 时，经 2 ~ 3h 就可以将鱼冻好。

b）立式平板冻结器。将鱼装入各平板之间的空间，向平板供液降温制冷，鱼因两边平板迅速吸热而冻结成块。每块的厚度一般为 80 ~ 100mm，质量一般为 20 ~ 25kg，冻结时间为 3 ~ 4h。

卧式平板冻结器可以冻结已包装的食品，对于体形较小的鱼甚为适宜。立式平板冻结器操作简便，适用范围较广，可以冻结各种中小型鱼，但不能冻结已包装的鱼和大型鱼。

③ 盐水冻结法。用盐水作为介质来冻结鱼类，可分为接触式冻结和非接触式冻结两种。

a）接触式冻结。此方法是将低温盐水直接与鱼体接触，利用盐水的对流传热，使鱼体迅速冻结。它分为沉浸式冻结和喷淋式冻结。沉浸式冻结是将鱼放入铁丝笼并浸入温度为 -18℃ 的盐水中，在盐水搅拌器的作用下，使鱼体温度降到 -5 ~ -4℃。喷淋式冻结是将 -20℃ 左右的盐水，以淋浇或喷雾方式迅速喷注到鱼体上，优点是鱼体冻结迅速，耗冷量少，冻结时间一般为 1 ~ 3h，在冻结过程中没有干耗；缺点是盐水会略微浸入鱼体表面，鱼味变咸，鱼体变色，成形不规则。

b）非接触式冻结。将鱼放在容器中，再将容器放入低温的盐水中，使鱼体与盐水不直接接触。这种方法的优点是冻结速度快，冻结时间短，干耗小，质量好；缺点是盐水对设备的腐蚀性较大，设备使用寿命短，操作复杂，并要注意防止盐水漏入容器中。

④ 液化气体冻结法。

将液氮或二氧化碳喷射于鱼体上可快速冻结，也可以将鱼直接浸入液化气体中。液氮在大气压下的沸点为 -195.56℃，其潜热为 199.5kJ/kg；液态二氧化碳在 -78.5℃蒸发，可吸收 575kJ/kg 的潜能。

3）冻鱼的脱盘和包冰衣。冻结完毕后的鱼应立即脱盘和包冰衣，然后进行冻藏。脱盘和包冰衣的场所应是阴凉的，并具有良好的给水、排水条件。

① 冻鱼的脱盘。现在大多数采用浸水融脱的脱盘方法，即将鱼盘放在一个盛放常温水的水槽中，让鱼盘浮在水中，使鱼块与鱼盘冻结的地方融化脱离，然后立即将鱼盘翻转，倒出鱼块。有些冷库采用机械脱盘装置，它是一个可以移动的翻盘机械，可将水槽中的鱼盘推到脱盘机的台板上，利用翻板旋转动作将鱼盘翻到滑板上，使鱼块和鱼盘分离。

② 冻鱼的包冰衣。脱离鱼盘的冻鱼块在进入冻藏间前必须立即包冰衣，其目的是使鱼体与外界空气隔绝，以减少干耗，防止鱼体产生冰晶升华、脂肪氧化和色泽消失等变化。包冰衣是冻鱼工艺的重要工序，也是保持冻鱼质量、延长保存时间的重要环节。包冰衣是指将脱盘的鱼块立即运入一个水槽内浸泡 3～5s，再使其滑到一条滑道上，滴除过多的水分，体外很快被包上一层冰衣。包冰衣前，鱼体温度最好在 -15℃以下。包冰衣槽中的水应是预先冷却至 5℃左右的清洁水。水槽上还应有补充冷却水和排水装置。补充的冷却水量随水的厚度和损耗情况决定。如果需要用坚厚的冰层保护鱼冻品，可在冻结过程中加水，使鱼完全冻结在冰块中间。冻结虾时会采用这种包冰衣的工艺。

（2）鱼类的冻藏。鱼类冻结后要想长期保持其鲜度，还要在较低的温度下储藏，即冻藏。在冻藏过程中受温度、氧气、冰晶、湿度等影响，鱼类还会发生氧化、干耗等变化。所以，我国冷库的温度一般是 -18℃以下，相对湿度为 98%～100%，有些国家对冷库温度的要求是 -30℃。

鱼类与牛肉、猪肉、禽肉等陆生动物相比，其性质不稳定，保鲜期短。为了保持冻结鱼类的良好品质，国际冷冻协会推荐其冻藏温度：少脂鱼（牙鲆等）为 -20℃，多脂鱼（鲟鱼等）为 -30℃。因此，冷藏库的最低温度应达到 -30℃。

四、果蔬的保鲜与速冻工艺

（一）果蔬保鲜工艺

1. 果蔬采收及入库前的准备工作

（1）采收。果蔬采收环节直接影响产品的品质及储藏、运输等环节。过早采收，营养积累不充分，采后不但品质不佳，还会造成腐烂变质的增加；过晚收获，对跃变型果蔬来说，会引起采后控制跃变后熟的时间缩短，难度增加。因此，为了保证果蔬的质量，要在果蔬成熟度最适宜时采收。果蔬的采收时期，除与果蔬的成熟度有关外，还与采后用途、市场远近和储运条件有关。一般远运的应适当早采，罐藏和蜜饯加工的原料应适当早采，而加工果汁、果酒、果酱的原料应在充分成熟后采收。根据果蔬用途不同，人们将采收成熟的标准分为储运成熟度、食用成熟度、加工成熟度和生理成熟度。

果蔬在早晨采收品质更好、养分含量更高。同时，采收工作应在多云天气进行，避免在中午高温时采收，否则果蔬会吸收大量的田间热量而散发不出去，加速果实软化；也不宜在雨水、雾水、露水未干时采收，否则果蔬因表面潮湿容易被病原菌侵染。

果实一般用手采摘，如苹果、梨、桃、番茄等，在采收时用手掌轻握果实向上略托或稍旋，果梗便在离层处与果枝分离。对于果梗与果枝结合牢固的种类，如柑橘类和葡萄等，常用采果剪剪下。对于组织坚硬的小型果实，如山楂、枣等，可以摇动树枝使之脱落。坚果类的核桃、栗子可以用竹竿打落。地下根茎类，如萝卜、芋头、洋葱等多用锨刨，也可用犁翻。有些蔬菜采收得用刀割，如大白菜、甜瓜等。

当同一植株上的果实成熟度不一致时，分期采收既可保证质量，又能增加产量。果树上的果实采收顺序是"先下后上、先外后内"，即应先从树冠下部的外围开始采收，然后再采收内膛和树冠上部的。果蔬的表面结构是一个良好的天然保护层，应尽量保护，避免破坏。

（2）分级。分级是农产品商品化过程中极为关键的升级策略（农产品产地商品化的相关介绍见本章延伸阅读2-1）。分级就是指根据果蔬产品的大小、重量、色泽、形状、成熟度、新鲜度以及病虫害和机械操作等情况，按照一定的规格标准，进行严格挑选，分为若干等级。分级的主要目的是使果蔬达到商品标准。制定果蔬商品标准应从国家的整体利益出发，同时也要考虑生产者和消费者的实际要求，并以现有的生产技术水平为基础，使其在经济和技术上发挥积极作用。果蔬的分级办法分品质分级与大小分级两种。

（3）包装。包装与果蔬的运输、销售、损耗、新鲜度、储存期有着密切的关系。目前，果蔬应特别重视包装的改进，以提高在国际市场上的竞争力。果蔬的包装容器多采用纸箱和木箱等，这类容器比较坚固、耐压，容量固定，适于长途运输。果蔬的包装应遵循科学、经济、牢固、美观、适销的原则。

（4）预冷。预冷应遵循三个原则。一是采收后要尽早进行预冷处理，并根据果蔬种类和特性选择最佳预冷方式。一次预冷的数量要适当，要合理包装和码垛，尽快使产品达到预冷要求的温度。二是预冷的最终温度要适当，一般各种果蔬的冷藏温度就是预冷终温的大致标准，还可根据销售时间的长短、产品的易腐性等适当调整终温。预冷要注意防止产品的冷害和冻害。三是预冷后必须立即将产品放入已经调整好温度的冷藏库或冷藏车内。

应根据果蔬的原产地、栽培地、加工处理方式、设备条件、包装类型、市场对象和市场对品质要求的不同而确定不同的预冷方法和预冷终温。同时，对不同果蔬形态的预冷方式也有不同的要求。因此，掌握各种果蔬的预冷指标就显得十分重要。常见果蔬的预冷终温、预冷方式及预冷重要性程度见表2-12。

表2-12　常见果蔬的预冷终温、预冷方式及预冷重要性程度

种类	预冷终温/℃	预冷方式	预冷重要性	种类	预冷终温/℃	预冷方式	预冷重要性
红富士苹果	0 ~ 1	库、差	★	豇豆	3 ~ 5	差、真	★★
嘎啦苹果	1 ~ 3	库、差	★★★	荷兰豆	0	真、差、冰	★★★★
新红星苹果	0 ~ 2	库、差	★★	胡萝卜（粗）	0	水、冰、差	★★
砀山梨	0 ~ 10	库	★★	西葫芦	5 ~ 10	库、差	★★★
黄金梨	0 ~ 1	库、差	★★★	黄瓜	10 ~ 13	库、差	★★★★
西洋梨	0	库、差	★★★	豆薯	13 ~ 18	水、冰	★
蓝莓	-0.5	差、真	★★★★	芹菜	0	真、湿真	★★★★
草莓	0	差、真	★★★★	甘薯	13 ~ 16	库、差	★

（续）

种类	预冷终温/℃	预冷方式	预冷重要性	种类	预冷终温/℃	预冷方式	预冷重要性
红提葡萄	−1 ~ −0.5	差	★★★	芋头	7 ~ 10	库、差	★
秦美猕猴桃	−0.5	差	★★★★★	番茄	8 ~ 10	库、差	★★
柿子（涩）	0	水、差	★★	樱桃番茄	3 ~ 4	库、差	★★★★
水蜜桃	−0.5	库、差	★★★	土豆（早熟）	7 ~ 10	库、水	★★
油桃	−0.5	水、差	★★★	土豆（晚熟）	4 ~ 7	库、水	★
甜樱桃	−0.5	水、差	★★★★	菠菜	0	真、水、差	★★★★
鲜枣	0	水、差	★★★	西蓝花	0	水、冰、差	★★★★
李子	−0.5	水、差	★★★★	韭菜	0	真	★★★★
杏	0 ~ 1	差	★★★★	大白菜	0	真、差	★★
阳桃	9 ~ 10	差	★★★	甘蓝（早熟）	0	真、差	★★★
荔枝	1.5	水、差	★★★★	茄子	8 ~ 12	库、差	★★
桂圆	1	差	★★★★	洋葱	0	库、差、真	★★
杧果	13	差	★★	甜椒	7 ~ 13	差、真	★★
菠萝	7 ~ 13	差	★★	大蒜	0	库、差	★★★
甜橙	3 ~ 9	库、差	★	西芹	0	真、湿真	★★
蜜柑	4 ~ 6	库、差	★★★	结球生菜	0	差、真	★★★★★
柠檬	11 ~ 13	库、差	★	大葱	0	冰、真	★★★★
西瓜	10 ~ 15	水、差	★	芦笋	0 ~ 2	真、水	★★★★★
哈密瓜	3 ~ 7	水、冰、差	★★	蒜薹	0	真、差	★★★★
冬瓜	10	库、差	★★	甜玉米	0	水、冰、真、差	★★★★★
甜瓜	10	水、冰、差	★★★	生菜	0	真、差	★★★★★
佛手瓜	3 ~ 5	库、差	★★	辣椒	0 ~ 10	差、真	★★★
南瓜	10 ~ 13	库	★★	蘑菇	0	差、真	★★★★★

注：库——冷库预冷，水——水预冷，冰——加冰预冷，差——差压预冷，真——真空预冷，湿真——加湿真空预冷；五角星越多代表预冷的重要性越强。

（5）入库堆码。经过挑选，质量好的水果如要长期冷藏，应逐个用纸包装，然后装箱、装筐。有柄的水果应特别注意是箱装还是筐装，最好采用"骑缝式"或"并列式"（每层垫木条）的堆垛方式。地面上要用垫木垫起，垛与垛、垛与墙、垛与风道之间都应留有一定距离，便于冷空气流通。因为尽管货垛外部已被冷却，但货垛内部由于呼吸热积聚会出现高温、高湿现象，造成果蔬腐烂。在冷藏的过程中，还应经常对果蔬质量进行检查，从冷藏间内各个不同的位置抽验，应将不能继续冷藏的果蔬及时剔除，防止造成大批果蔬腐烂。

2. 果蔬的冷藏工艺

（1）储藏温度。一般来说，果蔬的冷藏温度在0℃左右，但由于果蔬的种类、品种不同，对低温的适应能力也各不相同。就水果来讲，生长在南方或是夏季成熟的水果，适宜较高温度储藏，不适当的低温或冻结会影响果实的正常生理功能，使其品质、风味发生变化或产生生理病害，不利于储藏。例如，香蕉长期放在低于12℃的温度下便不能催熟，即使是短期遭受低温危害，催熟后仍果心发硬、果皮发黑。从生产实践得知，金冠苹果、红星苹果宜在0.5～1℃下储藏，鸡冠苹果、国光苹果宜在－1～0℃下储藏。大白菜、毛豆、洋葱、大蒜宜在－1～1℃下储藏，四季豆、青豌豆宜在1～3℃下储藏。因此，应根据不同品种控制果蔬的最适储藏温度，即使是同一类果蔬，也会由于品种、成熟程度、栽培条件等不同而有所不同。所以在大量储藏果蔬时，应事先对它们的最适储藏温度做好选择试验。在储藏果蔬期间，要求储藏温度稳定，避免剧烈振动。

为了提高储藏质量，减小果蔬在冷藏过程中产生生理病害的可能性，常在储藏过程中对某些品种采用变温储藏的方法。例如，鸭梨采收后直接放入0℃的冷库迅速降温易发生黑心病，黑心病率达40.7%。可将鸭梨先放在15℃的库内预藏10天左右，再在6℃的温度条件下储藏一段时间，然后每隔半个月降低1℃，一直降到0℃储藏。结果表明，采用这种逐步降温的方法，对防止鸭梨黑心病的产生有良好的效果。

（2）相对湿度。果蔬在储藏过程中逐渐蒸发失水，一般来说，如果质量损失达到5%，新鲜度就会明显下降。果蔬水分蒸发的量主要取决于储藏的条件，其中湿度条件与蒸发作用的关系很大，一般以85%～95%的湿度储藏。如果湿度过高，虽然可减少水分的蒸发量，避免因干燥而造成的质量下降，但微生物的繁殖却旺盛起来，果蔬容易腐烂；如果湿度过低，虽然微生物的危害小，但又会因干燥而引起质量下降，果蔬不仅失去新鲜饱满的外观，而且降低了对病害的抵抗能力，对长期储藏十分不利。所以在储藏果蔬时，不仅要保持最适温度，而且要保持最适湿度。

（3）气体浓度。在正常的空气中，氧气的含量为20.95%，二氧化碳的含量为0.03%。如果把空气中的氧气含量降低，适当地增加二氧化碳的浓度，可以减弱果蔬的呼吸作用，其新陈代谢也就减弱了，从而推迟了果蔬的后熟。同时，较低的氧气浓度和较高的二氧化碳浓度能抑制乙烯的生成，延长果蔬的储藏期。应根据果蔬品种的生理特性，合理控制储藏环境的氧气、二氧化碳浓度，及时清除乙烯气体。常见果蔬的最适储藏温湿度见表2-13。

表2-13　常见果蔬的最适储藏温湿度

种类	推荐温度/℃	相对湿度（%）	预期储藏期/天
苹果（富士苹果）	－1～1	90～95	150～210
苹果（嘎啦苹果）	0	90～95	120～150
梨（库尔勒香梨）	－1～0	90～95	180～240
梨（丰水梨）	0～1	90～95	90
梨（鸭梨）	10～12	90～95	150～240
水蜜桃	0～1	90～95	30～50
李子	0～1	90～95	30～50
甜樱桃	－1～0	90～95	30～60
葡萄	－1～0	90～95	＜135
蓝莓	0～2	85～95	30～90
鲜枣（普通）	－1～0	90～95	30～50
鲜枣（冬枣）	－2～－1	90～95	60～90

（续）

种类	推荐温度/℃	相对湿度（%）	预期储藏期/天
板栗	入库至次年1月底为0℃，次年2月后为-3℃	85～95	>180
猕猴桃	0～1	90～95	>150
甜橙	5～8	90～95	120
宽皮柑橘	5～8	85～90	90
柚子	5～10	85～90	120
柠檬	12～15	90～95	150
香蕉	13～15	80～90	60～100
杧果（桂香杧）	12～15	85～90	25
杧果（吕宋杧）	9～10	85～90	14～21
杧果（青皮杧、爱文杧）	10	85～90	21
龙眼	3～5	90～95	20～30
荔枝	3～5	90～95	30
菠萝	8～10	85～95	11～17
枇杷	3～6	90～95	20～50
芦笋	1～2	90～95	15～20
洋葱	-1～1	≤75	180～270
黄瓜	7～10	90～95	10
胡萝卜	0～2	90～95	90～180
菜豆	6～8	90～95	10～30
豇豆	7～9	85～90	10～30
青豌豆	1～3	90～95	10～30
毛豆	0～2	90～95	10～30
辣椒	7～9	90～95	20～35
甜椒	9～11	90～95	20～35
茄子	10～13	85～90	20～35
番茄	10～13	80～90	20～35
樱桃番茄	2～4	85～95	20～35
蒜薹	-1～0	90～95	240～300

3. 果蔬的运输配送要求

运输可看作动态的储藏。运输过程中产品的振动，环境中的温度、湿度和空气成分，都对运输效果产生重要影响。新鲜果蔬水分含量大，采收后生理活动旺盛，易腐烂，因此为了达到理想的效果，确保运输安全，要做到"三快、两轻、四防"的基本要求。

（1）"三快"。"三快"是指快装、快运、快卸。果蔬采收后仍然是一个活的有机体，新陈代谢旺盛；果蔬呼吸越强，营养物质消耗越多，品质下降越快。一般而言，运输过程中的环境条件，特别是气候的变化和道路的颠簸极易对果蔬质量造成不良影响。因此，运输中的各个环节一定要快，使果蔬迅速到达目的地。装车特别是搬运过程中的货物将直接暴露于大气之中，这必然引起货温的升高，需要加快装卸速度、改善搬运条件、增加每次搬运货物的数量、采取必要的隔热防护措施。应快装、快运、快卸，尽量减少周转环节。积极采用机械装卸和托盘装卸是加快装卸速度的有效手段，积极推行汽车和铁路车辆的对装、对卸也是加快装卸速度的有效措施。

（2）"两轻"。"两轻"是指轻装、轻卸。合理装卸直接关系到果蔬运输的质量，因为绝大多数果蔬的含水量为80%～90%，属于鲜嫩易腐性产品。如果装卸粗放，产品极易受伤，导致腐烂，这是目前运输中普遍存在的问题，也是果蔬采收后引发损失的一个主要原因。因此，在装卸过程中一定要做到轻装、轻卸，防止野蛮装卸。如果有条件实现装卸工作自动化，则既可减轻劳动强度，又可保证质量和缩短装卸时间。

（3）"四防"。"四防"是指防热、防冻、防晒、防淋。果蔬对运输温度有严格的要求，温度过高，会加快果蔬的腐败变质，加快新鲜果蔬的衰老，使品质下降；温度过低，果蔬容易遭受冻害或冷害，所以要防热、防冻。另外，日晒会使果蔬温度升高，加快一些维生素的降解和损失，提高果蔬的呼吸强度，加速自然损耗；雨淋则影响果蔬包装的外观，过多的含水量也有利于微生物的生长和繁殖，加速产品腐烂。现代很多交通工具都配备了调温装置，如冷藏卡车、铁路的加冰保温车和机械保温车、冷藏轮船及近年来发展起来的冷藏气调集装箱、冷藏减压集装箱等。然而，我国目前这类运输工具的应用还不是很普遍，因此必须重视利用自然条件和人工管理来防热、防冻。敞篷车船运输时应覆盖防水布或芦席以免产品被日晒雨淋，冬季应盖棉被进行防寒。

📖 **知识拓展 2-4**

六类预冷方式

1. 自然降温预冷

自然降温预冷是指将采收的果蔬（货物）放在阴凉通风的地方，通过自然风散去果蔬的"田间热"，让果蔬的温度逐渐降低的预冷方式。自然降温预冷的优点是操作简便，成本低；缺点是降温耗时时间长，温度不可控。

2. 冷库预冷

冷库预冷是一种简单而实用的预冷方式，它是将果蔬（货物）摊放在冷库中尽快降温的一种冷却方式。冷库温度以该果实储温为宜，配以冷风机冷却系统，加快降温速度。当果温为29～30℃时，经过24h的冷库预冷，可将温度降到8～10℃，约32h即可将果蔬（货物）温度降到适宜储藏的3～5℃。

3. 水冷预冷

水冷预冷是将特定温度下的持续水流作为冷媒的一种预冷方式。需要被预冷的农产品可以浸没在水中，也可以暴露在源源不断的水淋浴中。为保证水冷预冷的顺利进行，果蔬（货物）的包装必须能暴露有水的环境中，通常包装的材料都是上过蜡的纸箱或者可重复利用的塑料容器。对于无机农产品，为防止细菌感染，保证食品安全，水冷时会在水中添加少量（$50 \times 10^{-6} \sim 200 \times 10^{-6}$）氯气。与蒸发式预冷一样，水冷预冷也必须保证有安全的水源，如果是回收利用的水，要经过特别处理，以保证产品不被污染。

4. 冰预冷

冰预冷是指将冰块连同果蔬一起放入包装箱中，或将冰水混合物直接注入包装箱中，利用冰融化吸收热量，对果蔬进行预冷。冰预冷常用在产品的运输过程中。冰预冷的适用范围比较苛刻，菠菜和萝卜等抗低温的产品才适用，其他不耐低温的产品可能会被冻伤。

5. 差压通风预冷

差压通风预冷与强制通风预冷类似，但包装果蔬的纸箱两侧必须打孔，包装箱需按特别的码垛方式码放在风道两侧，用风机强制循环冷风在包装箱的两侧产生压力差，冷风从包装箱内通过，将包装箱内果蔬的热量带走，从而达到冷却果蔬的目的。差压通风预冷的优点是，预冷速度比强制通风冷却要快 2~6 倍，果蔬从常温冷却到 5℃ 左右，只需 2~6h。差压通风预冷后的果蔬暂储时间短，周转率较高。差压通风预冷比较均匀，特别适用于蔬菜、水果和鲜切花卉。移动式压差预冷设备可车载移动，适应性强，广泛用于田间产地预冷，可降低果蔬采后损失，提高产品鲜活度，延长货架期。但差压通风预冷的一次处理量比强制通风冷却的低，一般为强制通风冷却处理量的 60%~70%。码垛时间比强制通风冷却要长。差压通风预冷库的造价比真空冷却装置要低，但比强制通风冷却库要高。

6. 真空预冷

真空预冷是指将果蔬放在密闭的容器中，通过真空仪迅速抽出容器中的空气和水蒸气，强制水分从果蔬中蒸发，并夺去果蔬的汽化潜热，使果蔬品温降低。真空预冷的最大优点是冷却速度非常快且均匀。品温为 25℃ 的生菜 20min 就可以降到 3℃。一般真空冷却的时间为 20~30min。真空预冷最适宜叶菜类蔬菜的冷却，如生菜、春菊、白菜等，但不适宜表面积较小的果蔬类和根菜类蔬菜的冷却。真空预冷最大的缺点是真空冷却装置的造价较高，而且需要配备果蔬保鲜冷库。

知识拓展 2-5

影响果蔬采收后呼吸作用和蒸腾作用的因素

1. 影响呼吸作用的因素

呼吸作用除了受果蔬的种类、品种、成熟期和采收成熟度等内因的影响外，还主要受四种外因的影响。一是温度，温度升高会促进果蔬的呼吸作用，温度波动也会促使呼吸作用加强。因此，果蔬在不遭受冷害或冻害的情况下，储藏温度越低越好。果蔬预冷时，在不遭受低温伤害的情况下，要尽快使果蔬品温达到最佳储藏温度。二是湿度，表面轻微干燥的果蔬比表面湿润的果蔬更能抑制呼吸作用。如储运湿度过高，会加强柑橘的呼吸作用。三是气体，呼吸作用是一个消耗氧气、产生二氧化碳的过程，所以适当降低储藏环境中的氧气浓度，提高二氧化碳浓度，可以抑制果蔬的呼吸作用。乙烯等气体会促进跃变型果蔬呼吸高峰的出现。脱除乙烯等有害气体可以抑制果蔬的呼吸作用，延缓后熟衰老进程。四是机械损伤，挤压、碰撞、破皮等机械损伤会增强果蔬的呼吸作用，缩短其储藏寿命。

2. 影响蒸腾作用的因素

蒸腾作用主要受四个因素影响。一是表皮组织，果蔬表皮较厚的角质层或蜡质层在一定程度上可限制水分蒸腾，如苹果、李子。二是温度，温度越高水分蒸腾越快。三是相对湿度，相对湿度越低水分蒸腾越快，而相对湿度与温度也有关系。四是空气流动速度，空气流动速度越快水分蒸腾越快。

（二）果蔬速冻工艺

1. 蔬菜速冻工艺

生产优质的速冻蔬菜，一定要严格遵守速冻蔬菜的加工工艺，原料收获后的运输、水洗、挑选、除去次要部分、烫漂、冻结和包装等作业条件及加工技术，对速冻蔬菜制品的初期品质均有影响。在销售时，除了以上因素，冷藏、配送、销售等环节的温度条件对品质的影响也很大。

由于蔬菜的种类和制品的形状不同，处理的工序也有差异。一般蔬菜的前处理包括除去异物和沙子后用水洗涤，除去根、皮、种子等不可食部分，依成熟度、形态、大小进行挑选、成形、烫漂、冷却、包装等。在前处理过程中，原料不能与铜或铁制成的容器直接接触，否则易变色、变味，所以加工过程中应使用不锈钢器具。

（1）烫漂。烫漂是许多其他加工技术，如灌装、冷冻、脱水等之前的重要操作单元之一。生鲜蔬菜的酶活力对加工和储藏过程中可能增加的不良色泽和风味有影响。一般来说，生鲜蔬菜不能长期储存，即使是在冷冻的条件下。大多数生鲜蔬菜需要一个短时热处理来使其自身带有的酶失活，从而使得其外形得到保护，营养品质得到保证。烫漂处理就是把蔬菜放入热水或高温蒸汽中进行短时间的加热处理。其方法一般可分为热水烫漂和蒸汽烫漂两种。热水烫漂的水质应符合生活饮用水水质的标准，水温为 80~100℃，如青豆和西蓝花在95℃热水中的典型烫漂时间为 2~3min，抱子甘蓝为 4~5min，豌豆为 1~2min。由于水的比热容大，传热速度快，因而热水烫漂时间较同温下的蒸汽烫漂时间短，而且品温升高较均匀一致，适用的品种范围较广。但其缺点是部分维生素及可溶性固形物损失多，一般损失10%~30%。

蒸汽烫漂是指把蔬菜放入流动的高温水蒸气中进行短时间的加热处理，然后用低温空气进行快速冷却。蒸汽温度为 100℃ 或 100℃ 以上，压力在 100kPa 以上。这种方法对蔬菜的细胞组织破坏性小，可减少水溶性营养成分的损失，保持较好的营养和风味，同时可减少污染和废水量。采用蒸汽烫漂必须有较好的设备，否则容易加热不均匀，质量差。它主要适用于叶菜类、果菜类和根菜类蔬菜，但是该方法热量损失较大。

除了上述两种基本的烫漂方法外，近几年还出现并应用了微波烫漂、高温湿蒸汽烫漂、常温酸烫漂等新的烫漂方法。

（2）冷却和沥水。冷却方法有浸入水中冷却、用冷水喷淋冷却、用冰水（或碎冰）冷却、冷风冷却。用冷水或者冰水冷却比用冷风冷却要快得多。另外，用冷风冷却有使产品减重的缺点，而用冷水或者冰水冷却就避免了这个缺点。但是有的蔬菜在与冷水或者冰水接触时，其表皮会剧烈收缩，甚至会破裂（如蚕豆），在这种情况下，分段降低水温冷却是必要的。蔬菜的可溶性成分会溶于冷水中而流失，在设计时，应尽可能快地使品温降低至所需的温度。

用水冷却时，冷却后必须沥水，特别是叶菜类蔬菜。残留的水分在冻结前包装时，会积聚于包装袋的底部，冻结过程中会形成冰块而影响成品外观。

（3）速冻。常用于蔬菜冻结的速冻装置大体分为送风式（我国多用流化床速冻装置）、接触式和其他形式（如液氮和不冻液等），速冻蔬菜时主要用前两种装置。无论采取哪种速冻装置，为了获得优良的产品，冻结速度和冻结品温这两点都非常重要。

对经过了烫漂过程的蔬菜要立即用冷水或冷风冷却，尽量降低其品温。冷却后的蔬菜品温越接近于0℃，鲜度降低的可能性就越小；若冷却不彻底，其品温仍处于较高状态，就将其放入速冻装置，这时为了使其品温降到安全品温以下，就要花费较长的时间，因此造成鲜度降低是不可避免的。所以处理完成的原料若不能立即进行冻结，应立即设法将其品温降到接近于0℃，并放到冷藏室中暂时储藏，以免变质。

（4）包装与储藏。包装必须保证在 -5℃ 以下的低温环境中进行，温度在 -4 ~ -1℃ 时速冻蔬菜会发生重结晶现象，这将大大降低蔬菜的品质。包装间在包装前 1h 必须开启紫外线灯灭菌，所有包装用工器具和工作人员的工作服、帽、鞋、手均要定时消毒。工作场地及工作人员必须严格执行食品卫生标准，非操作人员不得随便进入，以防止污染，确保卫生。内包装可用耐低温、透气性低、不透水、无异味、无毒性、厚 0.06 ~ 0.08mm 的聚乙烯薄膜袋。外包装用的纸箱防潮性必须良好，内衬清洁蜡纸，外用胶带纸封口。所有包装材料在包装前需要在 -10℃ 以下的低温间预冷。

速冻蔬菜包装前应按规格检查，人工封袋时应注意排除空气，排除空气将对蔬菜在冻藏过程中干燥和氧化的程度产生影响。尽管某些包装薄膜的水蒸气和气体透过性小，但是若在包装内留有空隙，水蒸气就会从冻结蔬菜中向空隙处移动，并在包装材料的内侧面凝缩，由此而结霜，这种情况下透明的塑料薄膜内侧就会变得白浊，冻结蔬菜的表面就会变得粗糙而完全失去光泽，也因此而干燥。包装内部的空隙越大，冻藏蔬菜的干燥和氧化程度就越严重。一般用热合式封口机封袋，有条件的可用真空包装机装袋。装箱后整箱进行复磅，合格品在纸箱上打印品名、规格、质量、生产日期、储存条件、期限、批号和生产厂家。用封口条封箱后，立即送入冷藏库储存。

2. 果品速冻工艺

（1）果品速冻原理。果品腐败变质的主要原因是微生物（细菌、酵母和霉菌）的生长繁殖和果品内部酶活动引起的生化反应。因此，抑制微生物及酶的活性是果品保藏的主要手段。许多试验资料表明，低温可以抑制微生物和酶的活性，一般细菌在 -5 ~ -10℃、酵母在 -10 ~ -12℃、霉菌在 -15 ~ -18℃ 下生长极为缓慢，故而控制温度在 -10℃ 以下可以有效抑制微生物的活性。但对于酶而言，不少酶耐冻性较强，如脂肪氧化酶、催化酶、过氧化酶、果胶酶等在冻结的果品中仍继续活动，只有将温度控制在 -18℃ 以下，它们的活性才能受到较大的抑制。

通过快速冷冻在短时间内排除果品的热量，如迅速降到 -18℃ 以下，使果品细胞内外形成大小均匀的冰结晶，从而控制微生物和酶的活性，降低果品内部的生化反应，较好地保持果品的质地、结构及风味，达到长期保藏的目的。

（2）果品速冻流程。果品速冻流程为：原料→分选→洗涤→去皮、去核、切分→烫漂→加糖→包装→冻结→装箱、冻藏。其操作要点如下：

1）原料。用于速冻的果品应具备以下几个特性：第一，具有突出的风味和色泽，耐储性和加工适应性（耐热、抗氧化、抗褐变、机械化操作性能）好；第二，质地坚实，解冻时很少变软、变松、变烂；第三，解冻时果汁流失少。

适于速冻的果品有草莓、桃、樱桃、苹果、梨、葡萄、西瓜、李、杏、黑莓、醋栗、杨梅、荔枝、龙眼等。但必须选择适于加工的优良品种，在达到适宜的成熟度后采摘。

2）分选。根据标准选择大小均匀、形态完整、新鲜饱满、成熟度适宜的果子，剔除病、虫、伤、烂及生青果和畸形果。

3）洗涤。通过漂洗槽洗去果实表面的泥沙、尘土及污物。为了除去果皮上附着的农药，可用0.5%～1%的盐酸浸洗后以水冲净；对于质地柔软的果品，如草莓、葡萄、西瓜等，可用0.05%的高锰酸钾溶液消毒5～10min。

4）去皮、去核、切分。有些水果需要去皮、去核，如板栗、桃、苹果等。

去皮常用的方法是机械去皮（如苹果、梨等）。机械去皮是利用旋皮机配合手工将果皮削去，去皮时要用力均匀，既削去果皮又尽量少带果肉，去皮后的果实应立即投入1%的盐水 + 0.1%的柠檬酸溶液中护色，也可用0.1%的亚硫酸氢钠溶液护色。化学去皮通常采用氢氧化钠（也称烧碱）去皮。在不锈钢双层锅内配制质量分数为8%～12%的烧碱，加热至沸，倒入果子，浸入烧碱溶液，90℃下保持30～60s。同时轻轻搅动，当果皮变蓝黑色时捞出。手戴橡胶手套，在不锈钢花篓中搅拌摩擦果实，同时用水冲去果面残皮及残碱，再以清水洗净。现代化生产均采用淋碱去皮机。果实在不锈钢输送带上运行，先蒸汽预热，后以95℃的热碱喷淋，再以尼龙刷及搅棒搅拌摩擦，用强力喷射的水冲去果面的残皮及残碱，再行护色。

需要去核的水果，如苹果、梨、桃可用挖核刀人工去核，注意挖净果核，尽量少带果肉，如遇到核部有红色果肉，需要同时挖除。

5）烫漂。在原料预处理中，由于速冻果品内部含有多种酶，极易引起变色和品质恶化，即使在冻结条件下酶仍具有活性。尤其在解冻后温度升高，其活性更加剧烈，容易导致褐变和品质下降。因此，不少果品需要在速冻前进行烫漂。烫漂不仅能破坏酶的活性，还具有以下作用：

① 消灭果面的微生物，提高新鲜度。

② 排除果肉中的部分空气，从而使果实冻结时产生的冻结膨胀压降低，冻藏时的氧化程度降低。

③ 排除部分水分，体积缩小有利于包装。

④ 除去表面不良氧化产物（可漂白部分变色的果肉），溶出果肉中的红色素，改善果块色泽。

烫漂时间应根据品种、果实大小、质地等确定。烫漂后的果实应立即用冷水或冷风迅速冷到10℃左右。

6）加糖。一般水果在冻结前需要加糖。水果浸渍在糖液中或在果面撒糖粉可防止氧化变色和芳香成分的挥发，改善水果的风味。一般所加糖液的质量分数为40%～50%，所加的比例为糖∶水果 = 1∶3。糖液必须完全浸没水果，撒糖粉的比例为1∶2～1∶10，糖粉和果片分层交叉均匀地铺放在容器中。加糖后水果的冰点可降到 −3～−5℃，如加质量分数为30%和50%的糖液，冰点分别为 −2.7℃和 −7.3℃。一般加糖液比加糖粉的效果好。为了增强护色效果，可以在糖液或糖粉中加0.03%～0.15%的维生素C。

7）包装。一般水果在冻结前采用各种容器包装后进行冻结（也有些水果先冻结后包装）。常用的包装容器有马口铁罐、涂塑纸杯（筒）、衬铝箔纸盒等。

8）冻结。速冻的关键是要求快速深冷冻结，冻结速度要在30min内通过最大冰晶生成带。速冻可使90%的水分在原位置冻结成细小的冰晶，这样可以保证果皮组织不会因冻结而被破坏，同时也有利于维生素C的保存和色泽的保护。

目前，冻结的方法主要有间接冻结和直接冻结两种。

① 间接冻结。冻结时用冷空气作为冷冻介质，采用风机使冷风流动，从而提高冻结速度。常见的送风冻结装置有隧道式冻结装置、流化床式冻结装置等。

隧道式冻结装置原理。在长方形的隧道中装置风机，使 –30 ~ –40℃ 的冷风以 3 ~5m/s 的速度在隧道中循环，果品放在车架各层的筛网上通过隧道，冷风由风机吹过蒸发器而到产品，冷风与产品逆向运动而冻结。

流化床式冻结装置原理。适合小颗粒产品的冻结，如草莓、樱桃等。流化床式装置使食品在冻结时呈流化状，因此冻结后彼此不黏结，食用方便。流化床式冻结装置由一个冻结隧道和多孔带组成，高速的冷风由下向上吹，把冻结物吹起形成悬浮状，故又称单体快速冻结。一般蒸发温度在 –40℃ 以下，垂直向上的风速为 6 ~8m/s，在冻结室的风速为 1.5 ~ 5m/s，一般在 5 ~10min 内就可使食品冻结到 –18℃ 以下。

② 直接冻结。利用蒸发温度极低的液氮或液体二氧化碳喷淋冻结。液氮在常压小于 –195.8℃ 时沸腾蒸发。液氮与食品接触时可吸收 198.9kJ/kg 的蒸发潜热，如再升至 –20℃ 还可吸收 183.5kJ/kg 的热量，二者合计可吸收 382.4kJ/kg 的热量。液氮喷淋冻结 1 ~3cm 厚的食品在 10 ~15min 即可冻结到 –18℃ 以下，其冻结速度是平板冻结的 5 ~6 倍。液氮喷淋冻结的优点是：冻结速度快，与食品产生 200℃ 以上的热交换，使食品降温速度达 7 ~ 15℃/min，一般 6 ~12min 可完成；冻结质量好；抗氧化；干耗小，平均在 0.6% ~1%。液氮喷淋冻结的缺点是成本偏高，且冻结食品厚度超过 10cm 时易造成食品表面龟裂。一般每千克果品需消耗液氮 1kg。液体二氧化碳在 101325Pa 下的蒸发温度为 –78.9℃，此时可吸收 574kJ/kg 的蒸发潜热；当蒸发温度升至 –20℃ 时还可吸收 49.2kJ/kg 的热量，二者合计可吸收 623.2kJ/kg 的热量。用液态二氧化碳喷淋冻结时每冻结 1kg 果品消耗二氧化碳 1 ~2kg。

9）装箱、冻藏。将果品装箱，存放于 –18 ~ –20℃ 的温度下冻藏。在此温度下，微生物的生长发育几乎完全停止，酶的活性大大减弱，食品的水分蒸发减少，在此温度下储藏一年，食品的品质和营养成分一般都能保持良好。

（3）几种水果的速冻工艺。

1）速冻草莓的工艺流程：原料→洗果→消毒→淋洗→除萼→拣选→水洗、控水→称重→加糖、摆盘→速冻→包装→冻藏。其操作要点如下：

① 原料。选用新鲜饱满、个中大、匀称，整齐、果肉红色、质地硬、有香气、风味浓郁、果萼易于脱落的优良品种，如宝交早生、春香、全明星、达娜、哈尼等。当果实八成熟，果面有80%着色，具有品种固有风味时采收，一般采摘当天应加工处理，如处理不完应在 0 ~5℃ 冷库内摊晾保存，以保持原料的新鲜度。如远距离运输，必须用冷藏车。速冻果实横径不小于2cm，7 ~12g 重，过大过小均不合适。选用果形完整、大小均匀、果形端正的果实。剔除病、虫、伤、烂及未熟果和畸形果。

② 洗果：在清洗草莓时，应先保持草莓的完整性，不要摘掉草莓蒂。如果去蒂后再清

洗，残留的农药或细菌可能会随水进入果实内部，造成污染。将草莓放入漏篮中，用流动自来水快速冲洗表面残留的泥沙和农药。注意避免浸泡，以免水分通过表皮小孔渗入导致二次污染。

③ 消毒：将冲洗后的草莓放入 0.05% 高锰酸钾溶液或淡盐水中浸泡 5min 左右，可有效杀灭表皮细菌和虫卵。若使用淘米水，需确保浸泡时间不超过 5min。

④ 淋洗：用滤网分离草莓与消毒液，再用清水冲洗 1、2 遍，彻底清除残留物。

⑤ 除萼。人工将萼柄、萼片摘除干净。对于除萼时可带出果肉的品种，可用薄刀片切除花萼。

⑥ 拣选。将不符合标准的果实及清洗中损伤的果实拣出另作他用，同时除去残留的萼柄、萼片。

⑦ 水洗、控水。用水冲洗挑选后的净果，接着将果实放在筛上控去表面水分，一般控 15min 左右，按照产品要求，如果要求冻品呈粒状，控水时间宜长；如果要求冻品呈块状，控水时间宜短。

⑧ 称重。出口的速冻草莓一般冻成块状，每块 5kg。在 38cm×30cm×8cm 的金属盘中，装 5kg 草莓；为防止解冻时缺重，可加 2%～3% 的水。

⑨ 加糖、摆盘。按草莓重量的 30% 加糖，一层草莓一层白糖，然后搅拌均匀，可以在加糖时加 0.1% 的维生素 C。对于作为加工原料的冻品，一般不加糖只加维生素 C。草莓摆盘时一定要平整、紧实。

⑩ 速冻。摆好盘后立即进行速冻。在 -30℃ 以下速冻至果心温度 -18℃，一般经 4～6h 即可达到果品冻结。

⑪ 包装。把速冻后的草莓冻盘拿到冷却间包装，冷却间温度为 0～5℃，将速冻好的草莓块从盘中倒出，装入备好的塑料袋，用封口机密封放入纸箱中。

⑫ 冻藏。将包装好的纸箱立即送入 -18℃ 的冷库储藏。储藏期可达一年半。运销时必须使用冷藏车、船运输，用冷藏柜销售。

2）速冻桃的工艺流程：原料、分选→切分、去皮、去核→烫漂→加糖→包装、冻结→冻藏。其操作要点如下：

① 原料、分选。采用新鲜饱满、香味浓、酸甜适口、肉质较硬的硬溶质桃，要求是果实大小均匀、成熟度在八成左右、果肉红色少且不易褐变的黄桃或白桃，如丰黄桃、砂子早生桃等。剔除病果、虫果、伤果、畸形果或未熟果。按果实大小、色泽进行分级。

② 切分、去皮、去核。用烧碱在不锈钢双层锅内配成质量分数为 10% 的烧碱溶液并煮沸，倒入纵切两半的桃片浸没处理 30s～1min，处理温度保持在 90℃ 左右。迅速捞出桃片，洗去残留的果皮和烧碱溶液，在 0.2% 的盐酸溶液中浸泡，中和烧碱溶液以防止褐变。漂洗后挖去桃核，注意挖净核窝处的红色果肉。

③ 烫漂。为防止在速冻加工中酶褐变，将挖出核的桃片在不锈钢锅内用 0.1% 的柠檬酸溶液烫漂（90℃）2～4min 至果肉无生心为止，也可以用 98～100℃ 的蒸汽热烫 2～4min。

④ 加糖。在桃片中加入质量分数为 40%～50% 的糖浆，按桃片：糖浆 =7：3 的比例加。为防止桃片变色，可在糖浆中加入 0.1%～0.2% 的维生素 C 进行护色。

⑤ 包装、冻结。用聚乙烯塑料袋或马口铁罐包装，送入 -30℃ 以下的冷冻隧道中冻结

至 -18℃。

⑥ 冻藏。在 -18℃的冷库中冻藏。

3）速冻荔枝的工艺流程：原料、分选→热烫、冷却→护色、风干、二次护色、风冷→冻结→包装、冻藏。其操作要点如下：

① 原料、分选。要求果实新鲜饱满、果皮坚硬、无腐坏、无破损、无病虫害、成熟度为八成熟。剪去果枝，剔除伤果、烂果等不合格果。

② 热烫、冷却。用蒸汽热烫，温度为 98 ~ 100℃，时间为 10 ~ 20s，操作要快速准确，以破坏果皮氧化酶活性而不伤果肉为度。热烫后立即用冷风冷却散去余热。

③ 护色、风干、二次护色、风冷。冷却后的果实喷洒3%的柠檬酸溶液使发暗的果实变成鲜红色，用冷风进一步降温并吹干水分，再用3%的柠檬酸溶液进行第二次喷洒，用量比第一次少。一般每1000kg的荔枝喷洒2 ~ 3次，约用柠檬酸溶液1.2kg。处理后用冷风降温并使果面干燥。

④ 冻结。果实在 -30℃的流化床式冻结装置中进行悬浮速冻，一般10min即可使果心温度降至 -18℃。

⑤ 包装、冻藏。用聚乙烯塑料袋包装，每袋装 0.25 ~ 0.5kg，真空密封，装入纸箱，每箱20kg，封箱后在 -18℃下冻藏。

第四节 易腐食品解冻的概念与方法

一、易腐食品解冻的概念

易腐食品在消费或加工前必须解冻，解冻可分为半解冻（ -5 ~ -3℃）和完全解冻，视解冻后的用途来选择。易腐食品解冻是指将冻品中的冷结晶融化成水，力求恢复到原先未冻结前的状态。解冻是冻结过程的逆过程。作为食品加工原料的冻结品，通常只需要升温至半解冻状态。

解冻过程虽然是冻结过程的逆过程，但解冻过程的温度控制却比冻结过程困难得多，也很难达到高的复温速率⊖。这是因为在解冻过程中，样品的外层首先被融化，供热过程必须先通过这个已融化的液体层；而在冻结过程中，样品外层首先被冻结，吸热过程通过的是冻结层。由表2-14列出的冰和水的热物理性质的数据可知，冰的比热容几乎只有水的一半，导热系数却为水的3倍多。因此，冻结过程的传热条件要比解冻过程好得多。在解冻过程中，很难达到高的复温速率。此外，在冻结过程中，人们可以将库温降得很低，通过增大与食品材料的温度差来加强传热，提高冻结速率。但在解冻过程中，外界温度却受到食品材料的限制。所以解冻过程的热控制比冻结过程更困难。

⊖ 复温速率（Thawing Rate）是指冷冻保存对象在复苏时温度升高的速率。冷冻保存生物对象（细胞、组织、器官或生命体），除了必须有最佳的冷冻速率、合适的冷冻保护剂和冻存温度外，在复苏时也需要有合适的复温速率，这样才能保证最终得到最佳冷冻保存效果。复温速率不当同样会降低冻存细胞存活率。一般来说，复温速率越高越好。速率过低，细胞内会重新形成较大冰晶（此过程称为再结晶）而造成细胞损伤。复温时造成细胞损伤的速度非常快，往往在极短的时间内发生。

表 2-14　部分物质的热物理性质

物质	密度/(kg/m³)	比热容/[kJ/(kg·K)]	导热系数/[W/(m·K)]
水	1000	4.182	0.60
冰	917	2.11	2.21
蛋白质	1380	2.02	0.20
脂肪	930	2.00	0.18
糖类	1550	1.57	0.25
无机物	2400	1.11	0.33
空气	1.24	1.00	0.025

二、易腐食品解冻的方法

解冻是食品冷加工后不可缺少的环节。由于冻品在自然条件下也会解冻，所以解冻这一环节往往不被人们重视。然而，要使冷冻食品经冻结、冷藏以后尽可能地保持其原有的品质，就必须重视解冻这一环节。这对于需要解冻大量冻品进行深加工的企业尤为重要。

在解冻的终温方面，作为加工原料的冷冻肉和冷冻水产品，只要求其解冻后符合下一道加工工序（如分割）的需求即可。冻品的中心温度升至−5℃左右，即可满足上述要求。此时，冷品内部接近中心的部位仍然存在冰晶，尚未发生相变，但仍可以认为解冻已经完成。解冻已不单纯是冷品冰晶融化、恢复冻前状态的概念，还包括作为加工原料的冷品，升温到加工工序所需温度的过程。

解冻后，食品的品质主要受两方面的影响：一是食品冻结前的质量；二是冷藏和解冻过程对食品质量的影响。即使冷藏过程相同，也会因解冻方法不同而有较大的差异。好的解冻方法，不仅解冻时间短，而且解冻均匀，以使食品汁液流失少，TBA 值（脂肪氧化率）、K 值（鲜度）、质地特性、细菌总数等指标均较好。不同食品应考虑选用适合其本身特性的解冻方法，至今没有一种适用于所有食品的解冻方法。目前已有解冻方法的分类见表 2-15。

表 2-15　解冻方法的分类

序号	空气解冻	水解冻	电解冻	其他解冻方法
1	静止空气解冻	水浸渍解冻	远红外辐射解冻	接触传热解冻
2	流动空气解冻	水喷淋解冻	高频解冻	超高压解冻
3	高湿度空气解冻	水浸渍和水喷淋结合解冻	微波解冻	喷射声空化场解冻
4	加压空气解冻	水蒸气减压解冻	低频解冻	超声波解冻
5	—	—	高压静电解冻	射频解冻

此外，还有其他分类方法，如按照解冻速度可分为慢速解冻、快速解冻；按照是否有热源可分为加热解冻、非热解冻，或称为外部加热解冻、内部加热解冻等。下面介绍几种典型的解冻方法。

1. 空气解冻

它是以空气为传热介质的解冻方法。它又分为以下几种类型。

（1）静止空气解冻。静止空气解冻，也称为低温微风型空气解冻，是指将冷冻食品（如冻肉）放置在冷藏库（通常库温控制在4℃左右）内，利用低温空气的自然对流来解冻。一般冻牛胴体在这样的冷藏库内放置 4～5 天可以完全解冻。

（2）流动空气解冻。流动空气解冻是通过加快低温空气的流速来缩短解冻时间的方法。解冻一般也在冷藏库内进行，用 0～5℃、相对湿度为 90% 左右的湿空气（可另加加湿器），利用冷风机使气体以 1m/s 左右的速度流过冻品，解冻时间一般为 14～24h。

（3）高湿度空气解冻。高湿度空气解冻是利用高速、高湿的空气进行解冻的方法。该方法采用高效率的空气与水接触装置，让循环空气通过多层水膜，水温与室内空气温度相近，充分加湿，空气湿度可达 98% 以上，空气温度可在 -3～20℃ 的范围调节，并以 2.5～3.0m/s 的风速在室内循环。这种解冻方法使解冻过程中的干耗大大减少，并且可以防止解冻后冻品的色泽变差。

（4）加压空气解冻。在铁制的筒形容器内通入压缩空气，压力一般为 0.2～0.3 MPa，容器内温度为 15～20℃，空气流速为 1～1.5m/s。这种解冻方法的原理是：压力升高使冻品的冰点降低，冰的溶解热和比热容减小，而导热系数增加。这样，在同样的解冻介质温度条件下，它就易于融化，同时又在容器内槽以上使空气流动，就将加压和流动空气组合起来，压力和风速使热交换表面的传热状态改善，解冻速度得以提高。例如，冷冻鱼糜的解冻速度为室温 25℃ 的 5 倍。

2. 水解冻

它是以水为传热介质的解冻方法。它与空气解冻相比，解冻速度快、无干耗。水解冻的分类如下。

（1）水浸渍解冻。一种为低温流水浸渍解冻，是指将冻品浸没于流动的低温水中，使其解冻，解冻时间由水温、水的流速决定；另一种为静水浸渍解冻，是指将解冻品浸没于静止的水中进行解冻，解冻速度与水温、解冻品量和水量有关。

（2）水喷淋解冻。水喷淋解冻是指利用喷淋水所具有的冲击力来提高解冻速度。选择最适合被解冻品的冲击力的喷淋，而不是越猛烈越好。影响解冻速度的因素除喷淋冲击力外，还有喷淋水量、喷淋水温。喷淋解冻具有解冻快（块状鱼解冻时间为 30～60min）、解冻后品质较好、节水等优点，但这种方法只适合于小型鱼类冻块的解冻，不适用于大型鱼类的解冻。

（3）水浸渍和水喷淋结合解冻。水浸渍和水喷淋结合解冻是指将水浸渍和水喷淋两种解冻形式结合在一起，以提高解冻速度，提高解冻品的质量。

（4）水蒸气减压解冻。水蒸气减压解冻又称为真空解冻，是指在低压下，水在低温中即会沸腾，产生的水蒸气遇到更低温度的冻品时就会在其表面凝结成水珠，这个过程会放出凝结潜热，该热量被解冻品吸收，使其温度升高而解冻。这种解冻方法适用的品种多、解冻快、无解冻过热现象。

3. 电解冻

它以空气或水为传热介质进行解冻，是将热量通过传导、对流或辐射使食品升温的方法，热量是从冷冻食品表面导入的，而电解冻法属于内部加热。电解冻法适用的种类很多，具有解冻速度快、解冻后品质下降少等优点。

（1）远红外辐射解冻。这种解冻方法目前在肉制品解冻中已有一定的应用，目前多用于家用远红外烤箱中食品的解冻。构成物质的分子总以自己的固有频率在运动，当投射的红外辐射频率与分子固有频率相等时，物质就具有最大的吸收红外辐射的能力，要增大红外辐射穿透力，辐射能谱必须偏离冻品主吸收带，以非共振方式吸收辐射能。冻品深层的加热主要依靠热传导方式。

（2）高频解冻。这种解冻方法给予冷冻品高频率的电磁波。它与远红外辐射解冻一样，也是将电能转变为热能，但频率不同。当电磁波照射食品时，食品中的极性分子在高频电场中高速反复振荡，分子间不断摩擦，使食品各部位同时产生热量，在极短的时间内完成加热和解冻。电磁波加热使用的频率：一般高频波（1～50MHz）是10MHz左右，微波（300MHz～30GHz）是2450MHz或915MHz。实验表明，高频波比微波的解冻速度快，也不会使冻品局部过热，高频感应还可以自动控制解冻的终点，因此高频解冻比微波解冻更适用于大块冻品的解冻。

（3）微波解冻。与高频解冻原理一样，微波解冻靠物质本身的电性质来发热，利用电磁波对冻品中的高分子和低分子极性基团起作用，使其发生高速振荡，同时分子间发生剧烈摩擦，由此产生热量。它的优点是：速度快，效率高，解冻后肉的质量接近新鲜肉；营养流失少，色泽好；操作简单，耗能少，可连续生产。

（4）低频解冻。低频解冻又称为欧姆加热解冻、电阻加热解冻，这种方法将冻品作为电阻，靠冻品的介电性质产生热量，所用电源为50～60Hz的交流电。加热穿透深度不受冻品厚度的影响，加热量由冻品的电导和解冻时间决定。低频解冻比空气和水的解冻速度快2～3倍，但只能用于表面平滑的块状冻品解冻，冻品表面必须与上下电极紧密接触，否则解冻不均匀，并且易发生局部过热现象。

（5）高压静电解冻。高压静电解冻是一种新型非热加工方法，在交流高压和直流高压下均可进行。这种解冻方法是指将冻品放置于高压电场，高压电场设置在−3～0℃的低温环境中，以食品为负极，利用电场效应，使食品解冻。与传统解冻方法相比，高压静电解冻能够减少微生物污染，减少解冻时间，降低汁液损失，改善持水性，有效保证肉类的新鲜度并延长肉类的储藏期。据报道，当环境温度在−3～−1℃下时，利用高压静电解冻将7kg金枪鱼的中心温度从−20℃升至−4℃约需4h，且内外解冻均匀。然而，高压静电解冻至今仍存在一些问题。该方法对环境湿度的要求较高，当湿度过大时，空气可能会被击穿，存在安全隐患。高压静电解冻也因为对电极配置和电压水平具有严格要求而没有得到广泛应用。

4. 其他解冻方法

（1）接触传热解冻。接触传热解冻是指将冷冻食品与传热性能优良的铝板紧密接触，铝制中空水平板中流动着温水，冻品夹在上、下水平铝板间解冻。接触传热解冻装置的结构与接触冻结装置的结构相似，中空铝板与冻品接触的另一侧带有肋片，以增大传热面积，装置中还设有风机。

（2）超高压解冻。超高压是指50～1000MPa的压力。超高压解冻具有解冻速度快的优点，而且不会有加热解冻造成的食品热变性；超高压还有杀菌作用，解冻后汁液流失少，色泽、硬度等指标均较好。超高压解冻的影响因素主要是压力大小和处理时间，压力越大，冻肉制品的中心部位温度越低，但当温度低于−24℃或−25℃时，就算压力再高，冻肉制品也不能解冻。因此，从节省能源的角度考虑，完全没必要使用大于280MPa的压力。在解冻过程中，合理的加热是有必要的，可用于促进冰的融化，并且可防止减压时发生重结晶。

（3）喷射声空化场解冻。叶盛英等人（2008）以冻结的猪肉为对象，对喷射声空化场解冻曲线、解冻肉品质进行了初步研究，并将其与空气解冻和水解冻进行了比较。结果显示，用喷射声空化场对冻结肉解冻比用 19℃ 空气和 18℃ 水对冻结肉解冻要快；当喷射声空化场功率为 34.98W 时，解冻肉的肉汁损失率最低，但仍比 19℃ 空气、18℃ 水解冻肉的肉汁损失率高；喷射声空化场功率为 33.88W 时，解冻的肉的色泽保持得最好。

（4）超声波解冻。超声波解冻是利用超声波在冷冻肉中的衰减而产生的热量来进行解冻的。超声波在冷冻肉中的衰减要高于在未冷冻肉中的衰减，因此其与微波解冻相比，表面温度更低。从超声波的衰减温度曲线来看，超声波比微波更适用于快速稳定地解冻。理论计算表明，在食品不超温的情况下，超声波解冻后局部最高温度与超声波的加载方向、超声波频率和超声波强度有关。超声波解冻可以与其他解冻方法组合在一起，为冷冻食品的快速解冻提供新的手段。解冻过程中要实现快速而高效的解冻，可以选择合适频率和强度的超声波。

（5）射频解冻。近年来，法国、美国等公司的解冻设备开始使用基于 27.12MHz 的射频解冻系统，以解决微波解冻、高频解冻、远红外辐射解冻、超声波解冻等存在的解冻不均匀、时间长和其他解冻质量问题。射频解冻效果优于微波解冻和一般常用的解冻方法，具有很好的推广应用前景。但由于射频功率较大，需要采用合理的密封屏蔽结构，目前的结构设计屏蔽效果不是很理想，近场干扰相对较大，所以需要进一步改进完善。

延伸阅读 2-1

大力推动农产品产地商品化

从 2015 年开始，我国蔬菜和水果产量均居世界第一，但由于鲜活果蔬采后产地商品化加工及冷链物流研究与产业化进程起步较晚，导致果蔬经常局部性过剩，供给侧瓶颈问题突出，农民增产不增收。

农产品商品化处理是农产品采收后的再加工、再增值过程，包括整理、预冷、清洗、干燥、涂蜡、分级、包装等环节，常用设备包括预冷设备、清洗机、烘干机、涂蜡机、分选机、贴标机、封袋机、封箱机、堆垛机及多功能一体化作业流水线等，具体见表 2-16。

表 2-16 生鲜果蔬的商品化处理环节及常用设备

序号	处理环节	具体内容	常用设备
1	整理	剔除损伤、遭遇病虫害、着色度不够、外观畸形等不符合商品要求的产品	通常由人工完成
2	预冷	将采收后的果蔬快速降温到适于低温储运的状态，降低产品的生理活性，减少营养和水分损失	预冷库、预冷车、组合冷库、冷风机组等
3	清洗	采用浸泡、冲洗、喷淋等方式清除果蔬表面污物，消除病菌和农药残留，使之符合商品要求和卫生标准	清洗机、具有清洗功能的一体化作业流水线等
4	干燥	除去果蔬表面多余的水分，以便于包装、运输、储藏、食用等	烘干机、具有干燥功能的一体化作业流水线等
5	涂蜡	在果蔬表面喷涂一层薄而均匀的食用蜡，使外皮洁净、美观，减少水分蒸发和营养成分消耗，抑制病原菌侵染，减少腐烂	涂蜡机、具有涂蜡功能的一体化作业流水线等
6	分级	根据大小、重量、色泽、形状、成熟度、新鲜度、清洁度、营养成分含量等标准，将果蔬分为若干等级	分选机、具有分级功能的一体化作业流水线等
7	包装	在果蔬上市之前进行的贴标、喷码、套网、装箱、堆垛等活动	贴标机、封袋机、喷码机、封箱机、堆垛机等

农产品产地商品化处理满足了农产品跨地域、大流通、反季节的现实需求，成为产地农产品流通的"蓄水池"和"新渠道"，有利于夯实农业物质基础装备，减少农产品产后损失，提高农产品附加值和溢价能力，促进农民稳定增收；有利于改善农产品品质，满足农产品消费多样化、品质化需求，做大做强农业品牌；有利于实现现代农业发展要求，加速农产品市场流通硬件设施、组织方式和运营模式的转型升级；有利于优化生产力布局，引导产业结构调整，释放产业发展潜力，增强我国农产品竞争力。但是，目前我国农产品产地商品化处理方面仍存在一些问题，主要表现为：

一是产地商品化处理设施薄弱且散乱。基础设施薄弱，产地预冷、加工、仓储等设施均不足且较散乱，并缺少体系化统筹。专业的预冷设备使用较少，仅有极少数农业龙头企业购置真空或风冷预冷设施，大部分生产者采用土建冷库配套多个冷风机快速打冷的方式代替实现预冷功能，效果与专业预冷设施差距明显。

二是设施设备存在季节性闲置。农产品具有固定的生长周期，受季节性影响，冷库、分级、包装等设施设备也会随农产品成熟上市而高频使用，在农产品未采摘时出现闲置的情况。

三是运营主体面临诸多困难。我国农产品商品化处理运营主体多是个体农产品经纪人或经纪公司（部分地区是村镇级供销社）。现有运营主体大多数实力相对较弱，资金筹集能力较差，难以适应设施投资规模大、回收周期长、操作专业性强的客观要求。

为了更好地推动农产品产地商品化处理设施建设及运营，建议：

一是与产业优势相衔接。聚焦生鲜农产品优势集中产区或重要区域性集散地，选择产业发展基础好、产品特色优势强、设施需求强烈的镇乡村集中建设，依托骨干农产品批发市场、骨干经销商，利用产地现有设施改造或就近新建产后预冷、储藏保鲜、分级包装等基础设施，开展农产品商品化处理业务，实现生鲜农产品产地仓储保鲜能力明显提升，产后损失率显著下降，商品化处理能力普遍提升，产品附加值大幅增长。

二是重点支持、试点示范。财政资金优先支持基础性、公共性、公益性短板设施项目，融通产销，尽快形成有竞争力的产地商品化处理体系。对于机制创新、政策创新、模式创新，实现设施安全运行并长期发挥效益的典型案例，推动工作成效由点到面扩展，提升政府支持政策的实施效果。

三是改造利用存量设施，提升设施利用率。通过淘汰一批、盘活一批、升级一批等举措，推动应用先进技术设备，鼓励利用现代信息手段，发展电子商务等新业态，促进产地市场与消费需求相适应，形成可持续发展机制。

[资料来源：[1] 唐俊杰. 大力推动农产品产地商品化 [J]. 北京观察，2021 (3)：30.
[2] 王水平. 农产品商品化设备使用率调查研究 [J]. 中国农业资源与区划，2022，43 (3)：143-150.]

延伸阅读 2-2

鲜食玉米储藏保鲜方法

鲜食玉米又称果蔬玉米，目前在国内外市场上十分畅销，它不仅鲜嫩香甜，而且营养价值高，其蛋白质、脂肪、维生素、糖等含量大大超过普通玉米。收获的鲜食玉米脱离母体后，籽粒养分含量发生变化，一是呼吸作用消耗籽粒中的可溶性糖类，二是可溶性糖类迅速转化为淀粉，使籽粒中的可溶性物质迅速减少，失去商品性质。鲜食玉米保鲜方法有以下几种。

1. 鲜食玉米的真空包装常温储藏保鲜

这是一种真空包装高温灭菌常温储藏的方法，储存期可达一年。其基本工艺流程为：原料→去苞衣、除须→挑选→水煮→冷却沥干→真空包装→杀菌消毒→常温储存。首先将鲜食玉米穗去苞衣、除须，选择无虫口果穗在沸水中煮8min，捞出冷却并沥干水分，单穗真空包装（利用真空包装机），然后高温高压灭菌（灭菌消毒可采用巴氏消毒法，即用蒸锅蒸0.5h，隔两天后再蒸0.5h；也可采用压力蒸气灭菌消毒法，温度125℃，压力0.14MPa，用时10min），消毒完成后，检查包装有无破漏，将包装好的鲜食玉米装箱常温储藏。食用时需用开水煮10~15min。

2. 鲜食玉米的速冻保藏保鲜

速冻是指将鲜食玉米在-25℃的条件下快速冻结，包装后冷藏在-18℃的条件下，这种方法可保质半年，是延长鲜食玉米供应期最有效的方法。其基本工艺流程为：原料→去苞衣、除须→挑选→烫漂→冷却沥干→速冻→包装→冷藏（-18℃）。具体做法是，将鲜玉米穗去苞衣、除须，选择无虫口果穗烫漂，烫漂以沸水煮8min为宜（可在烫漂水中加入50‰的食盐和2.5‰的柠檬酸，这样风味和色泽更好），然后迅速冷却（用冰水或常温水降温）并沥干水分，放在-25℃下进行速冻，冻结时间以整个玉米穗冻实为宜。然后用复合膜包装封口（单穗包装或2~3穗包装），置于-18℃下冻藏，这种方法保质期可达半年。如果不要求长期储藏，计划在3~4个月内上市销售，从生产成本角度考虑，可省去烫漂程序直接进行速冻储藏，食用时用沸水煮20min即可。

3. 鲜食玉米的低温冷藏保鲜

在常温下，采后的甜糯玉米含糖量迅速下降。实验表明，采后在30℃下放置1天约有60%的可溶性糖转化为淀粉；在10℃下放置1天约有25%的可溶性糖转化为淀粉，尽管0℃低温对可溶性糖的转化过程有明显的抑制作用，但1天里仍有6%的可溶性糖转化为淀粉，可溶性糖的损失会明显影响鲜食玉米的特有风味和鲜嫩品质。所以鲜食玉米不能长时间储藏，更不宜在常温条件下久放。

鲜食玉米适宜的储藏温度为（0±0.5）℃，相对湿度为95%~98%，要点如下。

（1）适时采收。适时采收对保证鲜食玉米的品质和延长其储藏期很重要。通常在玉米花丝稍干，玉米穗手握紧实，用指甲掐时玉米粒有丰富乳汁外流，味甜鲜嫩时采收为宜。

（2）快速预冷。预冷是做好储藏的一个重要环节，对鲜食玉米来说尤其重要。要求在采收后1~2h内将玉米穗迅速预冷至0℃。适宜于鲜食玉米的快速冷却方法是真空预冷和冷水冷却，用真空预冷时要预先把玉米穗加湿，以防止失水；冷水预冷可采用喷淋的方式，冷却水温保持在0~3℃，预冷后将玉米苞叶上的浮水甩干。

（3）储藏。将预冷后的玉米穗剥去大部分苞叶，仅留一层内皮，装入内衬保鲜袋的箱内，每箱5~7.5kg，扎口码垛储藏。注意码垛时要留出通风道，库温保持恒定，控制在（0±0.5）℃。这种储藏方法一般不宜超过20天。

［资料来源：［1］安学君，潘巨忠，潘舒伟. 鲜食玉米保鲜方法研究进展［J］. 农产品加工，2020，(24)：76-78 +82.

［2］谢如鹤，刘广海. 冷链物流［M］. 武汉：华中科技大学出版社，2017.］

练习与思考

1. 名词解释

水分活度　冷害　冻害　农产品商品化处理　解冻

2. 简答题

（1）影响冷链物流品质的因素有哪些？

（2）防止果蔬冷害的措施有哪些？

（3）果蔬预冷方式有哪些？

（4）请阐述易腐食品低温保藏的原理。

（5）肉、鱼和果蔬的冷加工工艺分别有哪些？

（6）请论述易腐食品解冻的方法。

本章参考文献

[1] 谢如鹤，王国利. 冷链物流概论 [M]. 北京：中国财富出版社，2022.

[2] 叶盛英，李远志，黄苇，等. 冻结肉喷射声空化场解冻技术初探 [J]. 农产品加工（学刊），2008（7）：125-127.

[3] 臧芳波，吕蒙，付永杰，等. 高压静电场解冻技术在肉类及肉制品中的应用 [J]. 食品与发酵工业，2021，47（5）：303-308.

[4] 王国利，张长峰，于怀智，等. 冷链物流知识体系与运营 [M]. 北京：科学出版社，2020.

第三章

冷链物流技术

📖 学习目标

本章知识、能力和素质目标要求如下：
- 能够阐释制冷系统的工作原理。
- 能够提出制冷剂应满足的要求，描述常用制冷剂的特性。
- 能够解释制冷压缩机的作用，列举应用广泛的制冷压缩机的类型。
- 能够阐释冷凝器、蒸发器和膨胀阀的工作原理。
- 能够提出影响保温材料导热系数的因素，区别常用保温材料的特点及适用范围。
- 能够区别物理保鲜技术、新型材料保鲜技术和生物保鲜技术的特点及适用场景。
- 能够树立求真求实的精神，理解并探索新的冷冻保鲜与冷藏技术，培养创新精神。

第一节　制冷系统

制冷是指用人工方法将某一空间和物体的热量吸收，使其低于环境温度。将一杯100℃的热水置于30℃的空气环境中，杯中的水会慢慢变凉，最后达到30℃，这个过程是冷却而不是制冷，因为水的热量由高温向低温传递，即热量传递给了空气，是自然发生的过程。采用什么方法将热量吸收就是制冷技术要解决的问题。

把酒精涂抹在皮肤上，我们会有冰凉的感觉，这是因为酒精液体蒸发吸收了皮肤的热量；将100℃的水变成100℃的蒸汽需要对水进行加热。这两个现象都说明液体蒸发需要吸收热量，也说明水蒸气比水含有更多的热量。如果把水蒸气变回水（水蒸气冷凝成水），就需要放出水变成水蒸气所吸收的热量。这就是蒸发吸热，冷凝放热。在海平面上，水的沸点是100℃。其蒸发和冷凝温度都是100℃，但在青藏高原，水的沸点只有80℃左右，因为青藏高原的海拔高，气压低。液体的沸点和压力存在相关关系，压力高时沸点高，压力低时沸点低。利用这种物理现象研究出了蒸气压缩式制冷系统（见图3-1）。

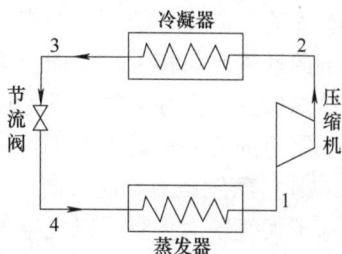

图3-1　蒸气压缩式制冷系统

蒸气压缩式制冷系统由压缩机、冷凝器、节流阀和蒸发器组成，用管道连接成一个封闭的系统，在其中充灌适当的制冷剂。蒸发器内处于低温低压的制冷剂液体与被冷却对象发生热交换，吸收被冷却对象的热量后汽化，产生的低压蒸气被压缩机吸入，经压缩机压缩后排出的高压气态制冷剂进入冷凝器，向环境放热，被冷却凝结成高压液体。高压液态制冷剂流经节流阀节流降压，变成低温低压的气液混合物，进入蒸发器，其中液态制冷剂在蒸发器中蒸发制冷，产生的低压气体再次被压缩机吸入。上述过程如此周而复始，不断循环。以上就是最简单的单级蒸气压缩式制冷循环。制冷剂在系统中通过液态和气态的变化，在蒸发器中吸收热量，在冷凝器中放出热量，从而实现低温吸热，高温放热，而压缩机需要消耗能量。

制冷系统是利用外界能量使热量从温度较低的物质（或环境）转移到温度较高的物质（或环境）的系统。在单级蒸气压缩式制冷循环中，制冷系统一般由制冷剂和四大机件，即压缩机、冷凝器、膨胀阀（又称节流阀）、蒸发器构成。

一、制冷剂

制冷剂是制冷机中的流体，习惯上把制冷剂称为制冷工质或冷媒。制冷的原理是利用制冷剂热力状态的变化不断与外界发生能量交换，从而达到制冷效果。正是凭借制冷剂在制冷系统中经历压缩、放热、膨胀、吸热的不断循环和从气态到液态，再从液态到气态的状态的不断变化，才得以实现制冷。图3-2是制冷剂在不同相态下工作的示意图，图中右侧圈中带点的形状表示制冷剂液体，液体吸收制冷空间或物体的热量后变为气态；图中左侧圆圈为吸收了热量的气态制冷剂，气态制冷剂向环境放热后变为液态制冷剂。制冷剂可誉为制冷系统的"血液"，是把要制冷的房间的热量带到室外的载体。制冷系统所产生的冷量就是制冷剂的汽化潜热。

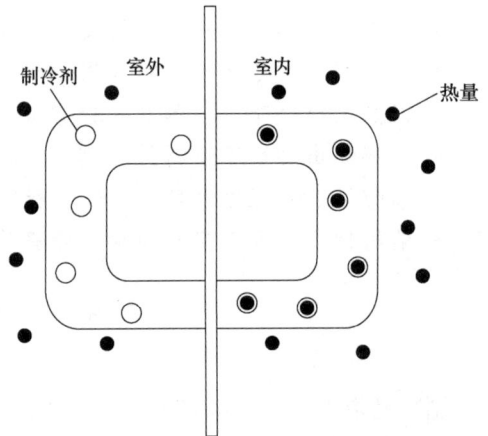

图3-2 制冷剂工作示意图

（一）制冷剂的要求

理论上讲，在设备内能够交替进行汽化和液化的物质均能用作制冷剂。在实际制冷装置中，无论是制冷系统所需功率，还是装置的尺寸及材料要求，以及制冷循环的性能，都与制冷剂的性质密切相关。因而，为达到理想的物理化学性质、热力学性质以及安全性，理想的制冷剂应具有良好的热力学性质、化学特性、安全性。

制冷剂的一般要求如下：

（1）蒸发压力不能太高，冷凝压力不能太低。蒸发温度对应的饱和压力不能过低，以稍高于大气压力为宜，以免空气漏入系统，使系统中的压力升高，减少制冷量，增加功耗。同时，空气中的水分会使制冷系统产生冰堵。冷凝温度对应的饱和压力不宜过高，以降低对设备的耐压和密封要求。

（2）汽化潜热大。

（3）化学稳定性好，高温时不宜分解变质。

（4）黏度小。黏度小可以减少系统制冷循环的流阻，减少耗功，降低循环耗功量。使用黏度小的制冷剂可以适当地缩小管道口径，使得管路可以有较小的弯曲半径，能减少制冷剂对压缩机中零部件的冲击力，可以延长压缩机的使用寿命。

（5）导热系数大，增强传热能力。

（6）制冷剂与润滑油的互溶性质合适。

（7）对金属腐蚀性小。

（8）容易发现泄漏。

（9）无毒，防爆炸。

（10）环保。不产生导致温室效应的气体，并应对大气臭氧层无破坏作用。

（11）能工业化生产，价廉，易得。

使用完全理想的制冷剂是很难实现的，选择最合适的制冷剂才是关键。制冷剂的选择与设备生产厂商的技术及设计思路密切相关，与采用的压缩机形式、热力循环效率、制冷工况、对材料的腐蚀性、与润滑油的相溶性以及经济性、安全性等有很大关系。

（二）常用制冷剂的特性

出于保护臭氧层和抑制全球气候变暖的需要，对制冷剂的选择有了新的要求。国内外研究开发了一些绿色环保制冷剂，也越来越注重从 ODP（消耗臭氧潜能值）和 GWP（全球增温潜能值）两方面指标综合评价制冷剂的环保性能。现在只有 R22 制冷剂（ODP 为 0.05）在欠发达国家还在使用，其他在使用的制冷剂基本上 ODP 为 0。GWP 越小越好。GWP 以二氧化碳为基准单位，即二氧化碳的 GWP 为 1。

1. 氨（R717）

氨是一种自然工质，其 ODP 和 GWP 均为 0，对环境没有破坏作用，是一种环保制冷剂。氨是一种中温制冷剂，其适用范围是 $-70 \sim 5 \, ^\circ\text{C}$。氨制冷剂合成工艺成熟，容易获得，价格低廉。氨制冷剂在冷凝器和蒸发器中的压力适中，冷凝压力一般为 0.981MPa，蒸发压力一般为 $0.098 \sim 0.49$MPa；蒸发温度为 $-33.4 \, ^\circ\text{C}$，凝固温度为 $-77.7 \, ^\circ\text{C}$。氨的单位容积制冷量较大；制冷系数高，在相同温度及相同制冷量的情况下，氨压缩机尺寸最小。氨制冷剂在大型冷库、工业制冷装置中有广泛应用。

氨制冷剂遇水后对锌、铜、青铜合金（磷青铜除外）有腐蚀作用，故氨制冷系统中的管道及阀件均不采用铜和铜合金。氨与水混合后很难溶于润滑油，容易在管道和热交换器上形成油膜，并且在冷凝器、储液器、蒸发器的下部容易积蓄润滑油，需要定期放油。

氨制冷剂应用最大的局限性在于其安全性。氨的主要缺点是毒性大、易燃、易爆。氨蒸气无色，有强烈的刺激臭味。氨对人体有较大的毒性，当氨液飞溅到皮肤上时会引起冻伤。当空气中氨蒸气的体积分数达到 0.5% ～0.6% 时可引起爆炸，故机房内空气中氨的含量不得超过 0.02mg/L。因此，采用氨做制冷剂的制冷系统需具备两个特点：一是安全性，要有完善的密封系统和检漏系统以及完善的报警系统；二是耐蚀性，在氨制冷装置中，其管道、仪表、阀门等均不能采用铜和铜合金材料。实际上氨蒸气在空气中的浓度达 5×10^{-6} 时，我们就可以闻到，这一浓度远低于氨的着火浓度，并且我们的身体在这个浓度下不会受到很大的伤害，因此一旦有微小的泄漏就会被及时发现。近年来，氨制冷系统的安全问题已得到有效的改善。在国内发展绿色经济和循环经济的迫切需求下，氨作为主流冷媒之一仍具有较大的市场应用空间。2022 年 9 月，我国应急管理部在办理全国政协委员唐俊杰提交的《关于推动氨制冷剂在冷链行业安全应用的提案》正式答复函中表明，应急管理部将继续根据氨制冷剂安全发展趋势，不断修订完善有关法规标准，健全安全管理制度，并要求地方应急管理部门不得强制要求"氨改氟"，推动冷链行业安全使用液氨。

延伸阅读3-1

推动绿色、低碳、高效的氨制冷剂安全应用

对2013年发生的两起涉氨责任事故，全国政协委员、北京首农食品集团知联会会长唐俊杰至今记忆犹新。"其实，根据国务院安全生产委员会办公室通报的事故调查报告，当年这两起事故都不是氨制冷技术本身的问题。但是，由于对涉氨制冷的误解，冷链行业用户和地方政府及其监管部门普遍'谈氨色变'。"唐俊杰说。

冷链行业是贯通第一二三产业、保障食品安全、衔接乡村振兴、促进消费升级的重要民生行业。当前，我国冷链行业已进入高速增长期，预计到2030年，我国冷库库容将翻一番，达到1.5亿t左右。但是，"谈氨色变"非理性限制氨制冷剂后，原本作为冷链行业主流选择的氨制冷剂被氟利昂制冷剂大量取代。

"我们知道，氟利昂制冷剂不仅消耗臭氧层，同时还是强温室气体，在制冷系统运行过程中极易泄漏。"唐俊杰介绍，中国制冷学会曾做过测算，按照2030年全国冷库总容量1.5亿t估算，全部采用第三代氟利昂R507A的制冷系统与全部采用氨/二氧化碳复合的制冷系统比较，每年将增加二氧化碳排放当量约4000万t。这显然与绿色低碳发展目标相悖。

在2022年全国两会上，唐俊杰提交了《关于推动氨制冷剂在冷链行业安全应用的提案》，提出在当前我国新发展格局加速构建的大背景下，急需政府以"有形之手"破解难题，推动氨制冷剂在冷链行业的安全应用。

因此，她提出三点建议。一是健全完善制度，严格执行法规和标准规范。根据氨制冷安全应用的发展趋势，不断完善符合氨制冷新技术的法规和标准规范，为涉氨制冷企业规范化应用和监管部门规范化管理提供有力的支撑；禁止用其他行业标准规范对涉氨制冷企业进行监管。二是提高地方政府和监管部门的科学管理水平。要科学、客观地认识氨制冷剂，转变"谈氨色变"的观念；依法依规对涉氨制冷企业进行监管，推动行业安全健康发展；准确界定监管责任，在氨制冷系统发生安全事故后，对规范履行安全生产监督职责的监管部门，应予减责，甚至免责。三是加大对氨制冷剂应用的支持力度。有关部门要尽快出台政策，对新建或改建的涉氨制冷项目应优先立项，并加大比例给予补贴或专项奖励；监督地方政府纠正"一刀切"的"氨改氟"做法；各级政府要充分发挥冷链行业学会、协会等社团组织的作用，开展氨制冷安全应用培训，提高从业人员专业技能；积极鼓励企业、高校和科研院所开展技术创新和安全应用研究。

[资料来源：史玉成. 推动绿色、低碳、高效的氨制冷剂安全应用 [N]. 中国质量报，2022-03-10 (A2).]

2. 碳氢化合物

随着2000年10月欧盟推出经修订的消耗臭氧层物质的规定以及由英国政府在2000年11月推出的气候变化政策，有更多的制冷系统设计人员和用户用碳氢化合物替代制冷剂。

如今，节能环保已经成为全世界的重要话题。通用电气公司将R600a（碳氢化合物的一

种）环保制冷技术引入美国，并于 2008 年 10 月 28 日向美国环保署提交了采用 R600a 技术生产家用冰箱的申请。同年，Ben & Jerry's（美国第二大冰激凌公司）宣布首次在美国市场投入使用 R290（丙烷，碳氢化合物的一种）自然制冷剂冰柜。

《蒙特利尔议定书》确立后，一些发达国家的技术人员经过研究与比较，在一类氟利昂替代品上，氢氟烃类制冷剂与碳氢化合物制冷剂两大类逐渐形成。其中氢氟烃类制冷剂在美国、日本等国家应用广泛，碳氢化合物在欧洲各国使用较多。两者的 ODP 均为 0，对臭氧层不会造成破坏，但碳氢化合物的 GWP 明显低于氢氟烃类制冷剂。在溶水性、蒸发压力、排气温度和真空度要求等指标方面及制造成本上，碳氢化合物也比氢氟烃类制冷剂有较大的优势。

碳氢化合物作为制冷剂，主要包括丙烷（R290）、丁烷（R600）和异丁烷（R600a）等。它最大的缺点在于易燃烧、易爆炸。R290（丙烷）的燃点是 468℃，在空气中的燃烧极限的体积比为 2.1% ~ 9.5%；R600（丁烷）的燃点是 462℃，在空气中的燃烧极限的体积比为 1.8% ~ 8.4%。减少制冷剂充注量或者在制冷剂中加入少量非可燃物质都可以有效地降低火灾的危害性。使用碳氢化合物的制冷系统需要特定的安全防护措施，如自动检测装置、通风装置、异丁烷压缩机的 PTC（Positive Temperature Coefficient，正温度系数热敏电阻）。

3. 二氧化碳制冷剂

二氧化碳作为制冷剂起源于 19 世纪 80 年代，在氟利昂制冷剂被广泛应用后，二氧化碳制冷剂被迅速取代。但由于后来氟利昂制冷剂被限制使用，二氧化碳制冷剂又一次引起了人们的重视。

二氧化碳作为制冷工质有许多独特的特点：①二氧化碳安全无毒，不可燃，适应各种常用润滑油以及机械零部件材料；②具有与制冷循环和设备相适应的热物理性质，单位容积制冷量相当高 [0℃时的单位容积制冷量是氨的 1.58 倍，是 R22（二氟一氯甲烷）的 5.12 倍和 R12（二氯二氟甲烷）的 8.25 倍]，运动黏度低 [0℃时的二氧化碳饱和液体的运动黏度只有氨的 5.2%、R12（二氯二氟甲烷）的 23.8%]；③二氧化碳具备优良的流动和传热特性，可显著减小压缩机与系统的尺寸，使整个系统非常紧凑，而且运行维护也比较简单，具有良好的经济性能；④二氧化碳制冷循环的压缩比要比常规工质制冷循环的低，压缩机的容积效率可维持在较高的水平；⑤二氧化碳跨临界循环比常规工质亚临界循环更适合于系统的动态容量调节特性。

目前，二氧化碳作为制冷工质的研究主要集中于汽车空调、热泵以及低温冷冻干燥等领域。二氧化碳跨临界循环由于排热温度高、气体冷却器的换热性能好，比较适合汽车空调这种恶劣的工作环境。除此以外，二氧化碳系统在热泵方面的特殊优越性可以解决冬天汽车不能向车厢提供足够热量的缺陷。

4. R22

R22（$CHClF_2$，二氟一氯甲烷）的沸点为 -40.8℃，凝固点为 -160℃，能制取 -80℃ 以下的低温，是较常用的中温制冷剂。常温下 R22 的冷凝压力和单位容积制冷量与氨的差不多。

R22 无色、无味、不燃烧、不爆炸，是安全的制冷剂。R22 属于不溶于水的物质，含水量限制在 0.0025% 以内。R22 能够部分与矿物润滑油相互溶解，而且其溶解度随着矿物润滑油的种类及温度不同而变化。

R22 对大气臭氧层有破坏作用，能产生温室效应，发达国家已不允许使用。

5. R134a

R134a（CH_2FCF_3，四氟乙烷）的 ODP 为 0，GWP 约为 1300。R134a 的标准蒸发温度为 $-26.5℃$，凝固点为 $-101℃$，属于中温制冷剂。R134a 无色、无味、无毒、不燃烧、不爆炸。R134a 的分子极性大，在非极性油中的溶解度极小，但能完全溶于多元醇酯类（Polyolester，POE）合成润滑油。R134a 虽与它们互溶，但却表现出异常的溶解特征。它有两条溶解临界曲线，使高温区和低温区各存在一个分层区，高温区溶解度随温度升高反而减小。这种特征使系统在较宽温度、压力范围内运行有困难。

6. R407C

R407C 是一种三元非共沸混合制冷剂，它是作为 R22 的替代物而提出的。在标准大气压下，其泡点温度为 $-43.4℃$，露点温度为 $-36.1℃$，与 R22 的沸点较接近。R407C 不能与矿物润滑油互溶，但能溶解于聚酯类合成润滑油。在空调工况（蒸发温度为 7℃）下，R407C 的容积制冷量及制冷系数比 R22 的低 5% 左右。但在低温工况（蒸发温度低于 $-30℃$）下，其制冷系数比 R22 的略低，但其容积制冷量比 R22 的要低 20% 左右。由于 R407C 的泡露点温差较大，在制冷系统中最好使用逆流式热交换器，以充分发挥非共沸混合制冷剂的优势。

7. R410A

R410A 是一种两元混合制冷剂，它也是作为 R22 的替代物提出来的。其泡露点温差为 $0.2℃$，属于近共沸混合制冷剂。R410A 不溶于矿物润滑油，但能溶解于聚酯类合成润滑油。在一定的温度下，R410A 的饱和蒸气压比 R22 和 R407C 的均要高一些，但其他性能比 R407C 的要优越。在空调工况下，R410A 的容积制冷量和制冷系数均与 R22 的差不多；在低温工况下，其容积制冷量比 R22 的要高 60% 左右，制冷系数也比 R22 的高 5% 左右。值得注意的是，使用 R410A 时不能直接用来替换 R22 的制冷系统，必须使用针对 R410A 而专门设计的制冷压缩机。

🔁 **知识拓展 3-1**

共沸制冷剂与非共沸制冷剂

传统的制冷剂一般是单一工质的，随着人们环保意识的加强和技术的进步，出现了两种或两种以上制冷工质混合制成的制冷剂，根据在汽化或液化过程中，蒸汽成分与溶液成分能否保持相同，这种混合工质的制冷剂，可分为共沸制冷剂和非共沸制冷剂。

1. 共沸制冷剂

共沸制冷剂是由两种或两种以上互溶的单组分不同的制冷剂，在常温下按一定的质量比或容积比相互混合而成的制冷剂。共沸制冷剂与单组分制冷剂一样，在一定的压力下具有恒定沸点，而且在饱和状态下气液两相的组分相同。但热力性质不同，如在相同的工作条件下，共沸制冷剂蒸发温度变低，制冷量增大，压缩机排气温度降低，化学稳重性增加等。对于封闭式压缩机，共沸制冷剂可以使电动机得到更好的冷却，电动机绕组的温升也可以得以降低，这样一来，就可以达到改善和提高制冷循环性能的目的。常见的共沸制冷剂有 R504、R507A、R508、R509 等。

2. 非共沸制冷剂

所谓的非共沸制冷剂，是指两种或多种制冷剂的沸点不同，无法形成共沸溶液的制冷剂。溶液被加热时，在一定的蒸发压力下，较易挥发的组分蒸发的比例大，难挥发的组分蒸发的比例小，因此，气液两相的组成不相同，且制冷剂在蒸发过程中的温度是变化的。

和普通制冷剂相比，非共沸制冷剂的特点主要有：

（1）没有共沸点。在定压下，相变温度要发生变化，定压蒸发时，温度在不断变化，由低到高滑移；定压凝结时则相反。

（2）节能。非共沸制冷剂缩小了变相过程中的传热温差，减小了过程的不可逆损失，从而减小了冷凝器和蒸发器的传热不可逆损失，因此能提高制冷循环的效率，起到节能的效果。

（3）非共沸混合制冷剂与各组成的纯净制冷剂性质相近，且基本为其平均，因而能实现各纯质制冷剂的优势互补。

根据国际规定，在制冷剂编号标准中，非共沸制冷剂暂未加以编号，只是留出 R 后边的 400 号的编号顺序，供增补编号使用，因此，R4××则表示该制冷剂是非共沸制冷剂，具体有：

1）R40：R2、R14 组成。

2）R401A：R2、R152a、R124 组成。

3）R401B：R2、R152a、R124 组成。

4）R401C：R2、R152a、R124 组成。

5）R402A：R125、R290、R2 组成。

6）R402B：R125、R290、R2 组成。

7）R403A：R290、R2、R218 组成。

8）R403B：R290、R2、R218 组成。

9）R404A：R125、R143a、R134a 组成。

10）R406A：R2、R60a、R142b 组成。

11）R407A：R32、R125、R134a 组成。

12）R407B：R32、R125、R134a 组成。

13）R407C：R32、R125、R134a 组成。

14）R408A：R125、R143a、R2 组成。

15）R409A：R2、R124、R142b 组成。

16）R410A：R32、R125a 组成。

17）R41A：R1270、R2、R152a 组成。

知识拓展 3-2

载冷剂

载冷剂又称冷媒，是用来把制冷装置中所产生的冷量传递给被冷却物体的媒介物质。常用的载冷剂有空气、水、盐水等。在冷库中，常用空气或盐水来冷却、储存食品；在空调中，采用冷冻水作为载冷剂，将冷冻水送入喷水室或水冷式表面冷却器，用来处理送入房间的空气。

1. 选择载冷剂的基本要求

在选择载冷剂时，应满足下列基本要求：

（1）在使用温度范围内呈液态，不凝固、不汽化。

（2）比热容要大，这样载冷剂的载冷量就大，载冷剂流量就小，管道的直径和泵的尺寸减小，循环泵功率减小。

（3）无毒、化学稳定性好、不腐蚀金属，可以延长系统的使用寿命。

（4）密度小、黏度小，可以减少流动阻力。

（5）导热系数大，可减少换热设备的传热面积。

（6）来源广泛、价格低廉。

2. 常用载冷剂的性质

（1）空气。用空气做载冷剂的优点是容易取得，不需要用复杂的设备获取；其缺点是比热容小，所以只有在利用空气直接冷却时才采用它。在冷库中，就是利用库内空气做载冷剂来冷却食品的。

（2）水。水具有比热容大、无毒、不燃烧、不爆炸、化学稳定性好、容易获得等优点，因此，水是空调系统常用的载冷剂。制冷装置将水冷却到一定温度后，送入空调，与通过空调的空气进行热、湿交热，将空气冷却至一定的温、湿度后送入房间。但是，水的凝固点高，因而只能用作制取 0℃ 以上温度的载冷剂。

（3）盐水。盐水有较低的凝固温度，可作为制取制冷温度低于 0℃ 的载冷剂。常用的盐水有氯化钠（NaCl）溶液和氯化钙（$CaCl_2$）溶液。

选用盐水做载冷剂时应注意以下三个问题。

第一，要合理选择盐水的浓度。盐水的浓度越大，密度越大，流动阻力越大；同时，浓度增大，其比热容减小，输送一定冷量所需盐水的流量增加，同样增加泵的功率消耗。因此，只要保证蒸发器中的盐水不会冻结即可，不要选择过低的凝固温度。

一般的选法是：所选择的盐水的浓度使凝固温度比制冷剂的蒸发温度低 5~8℃ 即可（采用水箱式蒸发器时为 5~6℃，采用壳管式蒸发器时为 6~8℃），而且盐水浓度不应大于冰盐合晶点浓度。

第二，盐水的腐蚀性。盐水对金属有腐蚀作用，腐蚀水的强弱与盐水中的含氧量有关，含氧量越大，腐蚀性越强。为了降低盐水对金属的腐蚀作用，必须采用防腐措施。

第三，盐水的吸水性。盐水在使用过程中会吸收空气中的水分，使其浓度降低，凝固温度升高，特别是在开式盐水系统中。所以，必须定期测定盐水的浓度并补充盐量，以保持要求的浓度。

（4）有机物。在一些不允许使用有腐蚀性载冷剂的场合，可采用甲醇（CH_3OH）、乙醇（C_2H_6O）、乙二醇（$CH_2OH)_2$）、丙二醇（$C_3H_8O_2$）、丙三醇（$C_3H_8O_3$）等溶液。

1）甲醇、乙醇溶液。甲醇的凝固温度为 -97℃，乙醇的凝固温度为 -117℃。它们的纯液体密度和比热容都比盐水低，故可在更低温度下载冷。甲醇溶液比乙醇溶液的黏度稍大一些，它们的流动性都比较好。甲醇和乙醇都有挥发性和可燃性，所以使用中要注意防火，特别是当机器停止运行、系统处于室温时，需要格外小心。

2）乙二醇、丙二醇和丙三醇溶液。丙三醇（甘油）是极稳定的化合物，其溶液对金属无腐蚀作用、无毒，可以与食品直接接触，是良好的载冷剂。乙二醇和丙二醇溶液的特性相似，它们的合晶点温度为 -60℃ 左右（对应的合晶点质量分数为 60% 左右），其密度和比热容较大，溶液黏度高，略有毒性，但无危害。

二、压缩机

压缩机是将低压气体提升为高压气体的一种从动的流体机械，用来调节气体压力和输送气体。根据国家标准《压缩机　分类》（GB/T 4976—2017）可知，压缩机可分为容积式压缩机和动力式压缩机两大类（具体见图3-3）。容积式压缩机是指通过改变工作腔容积的大小来提高气体压力的压缩机。动力式压缩机是指通过提高气体运动速度将其动能转化为压力能来提高气体压力的压缩机。

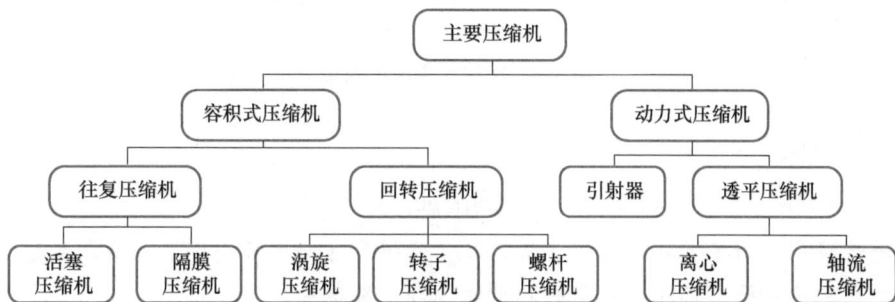

图 3-3　主要压缩机的类型

注：转子发动机由于高油耗、密封性缺陷、零部件寿命短，以及环保法规限制，已被禁用。

按照运动方式的不同，容积式压缩机又分为往复压缩机和回转压缩机两种结构形式。往复压缩机是指气缸内活塞或隔膜的往复运动使缸体容积产生周期性变化并实现气体的增压和输送的一种压缩机。回转压缩机是指一个或几个转子在气缸内做回转运动使工作容积产生周期性变化，从而实现气体压缩的容积式压缩机。

制冷压缩机以制冷剂为压缩工质，是整个制冷系统的"心脏"。制冷压缩机抽吸来自蒸发器的制冷剂蒸气，并提高其温度和压力后将其排至冷凝器，高压过热制冷剂蒸气在冷凝温度下放热冷凝，而后通过节流元件，降压后的气液混合物流向蒸发器，制冷剂液体在蒸发温度下吸热沸腾，变为蒸气后进入压缩机，从而实现了制冷系统中制冷剂的不断循环流动。

目前，在制冷行业应用较为广泛的压缩机主要有五大类：活塞压缩机（全封闭、半封闭、开启式）、转子压缩机、涡旋压缩机、螺杆压缩机（半封闭、开启式）、离心压缩机（具体见图3-4）。同时，按制冷量差异，制冷压缩机主要分为家用 [5 马力（1 马力 = 735.499W）及以下]、轻型商用（5~40 马力）、大中型商用（40~150 马力）、特大型商用及工业制冷（150~300 马力）四大类。

2025 年 6 月，由格力电器主导的两项压缩机国际标准——《容积式制冷压缩机性能评价》（ISO 18483：2025）和《离心式制冷压缩机性能评价》（ISO 18501：2025）正式发布，是我国制冷压缩机行业在国际标准化工作中的历史性突破，填补了国际标准在容积式与离心式制冷压缩机性能评价领域的空白。这两项标准将为容积式制冷压缩机、离心式制冷压缩机的能效评价提供科学合理的解决方案，有利于推动全球行业制冷压缩机向绿色低碳转型，提升制冷行业能源利用效率，构建绿色低碳的产业链，促进制冷行业实现双碳目标。

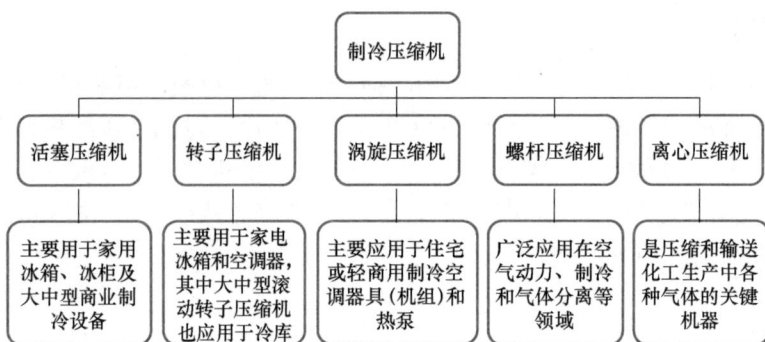

图 3-4　制冷压缩机的类型

制冷压缩机

- 活塞压缩机：主要用于家用冰箱、冰柜及大中型商业制冷设备
- 转子压缩机：主要用于家电冰箱和空调器，其中大中型滚动转子压缩机也应用于冷库
- 涡旋压缩机：主要应用于住宅或轻商用制冷空调器具（机组）和热泵
- 螺杆压缩机：广泛应用在空气动力、制冷和气体分离等领域
- 离心压缩机：是压缩和输送化工生产中各种气体的关键机器

知识拓展 3-3

润滑油

在制冷系统中，为了保证压缩机正常运转，能够可靠地调节制冷量，提高机组运行的可靠性，必须在制冷系统中充注一定量的润滑油，即冷冻机油。

1. 润滑油的作用

在制冷压缩机中，润滑油的功能主要如下：

（1）润滑相互摩擦的零件表面，使摩擦表面完全被油膜分隔开来，从而降低压缩机的摩擦功、摩擦热和零件的磨损，延长压缩机使用寿命。

（2）带走摩擦热量，使摩擦零件的温度保持在允许范围内，提高压缩机效率和使用的可靠性。

（3）使活塞环和气缸壁之间的间隙、轴封摩擦面等密封部分充满润滑油，以阻挡制冷剂的泄漏。

（4）利用油压作为控制卸载机构的动力。

2. 对润滑油的基本要求

（1）润滑油的凝固点要低。如果凝固点高，就会造成低温流动性差，在蒸发器等低温处失去流动能力，形成沉积，影响制冷效率和制冷能力。此外，当压缩机温度低时，会影响压缩机零件润滑度，造成磨损。一般家用冰箱和家用空调采用凝固点低于 -30℃ 的润滑油。

（2）要有适当的黏度。如果黏度太小，在摩擦面不易形成正常厚度的油膜，会加速机械磨损，甚至发生气缸拉毛、抱轴等故障，机构密封性能也不好，制冷剂容易泄漏；如果黏度太大，润滑和密封性能虽好，但制冷压缩机单位制冷量消耗的功率会增大，耗电量会增加。润滑油的黏度过大或过小都会引起气缸温度过于升高，从而造成排气温度过高，影响制冷压缩机的正常运行。

（3）有较好的黏温性能和较高的闪点。制冷压缩机在工作中，气缸等处的温度为 130～150℃，所以要求在温度变化时润滑油的黏度变化小、闪点高。这才能保证在各种不同的温度条件下，润滑油具有良好的润滑性能，不会在温度高的情况下炭化。

（4）要有良好的化学稳定性和抗氧化安定性。润滑油在制冷系统内与制冷剂经常接触，在全封闭式的制冷压缩机内，要求能够使用10年以上，长期不换油，所以必须要有良好的化学稳定性和抗氧化安定性。

（5）不含水及酸等的杂质，要有良好的电气绝缘性能。在半封闭和全封闭式制冷压缩机中，电动机绕组要与润滑油经常接触，所以要求润滑油为不能破坏电动机的绝缘物，并有良好的绝缘性能。

三、冷凝器

冷凝器是指制冷系统中排除制冷剂蒸气热量的换热设备。其作用是冷却气体制冷剂，并使其转变为液体；提供换热面，使热量从热的制冷剂蒸气传递给冷却介质。冷却过程一般可分为三个过程：

（1）过热蒸气冷却为干饱和蒸气：由排气温度下的过热蒸气冷却为冷凝温度的干饱和蒸气。

（2）干饱和蒸气冷凝为饱和液体，干饱和蒸气在冷凝温度下冷凝成饱和液体，这一过程，就是蒸气凝结为液体的过程。

（3）饱和液体进一步被冷却为过冷液体：由于冷却介质（水或空气）的温度总是低于冷凝温度，故在冷凝器的末端，饱和液体一般还可进一步被冷却，使其成为过冷液体。

冷凝器根据冷却介质和冷却方式的分类及其原理见表3-1。

表3-1 冷凝器根据冷却介质和冷却方式的分类及其原理

方式	原理	分类
风冷式冷凝器	风冷式制冷剂放出的热量被空气带走。商用和住宅用空调机组的冷凝器多采用风冷式	空气自然对流冷凝器
		强制对流冷凝器
水冷式冷凝器	制冷剂放出的热量被冷却水带走。冷却水可以是一次性使用，也可以循环使用，在水源充足、水质清洁的地区可采用水冷式。工业上使用的冷凝器多为水冷式套管式	立式壳管式冷凝器
		卧式壳管式冷凝器
		套管式冷凝器
		盘管式冷凝器
蒸发式冷凝器	主要靠冷却水在传热管表面上的蒸发，并靠冷却水降温以及水在空气中蒸发带走冷凝热量，同时用空气加快水的蒸发而带走水蒸气。蒸发式冷凝器的耗水量较少，可以应用于水量不充裕的地区	淋水蒸发式冷凝器

四、蒸发器

蒸发器也是一个热交换设备。节流后的低温低压制冷剂液体在其内蒸发（沸腾）变为蒸气，吸收被冷却物质的热量，使物质温度下降，达到冷冻、冷藏食品的目的。在制冷系统中，冷却周围的空气，达到对空气降温、除湿的作用。蒸发器内制冷剂的蒸发温度越低，被冷却物质的温度也就越低。在冷藏车中冷冻时，一般制冷剂的蒸发温度调整在 $-26 \sim -20℃$，冷却时调整为比实际货物需控制温度低5℃左右。根据被冷却介质的不同，蒸发器可分为冷却液体式蒸发器和冷却空气式蒸发器两大类。

1. 冷却液体式蒸发器

冷却液体式蒸发器主要用于大中型的制冷设备中，常见的有壳管式蒸发器、沉浸式蒸发器和板式蒸发器。下面简要介绍壳管式蒸发器和沉浸式蒸发器。

壳管式蒸发器有满液式壳管式蒸发器和干式壳管式蒸发器之分。其中，满液式壳管式蒸发器的制冷剂充注量大，采用它时需要进行特别的回油设计，但可提高制冷机的性能系数。

沉浸式蒸发器又称水箱式蒸发器，它由水箱和蒸发盘管组成。制冷剂在蒸发器内吸收制冰池中的载冷剂——盐水溶液的热量，使盐水溶液降温并保持在 −10℃左右。通过搅拌器的工作将盐水溶液循环于蒸发器和制冰池之间，使制冰池中的水冻结成冰。沉浸式蒸发器多用于氨制冷装置中。根据盘管的不同形式还可进一步分为立管式沉浸式蒸发器、螺旋管式沉浸式蒸发器或蛇形盘管式沉浸式蒸发器。

2. 冷却空气式蒸发器

冷却空气式蒸发器也称空气冷却器，这一类蒸发器的优点是能耗低、干耗少；缺点是传热慢、材料用量大、制冷剂充注量大。冷却空气式蒸发器具体可分为自然对流式蒸发器和强对流式蒸发器两种。

自然对流式蒸发器也称冷却排管，这种蒸发器传热系数低，主要用于冰箱、冷藏柜、冷藏车和冷库等处。

强对流式蒸发器又称直接蒸发式空气冷却器，在冷库空调系统中使用它时又将其称为冷风机，其结构与风冷式冷凝器相似。这种蒸发器具有传热效果好、结构紧凑等优点。

五、膨胀阀

膨胀阀是组成制冷装置的重要部件，它实现了从冷凝压力至蒸发压力的压降，同时控制制冷剂的流量。它体积虽小，但作用巨大，它的工作好坏直接决定整个系统的运行性能。但是在实际工作中，膨胀阀的运行情况往往被忽视，使膨胀阀成为设备维护中的一个死角。而定期检查和调整膨胀阀，对制冷设备的运行寿命、节约能源、降低运行成本有着重要的意义。膨胀阀的作用有：

（1）节流作用。高温高压的液态制冷剂经过膨胀阀的节流孔节流后，成为低温低压的雾状的液压制冷剂，为制冷剂的蒸发创造条件。

（2）控制制冷剂的流量。进入蒸发器的液态制冷剂，经过蒸发器后，由液态蒸发为气态，吸收热量，降低温度。膨胀阀控制制冷剂的流量，保证蒸发器的出口完全为气态制冷剂，若流量过大，出口含有液态制冷剂，可能进入压缩机产生液击；若制冷剂流量过小，提前蒸发完毕，造成制冷不足。

膨胀阀选择正确与否将影响制冷系统的运行效率和性能。在商用制冷装置中常用的膨胀阀，按调节方式的不同，可分为手动调节膨胀阀（即手动节流阀）、液位调节膨胀阀、制冷剂蒸气过热度调节膨胀阀（包括热力节流阀及电子节流阀等）和不调节的膨胀阀（有恒压节流阀、毛细管等）。其调节的方法是通过控制进入蒸发器的制冷剂流量来实现的，即调节膨胀阀的开度来调节蒸发器的供液量。手动节流阀常用作旁通或辅助膨胀阀，恒压节流阀和毛细管用于工况较稳定的制冷系统，热力节流阀和电子节流阀多用于管内蒸发的氟利昂蒸发器及中间冷却器。

第二节　保温技术与材料

一、保温材料与导热系数

保温材料的保温功能性指标的好坏是由材料导热系数的大小决定的，导热系数越小，保温性能越好。导热系数是指在稳定的传热条件下，1m 厚材料的两侧表面的温差为 1K（℃），在一定时间内，通过 $1m^2$ 面积材料传递热量的单位为 W/(m·K) 此处 K 可用℃代替）。一般情况下，导热系数小于 0.23W/(m·K) 的材料称为绝热材料，导热系数小于 0.14W/(m·K) 的材料称为保温材料；通常导热系数不大于 0.05W/(m·K) 的材料称为高效保温材料。用于建筑物保温的材料一般要求密度小、导热系数小、吸水率低、尺寸稳定性好、保温性能可靠、施工方便、环境友好、造价合理。影响保温材料导热系数的因素主要有：

（1）材料的性质。导热系数以金属最大，非金属次之，液体较小，气体更小。

（2）表观密度与孔隙特征。表观密度小的材料，导热系数小。当孔隙率相同时，孔隙尺寸越大，导热系数越大。

（3）湿度。材料吸湿受潮后，导热系数就会增大。水的导热系数为 0.5W/(m·K)，比空气的导热系数 0.029W/(m·K) 大 16 倍。而冰的导热系数为 2.33W/(m·K)，会使材料的导热系数更大。

（4）温度。材料的导热系数随温度的升高而增大，但温度在 0~50℃时并不显著，只有处于高温和负温下的材料才考虑温度的影响。

（5）热流方向。当热流方向平行于纤维方向时，保温性能减弱；而当热流方向垂直于纤维方向时，保温材料的阻热性能发挥最好。

二、常用保温材料的特点及适用范围

（一）有机类保温材料与无机类保温材料

保温材料依据材性来分类，目前市面上最常见的共两种，分别为有机类保温材料和无机类保温材料。有机类保温材料主要来源于石油副产品，包括聚苯乙烯泡沫塑料（EPS）、挤塑聚苯板（XPS）、喷涂聚氨醋（SPU）以及聚苯颗粒等。从全国范围看，目前有机类外墙外保温系统在我国当前外墙外保温市场的占比最高。无机类保温材料包括膨胀珍珠岩、中空玻化微珠、闭孔珍珠岩、岩棉、矿棉、玻璃棉和轻质砌块自保温体系等，主要取材于无机类材料，如石屑、玻璃、工业废渣等。随着国家对墙体材料防火安全等级规定的重视及要求，无机保温材料的市场份额将大幅提升。

有机类保温材料与无机类保温材料的优劣对比如下：

（1）从保温性能考虑，有机类保温材料的导热性能更好。以挤塑聚苯板为例，一块合格的挤塑聚苯板的导热系数应在 0.028~0.03W/(m·K) 之间，所以在北方地区，这种材质的保温板被大面积应用于各种民用建筑。而无机类保温材料板的导热系数一般在 0.065W/(m·K) 左右，保温效果不甚理想，常被应用于南方地区或对隔热性要求不高的建筑。

（2）从防火性能考虑，无机类保温材料的优势更为明显。无机类保温材料的主要成分是无机物，具有阻燃性。相比于无机类保温材料，有机类保温材料的防火性能却是其致命伤，不仅易燃，且在热分解时还会产生大量有毒物质——苯乙烯。在应用于公共建筑及重要建筑时，需采取特殊措施以保证建筑安全。

（3）从吸水率及透气性能考虑，有机类保温材料的吸水率更低，且具有很好的防水性。与此相反，无机类保温材料，如玻璃棉、岩棉、矿棉制品等，具有较大的吸水率和水蒸气渗透率，因而保温效果不够稳定，尤其在低温环境用于保温时，此类保温材料一旦含有水分，导热系数会急剧上升，隔热效果将大打折扣。

总而言之，有机类保温材料的保温性能更好，且质轻、防水耐潮，但本身易燃，一旦着火，会伴有烟雾和毒气，对人民的生命和财产安全造成威胁；无机类保温材料则具有不燃、耐高温、性能稳定等优点，但与有机材料相比保温性能略逊一筹，只能应用于对保温、隔热要求不高的地区。由此可见，目前市面上常见的保温材料在应用上都存在着不同程度的缺陷，为了克服保温隔热材料的不足，各大企业纷纷研制轻质多功能复合保温材料，其一是有机、无机材料复合实现互补，其二是保温、防火复合达到一体化。在此后的保温材料市场中，多功能复合型发展思路才是保温行业发展的新途径。

（二）几种常用的保温材料

1. 硬质聚氨酯泡沫塑料

用于保温的硬质聚氨酯泡沫塑料（PUR）是一种热固性闭孔聚合物材料。它在工厂以保温板或块状形式制造，并与各种不同的饰面结合制成建筑用材和"三明治"夹心板以作为保温材料。现场喷涂聚氨酯泡沫塑料也可直接应用于施工工地。

在同样的材料厚度上，硬质聚氨酯泡沫塑料可以提供最佳的保温效果，并具有特殊的应用优势。对于建筑师和规划者来说，硬质聚氨酯泡沫塑料作为创新保温解决方案，可应用于地窖、墙体、天花板以及屋顶等。它更是实现轻量化、低能耗甚至零能耗建筑的理想选择。聚氨酯材料是目前国际上性能最好的保温材料，欧美地区的发达国家的建筑保温材料中约有49%为聚氨酯材料。

（1）硬质聚氨酯泡沫塑料在冷链行业的三种主要应用形式。

1）喷涂。对于不易使用模具的场合，诸如大型球形储罐、大口径异型管件、冷库墙体等的保温包覆，最好的办法是现场喷涂发泡。该方法是将聚氨酯发泡物料直接喷涂在物体表面，物料快速发泡并凝胶，形成与基体一致的聚氨酯硬泡绝热保温层。但是使用喷涂法保温时一定要做好隔汽隔湿。

2）块泡。聚氨酯块泡可以被切割成匹配的形状，被应用在保温的建筑设备和工业设施中。

3）"三明治"夹心板。这个工艺以硬质聚氨酯泡沫作为芯材，大多数情况下，其上下表面都是金属饰面。"三明治"夹心板特别适合应用于屋顶和墙壁，以及各种大厅和工业楼宇的支撑结构中，当然也适用于冷库建筑和冷库组件中。轻量化的板材在各种天气条件下都易于加工和安装。"三明治"夹心板可以在建筑工程的不同阶段预制，让建筑结构和设计更加灵活。

保温材料应用于商用和民用建筑时应该既能减少冬季时的热流失，又能在夏季为室内隔热。同样，它们在冷库中也有类似的功能，既保持里面的低温、防止外部的热量进入，又利于室内温度控制。硬质聚氨酯泡沫塑料的保温性能与其他保温材料相比，其各种性能参数都表现卓越（见表3-2）。一个实际例子就是硬质聚氨酯泡沫塑料的优秀保温性能可以让建筑的墙体做到最薄［与 PS（聚苯乙烯）和石棉等其他保温材料相比，其导热系数或热导率（K 值）最低］，这就意味着增加了额外的使用空间和更多的设计选择。

表3-2　硬质聚氨酯泡沫塑料与其他保温材料的比较

性能	硬质聚氨酯泡沫塑料	XPS	EPS
最低导热系数（25℃）	0.018W/(m·K)	0.022W/(m·K)	一般［≤0.041W/(m·K)］
整体保温阻水	佳	一般	一般
自黏结	极佳	无	无
保温层与基层之间空腔	无（类似于满粘①）	有（50%~60%）	有（50%~60%）
保温板之间板缝	无	有（存在横缝、竖缝、板平面高低缝）	有（存在横缝、竖缝）
异形墙面施工	极佳	可以，但施工很困难、复杂	不可以
化学稳定性	好	一般	一般
施工效率	高	一般	一般
陈化期	1~2天	28天（自然条件）	42天（自然条件）
使用温度	长期：-30~90℃短期：90~250℃	≤75℃（在75℃软化，并在90~100℃熔化）	≤75℃（在75℃软化，并在90~100℃熔化）
防火性能	热固化，焦炭化	热塑性，熔滴	热塑性，熔滴

① 满粘是建筑行业的术语，通常是指保温材料（如板材）通过胶黏剂或砂浆100%全覆盖粘贴在基层上，无任何未黏接区域。"类似于满粘"强调聚氨酯保温层通过自身特性（喷涂发泡后无缝填充）实现了与传统"满粘"相同的全接触、无空腔效果，虽工艺不同，但结果等效。

（2）硬质聚氨酯泡沫塑料在我国冷链市场的地位。

1）冷库。在新建冷库项目中（包括公共冷库和自用冷库），硬质聚氨酯泡沫塑料的应用已超过60%。"三明治"夹心板和喷涂泡沫多应用于冷库的墙体和屋顶。而目前已建成的冷库，特别是使用了10年或10年以上的，则应用各种不同保温性能的建筑材料（如 PS、矿棉、稻壳、砖及土壤等）。

2）冷藏集装箱。硬质聚氨酯泡沫塑料占据了几乎所有的市场份额，也被制造商广泛接受及被认为是最好的解决方案。

3）冷藏车（包括卡车/面包车/拖车等）。仅应用于车体车厢内壁，硬质聚氨酯泡沫塑料有超过60%的市场份额。

4）家用、商用冰箱。与冷藏集装箱类似，该市场的大部分也多采用硬质聚氨酯泡沫塑料。硬质聚氨酯泡沫塑料也被认为是最佳和最安全的保温节能材料。

2022年3月1日实施的国家标准《冷藏集装箱和冷藏保温车用硬质聚氨酯泡沫塑料》（GB/T 40363—2021）中规定了冷藏集装箱和冷藏保温车用硬质聚氨酯泡沫材料的技术要求，填补了国内标准在该领域的空白。该标准的颁布实施，将扭转冷藏集装箱和冷藏保温车用硬质聚氨酯泡沫塑料行业在设计、管理、选材、生产和营销等环节的无序局面，提升技术工艺和产品质量，有效减少原材料和能源的浪费，在保障生鲜农产品和食品消费安全的同时，进一步推动整个冷链物流行业的节能减排。

2. 聚乙烯泡沫塑料

聚乙烯泡沫塑料可用于建筑物、冷库、火车、汽车、船舱、空调机组，以及壁板、风管、水管、高潮湿地区的设备和管道保温，毒性极低，可以直接与食品接触。由于聚乙烯泡沫塑料自身防火性能较差，要想达到建筑防火性能要求，需添加大量的阻燃剂，使其各项物理性能大幅下降。同时，因使用温度较低和原料较贵，其使用领域也受到一定的限制。目前，聚乙烯泡沫塑料的技术进展也是以轻质复合材料的开发为主，采用聚乙烯泡沫塑料为轻骨料，结合硅酸盐水泥等材料，可以制备出质轻、导热系数小、吸水性低、抗冻融性好和膨胀系数较大的轻型建筑保温材料，可以满足冷库和一般建筑的保温隔热需要。另外，由于聚乙烯泡沫塑料具有优良的加工性能，以聚乙烯为主料添加其他高分子弹性体制成橡塑复合泡沫材料，可改善聚乙烯泡沫塑料的柔韧性。

3. 聚苯乙烯泡沫塑料

聚苯乙烯泡沫塑料质轻，保温，吸音，耐低温性好，耐久性好，压缩性能良好，蠕变性小，易切割，吸水率低，但高温下易软化变形，防火性能差。由于涉及严重的防火问题，美国早已有20多个州禁止在建筑中使用聚苯乙烯泡沫塑料；英国18m以上的建筑不允许使用聚苯乙烯泡沫塑料板薄抹灰外墙保温系统；德国则规定22m以上的建筑不允许使用该系统。很多保险公司禁止给聚苯乙烯泡沫塑料保温的建筑进行保险。

聚苯乙烯泡沫塑料可用于软土地基路堤填料，路桥过渡段填筑，修建直立挡墙，减轻地下结构物顶部的土压力，防止路基冻害等道路工程，以及建筑外墙保温、屋顶保温及地板辐射采暖等建筑工程。为克服单纯聚苯乙烯泡沫塑料的缺点，如防火性能较差，已研制开发新的聚苯乙烯复合保温材料，如水泥聚苯乙烯板及聚苯乙烯保温砂浆等。

4. 酚醛泡沫塑料

酚醛泡沫塑料被誉为"保温之王"，是酚醛树脂、乳化剂、发泡剂，以及其他助剂等多种物质经科学配方制成的闭孔型硬质泡沫塑料，具有质量轻、绝热性高、刚性大、尺寸规格的稳定性好等特点，属于难燃物质，燃烧时仅产生少量一氧化碳有毒气体，且发烟量低、不会熔融、无滴落物。酚醛泡沫塑料解决了聚氨酯泡沫塑料和聚苯乙烯泡沫塑料的耐热差、防火性差的问题，是国际上公认的建筑行业中最有发展前途的一种新型保温材料。美国40%的防火保温隔音材料为酚醛树脂；西欧、中东地区规定新建工程优先采用酚醛泡沫塑料；北欧地区的建筑部门认为只有酚醛泡沫塑料具有较好的防火性能；东欧地区也广泛将酚醛泡沫塑料用于公共建筑和高层建筑；日本甚至颁布将酚醛泡沫塑料作为标准建筑物耐燃材料的法令。

酚醛泡沫塑料用于航天及军事领域，其保温、防火、轻质、价廉的特点，使之在民用领域具有重要地位。酚醛泡沫塑料应用领域广泛，如：宾馆、医院、大型体育场馆、高层建筑等的中央空调系统绝热；石油、化工、热电厂等低压蒸汽管道、设备绝热；建筑墙体的内外保温复合墙体、防火门、屋面隔热等。其优异耐寒性尤其适用于冷库的保温。酚醛树脂与其他材料共混改性，可以制备出性能极其优良的复合保温材料。如以酚醛泡沫塑料为胶结剂，以聚苯乙烯泡沫颗粒为填料，结合其他添加剂合成出具有力学性能好、难燃、工艺简单和成本低等优良特性的复合材料。

5. 橡塑保温材料

橡塑保温材料的特性与发泡塑料制品比较接近，质轻、弹性好、切性好、导热系数小、气密性好、抗水、耐腐蚀、抗压、施工性好，适用于介质温度在 $-40 \sim 150$℃之间的各种管道及设备的保温，但价格昂贵。由于该材料综合性能优良，目前已被广泛应用于建筑、轻纺、医药、化工、冶金、健身器材、冷暖器材、造船等行业，比较集中地应用在空调系统的水、气管道的保冷防凝露及保温防止热损失方面。该类材料具有外观整洁美观的特点，如将该材料用于空调冷冻机房的保温，可以增强整个空调工程的美感。

6. 玻璃棉制品

玻璃棉的特性是体积密度小（表观密度仅为矿岩棉的一半左右）、导热系数小、吸声性好、不燃、耐热、抗冻、耐腐蚀、不怕虫蛀、化学性能稳定，是一种良好的绝热吸声过滤材料。其主要用于建筑物的隔热、隔声等；玻璃棉管套主要用于通风、供热供水、动力等设备管道的保温。玻璃棉制品的吸水性强，不宜露天存放，室外工程不宜在雨天施工，否则应采取防水措施。玻璃棉燃烧性能为不燃材料（A级）。

7. 气凝胶保温材料

作为纳米材料界的新星——气凝胶（Aerogel），不同于我们传统思维中的"胶"，它是一种固体物质形态，密度为 $3kg/m^3$，因其密度极低，所以也被叫作"冻结的烟"或"蓝烟"，曾获得吉尼斯世界纪录"世界上最轻的固体"称号。2021年，国际顶级权威学术期刊《科学》将气凝胶列为十大热门科学技术之一。最早是在1931年，由 Samuel Stephens Kistler 采用超临界干燥方法成功制备出二氧化硅（SiO_2）气凝胶。由于气凝胶中一般80%以上是空气，所以有非常好的隔热效果，1in（1in = 0.0254m）厚的气凝胶相当于 $20 \sim 30$ 块普通玻璃的隔热功能。即使把气凝胶放在玫瑰与火焰之间，玫瑰也会丝毫无损。气凝胶在航天探测上也有多种用途，在俄罗斯"和平"号空间站和美国"火星探路者"探测器上都用到这种材料。

现阶段气凝胶产品主要包括气凝胶颗粒和纳米孔气凝胶复合绝热材料。

（1）气凝胶颗粒。其上述物理特性使得气凝胶材料本身在隔热隔音、水体净化、气体吸附等方面有突出优势，可替代活性炭作为一种耗材。

（2）纳米孔气凝胶复合绝热材料。这只是一个统称，可理解为所有需要高效恒温的地方都能用得上的东西，这种材料可以是固态的，也可以是液态的。简单来说，就是气凝胶与哪种材料进行二次复合，就使得哪种材料拥有了高效隔热保温的性能。在工业建筑领域，气凝胶与玻璃纤维毡复合经加工就做成了气凝胶毡，使得其导热系数大幅减小；在日用品领域中，气凝胶与纺织品复合，使得其隔热保温性能又上一个台阶。所以在气凝胶复合应用制品方面，可将其看作一种功能性的添加剂。

气凝胶明显不同于孔洞结构为微米和毫米量级的多孔材料，其纤细的纳米结构使得材料的导热系数极小，具有极大的比表面积。气凝胶优异的隔热性能，使其可应用于医药、食品保冷运输、深冷系统装置保冷等领域。在同等保温效果的情况下，气凝胶能降低保温层厚度，节省运输空间。此外，随着远洋运输、海上油田的发展，与之配套的海上钻井平台、石油运输船、液化天然气（LNG）船、液化石油气（LPG）船等发展迅速。这些特种船舶对于隔热保温和防火分隔提出了更高的要求，也成为气凝胶材料新的应用平台。

延伸阅读3-2

能"保温"还要"阻燃"——外墙外保温材料发展现状及问题分析

2009年2月9日，在建的央视大楼发生特大火灾，火灾造成直接经济损失1.6亿元；2010年11月15日，上海余姚路和胶州路交叉路口的一栋高层公寓起火，大火共导致58人遇难。近几年，外墙外保温材料燃烧引发的高层建筑火灾屡屡发生，一次又一次的事故背后，揭示了当前建筑工程外墙外保温材料的防火检查及验收情况堪忧。

2017年—2018年，公安部、住房和城乡建设部等六部委联合开展了为期半年的全国高层建筑消防安全综合治理，各地消防部门对高层建筑的排查结果显示，建筑外保温材料防火性能不达标、违规使用可燃易燃外保温材料，已成为高层建筑的主要火灾隐患。

2019年5月24日，南京新街口金鹰A座突发火灾，现场火势猛烈。据悉，南京新街口金鹰建于20多年前，外墙使用的是铝塑复合板，并非岩棉等A级防火保温材料，而此次火灾的主要燃烧部位就是外墙材料。

1. 让人"又爱又恨"的外墙外保温材料

在建筑中，外围护结构的热损耗较大，外围护结构中墙体又占了很大份额。因此，建筑墙体改革与墙体节能技术的发展是建筑节能技术的一个最重要环节，发展外墙外保温技术及节能材料则是建筑节能的主要实现方式。外墙外保温技术最早起源于欧洲，我国是从20世纪80年代中期开始试点，并将该技术广泛应用于建筑领域的。

但是建筑外墙外保温材料引发的火灾危险性极高，容易造成重大伤亡事故。如硬质聚氨酯泡沫塑料一旦燃烧就会产生含有剧毒物质氰化氢的气体，40s就会致人窒息死亡，并且硬质聚氨酯泡沫塑料燃烧速度非常快，短时间内就会燃遍几层楼，极易引发重特大火灾。关于外墙外保温的火灾，基本上发生在三个阶段：材料堆放、施工过程中违规操作及安装完毕后其他火源引燃。据统计，80%的火灾都集中在第一阶段与第二阶段，例如北京央视大楼大火，起火原因是烟花引燃堆放在楼顶的保温材料；上海"11·15"大火是电焊花掉落在挤塑聚苯板上，挤塑聚苯板又引燃B3级聚氨酯保温材料造成的。因此，单一要求提高建筑材料级别并不是解决外墙外保温的关键问题，外墙外保温系统防火性能涉及产品燃烧、防火构造、施工现场管理、消防知识普及、材料现场管理等多方面的因素。

减少外墙外保温材料引发火灾的情况最重要的一点就是做到防火阻燃。要达到外墙外保温系统的防火要求，应从这几个方面抓起：严格选择保温材料，在保证保温性能与使用性能的同时也要注重防火性能；科学构造防火结构，在国家相关检测机构进行系统防火试验论证；现场材料堆放规范，防止保温材料在现场堆放时因违规操作发生火灾；现场施工规范管理，防止各种违规操作造成火源起点产生而引起火灾；建立与完善相关标准，国家出台相关产品、设计、施工等标准进行规范。

2. 我国外墙外保温材料研究获得快速发展

我国建筑保温材料产业起步于2005年，目前已形成以膨胀珍珠岩、矿物棉、玻璃棉、泡沫塑料、耐火纤维、硅酸钙绝热制品等为主的品种比较齐全的产业，但由于研发起步晚、水平低，依然存在产品质量不够稳定、应用技术有待完善等问题，影响了保温材料的推广应用。

在我国，目前已较成熟并得到推荐的外墙外保温体系（系统）有：聚苯板薄抹面外墙外保温体系、胶粉聚苯颗粒保温浆料外保温系统、聚氨酯硬泡复合板外墙外保温系统、现浇混凝土复合聚苯板钢丝网架板外墙外保温体系、喷涂聚氨酯硬泡外墙外保温系统。

目前，我国建筑保温材料行业正进入快速发展阶段。行业发展具有以下特点：

（1）政策导向逐渐明晰。我国有关建筑保温材料的发展政策逐步明晰，为行业健康发展指明了前进方向。

（2）监管层面有待加强。未来国家相关部门应加大对建筑节能材料的监管力度，确保建筑工程承包商使用具有防火安全性能的节能保温材料，将符合标准的保温材料"请进来"，把不符合标准的拒之门外。

（3）产品结构不合理，集中于中低端产品。我国新型保温建材企业的竞争集中在中低端产品上，技术含量较高的产品比较少，高端领域的竞争并不激烈。

（4）行业市场集中度低，市场竞争无序。新型保温建材项目投资少、见效快，生产工艺比较简单，在我国墙体材料革新与建筑节能及住宅产业化等形势的推动下，各行各业竞相投资，众多项目同时建设投产，重复建设造成短时期内部分新型保温材料生产能力迅速提升。由于市场开拓没有跟上，导致企业间竞争激烈，生产开工不足，出现了"价格战"，全行业的经济效益明显滑坡，有的企业甚至被迫关停。而对于目前利润率较高的墙体内外保温板等建材品种的生产、销售，生产企业存在着急功近利的短视行为，形成劣质产品冲击市场的局面，给行业的发展埋下了隐患。

[资料来源：阴音. 能"保温"还要"阻燃"：外墙外保温材料发展现状及问题分析 [N]. 中国建材报，2019-06-10（4）.]

第三节　冷冻保鲜与冷藏技术

农产品保鲜技术正朝着综合控制的方向发展，其中包括物理控制、化学控制、农业控制和生物技术控制。标准化、自动化、配套化以及有机（绿色）农产品储运保鲜技术正代表着一个时代的特征和发展趋势。无污染保护环境的制冷和气调技术，与农产品保鲜处理自动化控制有关的光电子学技术和计算机控制技术，提高农产品的耐储运性、抗病性和抗冷性，提高保鲜效果的转基因分子生物学技术，与保护环境有关的空气放电技术和真空减压技术，与利用原子能有关的辐射保鲜技术等，都是正在发展而且需要进一步发展的高新技术。

从保鲜包装材料的研究发展趋势来看，未来将注重包装材料及其结构的多功能性。例如，利用微孔制造工艺，结合防水材料、防腐材料、半导体、陶瓷材料以及利用不同材料的特征进行复合，以提高现有保鲜包装材料的耐湿性、透湿性、防结露性以及防腐保鲜性能。在结构方面，将注重提高使用强度、透湿性、防结露性、与防腐保鲜剂的巧妙结合性以及适应现代化搬运的托盘化包装的联结性等。

在可食涂被保鲜方面，未来将注重与生物保鲜剂的结合，注重脂类、碳水化合物、蛋白质类的复合。天然涂被剂的 MA（气调储藏）将更注重分子调节、厚度调节、裂缝调节、浓度调节和亲水与疏水性调节。

在保鲜剂的研究方面，未来将更注重微胶囊缓释理论和技术的研究，并强调环境启动释入、添加剂控制并兼用包装调控释放的"三控"理论以及两段释放控制理论[⊖]，在应用方面注重保鲜剂的组装结合、保鲜剂的复配以及天然保鲜剂的应用。

一、物理保鲜技术

（一）辐射及静电保鲜

（1）电离辐射保鲜。电离辐射保鲜主要利用钴-60、铯-137 发出的 γ 射线及加速电子、X 射线穿透有机体，使其中的水和其他物质发生电离，生成游离基或离子，对被保鲜农产品产生杀虫、杀菌、防霉、调节生理生化等效应，从而起到保鲜的作用。

延伸阅读 3-3

辐照食品：核技术保鲜到餐桌

作为一种休闲零食，泡椒凤爪深受人们喜爱，但很少有人注意到许多品牌的泡椒凤爪包装袋上都印着"辐照食品"四个字，并且很少有人知道这四个字的含义。

"辐照食品"表明这些泡椒凤爪是用辐照技术，即利用钴-60 或铯-137 等放射源进行消毒灭菌的。根据我国相关食品规定，经过辐照处理的食品需要予以明示。辐照技术处理过的泡椒凤爪，保质期可为 1~6 个月甚至更长，而普通的凤爪，如果不添加防腐剂，只能存放 2~3 天。

许多人一听到核技术首先想到的是核电站，而对于辐照灭菌这类民用核技术很陌生。

第二次世界大战后，放射性同位素和电子加速器研制成功，为辐射技术提供了简单廉价的辐射源，促进了射线处理食品研究的发展。利用放射性元素的辐射作用进行杀菌消毒的食品被称为"辐照食品"，美国、日本等国家对"辐照食品"开展了大规模研究。

1958 年，苏联批准用钴-60 照射抑制马铃薯发芽，并在世界上首次批准经辐照处理的仓储谷物供人食用。

1970 年，由联合国粮农组织、国际原子能机构主持，世界卫生组织参与，24 个国家共同制订了国际食品辐照计划，对食品辐照的有效性和安全性进行了研究。经过大量的实验研究，证明辐照处理实质上是一种物理过程，与热加工和冷藏类似，并于1976 年第一次无条件地批准了鸡肉、番木瓜、马铃薯、草莓和小麦五种"辐照食品"，之后又相继批准了稻米、鱼、洋葱、香料、鲜猪肉等"辐照食品"。

⊖ 在保鲜剂的研究领域，"三控"理论和两段释放控制理论是近年来针对缓释技术提出的核心理论框架，旨在通过多维度调控保鲜剂的释放行为，以延长保鲜效果并减少副作用。其中，"三控"理论强调通过环境响应、添加剂设计及包装材料协同作用，实现保鲜剂的精准释放。"两段释放控制理论"强调分阶段释放保鲜剂，以满足不同储藏期的需求，通常分为速释和缓释两个阶段。

　　1980 年，这三个组织在日内瓦召开辐照食品卫生安全联合专家委员会并发表声明："对于任何食品，当其总体吸收剂量不超过 10kGy（Gy 是一个基本的计量学单位，1Gy 相当于辐射授予每千克质量组织或器官的能量为 1J）时，没有毒理学危害，不再要求进行毒理学实验，同时在微生物学和营养学层面也是安全的。"可以说，这一声明充分肯定了"辐照食品"的安全性，大大推动了辐照食品的商业化发展。1999 年，10kGy 的标准被突破，三个组织联合研究认为，超过 10kGy 的辐照对食品同样不产生安全性问题，可见"辐照食品"的安全性是有充分保证的。

　　我国从 20 世纪 50 年代末开始进行食品辐照加工研究，经过五六十年的发展，在理论、工艺和产业化等方面都取得了很大的成就。根据有关资料可知，2005 年，我国已批准的"辐照食品"已包含七大类 56 个品种，"辐照食品"产量达到 14.5 万 t，占世界辐照食品总量的 36%，产值达 35 亿元。近 10 年来，"辐照食品"产业规模更是迅速扩大。以泡椒凤爪为例，川渝两地凤爪食品产业已达约 200 亿元，基本都是靠钴-60 放射源进行消毒杀菌。

　　辐照技术在食品行业中，主要应用于食品的灭菌和杀虫、鲜活食品的保鲜、延迟成熟或生殖成长、抑制发芽等。除了泡椒凤爪，常见的"辐照食品"还有香辛料、冷冻食品、脱水蔬菜、熟畜禽肉、白酒、保健品。

　　辐照技术在全世界能流行起来，是因为技术本身具有传统技术无可比拟的优点：无须接触食品，快捷方便，也能避免生产过程中可能出现的二次污染；杀菌效果彻底，还可以根据产品的要求调节辐照剂量，达到不同的杀菌程度，直至完全灭菌；无残留、无添加，比使用防腐剂等化学方法更加安全，也不会污染环境；不改变食品本身的温度、湿度、外形和色香味等，最大程度保持食品的营养和风味。除了辐照灭菌保鲜，核技术在农业上还有辐射诱变育种、辐射不育防治害虫、低剂量辐射促进农作物生长发育并提高产量等方面的应用。

　　[资料来源：李璐. 辐照食品：核技术保鲜到餐桌 [N]. 科普时报，2020-10-09 (2) .]

　　(2) 等离子体保鲜。等离子体是物质的第四态。通过特定电场实现无声放电可以产生低温等离子体。在此过程中，高能电子与工作气体分子碰撞，发生一系列物理、化学反应并将气体激活，产生多种活性基。低温等离子体对果蔬保鲜和降解农药残毒有明显效果，可以起到清除乙烯、乙醇等对果蔬储藏保鲜有害的代谢物，诱导果蔬气孔缩小，降低果蔬呼吸强度等作用，对于细菌类病害有较强的防除作用，对病毒也有一定的抑制作用。由此可见，等离子体既对作物有一定的生理调控作用，又对病害有一定的抑制和防治作用。

　　(3) 负离子和臭氧保鲜。臭氧既是一种强氧化剂，又是一种良好的消毒剂和杀菌剂；既可消除果蔬致病微生物及其分泌的毒素，又能抑制并延缓果蔬有机物的水解，从而延长果蔬保鲜期。负离子与臭氧共存可以起到保鲜的增效作用。

　　(4) 低能和高能电子辐照保鲜。利用高能电子束来保鲜和灭菌，利用高能脉冲破坏 DNA 和细胞分裂，从而消灭食品中的微生物，可延长农产品的保鲜期，减少防腐剂的使用，使农产品更安全，并能延缓果蔬成熟，抑制蔬菜发芽。用微弱电子辐射农产品表面，可有效抑制和杀灭微生物。这种电子波最深只能深入农产品表面 50 ~ 150μm 处，因此它在杀掉农产品表面附着的细菌时，不会破坏农产品的内部结构和营养成分。

（5）短波紫外线照射保鲜。紫外线（Ultraviolet，UV）与γ射线、X射线等均属于高频辐射线，频率较高（≥1015Hz）、能量大，能使物质的分子受到激发或电离，也可起到杀菌作用。紫外线波长为10～400nm，可细分为四个波段，即UV-D（10～200nm）、UV-C（200～280nm）、UV-B（280～315nm）和UV-A（315～400nm）。由于DNA和RNA（核糖核酸）对于紫外线的吸收峰位于260nm左右，因此UV-C最为常用，且其波段被称为杀菌波长。紫外线穿透果蔬表面组织，对果蔬中的微生物起杀灭作用。UV-C的杀菌机制是通过光化学反应诱导微生物体内的DNA形成环丁烷嘧啶二聚体（CPD）和嘧啶6-4嘧啶酮光产物（6-4PP），破坏DNA结构，从而抑制复制和转录过程，使蛋白质等物质无法合成，导致微生物突变或死亡。

除杀菌作用之外，适宜剂量的紫外线照射还能诱导果蔬的次生代谢，提高抗氧化能力，延缓鲜切果蔬的品质劣变。紫外线照射保鲜无毒、无残留、环境友好且成本较低，但使用中仍需采取适当的防护措施，并控制使用的剂量。近年来，紫外线照射技术在鲜切果蔬保鲜中的应用见表3-3。

表3-3　紫外线照射技术在鲜切果蔬保鲜中的应用

鲜切果蔬	照射装置	处理方式及条件	保鲜效果
苹果	紫外线灯（20W，254nm）	紫外线灯照射常温储藏样品10、15、20min	照射15min最佳，可抑制维生素C、还原糖、可滴定酸的下降，维持最低失重率
莴苣	短波紫外线灯ZW30S19W-Z894	0.1、0.5、1、3kJ/m² 的UV-C照射后置于5℃、85%～90%的相对湿度下储藏	抑制菌落总数增长，抑制褐变，延缓叶绿素和维生素C下降，提高抗氧化活性
网纹瓜	普通紫外线杀菌灯（20W，波长254nm）	辐照度为169μW/cm²，距离30cm照射2h后置于（6±1）℃下储藏	延长货架期至8天，抑制呼吸，减缓失重率及营养物质下降
淮山药	PHILIPS TUV G30 T8型低压泵蒸气紫外线杀菌灯管（30W，253.7nm）	0.5、1、1.5、3、4.5、6kJ/m² 的UV-C分别照射60、120、180、360、540、720s后置于4℃下储藏	剂量3kJ/m²时最佳，抑制褐变，保持色差值和硬度，减少失重率
梨	未过滤杀菌发射灯（PHILIPS TUV 25W G25 T8 Longlife）	顶部和底部照射UV-C，剂量为2.5、5、7.5、10kJ/m²	减少沙门氏菌和李斯特菌的数量，剂量7.5kJ/m²时的杀菌效果优于化学方法

（二）空气压力控制保鲜

（1）减压保鲜。减压保鲜技术被国际上称为21世纪的保鲜技术，由于其原理和技术先进，果蔬保鲜效果比单纯冷藏和气调储藏有很大的提高，这一技术将在易腐难储果蔬保鲜方面发挥巨大的作用，因而被称为保鲜史上的"第三次革命"。减压保鲜可快速形成一个低氧或超低氧的环境，快速脱除挥发性催熟气体，既有利于气态保鲜剂进入果蔬组织内部，也有利于显著减少空气中细菌的基数，具有较好的储藏效果。

（2）高压保鲜。其作用原理主要是在储存物上方施加一个由外向内的压力，使储存物外部大气压高于其内部蒸汽压，形成一个足够的从外向内的正压差。这样的正压可以阻止果蔬水分和营养物质向外扩散，减缓呼吸速度和成熟度，故能有效地延长果蔬的储存期。

（3）差压预冷保鲜。在果蔬预冷的货堆内外形成一定的压力差，使冷空气易于穿过产品，从而达到快速预冷的目的，进而保持果蔬鲜度。

（4）真空预冷保鲜。在预冷容器内形成真空，使产品的沸点降低，达到大量蒸发水分快速降温的目的，以保持果蔬的鲜度。

（三）温湿度和气体特殊控制保鲜

（1）临界点低温高湿（冰温高湿）保鲜。临界点低温高湿保鲜是指在果蔬不发生冷害和冻害的前提下，采用尽可能低的温度来有效控制果蔬在保鲜期内的呼吸强度，使易腐难储果蔬缓慢而正常地代谢；采用相对高湿度的环境可有效降低果蔬水分蒸发，减少失重。因而，临界点低温高湿保鲜既可以防止果蔬在保鲜期内的腐烂变质，又可抑制果蔬的衰老，是一种较为理想的保鲜手段。

（2）变动气调保鲜。变动气调保鲜是根据农产品在不同储藏期的不同生理状况而对储藏气体指标加以修改的技术，是一种新型的气调保鲜手段。

（3）细胞间水结构控制（氩气处理）保鲜。水结构控制技术是指利用一些非极性分子（如氩气）在一定的温度和压力条件下，与游离水结合而形成笼形水合物结构的技术。通过水结构控制技术可使果蔬组织细胞间水分参与形成结构化水，使整个体系中的溶液黏度升高，从而产生两种效应：酶促反应速率将会减慢，有望实现对有机体生理活动的控制；果蔬水分蒸发过程受到抑制。这为植物储藏保鲜提供了一种全新的原理和方法。

（4）细胞膨压调控保鲜。通过温度、相对湿度、表面控制程度、通风气流速度等有关的热动力学特性调控技术以及相应的组织膨压变化的测试技术，可维持果蔬细胞膨压的完好，实现其质构$^{\ominus}$的调控保鲜。

二、新型材料保鲜技术

（一）多功能聚烯烃基保鲜膜保鲜

在多功能聚烯烃基保鲜膜保鲜方面，将进行纳米防霉、微孔透气、防雾和脱除乙烯等多功能保鲜膜的研制开发以及气调保鲜技术及设备的研究与开发。

（1）纳米防霉保鲜膜保鲜。使用银纳米材料。由于银离子的毒性很小，抗菌能力强，而且在人体内难于积累，所以早在古代人们就利用其安全性和抗菌性来制成餐具和抗菌药物。目前，已商品化的纳米无机抗菌剂大多是银系抗菌剂。

（2）微孔保鲜膜保鲜。当普通保鲜膜的透气性达不到储藏要求时，往往经过特殊工艺生产微孔保鲜膜。微孔保鲜膜上有微小的气孔，孔径在 $0.01 \sim 10 \mu m$ 之间。这些微孔在膜上大量分布时，使膜具有很高的气体透过率和水蒸气透过率，但不能透过液体。可以将果蔬代谢产生的二氧化碳及时散发出去，从而延长果蔬的保存期。这种膜对于 CO_2 敏感及湿度敏

$\ominus$ 果蔬的质构是一种由果蔬组分和组织结构共同影响的属性，表现为脆或绵、硬或软、致密或疏松等特征，与果蔬品质密切相关，一定程度上决定了消费者的接受程度和果蔬的保质期。

感的果蔬，如富士苹果、甜椒、菜豆等的保鲜包装有良好的应用前景。

（3）防雾保鲜膜保鲜。在储藏过程中，气调保鲜经常处于温度、湿度剧烈变化的状态，致使保鲜膜内常发生结雾、积水现象，促使病原菌生产繁殖，导致果蔬大量腐烂。由此可见，研制防雾保鲜膜十分重要。

（4）脱乙烯保鲜膜保鲜。通常果蔬成熟时会释放乙烯气体，这种气体具有催熟功能，如果将乙烯及时吸收，那么果蔬腐烂的速度将会大大降低。在保鲜膜的生产过程中加入能吸收乙烯的物质，生产出的保鲜袋用于果蔬保鲜，使保鲜袋内的乙烯被吸收，保鲜效果明显提高。

（二）多功能可食用涂被保鲜剂保鲜

（1）防腐型果蔬涂被保鲜剂保鲜。含有天然多糖类物质及其他有效活性因子，能在果蔬表面形成一层透明的保护膜，具有广谱抗菌、防霉、保湿功能的保鲜剂，可有效防止果蔬腐烂，提高保鲜性能。

（2）防褐型果蔬涂被保鲜剂保鲜。含有天然生物保鲜因子壳聚糖和食品级护色添加剂，能在果蔬表面形成一层透明的保护膜，可通过调节环境氧气，抑制氧化酶活性的保鲜剂，可有效防止果蔬褐变和白化，达到保持商品质量的目的。

（3）护绿型果蔬涂被保鲜剂保鲜。由天然多糖类物质及其他食品级成分复配而成的保鲜剂，可在果蔬表面形成一层透明薄膜，以实现分子调节、裂缝调节及厚度调节的统一，达到适宜的气调效果，并可明显保持果蔬原有色，防止水分蒸发，抑制微生物的侵染与繁殖。

（三）环保型生理保鲜剂保鲜

（1）矿物型保鲜剂：采用带微孔的矿石，经粉碎后生产出吸附乙烯的材料，可提高果蔬的保鲜性能。

（2）新型代谢抑制剂：新型代谢抑制剂（1-MCP）是最新研制出的一种乙烯竞争性抑制剂，它的成功研制是以乙烯受体研究为理论基础的。1-MCP 的应用可部分取代气调库的应用，大大降低投资成本，是特别适合我国国情的一种保鲜剂。MCP（甲基环丙烯）加水后即释放出 MCP 气体，MCP 接触植物细胞中的乙烯受体，产生不可逆反应，阻碍该受体与乙烯气体的结合，从而延缓植物成熟的生理反应。

三、生物保鲜技术

（一）从天然植物中提取的保鲜剂保鲜

（1）大蒜提取物。大蒜中含有的主要抗菌成分为大蒜辣素和大蒜新素。其中，大蒜辣素的抗菌效力是大蒜新素的一倍。大蒜辣素的抗菌机理是其分子中的氧原子能与细菌中的半胱氨酸结合，使之不能转变为胱氨酸，从而影响细菌体内氧化还原反应的进行，进而抑制细菌。研究表明，大蒜对多种球菌、霉菌有明显的抑制和杀菌作用。

（2）紫苏叶提取物。紫苏叶蒸馏物有广谱抗菌作用，主要抗菌成分为紫苏醛和柠檬醛，对金黄色葡萄球菌、乙型链球菌、白喉杆菌、炭疽杆菌、绿脓杆菌及枯草杆菌等有明显的抑制作用。紫苏叶油对接种和自然污染的霉菌、酵母菌也有明显的抑制作用。

（3）连翘提取物。连翘提取物的抗菌成分主要是连翘酚，对多数的革兰氏阳性菌、阴性菌均有抑制作用，能有效延长食品的保质期。在日本，连翘提取物早已作为一种天然防腐剂广泛应用于食品保鲜。

（4）茶多酚。茶多酚是茶叶中多酚类物质的总称，主要成分为黄烷醇类。茶多酚具有很好的防腐保鲜作用，对枯草杆菌、金黄色葡萄球菌、大肠杆菌、龋齿链球菌以及毛霉菌、青霉菌、赤霉菌、炭疽病菌、啤酒酵母菌有抑制作用。

（5）甘露聚糖。甘露聚糖是从魔芋粉中提取出来的一种功能性低聚糖，具有无色、无毒和无异味的特点，是一种既经济又高效的天然食品防腐剂，能有效地防止食品腐败变质、发霉和遭受虫害。目前，常用于水果、蔬菜、豆制品、蛋类以及鱼类等食品的保鲜储藏。

（二）从动物中提取的保鲜剂保鲜

（1）溶菌酶。溶菌酶（Lysozyme）是一种能水解致病菌中糖胺聚糖的碱性酶，广泛存在于鸟类与家禽的蛋清中。溶菌酶对多种细菌均有良好的抗菌作用，其抑菌机理是通过水解细菌细胞壁的肽聚糖来溶菌，从而起到抑菌的效果。目前，在食品工业中，溶菌酶是优良的天然防腐剂，广泛应用于清酒、干酪、香肠、奶油、糕点、面条、水产品、熟食及冰激凌等食品的防腐保鲜。

（2）蜂胶。蜂胶是蜜蜂采集的植物树脂，将其混入其上颚腺、蜡腺的分泌物加工而成的一种具有芳香气味的胶状固体物。因其中含有多种具有药效的成分，对各种细菌、真菌、病菌和原虫都具有抑制和消灭能力，有"完美的天然广谱抗菌物质"之称。经研究，蜂胶的防腐保鲜机理目前认为有两个方面。一是由于蜂胶中含有多种具有抗菌活性的成分，从而起到抑菌作用。二是蜂胶的成膜作用，它喷洒在果蔬表面可形成一层薄膜，这层薄膜可以减少微生物的侵染，减少果蔬表面的水分蒸发，因而起到推迟腐败、防腐保鲜的作用。

（3）壳聚糖。壳聚糖（Chitosan）是一种由甲壳质水解的高分子多糖，在虾、蟹等节肢动物、软体动物中大量存在，在毛霉属等霉菌类细胞壁中也存在。壳聚糖具有良好的成膜特性和较强的抗菌防腐能力，作为高效、无毒、无味、成本较低的天然防腐剂，越来越受到人们的关注。其抗菌机理有两个：一是壳聚糖通过吸附在细胞表面，形成一层高分子膜，阻止营养物质向细胞内运输，从而起到抑菌杀菌的作用；二是壳聚糖通过渗透进入细胞体内，吸附细胞体内带有阴离子的细胞质，并发生絮凝作用，扰乱细胞正常的生理活动，从而杀灭细菌。壳聚糖的不溶水性不利于它的生物利用度，因此开发水溶性的壳聚糖衍生物用作防腐剂是非常有前景的，日本在水溶性壳聚糖衍生物研究方面已取得成功。

（4）鱼精蛋白。鱼精蛋白（Miltprotein）存在于海产鱼类的精子细胞中。鱼精蛋白中的抗菌物质是由分子量从数千到一万的碱性蛋白构成的，其中的氨基酸70%为精氨酸。鱼精蛋白对细菌、酵母菌、霉菌有广谱抗菌作用，特别是对革兰氏阳性菌的抗菌作用更强，它能与细菌细胞膜结合以损伤膜，达到抑菌效果。鱼精蛋白的热稳定性好，120℃加热30min仍有活性；其抗菌性略受pH影响；存在钙、镁等二价阳离子及磷酸时抗菌力减弱；与甘氨酸、醋酸钠、乙醇、单甘油脂混用时抗菌作用有相乘效果；多用于面粉、米饭类食品的保存。

（三）从微生物中提取的天然保鲜剂保鲜

（1）乳链菌肽。乳链菌肽又称乳酸链球菌素，是某些乳酸乳球菌在代谢过程中合成和分泌的具有很强杀菌作用的小肽。其使用剂量小，是一种高效、无毒的天然食品防腐剂。它的抑菌机理是利用其对细胞膜的吸附作用，在细胞膜上形成孔洞，从而引起细胞自溶。乳链菌肽专门抑制革兰氏阳性菌，特别是细菌芽孢，但是不抑制革兰氏阴性菌、酵母菌和霉菌。乳链菌肽作为一种新型的天然防腐剂在国际上已得到认可，并广泛应用于乳制品、罐头制品、肉制品、饮料等的防腐。

（2）纳他霉素。纳他霉素是一种多烯大环内酯类抗真菌剂，其抑菌机理是破坏细胞膜的渗透性，在膜上形成水孔，损伤膜的通透性，从而引起菌内重要物质渗出而死亡。纳他霉素能够专性抑制酵母菌和霉菌，被广泛应用于干酪、香肠、饮料、果酱等食品的生产。

天然保鲜剂种类多，来源广泛，抑菌机理各有不同，但一般存在使用剂量大、抗菌时效短、抗菌谱窄的缺点。目前，在食品保鲜的应用上，主要是联合使用几种天然保鲜剂，并适当处理、合理搭配，以增强有效的抑菌效果。

目前所研发的天然保鲜剂对果蔬酶的抑制作用不大，而用替代物，如香辛料或有机酸等进行果蔬保鲜时往往存在各种问题，且处理后的果蔬常带有保鲜剂特有的异味。因此，未来的主要研究方向集中在天然保鲜剂的保鲜机理以及多种保鲜剂的复合使用方面，特别是复合型天然保鲜剂的调和与配制方面。

出于对食品安全的考虑，相关的各项天然保鲜剂的使用标准和规定还需要进一步的研究和规范。

天然保鲜剂来源广泛，虽然天然但是并不一定安全，外界环境的污染可能使各种动植物体内存在毒素残留，这影响了天然保鲜剂的安全性。

（四）基因工程技术保鲜

在基因工程技术保鲜方面，农产品完熟、衰老调控基因以及抗病基因、抗褐变基因和抗冷基因的转导研究正在进行，试图从基因工程的角度来解决产品的保鲜问题。研究认为，果实的软化及货架寿命与细胞壁降解酶的活性，尤其是与多聚半乳糖醛酸（PG）酶和纤维素酶的活性密切相关，也受果胶降解酶活性的影响。目前，已经阐明编码细胞壁水解酶，如PG酶与纤维素酶的基因表达，这些酶在调节细胞壁的结构方面发挥着重要的作用。

延伸阅读 3-4

给鸡蛋涂层膜就能保鲜？

逢年过节，许多人喜欢把鸡蛋当作贺礼。近来，有网友在储备年货时发现，自己买的鸡蛋上有一层膜。那么，这层膜到底是什么？它会不会有食品安全风险？

"涂膜是洁蛋工艺中的一个环节。工作人员会对来自养殖场的鸡蛋表面进行清洁、消毒，而后对鸡蛋进行涂膜处理。经过这一系列的处理后，鸡蛋即可上市。"天津农学院动物科学与动物医学学院教授李留安在接受记者采访时介绍，之所以给鸡蛋涂膜，主要是为了保鲜。

"蛋壳不是铜墙铁壁，表面有上万个小孔。"李留安进一步说，鸡蛋被长时间存放后，之所以会变得不新鲜，就是因为细菌、霉菌等会通过气孔进入鸡蛋内部。同时，鸡蛋内的水分和气体会通过气孔排出，从而影响鸡蛋的新鲜度和口感。涂膜后，鸡蛋表面会形成一层保护性薄膜，封闭蛋壳气孔，抑制蛋壳表面微生物的繁殖，阻止微生物侵入鸡蛋内部，减少蛋内水分的挥发，最终达到延长鸡蛋保质期的目的。

李留安说，给鸡蛋涂膜操作简单，在常温下即可延长鸡蛋保鲜时间（25℃的条件下储存7周后仍可食用），便于远距离运输。这种方式较日常所用的冷藏保鲜法，以及美国、澳大利亚等国家常用的气调储藏保鲜法，成本更低。那么，这层膜是否会影响食品安全？我们需要在食用时对其进行特殊处理吗？

"符合国家规定的保鲜涂膜，均属安全的食品添加剂，消费者不用担心。如果实在有顾虑，用盐水洗掉就可以。"李留安介绍，蛋壳保鲜涂膜的主要成分是食品级液体石蜡。除了液体石蜡外，单甘脂、植物油、凡士林、壳聚糖、聚乙烯醇、蜂胶等也是常见的食品级涂膜材料。

"液体石蜡成本低、成膜效果好。石蜡无毒无害，微量口服可治疗便秘，在食品加工行业中应用非常广泛。"李留安说。[《食品安全国家标准　食品添加剂使用标准》（GB 2760—2024）指出，液体石蜡是合法的食品添加剂，最大使用量为5g/kg]

[资料来源：陈曦. 给鸡蛋涂层膜就能保鲜？[N]. 科技日报，2024-01-18（8）.]

练习与思考

1. 名词解释

制冷系统　共沸制冷剂　非共沸制冷剂　导热系数

2. 简答题

（1）请阐述制冷系统的工作原理。

（2）请简述制冷剂的一般要求。

（3）氨制冷剂有何特性？

（4）影响保温材料导热系数的主要因素有哪些？

（5）有机类保温材料与无机类保温材料各有何优劣？

（6）请列举主要的物理保鲜技术、新型材料保鲜技术和生物保鲜技术。

本章参考文献

[1] 谢如鹤，刘广海. 冷链物流 [M]. 武汉：华中科技大学出版社，2017.

[2] 谢如鹤，王国利. 冷链物流概论 [M]. 北京：中国财富出版社，2022.

[3] 张杰，区德妍. 聚氨酯硬泡如何为食品冷链产业提供可持续的温控解决方案 [J]. 中国果菜，2013，177（1）：39-41.

[4] 中国轻工业联合会. 冷藏集装箱和冷藏保温车用硬质聚氨酯泡沫塑料：GB/T 40363—2021 [S]. 北京：中国标准出版社，2021.

[5] 商灿，刘秀生，刘兰轩，等. 泡沫塑料保温材料的研究进展 [J]. 上海塑料，2013（4）：14-19.

[6] 马秀宝. 泡沫聚合物保温材料的研究进展及其应用 [J]. 环境技术，2004，22（4）：14-17.

[7] 郭奕崇，刘丙午. 物流用缓冲和保温发泡材料的生产现状与发展 [J]. 物流技术，2010（7）：131-133.

[8] 康永. 保温材料行业面临的机遇及未来发展趋势浅析 [J]. 环球聚氨酯，2016（4）：72-78.

[9] 吕建军，侯云先. 冷链物流 [M]. 北京：中国经济出版社，2018.

[10] 张鹏，郝聪聪，薛友林，等. 蔬菜贮藏保鲜技术研究进展 [J]. 包装工程，2023，44（5）：111-120.

[11] 李洋，刘广海. 冷链物流技术与装备 [M]. 北京：中国财富出版社，2020.

第四章

冷库的建造与管理

学习目标

本章知识、能力和素质目标要求如下：
- 能够从不同维度对冷库进行科学分类。
- 能够阐述我国不同类型冷库的发展现状。
- 能够阐释冷库建筑的特点及我国冷库发展趋势。
- 能够描述冷库组成结构。
- 能够解决冷库的选址决策、总体设计、建筑方案设计及平面布置等问题。
- 能够阐释移动冷库的优点。
- 能够列举移动冷库的应用场景。
- 能够解决冷库操作管理、卫生管理和安全管理中的问题。
- 能够阐释气调储藏的概念、原理及特点。
- 能够描述气调库及其主要设备。
- 能够掌握气调储藏条件。
- 能够养成深入一线、服务群众、理论联系实际、实事求是的工作态度，能够深入城乡基层了解我国冷链物流设施建设及运营现状，培养家国情怀。

第一节　冷库概述

冷库是以人工制冷的方法使固定的空间达到规定的温度以便于储藏物品的建筑物。冷库具有三方面的作用：一是使易腐物品能较长时间保存；二是为农产品、食品加工厂长时间均衡加工创造条件；三是供大型副食店、菜场和食堂短期或临时储存食品之用。

一、冷库的分类

1. 按结构形式分类

（1）土建冷库。土建冷库的建筑物主体一般为钢筋混凝土框架结构或混合结构。土建冷库的围护结构属于重体性结构，热惰性较大，库温易于稳定。土建冷库是目前我国冷库的主要类型。土建冷库库房常采用梁板式结构和无梁楼盖结构两种形式。

梁板式结构由梁、板、柱三种构件组成，楼面载荷由楼板传给主梁，再由主梁经柱子传给基础。梁板式结构多用于小型单层冷库库房，具有技术简单、施工方便的特点。冷库要求整体性好，宜用现浇梁板结构。为方便制冷管道安装和便于库内气流组织，库房内的梁多做成反梁。多层冷库不宜采用梁板式结构，因板底有主、次梁通过，既不利于隔热层和隔汽层的施工，也不利于制冷管道的安装和气流组织，更不能充分利用建筑空间。目前，多层冷库库房多采用无梁楼盖结构。

无梁楼盖结构由楼板、柱帽、柱组成。为了整体性好，多用现浇无梁楼盖。无梁楼盖结构的特点是：现浇板底光滑平整，既有利于顶排管和风道的设置，同时也有利于库内气流组织；因板底无梁，库房内的空间可充分利用，节省土建投资；板底倒贴隔热层和隔汽层时，施工方便，且节省材料；板底光滑平整，不宜积聚灰尘，卫生条件好。

（2）装配式冷库。装配式冷库一般为单层库，其库体为钢框架轻质预制隔热板装配结构，其承重构件多为薄壁型钢材制作。由于除地面外的所有构件均是按统一标准在专业工厂预制，在工地现场组装的，所以施工速度快，建设周期短。装配式冷库目前的发展速度很快。

装配式冷库由预制的库板（夹芯隔热板）拼装而成，又称组合式冷库。根据客户的需要，可以方便而迅速地组合成不同尺寸、不同库内间壁、不同库门位置、不同类别（高温库、低温库、气调库）的冷库。因此，装配式冷库广泛用于蛋、禽、乳制品、肉、海产品及其他食品的冷冻、冷藏。

装配式冷库与其他小型冷库相比，具有这些特点：由于库板是在工厂里批量生产的，所以装配式冷库组装周期短，投产使用见效快；结构简单，能反复拆卸，运输方便，便于移动。因此，它很适宜于库址不定、需迁移的单位使用，故又称为移动式冷库。装配式冷库的库板是采用先进水平生产线专用设备制造成型的，加工精度高，库板相互间采用偏心钩连接，库板拼装后板缝均匀，涂密封胶后密封性良好；库板采用硬质聚氨酯泡沫塑料板芯或膨胀的聚苯乙烯泡沫塑料板芯，面板材料常采用 $0.5 \sim 1.0$nm 厚的镀锌钢板、不锈钢板、涂塑钢板或合金铝板。因此，库板加工的保温性能良好；装配式冷库外形美观、大方，库体质量轻。

装配式冷库按其容量、结构特点有室外装配式冷库和室内装配式冷库之分。室外装配式冷库均为钢结构骨架，并辅以隔热墙体、顶盖和底架，其隔热、防潮及降温等性能要求类同于土建式冷库。室外装配式冷库一般容量为 $500 \sim 1000$t，适于商业和食品加工业使用。室内装配式冷库又称活动装配冷库，一般容量为 $5 \sim 100$t，必要时可采用组合装配，容量可达 500t 以上。室内装配式冷库最适用于酒店、饭店、菜场及商业食品流通领域。

（3）夹套式冷库。夹套式冷库是指在常规冷库的围护结构内增加一个内夹套结构，夹套内装设冷却设备，冷风在夹套内循环制冷。夹套式冷库的库温均匀，食品干耗小，外界环境对库内干扰小，夹套内空气流动阻力小，气流组织均匀，造价比常规冷库高。

（4）覆土冷库。覆土冷库洞体多采用拱形结构，一般为砖石砌墙，并覆盖一定厚度的土层作为隔热层，具有施工简单、就地取材、造价低、坚固耐用等特点。

（5）气调冷库。气调冷库主要用于较长期储存新鲜果蔬、农作物种子和花卉等。与上述冷库不同的是，气调冷库除了要控制库内的温度、湿度外，同时要考虑气调冷库内植物的呼吸作用，还要对库内的氧气、一氧化碳、氮气和乙烯含量进行调控，抑制果蔬等植物的呼吸及新陈代谢，使之处于冬眠状态，以达到长期储存的目的。

2. 按使用性质分类

（1）生产性冷库。生产性冷库主要建在货源较集中的产区，作为肉、禽、蛋、鱼虾、果蔬、海产品及速冻面点等易腐食品加工厂的冷冻车间使用。食品在此进行冷冻加工，短期冷藏储存后运往其他销售地，零进整出，要求交通运输必须方便。其特点是冷冻加工的能力较大，有一定的库容量，其建设规模应根据货源情况和商品调出计划确定。

（2）分配性冷库。分配性冷库一般建在大中城市、水陆交通枢纽和人口较多的工矿区，作为市场供应需要、出口计划的完成和长期储备中转运输使用。其特点是冻结量小、冷藏量大，而且要考虑多种食品的储存。由于冷藏量大，进出货比较集中，整进零出，因此要求库内运输通畅，吞吐迅速。

（3）零售性冷藏库。零售性冷藏库一般是建在城市的大型副食品商店内，供临时储存零售食品之用。其特点是库容量小、储存期短、库温随使用要求的不同而改变。

3. 按容量分类

按照冷库容量的大小可分为大型冷库、大中型冷库、中型冷库和小型冷库。一般情况下，当冷库容量超过10000t时，可以认为是大型冷库，而小于500t的冷库是小型冷库。另外，各类冷库冷冻能力的要求也不同。冷库的容量及冷冻能力见表4-1。

表4-1　冷库的容量及冷冻能力

冷库种类	冷库容量/t	冷冻能力/（t/d）	
		生产型冷库	分配型冷库
大型冷库	>10000	120~160	40~80
大中型冷库	5000~10000	80~120	40~60
中型冷库	500~5000	40~80	20~40
小型冷库	<500	20~40	<20

4. 按库温分类

我国国内贸易行业标准《室内装配式冷库》（SB/T 10797—2012）中按库温进行分类，具体见表4-2。

表4-2　冷库按库温分类

冷库种类	L级冷库	D级冷库	J级冷库	M级冷库
冷库种类代号	L	D	J	M
温度范围	−10~15℃	−23~−10℃	−30~−23℃	−60~−30℃
默认额定温度	−5℃	−18℃	−25℃	—

5. 其他分类方法

按照冷库制冷设备选用工质分类，可以将冷库分为氨冷库和氟利昂冷库。

除这些冷库外，还有很多特殊冷库，如医药储藏库、生物制品储藏库、化工原料库、实验室冷库、试剂储藏库。这类特殊冷库面积较小，相对要求较高，如对库内各点温度、备用机、防爆、选用设备品牌等要求比较高。还可以根据建筑特点、投资额、使用期限、防火性等来区分冷库。

延伸阅读 4-1

高标冷库市场

1. 高标冷库占比较低，其中 A 类冷库占比 13%

世邦魏理仕通过对国内冷库市场的长期研究，结合国家冷库设计规范、相关政策文件及行业未来趋势，从建筑形态、层高、承重、温区等维度综合提出冷库的分类分级标准，将冷库分为 A、B 和 C 三类。其中 A 类和 B 类为高标冷库，C 类为低标冷库。冷库分类及结构见图 4-1，其相关标准和参数见表 4-3。

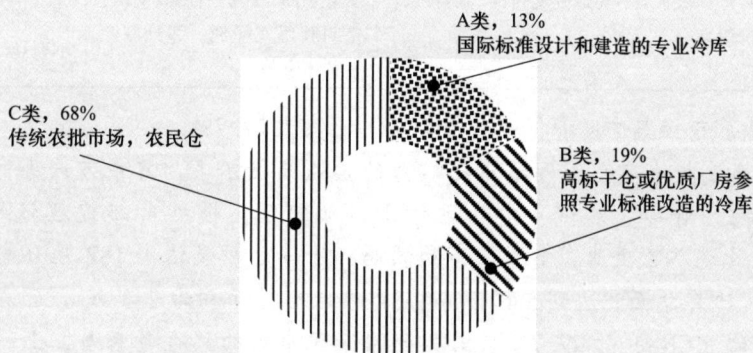

图 4-1　冷库分类及结构

表 4-3　三类冷库的标准和参数

主要指标	A 类冷库	B 类冷库	C 类冷库
建筑形态	单层库，多层电梯库，多层坡道库 按专业冷库进行设计和建造	单层库，多层电梯库，多层坡道库 由高标干仓或优质厂房改造成冷库	单层库，多层电梯库 部分由旧厂房、仓库改造成冷库
冷库层高	楼库净高一般为 9m 以上 高位库净高可达 20m 以上	高标干仓层高一般为 9m 以上	高度不一
地面承重	首层承重一般为 5t	首层承重一般为 3t，改造中需增加结构承重	地面承重不一
电力供应	具备配套的电力供应	部分干仓改造中需进行电力增容	部分冷库需电力增容
温区设计	一般为"三温区"（冷冻、冷藏、常温）设计，部分冷库可实现"四温区"（冷冻、冷藏、常温、恒温） 库内温差控制在 ±1℃ 以内	一般为"三温区"设计，库内温差控制在 ±1℃ 以内	冷库以冷冻温区为主 库内温差可达 ±3℃，部分冷库穿堂不制冷
冷库面积	冷库面积较大，单体冷库一般为 10000m² 以上，园区一般为 20000m² 以上	根据可用资源进行改造，冷库面积大小不一	冷库面积大小不一

（续）

主要指标	A 类冷库	B 类冷库	C 类冷库
ESG （环境、社会 和公司治理）	部分冷库通过权威机构认证，如 LEED（能源与环境设计先锋认证）、绿色建筑认证等	通过技术优化实现节能降耗	保温和制冷系统较为陈旧，能耗偏高
优劣势对比	优势：手续合法合规，冷库运营效率较高，设施设备使用寿命较长，资产价值高 劣势：从拿地、建造到交付的周期较长，造价偏高	优势：选址灵活，改造周期短，造价适中 劣势：若未提前预留设备安装空间，改造后层高受限，空间利用率降低；部分冷库改造不合规	优势：造价较低 劣势：冷库运营效率低，设施设备使用寿命短，能耗高，部分冷库不合规

2. 高标冷库市场集中度偏低，头部企业占比仅为 27.7%

目前，具备高标冷库全国网络布局能力的企业为数不多，其中万纬冷链、亚冷、郑明、美库、宇培、普冷、启橙、中外运处于行业前列。根据世邦魏理仕的数据监测，2021 年年底，上述八家企业在全国已布局的高标冷库总数量达到 182 座（含当时在建和待建的项目），冷库总面积达到 380 万 m^2，其中已交付面积为 243 万 m^2，在已建成高标冷库存量中占比（CR8）为 27.7%。若从全国冷库市场的总存量来看，上述八家企业的占比不足 10%，市场集中度低，行业格局分散（见图 4-2）。国际冷藏仓库协会（IARW）调查数据显示，2021 年，美国冷库市场 CR8 为 54.9%，头部企业 Lineage、Americold 的市场份额更是高达 24.2% 和 18.0%。相比之下，中国冷库市场存在较大的整合空间。

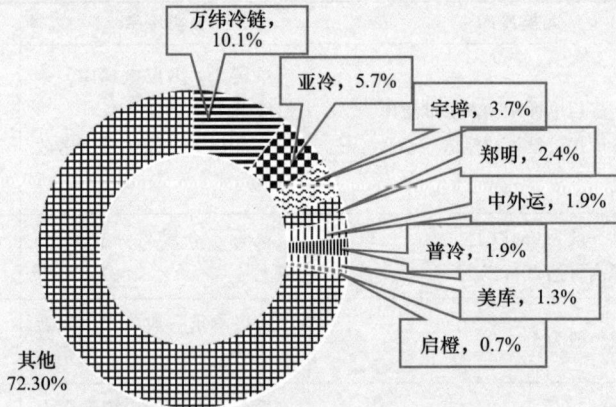

图 4-2　头部高标冷库企业市场份额（已交付面积）

3. 高标冷库增长预测

根据世邦魏理仕统计，高标冷库的主要客户 90% 以上是食品相关领域的，其中排名第一的为连锁餐饮。根据中国连锁经营协会的数据可知，目前国内餐饮行业的竞争格局非常分散。根据美团披露的数据可知，2020 年，国内餐饮连锁化率仅为 15%。对比目前美国（54%）和日本（49%）的餐饮连锁化率，我国餐饮连锁化率和集中度的提升空间较大。

在商超零售方面，Euromonitor 的数据显示，2021 年—2025 年，包括大型超市、折扣店、便利店等形态在内的现代食品杂货零售企业的门店销售额将从 3.3 万亿元增长至约 4 万亿元，年均增速达到 4.5%，同时从沃尔玛、大润发等大型商超连锁近年来在国内的发展趋势来看，其生鲜销售比例均大幅增加。

进口食品是高标冷库的另一大需求来源。海关总署数据显示，2021 年，中国进口食品金额达到 1944 亿美元，2020 年和 2021 年均保持了 28% 的高速增长。一方面，农产品进口平均关税下降至 15.2%，是世界农产品关税水平的 1/4；另一方面，中国进博会的举办让更多境外参展商寻找中国商机。预计 2025 年，中国进口食品金额将继续保持两位数的年均复合增长。

[资料来源：世邦魏理仕 . 冷库投资与选址策略 [J]. 物流技术与应用，2022，27（增刊 2）：60-67.]

二、我国冷库发展现状

（一）产地冷库

1. 发展现状

（1）政策强力驱动。加强农产品产地冷库建设，是加快形成"双循环"新发展格局下的有效举措，是现代农业重大牵引性工程和促进产业消费"双升级"的重要内容，对提高重要农副产品供给保障能力、巩固拓展脱贫攻坚成果同乡村振兴有效衔接、提升乡村产业链供应链现代化水平具有重要意义。党中央高度重视农产品产地仓储保鲜冷链物流设施建设，2019 年 7 月 30 日，中央政治局会议明确提出实施城乡冷链物流设施建设工程。多份中央一号文件和《全国现代设施农业建设规划（2023—2030 年）》（农计财发〔2023〕6 号）对加快补齐产地冷链物流设施短板做出部署，要求聚焦鲜活农产品主产区、特色农产品优势区，重点围绕蔬菜、水果等鲜活农产品，兼顾地方优势特色品种，合理集中建设产地冷藏保鲜设施，推动冷链物流服务网络向农村延伸。

（2）规模体量逐渐增长。近些年，各大电商平台展开混战，为了更好地抓住消费者对质量安全、健康、原产地形象等主观认可因素的消费心理，源头直供、产地直采已成为当前电商平台农产品主要的营销手段之一，这对源头产地端农产品的品质安全提出了更高的要求。而整个农产品供应链中，中下游冷库设施建设较多，上游冷库布局较少。过去，我国在农产品采收后第一时间预冷和保鲜的意识滞后，导致农产品采后损耗较高。受益于现代化物流技术的不断更新迭代和政策对产地冷库建设的财政补贴，产地冷库规模逐渐增长，其体量化建设在很大程度上解决了农产品在源头上的损耗和质量安全问题。

（3）小型冷库主导。产地冷库作为田间"冰箱"，牵动着整个农产品市场，虽然产地冷库建设乘着政策"东风"，但由于冷库前期投资大、回报率慢，而农产品的价格较低、季节性强，个体散户难以承担大型冷库的建设和运营成本。当前个体农户、农村合作社、家庭农场常采用地窖加装制冷设备、小型冷库、小型移动冷库等进行储藏保鲜，不少冷库功能单一，库内商品化处理设备购置率低。

2. 发展问题

（1）产地冷库分布散乱。伴随着政策红利的加持，我国产地冷库数量呈井喷式增长，各地批量建设和改造产地冷库。产地冷库作为田间"冰箱",与中转型冷库相比,难以集群化建设,布局较为分散。加之由于资金、土地、能力等的限制,市面上大中型产地冷库相对较少,小型冷库占比较大。目前,我国不少产地冷库为农户和合作社等自建库,在功能、设备、系统等方面参差不齐,产地冷库市场较为散乱。

(2)产地冷库不规范。我国产地冷库主要面向乡、镇、村,以集中式土建冷库或库板式冷库为主,部分冷库由普通干仓改造,建设质量参差不齐,功能单一,设备简单老旧。小规模自建库比例较大,部分冷库设备投入不足,缺乏专业人员管控,温湿度难以实时监测。此外,存在乱堆乱放和清理不及时等问题。

3. 发展趋势

(1)集约化。与美国规模化农业相比,我国农业以小农种植为主。我国农产品种类丰富,但产出地较为分散,产地冷库建设集约度不高。随着近些年我国农业从分散化向集中化转型,连片化、规模化种植模式逐渐成为主导模式,"农村合作社+家庭农场""农村合作社+龙头企业""龙头企业+农村合作社+基地+农户"等合作模式相继出现。各地纷纷打造"一县一品""一乡一品"特色产业,建设农产品产业园区和特色农业产业基地,形成了具有地方优势的特色产业集群,助推了产地冷库的集约化发展。

(2)网络化。根据农业农村部整理的数据可知,仅2020年和2021年,国家已支持建设约5.2万个产地仓储保鲜冷链物流设施,新增库容1200万t以上,覆盖全国约1800个县(市、区)2.2万个村。农业是民生之基,为了更好地保障农业高质量发展,各地政府也积极推动产业冷库建设,江苏省提出,"十四五"期间,在全省新建不少于300个农产品产地冷藏保鲜设施。江西、吉林、福建、内蒙古等省份也纷纷出台政策,表示要建设农产品产地冷藏保鲜设施。从以上情况可以看出,随着各地新建产地冷库的落地,我国产地冷库规模将进一步增大;随着产地冷库体量的增多,所覆盖县(市、区)、村面积逐渐增加,逐步形成全国产地全面化覆盖,构建起小至乡村、大至全国的产地冷库网络。

(3)移动化。随着城镇化发展进程加快,城市不断扩张,为避免耕地减少,国家对农村用地的管理更加严格,《中华人民共和国土地管理法实施条例》第十二条规定了"严格控制耕地转为林地、草地、园地等其他农用地"。农产品预冷越早越好,传统土建冷库建设位置固定,若冷库距种植地较远,农产品在采后还需运输及时,并且土建冷库占地面积较大,受到土地约束,因此移动式冷库逐渐走进产地冷库市场。

(4)共享化。由于冷库造价高、运营成本高,不少农户和企业都采用租赁的方式对农产品进行冷藏保鲜。但农产品季节性强,一旦到采收季,农产品大量上市,冷库供不应求,但过了季节,冷库需求量将有所下降,部分冷库空置。共享冷库很好地解决了农户或企业找不到冷库、冷库资源闲置等问题。浙江省慈溪市就采用了共享冷库模式,通过系统平台整合冷库租赁信息,为农户和企业匹配合适冷库并进行3D场景展示。

(二)流通冷库

1. 发展现状

(1)集聚效应逐渐明显。流通冷库一般建设在水、陆、空交通枢纽处,辐射京津冀、长三角、珠三角等城市群,相当于区域中心仓。近些年,冷链上下游产业集聚化发展,各地政府纷纷整合优质资源,打造规模化产业园和贸易区,这使冷链需求更加聚集。流通冷库由于其布局位置的优势和区域冷链市场巨大需求的支撑,在政策、资本等的作用下,集聚效应日益显现。

（2）冷库结构优化。流通冷库是食品冷链的二级储存节点。近些年，随着上下游需求的多元化和冷链技术不断推进，流通冷库逐渐集冷藏储存、运输中转、加工、分拨等服务功能于一体，从单温冷库逐渐细分成高温冷库、中低温冷库、低温冷库、超低温冷库等多温区组合模式。如今，一些新建大型冷库在建设时对冷库结构进行优化，使冷库服务覆盖面更广。例如，2022 年 8 月正式运营的京津物流园冷库就是天津港规模最大的全温区、全产业链冷库群。

2. 发展问题

（1）盲目建设。国家和各地方政府为了完善和优化我国冷库布局，出台了冷库建设奖补政策。这也使不少企业想要乘着政策"东风"，入局冷库建设，但部分企业存在盲目跟风的心态，在冷库前期规划时调研不足，对冷库的功能定位不明确，最终建成的冷库的实际功能与企业的业务和客户的需求不匹配。另外，冷库建设较多，同质化相对严重，冷库市场供过于求，租金价格走低，部分流通量较弱地区的冷库空置化严重，流通冷库呈现低端难租、高端难找的局面。

（2）信息化建设薄弱。流通冷库作为中转型冷库，连接着上游产地端和下游销地端，需要对接产品上下游两端数据信息，因此对其信息化配置、数据处理能力、运营管理水平的要求较高。但目前我国冷库信息化建设总体滞后，部分中小型流通冷库缺乏 WMS（仓库管理系统）、WCS（仓库控制系统）等信息管理系统，信息管理粗放，5G、大数据等技术利用率不高。

3. 发展趋势

（1）理性化。冷库建设热潮反向造成了我国冷库租赁市场低迷，很多冷库陷入有库难租的困境，因此未来建造流通冷库需要更加理性，不能一味想要享受政策红利。企业在布局流通冷库时，前期要对客户需求和冷库定位等进行充分考虑。企业在建造租赁型冷库时，要考量流通冷库建设所在地周边冷库的情况，避免市场饱和导致的业务量不足和同质化带来的恶性竞争。企业在建造自用流通冷库时，要衡量是否与企业扩张后的业务匹配，冷库资产是否会出现浪费或闲置情况，是否会给企业造成较大损失。

（2）信息化。冷库扎堆建设带来的难题是如何管理冷库。与销地冷库小批量或拆零不同的是，流通冷库作为干线冷链仓储节点，通常整货整出，周转率和吞吐量大，这对冷库作业管控提出很多要求。大数据、人工智能等信息技术与冷库管理的结合，推动了流通冷库作业管控逐渐走向精细化。如万纬物流的万物 V 联 IoT（物联网）平台可对能耗数据进行自动记录和实时管理。在日益内卷的冷库市场，信息化成为流通冷库建造的关键之一，也是冷库综合实力的体现。未来随着越来越多的流通冷库在信息化方面不断探索发展，冷链干线数据网络将逐步形成，并推动冷链干支线协同联动。

（三）销地冷库

1. 发展现状

（1）供需双向驱动规模增长。从需求端看，销地冷库衔接流通端和销售端，是传统商超、生鲜电商、社区团购等主体布局的关键节点。近些年，我国居民消费结构和消费需求发生转变，生鲜电商、社区团购纷纷崛起，除 B 端企业需求外，C 端用户需求也逐渐显现。冷链食品时效性强，为了更好地保证配送时效和供应，资本纷纷布局销地冷库建造，从早期每日优鲜、叮咚买菜的前置仓模式，到百果园店仓一体化，近几年在产业布局延伸和融合创新的拉动下，销地冷库需求增长。从供给端看，中华全国供销合作总社发布相关规划，强调在销地依据消费特点和需求，依托全国供销合作社系统连锁超市、农产品市场和电商平台等流通企业，建设200个以中央厨房、生鲜电商等业务为重点的城市销地农产品冷链物流中心。

(2) 一体化模式成为主流。从近些年生鲜电商、生产企业的业务布局可以看出，为了更好地在市场竞争中占据有利位置，提升产业链全链紧密联动，企业逐渐向产业链两端移动，实现冷链食品从采购、预冷、检验检疫、储存、运输、加工到配送等全周期的追溯管理，保证产品供应的高质保量。为了应对客户多元化需求，销地冷库从仅储存或包装等单一功能逐渐演变成具备储存、加工、分拨、城市配送等多功能的一体化冷库。未来销地一体化冷库将成为各大生鲜电商和生产企业的竞争武器。

(3) 前置仓争议不断。前置仓是生鲜电商布局销地冷藏储存的运营模式之一。对于生鲜类产品，速度是新鲜度的重要保障，前置仓配送时长多为0.5h之内，与仓店一体0.5～1h的配送时长相比，速度明显提升。然而，随着前置仓模式的开创者——每日优鲜的倒闭，前置仓的可行性饱受行业内外的争议。前置仓模式是将若干个小型仓库高密度地布局设置在城区内，每个仓覆盖范围有限，仅需要覆盖周边3～5km。前置仓模式高配送时效带来的是高履约成本。东北证券研报数据显示，每日优鲜前置仓模式的履约费用高达10～13元/单，是传统中心仓电商的3倍左右、平台型电商的2倍左右、社区团购的6倍左右。反观之前与每日优鲜同台竞争的叮咚买菜，从2017年的O2O模式转为前置仓模式至今，前置仓数量从2021年高峰期的1400个缩减到2022年的1100个，业务范围也逐渐收缩，厦门、唐山、中山、珠海、天津等城市的业务相继关闭。

2. 发展问题

(1) 建筑用地获取难。销地冷库对于冷库位置的要求较高，主要集中在一、二线城市及其他高消费城市周边，以覆盖周边城乡居民的消费需求。但随着工业用地紧缩，土地资源越来越难获得，而资本入局销地冷库建造，更加剧了冷库用地紧张，销地冷库建设与发展规划之间产生矛盾。北京、上海等经济发达城市用地价格过高，加之由于政策引导，北京等一线城市冷库外迁，逐渐向周边城市延伸，使周边城市冷库扎堆建设。

(2) 如何监管成为难点。目前，销地冷库以生鲜电商、大型商超、批发市场、生产企业等自建为主，主要围绕自身业务规划和需求进行布局。由于土地资源、成本、人员受限，中小型销地冷库较多，且部分销地冷库由普通干仓改造。由于普通干仓与冷库在建筑结构上存在差异，在改造过程中可能会出现设计缺陷和安全隐患，加上部分企业对冷库专业化改造意识薄弱，因此不合规情况较多，无形中增加了政府部门的监管难度。

3. 发展趋势

(1) 高标准化。与产地冷库相比，销地冷库布局相对较多，但目前我国销地冷库整体呈现"小散乱"的状态。销地冷库虽辐射周边各大城市群和都市圈，但由于自建库较多，部分库龄较长，在建规模、功能、规范程度等参差不齐。针对这些情况，国家层面相关规划明确提出要加强销地高标准冷库和冷链分拨配送设施建设，高标准冷库将成为销地冷库建造趋势和销地冷库市场未来的竞争核心。冷库的高标准化程度将成为需求方的选择标准之一。

(2) 低碳化。碳排放一直都是世界各国关注的焦点，我国受人口、工业结构等的影响，碳排放总量较高，中国碳核算数据库（CEADs）数据显示，2022年，我国碳排放量累计

110亿t，约占全球碳排放量的28.87%。冷库出于制冷剂等原因一直是我国能源消耗和碳排放大户。《"十四五"冷链物流发展规划》明确提出，要加快减排降耗和低碳转型步伐，这为冷库低碳化转型奠定了基础。另外，2024年11月正式实施的全国首个冷库低碳评价标准《冷库低碳评价指标》团体标准，引领冷库低碳转型。销地冷库作为城市大"冰箱"，保障和丰富居民"菜篮子"供应。绿色、节能、低碳将成为销地冷库转型升级的核心要求之一。

（3）下沉化。随着一、二线城市市场逐渐饱和，消费上浮空间和扩容空间余量较小，加之我国居民消费水平提升，三、四线城市购买力显著提升，不少企业将目光聚焦于三、四线城市。喜茶等企业业务布局逐渐从一、二线城市向下渗透，收割三、四线城市市场红利，这也对三、四线城市冷藏仓储覆盖提出了需求，销地冷库布局正悄然发生改变，不再局限于一、二线城市，逐渐向三、四线城市下沉。三、四线城市用地租金便宜，企业可用地较一、二线城市多，政府对企业的扶持力度大，成为销地冷库新竞争市场。虽然三、四线城市市场空间较大，政府扶持力度大，但冷库作为重资产，需要考虑后期运营问题，企业不能一味进行扩张投入，要避免扎堆建造导致冷库供过于求，仍需合理规划。

（四）港口冷库

1. 发展现状

（1）港口冷库迎来业务热潮。作为消费和贸易大国，我国与很多国家都有着贸易联系，作为进出口贸易的重要枢纽，港口每年集散大量货物。港口冷库依各大港口而建，主要分为海港、空港和陆港，其中，海运承担了我国约95%的外贸货物运输量，因此我国海港冷库比例最高。港口冷库对于保障进出口食品质量安全意义重大，有利于降低食品损耗率，扩大市场贸易。

（2）港口冷库项目建设纷纷提速。近年来受国际经济形势和地区政治冲突等多重影响，全球经济增速缓慢，各国进出口业务受到冲击。为了更好地满足飞速上涨的港口冷链需求，各港口加速对其相关配套设施设备进行升级，冷链相关企业也纷纷布局港口冷库建设，如福鼎市沙埕港冷链物流项目、广西北部湾国际生鲜冷链园和广州南沙国际物流中心冷链项目等。未来随着各大冷库项目的完全竣工，我国港口冷库货物储存量将迎来大幅提升，冷链物流枢纽功能将进一步增强，有助于夯实我国冷链物流行业发展的基础。

2. 发展问题

（1）基础设施设备参差不齐。随着RCEP（《区域全面经济伙伴关系协定》）生效，成员方互相提供贸易红利，促进进出口贸易往来。面对进出口贸易量增长，尽管近年来我国许多港口冷库通过新建或改造的方式实现了升级，但仍有部分小型港口冷库存在库容不足、设施设备老旧、供电能力不足的情况，容易造成脱冷、断链、追溯难等问题。加之当前进出口冷链食品品类繁多，对温湿度提出了更精细化的管控要求。然而，目前部分港口冷库缺少超低温库和高标仓等设施，冷库自动化、智能化设备不足，无人化程度较差，无法很好地满足客户精细化和多样化的冷链仓储需求。

（2）信息化能力有待提升。我国要求对进口冷链食品进行全程追溯管理，为了精准监管进口冷链食品，我国已建立进口冷链食品追溯管理平台。各地政府也相应地建立了省级追溯管理平台，例如，海南省的冷链食品可信追溯平台、北京市的冷链食品追溯平台等。《"十四五"冷链物流发展规划》明确提出，逐步将内贸冷链食品流通纳入追溯管理范围，推动国家、省级平台以及各类市场化平台间数据交换和信息共享，到 2025 年建成全国冷链食品追溯管理平台，实现多层次、多系统、跨区域冷链物流追溯闭环。

3. 发展趋势

（1）智能化。随着 5G 通信、人工智能、大数据、区块链等先进技术层出不穷，全球产业进入智能化时代。港口依托沿海沿边区位优势，是我国与全球各国相连接的重要桥梁，其智能化发展成为必然趋势。目前，我国大型港口的基础设施已进行智能化转型升级。2022 年 6 月，北部湾港首个"智能装卸 + 无人闸口"集装箱堆场宣布正式投产，正式迈入了集装箱智能化时代。在国家层面，我国对港口基础设施智能化提供了引导，在港口冷藏仓储智能化技术领域，交通运输部办公厅出台了《智能冷藏集装箱终端设备技术指南》，对系统构成、功能要求、相应技术要求和配套提出智能冷藏集装箱终端设备的环境试验方法，为冷藏集装箱智能化提供了政策指导。未来，随着智能化技术的普及和应用，港口冷库将全面进入智能化时代。

（2）数字化。大数据时代，5G 和数据可视化等技术在港口冷库应用广泛，港口逐渐形成"港口冷库 + 互联网"模式，尽可能无人化，减少工作人员和进出口冷链食品的非必要接触，减少人力成本，提高作业效率。港口冷库数字化赋能，便于多企、多品、多仓的集中化管理和数据交换，不仅可大幅提升进出口冷链食品的周转效率，还可助力冷链食品全流程追溯。

（3）精细化。港口冷库作为进口食品冷链的国内最先储存点和出口食品冷链的国内最后储存点，为果蔬、肉类、水产品等进出口冷链食品提供双向冷藏仓储。随着客户对质量安全要求的不断提高以及多元化需求的出现，港口冷库从过去的仓储中转逐渐向多功能一体化转型；与过去的粗放式冷库不同，港口冷库逐步细分，多温冷库、高标冷库、超低温冷库等逐渐渗入需求市场。可以看出，未来随着冷链食品行业业态的多元化发展，港口冷库将更加精细化、细分化。

三、我国冷库发展趋势

1. 从高能耗向低碳节能转型

一直以来，我国冷库产业都是能耗大户，随着"双碳"目标的制定和实施，冷库节能转型势在必行。2022 年，北京冬奥会场馆普遍使用二氧化碳制冷系统，为减碳降耗提供了有价值的参考，未来冷库使用二氧化碳制冷系统的可能性增加。同时，中国物流与采购联合会冷链物流专业委员会、北京中冷联冷链物流研究院等单位起草《冷库低碳评价指标》团体标准，该标准规定了冷库低碳评价指标及内容，适用于冷库设计与施工、制冷与控制、运营与维护等活动的低碳化评价。此外，"光伏 + 冷库"模式也已经应运而生，通过在冷库屋顶安装太阳能电池板形成光伏发电能源供应系统，解决冷库能耗问题，已成为冷库市场新趋势。如 2022 年 6 月举行开仓庆典的融万低碳冷链物流园·天津项目，该园区屋顶设置分布式光伏，"自发自用、余电上网"，保温材料使用高标聚氨酯冷库板，采用自动感应照明系统、加热地坪能量回收系统等。

2. 从"只能人工"向"人工智能"发展

在"新基建"浪潮的驱动下，北斗卫星导航系统和物联网技术融合，5G 通信、大数据、人工智能技术取得长足进步，智能搬运车、无人机、无人码垛机等冷库智能设备将得到更广泛的应用，我国冷库产业从传统的全部需要人工操作，向着智能化、无人化、自动化方向发展。未来能够提供智能设施设备的冷库也将更加受到客户企业的青睐。

3. 从传统冷库向高标冷库升级

与传统土建冷库相比，高标仓具有单层高、承载力强、立柱间距宽、消防等级高、设施现代化程度高等优势，能够满足安全仓储、最大化空间利用及高效运行等现代物流的操作要求，从而可大幅提升单位面积的存储货量、缩短分拣货物时间、降低单票仓储成本、提升运营效率。有关调研数据显示，以 2020 年为测算期间，使用高标仓比使用传统仓的成本降低约 20%。

四、国外冷库行业发展热点

冷库是工业生产和物流行业中重要的能源消耗环节之一，其能源消耗和碳排放量占比较高。因此，全球冷库节能减排已经成为行业的重要发展方向。美国、日本等国的冷链物流企业积极践行低碳理念，将低碳运营作为企业可持续发展的重要方向，从绿色低碳、制冷剂以及智能化等多方面探索冷库节能新方式。

1. 零碳排放上升到战略高度，绿色冷库成为趋势

全球冷库企业研发、应用各种节能技术，同时一些先进的节能技术也被应用于冷库建设，以提高能源利用率，实现冷库零碳排放。首先，冷库零碳排放上升到战略高度，国外冷链物流企业纷纷提出零碳排放的战略目标，如 Lineage Logistics 公司承诺到 2040 年实现净零碳排放；日立物流集团制定了 2021 年—2030 年二氧化碳减排计划，并逐年上调二氧化碳减排目标。其次，部分企业尝试太阳能冷库的建设，通过太阳能板收集太阳能，利用太阳能转换成制冷能量，达到低碳环保的效果，如 RLS Logistics 公司位于美国新泽西州的四个地点中的三个地点的100% 电力来自太阳能；日立物流集团通过在食品工厂和冷藏物流仓库的屋顶安装太阳能发电设备，努力减少二氧化碳排放量。再次，部分冷库采用蓄冰技术，将电力储存在冷库内部的蓄冰设备里，在夜间低峰期供应电力，制冷时利用储存在冷库里的冰来冷却空气，减少白天高峰期的电力消耗。最后，美国的许多冷库使用能源回收系统，将制冷过程中产生的废热转化为能量，用于加热其他区域或者提供热水等。总体来看，以美国、日本为代表的国家，在冷库领域的低碳技术研发与应用非常成熟，通过这些技术的应用，实现冷库绿色低碳转型。

2. 制冷剂低碳转型，天然制冷剂引领行业发展

国外冷链物流企业实现了制冷剂绿色转型，既保证了物流运输的正常运作，又减少了对环境的影响。首先，冷链物流企业逐渐采用天然制冷剂，如二氧化碳、氨气等，这些制冷剂不会破坏臭氧层，且温室效应很低，对环境的影响较小。如 US Cold Storage（美国冷藏公司）明确提出，将重点使用二氧化碳作为环保制冷剂；2022 年，Americold Logistics（美冷物流）有 210 个冷库使用了氨基制冷剂系统；日立物流集团提出到 2030 年，75% 的使用设备（不包括租赁设备），将改用天然制冷剂。其次，冷链物流企业开始推广低 GWP 制冷剂，如 R-32、R-1234yf 等，这些制冷剂的 GWP 较低，对环境的影响也较小。再次，冷链物流企业通过制冷系统的优化，如改进冷却器、增加换热面积等措施，提高制冷效率，减少制冷剂的使用量。最后，美国冷链物流企业不断更新制冷设备，使用新型高效的制冷设备，如变频驱动器（VFD）控制的压缩机、高效的冷凝器等，提高制冷效率，减少制冷剂的使用量，如 2022 年 Americold Logistics（美冷物流）在两个冷库安装了 VFD，通过控制制冷系统电机的速度和扭矩，每年可减少 952000kW·h 的能源消耗。

3. 加速智能化渗透率，提高冷库运行效率

智能化技术在冷库领域的应用可以提高储存效率、降低运营成本，实现节能减排。首先，智能化温控系统可以通过实时温度监测和自动调节，实现对冷库内部温度的精准控制，减少能源消耗，提高储存效率，如艾默生生产的 Copeland Scroll（谷轮冷冻涡旋）数字压缩机具有智能化温控功能，可以实现对冷库温度的精准控制。其次，RFID（射频识别）技术可以实现对冷库内物品的实时监测和追踪，提高物流效率和准确性，如德国 Fritzmeier 公司生产的智能化冷库物流系统就采用了 RFID 技术。再次，智能化数据采集和分析技术可以对冷库内部的温度、湿度、氧气、二氧化碳等环境参数进行实时监测和分析，帮助管理人员做出相应的调整和决策，提高冷库的运营效率和节能效果，如 Cold Chain IQ 生产的智能化冷链管理系统具有数据采集和分析功能。最后，智能化自动化分拣系统可以通过机器视觉和人工智能技术实现对冷库内物品的自动分类、分拣和储存，提高物流效率和准确性，降低人力成本，如 DAIFUKU（大福）公司生产的智能化、自动化分拣系统采用了机器视觉和人工智能技术。冷链物流企业借助智能化控制系统在冷库的应用，提高了物流效率，降低了碳排放和运营成本，实现了可持续发展，以 Lineage Logistics、Americold Logistics（美冷物流）等为代表的美国企业，采用了智能化温控系统和自动化分拣系统，对冷库货物的温度和湿度进行了实时监测和调节，同时提高了物流效率和准确性，降低了能源消耗和碳排放。

延伸阅读 4-2

国内行业集中度低，冷库业改革刻不容缓

冷库是冷链物流系统的枢纽和核心节点，在储藏、转运过程中起到至关重要的作用。2017 年—2022 年，我国冷库容量保持了稳定的增长率，但也面临着冷库行业整体集中度不高、冷库企业区域分布不均等问题。与美国、日本相比，我国冷库行业应如何取长补短，更好地发展？

1. 行业集中度低、分布不均

根据中冷联盟 2021 版《全国冷链物流企业分布图》统计数据可知，2017 年—2021年，我国冷库容量从 3609 万 t 增长至 5224 万 t，年复合增长率为 9.7%，保持了稳定的增长率。随着冷链基础设施政策的引导和企业布局的完善，全国库容量基数较大，增长率首次低于 10%。

在 2021 年统计的全国冷库中，冷库百强企业总库容量为 2037 万 t，约占全国总库容量的 39%，同比下降 4 个百分点，行业整体集中度不高，头部企业还在成长，发展黄金周期依然存在。

冷库企业区域分布不均。2021 年，冷库百强企业分布在 23 个省份，其中华东地区有 4 家入围百强企业，库容量为 9168 万 t，占百强企业的 45%，冷库分布总体呈现出"东多西少"区域分布不均的特点。

国际冷藏仓库协会（IARW）数据显示，2018 年，美国人均库容面积为 $0.49m^3$，日本为 $0.32m^3$，中国为 $0.13m^3$，这反映出我国冷库建设规模仍有较大的成长空间。

2020 年美国 Lineage Logistics 的冷库容量为 5066 万 m^3，而我国的中外运只有274 万 m^3，仅为 Lineage Logistics 的 5.4%。

2. 取长补短，提升现代化水平

在北京中冷物流股份有限公司副总经理李成立看来，北上广深这类城市缺乏的不是冷库资源，而是老式冷库太多，跟不上行业发展需求。要想更好地发展国内冷库行业，应向发达国家取长补短，并对症下药，提升现代化水平。

他认为，如果将冷库分为1、2、3、4代，北京的大部分冷库连第1代的标准都不符合，上海多是多功能的1.5代改革冷库；美国冷库主要集中在第2、3代；日本则从第2代到第4代都具备。他介绍，日本的第4代冷库具备多温区管理、加工分拣、集约集成、环保等特性，虽然一个库房可能只有2、3或4层，但设计合理，能保证这些功能均实现。

据了解，日本的冷库集中分布在较大的消费地、农畜产品产地以及国外进口食品的主要港口，按常用的温度带分为F4级、F3级、F2级、F1级、C1级、C2级、C3级七个级别，技术水平和设施配备都非常完善，具备集约化、高效化的冷链物流管理系统。冷库多为3~5层，一般都包括存储区、流通加工区等基本功能分区，同时根据客户的个性化需求，还有预冷区、解冻区等特殊功能分区，且在作业流程上实现了全程无缝式的冷链管理，尤其是在容易出现断链的冷库作业环节具备极高的连续性和合理性。

日本的冷库信息化水平也很高。配备视频监控系统及大量的自动化搬运设备、堆垛系统，节约了人力成本，此外在节能方面也有独到之处。

相比较而言，美国冷链巨头企业的业务综合性非常强，涵盖了仓储、运输、包装等各种环节，加之这些企业的运输网络遍布全美各地，区域分布均衡，使得冷链各个环节能够无缝衔接，并能最大化整条温控供应链的性能和效率。由于地广人稀，美国的冷库大多是单层的，机械和半机械化程度非常高，如国际巨头沃尔玛的冷库基本全部实现了半机械化，冷链产品从进库到出库都不需要人工。

而我国冷库的自动化程度相对较低，库内操作的95%以上还是依靠人工搬运，甚至有的还在沿用纸质登记方式。相比较而言，传统方式不仅效率低下、出错率高、成本更高，冷库里极低的温度也易对工作人员的身体健康造成伤害，冷库的升级迫在眉睫。

[资料来源：边吉. 国内行业集中度低　冷库业改革刻不容缓 [N]. 现代物流报，2021-11-22（A2）.]

第二节　冷库组成结构与建筑特点

冷库，特别大中型冷库，是一个建筑群，这个建筑群的主体被称为主库。除主库之外，还有其他生产设施和附属建筑。

一、主库

1. 冷却间

用于对进库冷藏或需先经预冷后冻结的常温食品进行冷却或预冷。水果蔬菜在进行冷藏前，为除去田间热，防止某些生理病害，应及时逐步降温冷却。鲜蛋在冷藏前也应进行冷却，以免骤然遇冷时，内容物收缩，蛋内压力降低，空气中微生物随空气从蛋壳气孔进入蛋内而使鲜蛋变质。此外，肉类屠宰后也可加工为冷却肉（中心温度为 0 ~ 4℃），能短期储藏，肉味较冻肉鲜美。如果采用二次冻结工艺，需将屠宰处理后的家畜胴体送入冷却间冷却，将食品温度由 35℃ 降至 4℃，再进行冻结。冷却间的温度为 0 ~ 4℃，当食品达到冷却要求的温度后成为冷却物时，即可转入冷却物冷藏间。

2. 冻结间

将需长期储藏的食品由常温或冷却状态迅速降至 -18 ~ -15℃ 的冻结状态，使之成为"冻结物"。冻结间是借助冷风机或专用冻结装置用以冻结食品的冷间，它的温度为 -30 ~ -18℃（国外采用 -40℃ 或更低温度）。冻结间也可移出主库而单独建造。

3. 再冻间

它设于分配性冷库中，供外地调入的冻结食品中，品温超过 -8℃ 的部分在入库前再冻之用。再冻间冷却设备的选用与冻结间相同。

4. 冷却物冷藏间

这种冷藏间又称高温冷藏间，室温为 -2 ~ 16℃，相对湿度为 80% ~ 95%，室温和相对湿度因储藏食品的不同而异。它主要用于储藏经过冷却的鲜蛋、果蔬。由于果蔬在储藏中仍有呼吸作用，库内除保持合适的温度、湿度条件外，还要引进适量的新鲜空气。储藏冷却肉，储藏时间不宜超过 14 ~ 20 天。

5. 冻结物冷藏间

它又称低温冷藏间，室温为 -25 ~ -15℃，相对湿度为 85% ~ 95%，用于较长期地储藏冻结食品。在国外，有的冻结物冷藏间温度有降至 -30 ~ -28℃ 的趋势。

以上主库的室温和相对湿度应根据各类食品冷加工或冷藏工艺要求确定，一般按冷藏库设计规范推荐的值选取。参考国家标准《冷库设计标准》（GB 50072—2021），冷间的设计温度和相对湿度见表4-4。

表4-4 冷间的设计温度和相对湿度

序号	冷间名称	室温/℃	相对湿度	适用食品范围
1	冷却间	0 ~ 4	—	肉、蛋等
2	冻结间	-23 ~ -18	—	肉、禽、兔、冰蛋、蔬菜等
		-30 ~ -23	—	鱼、虾等
		0	85% ~ 90%	冷却后的肉、禽
		-2 ~ 0	80% ~ 85%	鲜蛋
3	冷却物冷藏间	-1 ~ 1	90% ~ 95%	冰鲜鱼、大白菜、蒜薹、洋葱、菠菜、香菜、胡萝卜、甘蓝、芹菜、莴苣等
		0 ~ 2	85% ~ 90%	苹果、鸭梨等
		2 ~ 4	85% ~ 90%	土豆、橘子、荔枝等
		7 ~ 13	85% ~ 95%	菜椒、菜豆、黄瓜、番茄、菠萝、柑橘等
		11 ~ 16	85% ~ 90%	香蕉等
4	冻结物冷藏间	-20 ~ -15	85% ~ 90%	冻肉、禽、副产品、冰蛋、冻蔬菜、冰棒等
		-25 ~ -18	90% ~ 95%	冻鱼、虾、冷冻饮品等
5	冰库	-6 ~ -4	—	盐水制冰的冰块

6. 两用间（通用间）

它可兼作冷却物或冻结物的冷藏间，机动性较大，通过改变冷间内冷却面积来调节室温。但鉴于使用条件经常变化容易造成建筑物的破坏，故目前国内已很少设置。这种变温冷藏间采用装配式组合冷库较适合。

7. 气调保鲜间

气调保鲜主要针对水果、蔬菜的储藏。果蔬被采摘后仍然保持着旺盛的生命活动能力，呼吸作用就是这种生命活动最明显的表现。在一定范围内，温度越高，呼吸作用越强，衰老就越快，所以多年来生产上一直通过降温来延长果蔬的储藏期。目前，国内外正在发展控制气体成分的储藏，简称"CA"储藏，即在果蔬储藏环境中适当降低氧的含量和提高二氧化碳的浓度，并利用薄膜对气体的透性透出过多的二氧化碳，补入消耗的氧气，起到自发气调的作用。机械降氧法就是利用降氧机、二氧化碳脱降机或制氮机来改变室内空气成分，达到气调的作用。

8. 制冰间

它的位置靠近设备间，水产冷库常把它设于多层冷库的顶层，以便于冰块的输出。制冰间宜有较好的采光和通风条件，要考虑到冰块入库或输出的方便，室内温度要考虑到提冰设备运行的方便，并要求排水畅通，以避免室内积水和过分潮湿。

9. 冰库

冰库一般设于主库靠近制冰间和出冰站台的位置，也有与制冰间一起单独建造的。若制冰间位于主库顶层，冰库可设在它的下层。冰库的温度为 −4℃（盐水制冰）或 −10℃（快速制冰）。冰库内壁敷设竹料或木料护壁，以保护墙壁不受冰块的撞击。

10. 穿堂

穿堂是食品进出的通道，起到沟通各冷间、便于装卸周转的作用。库内穿堂有低温穿堂和中温穿堂两种，分属高、低温库房使用。目前，冷库中较多采用库外常温穿堂，将穿堂布置在常温环境中，通风条件好，改善了工人的操作条件，也能延长穿堂使用年限。

11. 电梯间

它设置于多层冷库，作为库内垂直运输之用，其大小、数量及设置位置视吞吐量及工艺要求而定。一般按每千吨冷藏量配 0.9 ~ 1.2t 电梯容量设置，同时应考虑检修；通常小于 5000t 的冷藏库配 3t 的货梯 2 台，5000 ~ 9000t 的冷藏库配 3t 的货梯 2 ~ 4 台，10000t 的冷藏库配 3t 的货梯 3 ~ 4 台。在电梯间上部设有电梯机器间，内装电梯的电动机及滑轮组。

12. 冷库站台

冷库站台供装卸货物之用。有铁路专用线的大中型生产性和分配性冷库均应分别设置铁路站台和公路站台。铁路站台最普通的形式是罩棚式，在气温高或多风沙地区宜建封闭式站台。参考国家标准《冷库设计标准》（GB 50072—2021），冷库铁路站台应符合下列规定：

（1）站台宽度不宜小于 7m。

（2）站台边缘顶面应高出轨顶面 1.1m，边缘距铁路中心线的水平距离应为 1.75m；

（3）站台长度应与铁路专用线装卸作业段的长度相同。

（4）站台上应设罩棚，罩棚柱边与站台边缘净距不应小于 2m，檐高和挑出长度应符合铁路专用线的界限规定。

（5）在站台的适当位置应布置满足使用需要的上、下台阶和坡道，台阶处宜设置防护栏杆。

公路站台是汽车用的装卸站台,它可以布置在冷库与铁路站台相对应的另一面,或与铁路站台连接。小型冷库只设公路站台。参考国家标准《冷库设计标准》(GB 50072—2021),冷库公路站台应符合下列规定:

(1)站台宽度不宜小于5m。

(2)站台边缘停车侧面应装设缓冲橡胶条块,并应涂有黄、黑相间防撞警示色带。

(3)站台上宜设罩棚,靠站台边缘一侧有结构柱时,柱边距站台边缘净距不宜小于0.6m;罩棚挑檐挑出站台边缘的部分不应小于1m,净高应与运输车辆的高度相适应,并应设有组织排水。

(4)根据需要宜设封闭站台,封闭站台应与冷库穿堂合并或结合布置。

(5)封闭站台的宽度及其内部温度应根据使用要求确定,外围护结构应满足相应的保温要求。

(6)封闭站台的高度、门洞数量应与货物吞吐量相适应,控温封闭站台应设置相应的冷库门和连接冷藏车的密闭软门套。

(7)在站台的适当位置应布置上、下站台的台阶和坡道,台阶处宜设置防护栏杆。

13. 其他

主库内其他设施有挑选间、包装间、分发间、副产品冷藏间、饮品冷藏间、楼梯间等。

二、制冷压缩机房及设备间

1. 制冷压缩机房

它是冷库主要的动力车间,安装有制冷压缩机、中间冷却器、调节站、仪表屏及配用设备等。目前,国内大多将制冷压缩机房设置在主库附近,且单独建造,一般采用单层建筑。国外的大型冷库常把制冷压缩机房布置在楼层内,以提高底层利用率。对于单层冷库,也有的在每个库房外分设制冷机组,采用分散供液方法,而不设置集中供冷的压缩机房。

2. 设备间

它安装有卧式壳管式冷凝器、储氨器、气液分离器、低压循环储液桶、氨泵等制冷设备,其位置紧靠制冷压缩机房。在小型冷库中,因机器设备不多,制冷压缩机房与设备间可合为一间,其中水泵房也包括在设备间内。

3. 变、配电间

它包括变压器间、高压配电间、低压配电间(大型冷库还设有电容器间)。变、配电间应尽量靠近负荷大的机房间,当机房间为单层建筑时,一般多设在机房间的一端。变压器间也可单独建筑,高度不得小于5m,要求通风条件良好。在小型冷库中,也可将变压器放在室外架空搁置。变、配电间内的具体布置视电器工艺要求而定。

4. 锅炉房

锅炉房应设置在全年主导风向的下风向,并尽可能接近用气负荷中心。它的容量应根据生产和生活的用气量(并考虑到同期使用系数、管网热损失等)确定。锅炉房属于丁类生产厂房,其建筑耐火等级不低于二级。

5. 水泵房

水泵房包括水泵、水分配调节器等设备。

⏎ 知识拓展

防火等级和耐火等级的划分

按照我国国家标准《建筑设计防火规范（2018年版）》（GB 50016—2014），建筑物的耐火等级分为四级。建筑物的耐火等级是由建筑构件（梁、柱、楼板、墙等）的燃烧性能和耐火极限决定的。一般说来：一级耐火等级建筑是钢筋混凝土结构或砖墙与钢混凝土结构组成的混合结构；二级耐火等级建筑是钢结构屋架、钢筋混凝土柱或砖墙组成的混合结构；三级耐火等级建筑是木屋顶和砖墙组成的砖木结构；四级耐火等级建筑是木屋顶、难燃烧体墙壁组成的可燃结构。

防火等级主要是指建筑保温材料，分为A级不燃型、B1级难燃型、B2级可燃型（也称阻燃型）和B3级易燃型。

三、生产车间

1. 屠宰车间

它的任务是为宰杀生猪加工成白条肉提供空间，建设规模按屠宰能力分为四级，根据建库地区正常资源和产销情况来确定。根据冷库加工对象的不同，还可设清真车间（或大畜牧车间），以及宰鸡、宰兔车间。

2. 理鱼间或整理间

理鱼间是供水产品冻结前进行清洗、分类、分级、处理、装盘、过磅、包装等工序的场所，一般按每吨冻鱼配 $10\sim15m$ 操作面积计算，处理虾、贝类则根据具体操作方式适当扩大操作面积。果蔬、鲜蛋在冷加工前先在整理间进行挑选、分级、整理、过磅、包装，以保证产品的质量。理鱼间或整理间都要求有良好的采光和通风条件，地面要便于冲洗和排水。

3. 加工车间

商业冷库通常设有食用油加工间、腌腊肉加工间、熟食加工间、副产品加工间、肠衣加工间、制药车间等。水产冷库常设有腌制车间、鱼粉车间等。

4. 其他

其他设施如化验室、冷却塔、水塔、水泵房、一般仓库、汽车库、污水处理场、铁路专用线、修理间等。

四、冷库配套设施

冷库的配套设施主要有冷库门、门帘和门斗、空气幕、货物装卸设施、库内搬运和储存设施等。

1. 冷库门

（1）冷库门的设计要求。

1）具有良好的隔热性能和气密性能，能减少冷量损失。

2）轻便，启闭灵活，有一定的强度。

3）设有防冻结或防结霜设施。

4）坚固、耐用和防冲撞。

5）设置应急安全灯以及操作人员被误锁库房内的呼救信号设备和自开设备。

6）门洞尺寸应满足使用要求，方便装卸作业，同时又减少开门时外界热量和湿气的侵入。

7）能有效防止"冷桥"产生。

（2）冷库门的分类及特点。冷库门按冷间的性质可分为高温库冷库门、低温库冷库门和气调库冷库门等。常用冷库门按结构和开启形式可分为卷帘门、滑升门和平移门。建筑面积大于 $1000m^2$ 的冷藏间应至少设 2 个冷库门，建筑面积小于等于 $1000m^2$ 的冷藏间应至少设 1 个冷库门。

2. 门帘和门斗

减少冷库开门冷量损失，防止外界热湿负荷进入的基本设施是门帘和门斗。冷库门帘一般挂在库门内侧紧贴冷库门的位置。早期多使用棉门帘，现在一般使用 PVC（聚氯乙烯）软塑料透明门帘。

冷库门斗设在冷库门的内侧，其宽度和深度约 3m。门斗的尺寸既要方便作业，又要少占库容。门斗的制作材料以简易、轻质和容易更换为宜。门斗地坪应设电热设施，以防止结冰。

3. 空气幕

空气幕的主要作用是减少库内外热量和湿气的交换，方便装卸作业。此外，空气幕还可以阻止尘埃、昆虫、污染、异味、废气等侵入库内。

4. 货物装卸设施

冷库进出货作业时，要保持冷链不会"断链"，必须在装卸口设置保温滑升门、月台高度调节板和密闭接头等。月台高度调节板的作用是将封闭式站台和冷藏车连成一个整体，方便叉车的机械化作业。现在常见的月台高度调节板有机械式、液压式和气袋式等。

5. 库内搬运和储存设施

（1）手推车和输送机。手推车是冷库或配送中心常用的搬运工具之一，其承载量大，灵活轻便。常用的手推车有尼龙轮手推车、小轮胎手推车和液压托盘搬运车等。输送机分为辊子输送机和电动带式输送机，电动带式输送机的传动带自动传送货物，效率较高。

（2）冷库搬运机械。冷库常用搬运机械有平衡重式叉车、前移式起重叉车、伸缩臂式起重叉车、巷道特高起重铲车、电控堆垛型起重机、升降拣货型铲车和轻便拣货型起重车等。

（3）储存设施。冷库储存设施主要有各种货架系统，如标准型托盘货架、双重深储型货架、巷道型货架、自动存取型货架、叉车驶入型货架、电控移动型货架、托盘自滑动型货架、后推型货架等。

五、冷库建筑的特点

1. 冷库既是仓库又是工厂

冷库是仓库，具有仓储的功能，且载货量、吞吐量大，库温低。冷库也是工厂，必须要满足各种不同食品冷加工生产工艺流程的合理要求，受生产工艺流程的制约。它与库内外运输条件、包装规格、托板尺寸、货物堆装方式、设备布置等有关。

2. 冷库要尽量减少"冷桥"现象

冷库的隔热结构中局部构造不同，引起该部位隔热性能降低，成为冷量大量传递的通道，形成"冷桥"。在冷桥处容易出现结冰、霜、露现象，如不及时处理，该现象逐渐加重，将导致冷桥附近的隔热层和构件受损。因此，为了防止热量传递影响库房温度和防止建筑结构的损坏，在设计、施工和使用时应注意尽量减少"冷桥"的形成，出现"冷桥"的地方必须及时处理，这也是冷库与普通建筑不同的地方。

3. 冷库需要隔热、隔汽、防潮、防热辐射的结构

隔热冷库库房易受库外温度变化而产生温度波动。为了防止产生巨大的温度波动，需要用制冷方法来补充库房所需的冷量，维持冷加工和储藏所需的低温功能。比较好的方法就是在冷库建筑的围护结构上设置具有隔热性能的隔热层，并要有一定的厚度和连续性。此外，隔热层还可以减少水蒸气的渗透，增设防潮层可以防止屋面水、地下水、地面水、使用水浸入隔热层。为减少太阳辐射热的影响，冷库表面的颜色不宜过深，要光滑平整，尽量避免大面积日晒。

4. 与库温相适应的隔热层并不能完全隔绝热量的传递，只能减慢其传递的速度

地坪除了设置隔热层、隔汽层、防潮层之外，还要采取防冻措施，使地坪下的土层温度保持在0℃以上，并防止由于细质土壤（细沙、黏土、淤泥等）引起的冷库地坪冻鼓造成建筑物破坏的现象发生。

除了清楚地认识冷库的建筑特点外，还需要了解冷库结构与一般建筑不同的特点。冷库的建筑材料应选择抗冻性强的材料，增强结构的耐冻性、耐久性。单层小型冷库的承重结构一般为梁板式或砖混结构，而大型多层冷库多采用现浇钢筋混凝土无梁楼盖的结构。近年来，预制装配式的无梁楼盖与用升板法施工的无梁楼盖框架结构正在逐步推广。受气温变化的影响，框架结构会产生膨胀或收缩变形，采用预制构件可以使构件之间调整变形，从而减少总变形。为了防止因屋面伸缩对墙体产生的不利影响，可将屋面结构与墙体之间设计为滑动接触面。

第三节　冷库规划与设计

冷库规划与设计是冷链物流运作的基础，其直接影响物流成本的高低，同时也关系到整个冷链物流的运作效率。因此，冷库规划与设计必须综合考虑自身经营特点、商品特性及区域交通等因素，在详细分析现状及需求预测的基础上进行。冷库规划与设计的基本流程如图4-3所示。

采用氨、卤代烃及其混合物、二氧化碳为制冷剂的亚临界蒸气压缩直接式制冷系统和采用二氧化碳、盐水等为载冷剂的间接式制冷系统的新建、扩建、改建食品冷库，其设计可参考国家标准《冷库设计标准》（GB 50072—2021），但该标准不适用于设计山洞冷库、装配式冷库、气调库。

（一）冷库选址

冷库建设的第一步是选址。冷库库址选择的合理与否，关系到工程的建设速度、基建投资和投产后的管理，关系到整个冷链物流系统的经济效益。冷库库址的选择要充分考虑冷库的性质、规模、建设投资、发展规划等因素，结合拟选地点的具体情况择优确定。

一般情况下，生产性仓库应建于货源较集中的产区，还要考虑交通的便利性、与市场的关联性等因素。冷库四周应有良好的排水条件，地下水位要低，冷库底下最好有隔层，且通风良好，保持干燥。参考国家标准《冷库设计标准》（GB 50072—2021），冷库库址的选择应符合下列规定：

（1）应符合当地总体规划的要求。

（2）使用氨制冷系统的冷库库址宜选择在相邻集中居住区全年最大频率风向的下风侧。

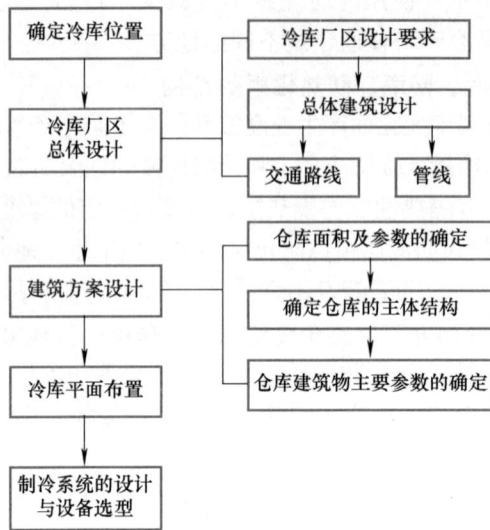

图 4-3　冷库规划与设计的基本流程

（3）库址周围应有良好的卫生条件，并应避开和远离有害气体、烟雾、粉尘及其他有污染源的地段。

（4）应结合物流流向和近远期发展等因素，选择在交通运输方便的区域。

（5）宜具备可靠的水源和电源以及排水条件。

（6）应避开洪水和泥石流易发地段以及其他地质条件不良地段。

（7）冷库库址的选择还应综合考虑各类冷库的特殊要求。

冷库选址的基本流程如图 4-4 所示。

1. 冷库定位

冷库定位是根据其性质、规模、建设投资等进行的战略定位和功能定位。冷库选址以其定位为基础展开。其功能定位主要分为生产性冷库、分配性冷库和销售性冷库。

2. 资料收集

收集的资料主要包括社会经济发展情况、用地条件、政策法规、交通条件、工程地质等。此外，还要结合冷库选址工作的特殊性，考虑以下一些因素。

（1）水源。冷库是用水较多的企业，故库址周围要有充足的水源，例如，靠近方便的江河水或深井水，或者设施齐全稳定的自来水。

（2）环境。冷库建设对环境要求较高，因此应远离污染区域。

（3）电力供应。冷库供电属于第二类供电负荷，需要一个可靠的、电压较稳定的电源。为安全稳定起见，冷库应采用三相电，在没有三相电且冷库库容较小（如二三十立方米以内）的情况下可选用民用电，并结合实际情况选择适宜的机组型号和布置。

（4）通风条件。冷库内外温差较大，尤其是储藏冷冻海鲜、肉类的冷冻库，因此冷库库址四周需具有良好的通风性能，即冷库适宜选择建设在没有热风频繁交换的阴凉处。

3. 资料整理

数据资料分析整理就是将所收集到的相关数据资料，按照重要性和性质等进行分类、筛选的工作。

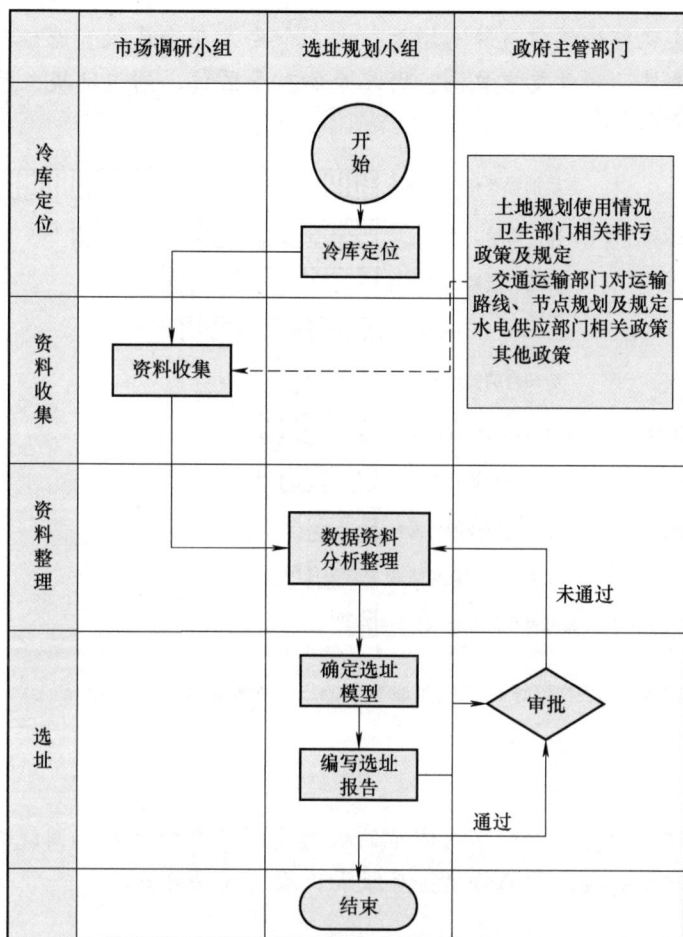

图 4-4 冷库选址的基本流程

4. 选址

选址主要包括确定选址模型、编写选址报告和审批。

（1）确定选址模型。在对整理的数据资料进行定性分析、定量分析的基础上，构建数学模型求解仓库位置，主要采用线性规划法、仿真优化法等。

（2）编写选址报告。编写选址报告是指针对所选地址编写可行性报告。

（3）审批。审批是指将选址报告交给政府各相关部门审核批准。主要相关部门包括土地审批规划部门、环保部门、交通部门、水电供应部门等。

延伸阅读 4-3

冷库的投资策略

1. 冷库投资选址：仓储区位优先于租金

世邦魏理仕 2021 年中国仓储物流租户调研显示，仓储区位优先于租金成为受访企业仓库选址的共识。"靠近消费者和终端市场""靠近交通设施（高速公路、机场、港口等）""靠近制造商和供应商"分列选址要素的前三位（见图 4-5），物流企业通过优化仓储网络布局实现整体供应链降本增效。这三个要素在冷库投资选址时同样适用，冷链食品对于存储条件、时效要求更高，因此冷库对于区位、周边环境、产业及消费热度等方面有更高的要求。

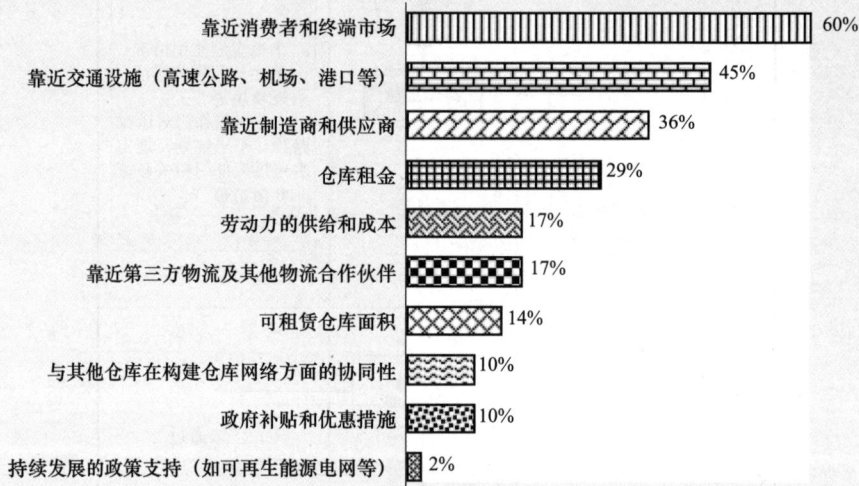

图 4-5　在物流设施选址时最重要的三个考量因素是什么（多选）

2. 冷库投资决策评估框架

世邦魏理仕建议投资者针对不同城市的供需情况及市场特征，围绕经济、客户、基础设施和竞品共四个关键要素来评估冷库投资决策（见图 4-6）。

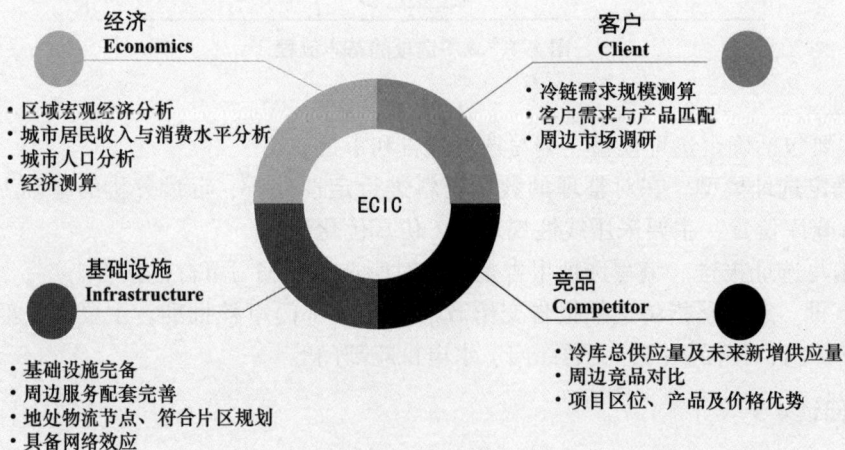

图 4-6　冷库投资决策评估的关键要素

[资料来源：世邦魏理仕. 冷库投资与选址策略［J］. 物流技术与应用，2022，27（增刊2）：60-67.]

(二) 冷库的总体设计

冷库库址一经选定，即应根据现有资料拟定出总平面布置方案和草图，以供技术勘测、征地及征求城乡建设部门意见所用。待技术勘测全部完成，地形、土壤、地质、水文等资料齐全后，再结合城乡建设等有关部门的意见修改方案，绘出正式的总平面布置图。

冷库厂区总体设计的依据是冷库要满足所要进行的生产工艺，保证生产流程的连续性。为此，应将所有建（构）筑物、道路、管线等生产流程进行联系和组合，尽量避免作业线的交叉和迂回运输，即从满足食品冷冻冷藏工艺要求和便利产品运输出发，布置各车间和库房的相对位置。

具体的经济指标是：库址占地面积；建筑物占地面积；构筑物占地面积；露天仓库及操作场地占地面积；交通道路占地面积；土石方工程量；库区土地利用系数；建筑系数。生产性冷藏库的库区土地利用系数控制在不小于40%，建筑系数应控制在不小于30%。分配性冷藏库和水产冷藏库的库区土地利用系数应控制在不小于70%，建筑系数则应控制在不小于50%。

冷库总体设计的基本流程如图4-7所示。

	基本流程	流程说明
1	开始 ↓ 确定设计依据	冷库总体设计依据主要有以下两个方面： 1. 政府及行业相关设计建筑标准 2. 编制冷库设计任务书 (1) 确定库区建筑物 (2) 拟定库区的排水方式 (3) 确定场地平整标高
2	确定技术经济指标	冷库总体设计的主要经济指标有：库址占地面积；建筑物占地面积；构筑物占地面积；露天仓库及操作场地占地面积；交通道路占地面积；土石方工程量；库区土地利用系数；建筑系数
3	库区划分	冷库各建筑物按使用性质和卫生防护需求，可分为原料区、生产区、行政福利区和隔离区
4	冷库总体布置：建筑物布置、交通路线设计、管线设计	1. 冷库建筑布局应符合以下要求： (1) 统一布局、节约用地 (2) 布局要符合通风、防火、卫生、防震、防尘、防噪等要求 (3) 各建筑物符合卫生防护距离要求 2. 管线布置的基本原则是：线路应做得短捷、转弯数量最少，尽量减少互相交叉，要便于施工和检修，不影响交通和安全，避免相互干扰，节约用地和投资

图4-7　冷库总体设计的基本流程

（三）冷库的建筑方案设计

冷库的建筑方案设计是根据冷库的性质、生产规模、工艺流程、设备安装及所用建筑材料等条件并结合库址的具体情况（地下水位、地质、地形等）而确定的，同时还应满足使用、卫生、施工技术和建筑技术等方面的要求，主要内容如图4-8所示。参考国家标准《冷库设计标准》（GB 50072—2021），重点对冷库的设计规模做介绍。

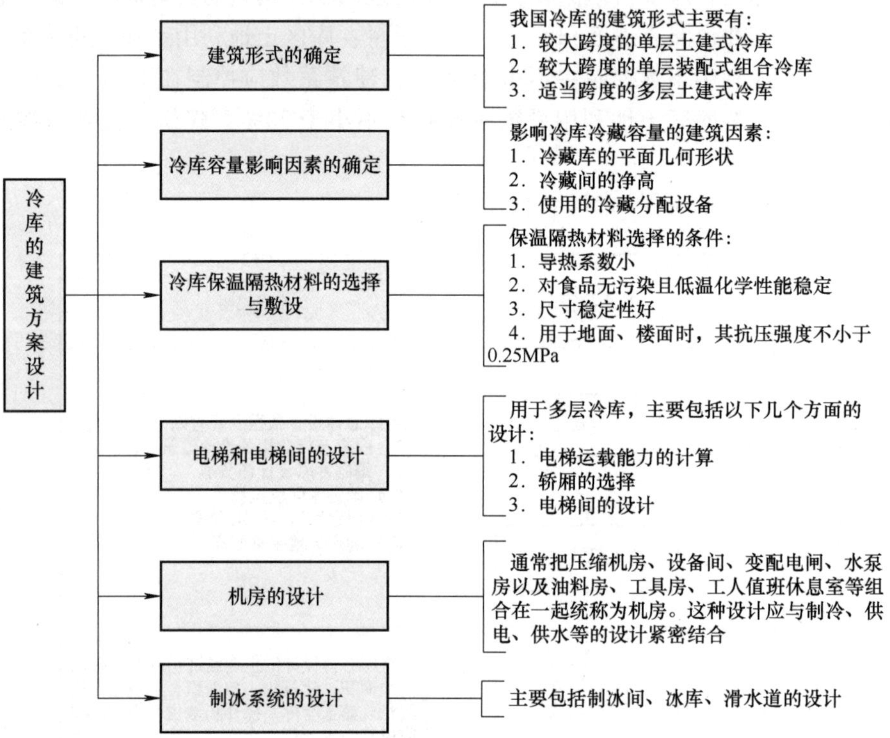

图4-8　冷库的建筑方案设计

冷库的设计规模应以冷藏间或冰库的公称容积为计算标准。公称容积应按冷藏间或冰库的室内净面积乘以房间净高确定。

对于直接堆码冷藏物的冷库，容量可按式（3-1）计算：

$$G = \frac{\sum\limits_{i=1}^{n} V_i \eta_i \rho_i}{1000} \tag{3-1}$$

式中　G——冷库的计算容量（t）；

　　　V_i——各个冷藏间的公称容积（m³）；

　　　η_i——各个冷藏间的容积利用系数（见表4-5）；

　　　ρ_i——各个冷藏间食品的计算密度（kg/m³）；

　　　n——冷藏间的数量。

表 4-5　容积利用系数

公称容积/m³	500~1000	1001~2000	2001~10000	10001~15000	>15000
容积利用系数	0.40	0.50	0.55	0.60	0.62

注：1. 对于仅储存冻结食品或冷却食品的冷库，其表内公称容积为全部冷藏间公称容积之和；对于同时储存冻结食品和冷却食品的冷库，其公称容积为冻结食品冷藏间或冷却食品冷藏间各自的公称容积之和。

　　2. 蔬菜冷库的容积利用系数，应按表中数值乘以 0.8 的修正系数计算。

在计算冷藏间的容积利用系数时，冷藏间内能够用于堆码的货物体积应扣除相应冷藏间内的以下空间：

（1）通道、设备、柱子等构筑物所占用的空间。

（2）货物与设备、构筑物间隔所占用的空间。

（3）货物托盘所占用的空间。

对于采用货架储存冷藏物的冷库，容量可按每个货位（托盘）最大允许存放量的总和计算。货位（托盘）数量应按实际布置确定。

食品计算密度应按实际密度采用，并不应小于表 4-6 的规定。

表 4-6　食品计算密度

序号	食品类别	计算密度/(kg/m³)
1	冻肉	400
2	冻分割肉	650
3	冻鱼	470
4	篓装、箱装鲜蛋	260
5	鲜蔬菜	230
6	篓装、箱装鲜水果	350
7	冰蛋	700
8	机制冰	750

（四）冷库的平面布置

冷库平面布置的主要任务是根据设计任务书的要求、总体平面布置图所限定的客观条件，确定建筑平面中各组成部分的范围以及它们之间的相互关系，具体流程如图 4-9 所示。

（五）制冷系统的设计与设备选型

总排气量大于 5000m³/h 的应为大型制冷系统；总排气量为 500~5000m³/h 的应为中型制冷系统；总排气量小于 500m³/h 的应为小型制冷系统。对于包含多个冷间的冷库，所有冷间共用一套制冷系统时可称为"最标准的"集中式制冷系统，所有冷间各自用不同的制冷系统时可称为"最标准的"分散式制冷系统，在上述二者之间还存在部分冷间共用一套制冷系统，部分冷间各自用不同的制冷系统等情况。实际的工程设计需要根据经营、技术、经济、法规等要求分析后选用制冷系统。对于大、中型的生产性冷库和物流冷库，宜采用集中式制冷系统。集中式制冷系统往往具备投资少、可靠性高、调配灵活、节能等优势。

下面参考国家标准《冷库设计标准》（GB 50072—2021），列出制冷系统设计与设备选型需要符合的相关规定。

基本步骤	步骤说明
确定影响平面布局的因素	影响平面布置的主要因素包括土地大小及形状、地质构造、交通情况等客观条件和设计任务书及总体平面布置图所限定的条件
制定布置的原则	不同的冷库在平面布置时所依据的原则是不同的，但基本上都要符合以下原则： 1. 要满足制冷和生产工艺的要求 2. 提高使用系数 3. 考虑装卸运输机械的进出 4. 考虑民族风俗习惯
确定布置应注意的问题	平面布置一般都应注意以下几个问题： 1. 冷库的设计标高和柱网 2. 冷库的长宽比和伸缩缝 3. 冷库无梁楼盖的长度
具体布置	对冷库厂区全面的平面布置，其中最关键的是对关键区域的平面组合，主要包括以下几个方面： 1. 高、低温区的组合 2. 分层平面组合 3. 穿堂与冷间平面的组合 4. 机器间、设备间、配电间与空房平面的组合

图4-9　冷库的平面布置流程

第一，制冷系统的设计蒸发温度应符合下列规定：

（1）冷间的湿度没有工艺要求时，冷间温度和制冷系统蒸发温度的温差应根据经济性原则确定，并且直接式制冷系统不宜超过10℃，间接式制冷系统不宜超过15℃。

（2）冷间的湿度有工艺要求时，冷间温度和制冷系统蒸发温度的温差应首先满足湿度要求。

（3）在集中式制冷系统内，对于温度接近、运行特性互不影响的蒸发温度，经济分析可行时宜合并设置。

（4）二氧化碳制冷系统的高温级蒸发温度和二氧化碳冷凝温度的温差应根据经济性原则确定，且不宜超过5℃。

第二，制冷系统冷凝温度应根据经济性原则确定，并应符合下列规定：

（1）大、中型制冷系统和氨制冷系统不宜高于40℃。

（2）小型制冷系统不宜高于50℃。

（3）对于冷凝侧二氧化碳同时用作间接式制冷的二氧化碳复叠式制冷系统，冷凝温度的确定还应遵循系统简化的原则。

第三，制冷剂的选择应符合下列规定：

（1）对于生产性冷库和物流冷库，其中具有分拣、配货功能的穿堂或封闭站台不应采用氨直接蒸发制冷。

（2）商用冷库不应采用氨。

（3）大、中型冷库和大、中型制冷系统不宜采用卤代烃及其混合物在冷间内直接蒸发制冷。对于制冷剂采用卤代烃及其混合物的直接蒸发制冷系统，不宜采用多倍循环供液。

第四，载冷剂的选择应符合下列规定：

（1）商用冷库不应采用氨水溶液载冷剂。

（2）氨水溶液载冷剂的质量分数不应超过10%。

（3）对于大、中型制冷系统，载冷剂使用温度低于 −5℃ 时，宜采用二氧化碳。

（4）盐水载冷剂的凝固温度应低于设计蒸发温度，并且温差不应小于5℃。

第五，冷间冷却设备的选择应符合食品冷加工或冷藏的要求，并应符合下列规定：

（1）对于设计温度高于 0℃ 的冷间内的或需要频繁除霜的冷却设备，宜采用空气冷却器。

（2）对于储存块冰的冰库，冷却设备宜采用冷排管。

（3）食品冻结加工应根据不同食品冻结工艺要求选用相应的冻结装置。

（4）冷却设备不应危害食品安全。

冷间冷却设备在一个除霜或清洗周期内的实际换热量不应小于该冷间冷却设备负荷。冷间冷却设备的实际换热量应按照设计工况通过校核计算确定。冷间冷却设备内每一通路的压力降宜控制在制冷剂对应的饱和温度降低1℃的范围内。

第六，现场组装冷排管的设计应符合下列规定：

（1）氨冷排管不应采用铜、铝及其合金管，管内不应镀锌。

（2）采用热气融霜的冷排管和二氧化碳冷排管不应按低温低应力工况选用材料。

（3）冷排管采用碳钢或低合金钢管制作时，二氧化碳冷排管腐蚀裕量不应小于2mm，氨冷排管腐蚀裕量不应小于1.5mm，卤代烃及其混合物冷排管腐蚀裕量不应小于1mm。

（4）冷排管强度和刚度应按照外表面结冰、管内全部充满液态制冷剂计算。

（5）翅片冷排管的翅片构造应方便扫霜操作，翅片与管的连接不应在扫霜和融霜操作时松动，翅片的机械强度应保障扫霜操作时不变形。

（6）宜采取减少冷排管内制冷剂灌注量的措施。

第七，冷间内的空气分配系统应符合下列规定：

（1）当冷间采用上送风方式时，贴附射流区应无遮挡，并且贴附射流距离不应小于设计要求的送风距离。

（2）冷间内货区的气流组织应均匀。

（3）冷藏间降温时，货区各处温差不应超过冷藏间温度波动范围。

第八，制冷压缩机（制冷压缩机组）的选择应符合下列规定：

（1）各蒸发温度系统的制冷压缩机（制冷压缩机组）的总制冷量不应小于相应机械负荷。

（2）对于集中式制冷系统，各蒸发温度宜选择多台制冷压缩机（制冷压缩机组），其制冷量搭配应保障制冷系统在最小负荷时能够安全、经济运行；采用单台制冷压缩机（制冷压缩机组）时，其制冷量应能够调节，保障制冷系统在最小负荷时能够安全、经济运行。

（3）对于分散式制冷系统，系统负荷波动大时应选择多台或带制冷量调节的单台制冷压缩机（制冷压缩机组），并应保障制冷系统在最小负荷时能够安全、经济运行。

（4）二氧化碳制冷系统运行过程中无法保障工作压力小于系统设计压力时，应配置辅助制冷机组，辅助制冷机组的蒸发温度与其控制的二氧化碳压力对应饱和温度的温差不宜大于10℃，制冷量应大于二氧化碳系统的漏热量。

第四节　移动冷库

我国农产品冷链物流具有小批量、广分布、高时效等特点，现有冷链物流供给与农产品物流需求不匹配，造成了预冷初始投资成本高、产地预冷工艺与技术设备发展不成熟、多式联运发展滞后等问题。根据专家测算，我国粮食、马铃薯、水果、蔬菜的产后损失率分别为7%～11%、15%～20%、15%～20%和20%～25%，高于发达国家的平均产后损失率。缺乏预冷设备和全程冷链设备是导致果蔬产后损失率居高不下的重要原因之一。移动冷库是符合国际集装箱标准尺寸、可通过公铁联运的单元化冷库设施。利用移动冷库可实现田间地头无源环境下的预冷，以及农产品季节性产出下的全国性调拨，从而降低固定式冷库的建造成本，提升农产品冷链流通率，降低农产品损耗率。因此，大力发展移动冷库是解决农产品冷链物流供需矛盾的根本途径。

2021年11月26日，国务院办公厅印发的《"十四五"冷链物流发展规划》中重点提出：

一是完善冷链源头基点网络。发展产地冷链物流设施设备租赁等社会化服务，探索发展共享式"田头小站"等移动冷库，提高产地源头冷链物流设施综合利用效率。

二是优化农产品田头集货组织。培育一批产地移动冷库和冷藏车社会化服务主体，发展设施巡回租赁、"移动冷库＋集配中心（物流园区）"等模式，构建产地移动冷链物流设施运营网络，提高从田间地头向产地冷藏保鲜设施、移动冷库等的集货效率，缩短农产品采后进入冷链物流环节的时间。

三是完善末端冷链设施功能。鼓励移动冷库、智慧冷链自动售卖机、冷链自提柜等在城市末端配送领域广泛应用。推动末端冷链配送服务站点建设改造，完善新能源冷藏车充电设施布局，扩大城市冷链网络覆盖范围。

四是完善果蔬冷链物流设施设备配套条件。推广移动冷库、预冷设施应用，合理配套布局插电装置，加强移动冷链设施设备与产地冷链集配中心高效联动，合理设置田头停车、换装场地，完善果蔬"最先一公里"冷链配套设施。

另外，《冷链物流和烘干设施建设专项实施方案（2023—2030年）》《关于支持加快农产品供应链体系建设　进一步促进冷链物流发展的通知》等政策文件均提到了加强移动冷库建设的内容。

一、移动冷库的概念及优点

移动冷库（Portable Refrigerator）是指具备可移动功能的温控设备。按照制冷系统分为机械式移动冷库和蓄冷式移动冷库。

传统冷库存在以下弊端：投资风险高；成本高、资金压力大；库址、规模和功能固定；建造周期长；质量和安全难把控；售后服务不专业；能耗大；信息化缺失；环保问题多等。相比传统冷库，移动冷库具有以下几方面优点：

（1）移动冷库具有保温性能突出、节能环保、制冷高效、建库速度快，以及可拆装、可移动、可循环使用等优势，最快 3 天内完成搭建 100m² 的冷库，可根据客户需求调整功能和规模。移动冷库综合使用寿命 30 年，远远高于传统土建冷库的使用寿命。

（2）移动冷库类似于"大冰箱"，属于设备范畴，设备基础采用级配砂石形式，不影响农耕用地性质，无烦琐的报批报建程序，不涉及建筑垃圾等其他额外环保成本，解决了传统固定土建冷库、干仓改造"库板冷库"的痛点。移动冷库为模块化拼装，标准化程度极高，避免了传统冷库非标定制的一系列风险。

（3）移动冷库的租赁模式解决了客户一次性投资风险大、回收周期长的困难，满足了客户多元化的使用需求。设备租赁使用适合更多客户的轻资产运作模式，可大大提高物流节点规划的容错率。

（4）移动冷库模块本身具备一定程度的人工智能，制冷设备、制冷系统、冷箱载体等的信息以数字化形式呈现，通过互联网实时监控，集中处理信息，平台能够帮助用户及时解决使用过程中的困难和问题，降低能耗，提升企业运营效率。

综上所述，相对于传统冷库，移动冷库在建造周期、质量控制、库体材料、能耗情况、使用寿命、寿命终期、租赁模式等方面都具有明显的优势，具体对比见表 4-7。

表 4-7　传统冷库与移动冷库的对比

对比项	传统冷库		移动冷库	
	传统冷库（室外建造）	传统冷库（干仓改造）	模块化组合冷箱（室内或室外）	干仓改低温加工间 + 组合冷箱模式
建造周期	≥1 年	3～6 个月	1～3 个月	1～3 个月
质量控制	施工单位多，交叉作业，工程质量难以把控	施工单位多，交叉作业，工程质量难以把控	工厂标准化、模块化生产，质量有保证	工厂标准化、模块化生产，质量有保证
库体材料	0.5～0.8mm 彩钢板夹心聚氨酯保温板或 0.5～0.8mm 彩钢板夹心 PIR 板；现场喷涂外附 0.5～0.8mm 彩钢板；抗老化、抗腐蚀能力弱	0.5～0.8mm 彩钢板夹心聚氨酯保温板或 0.5～0.8mm 彩钢板夹心 PIR 板；抗老化、抗腐蚀能力弱	0.8～1mm 烤漆不锈铁（MGSS）聚氨酯夹心板，抗老化、抗腐蚀能力极强	0.8～1mm 烤漆不锈铁（MGSS）聚氨酯夹心板，抗老化、抗腐蚀能力极强
能耗情况	相同配置及使用情况下基本相同，实测类似项目 -18℃冷库制冷压缩机的能效比 COP = 1.9，制冷系统的为 COP = 1.3，由于系统采用的设备情况不完全相同，实测制冷系统的 COP 低于对标的组合冷箱	相同配置及使用情况下基本相同，实测类似项目 -18℃冷库制冷压缩机的能效比 COP = 1.9，制冷系统的为 COP = 1.3，由于系统采用的设备情况不完全相同，实测制冷系统的 COP 低于对标的组合冷箱	相同配置及使用情况下基本相同，实测类似项目 -18℃组合冷箱制冷压缩机的能效比为 COP = 1.94，制冷系统的为 COP = 1.6，由于系统采用的设备情况不完全相同，实测制冷系统的 COP 高于对标的传统冷库	相同配置及使用情况下基本相同，实测类似项目 -18℃组合冷箱制冷压缩机的能效比为 COP = 1.94，制冷系统的为 COP = 1.6，由于系统采用设备的情况不完全相同，实测制冷系统的 COP 高于对标的传统冷库

（续）

对比项	传统冷库		移动冷库	
	传统冷库（室外建造）	传统冷库（干仓改造）	模块化组合冷箱（室内或室外）	干仓改低温加工间 + 组合冷箱模式
使用寿命	库体主体结构 50 年/制冷设备 15 年	库体主体结构 3～15 年/制冷设备 15 年	箱体≥30 年/制冷设备 15 年	箱体≥30 年/制冷设备 15 年
寿命终期	产生大量建筑垃圾，难以降解处理，造成环境及土地用地负担，是经济快速发展带来的历史症结	需要恢复干仓原貌，产生大量建筑垃圾，不符合环保理念的同时还造成了二次投资，拆除的设备和材料难以另行利用	冷箱各模块主要由金属材料部件构成，在工厂内集中制作，不产生建筑垃圾，寿命终期可直接回收利用，易于实现绿色可持续发展，基本没有环保成本和风险	租期结束时低温加工车间不必拆除，不影响干仓使用，不考虑拆除和废料处理；组合冷箱可以移至其他有需求的地方继续使用
租赁模式	受限于冷库建造的地理位置、交通情况，很难找到与业态相符的场地，同时租金成本及综合成本难以控制	没有与此模式相匹配的经营性租赁，融资租赁投资高、风险大，一旦干仓物业停业或退租，或因地方政策影响而被查封或勒令停工，投资风险将大大增加	可采用融资租赁和经营性租赁两种模式，根据业态情况甄选使用地点，决定使用模式，也可根据市场情况随时调整规模和功能，投资风险最小	干仓改低温加工间初投资可与干仓物业协商或平摊到干仓租金中，由于冷库的建造成本较高，采用租赁模式可以缓解短期资金压力，提高资金流转率，降低投资风险

延伸阅读 4-4
农产品仓储冷链保鲜设施建设用地的相关政策

《自然资源部　农业农村部关于设施农业用地管理有关问题的通知》（自然资规〔2019〕4 号）规定，设施农业用地包括农业生产中直接用于作物种植和畜禽水产养殖的设施用地。其中，与生产直接关联的烘干晾晒、分拣包装、保鲜存储等设施用地属于作物种植设施用地。设施农业属于农业内部结构调整，可以使用一般耕地，不需落实占补平衡。种植设施不破坏耕地耕作层的，可以使用永久基本农田，不需补划；破坏耕地耕作层，但由于位置关系难以避让永久基本农田的，允许使用永久基本农田但必须补划。设施农业用地不再使用的，必须恢复原用途。设施农业用地被非农建设占用的，应依法办理建设用地审批手续，原地类为耕地的，应落实占补平衡。

独立集中兴建的农产品加工、存储、冷库、产地批发市场不属于设施农业用地，须依法依规按建设用地进行管理。

《自然资源部 国家发展改革委 农业农村部关于保障和规范农村一二三产业融合发展用地的通知》（自然资发〔2021〕16 号）规定：直接服务种植养殖业的农产品加工、电子商务、仓储保鲜冷链、产地低温直销配送等产业，原则上应集中在行政村村庄建设边界内；利用农村本地资源开展农产品初加工、发展休闲观光旅游而必需的配套设施建设，可在不占用永久基本农田和生态保护红线、不突破国土空间规划建设用地指标等约束条件、不破坏生态环境和乡村风貌的前提下，在村庄建设边界外安排少量建设用地，实行比例和面积控制，并依法办理农用地转用审批和供地手续。

二、移动冷库通用要求

（一）移动冷库配置要求

1. 结构及强度要求

（1）移动冷库底部应设置能保证气密性能的排水孔，箱内应设有自动测温装置和湿度检测装置。

（2）移动冷库内壁和底板结构，应设置冷空气流通通道，箱体内壁上应标出货物装载最高限度线。

（3）对于具备运输工况的移动冷库，应根据最大额定载重工况下的不同方向的加速度对移动冷库结构强度校核。

（4）采用库体模块进行组合的移动冷库，单元箱体模块的结构强度、组合后的结构强度以及连接部件结构强度不低于300MPa。

2. 材料要求

一是移动冷库内部材料应满足《食品安全国家标准 食品接触材料及制品通用安全要求》（GB 4806.1—2016），绿色环保且内部材料不会污染内部存储货物。二是移动冷库连接件材料应满足中国船级社《集装箱检验规范》的规定，焊接工艺符合中国船级社《材料与焊接规范》的要求。三是隔热材料宜优先选用聚氨酯保温材料，其发泡密度不低于$40kg/m^2$，选用其他材料时，其保温性能不应低于同等聚氨酯保温材料性能，并应具有防腐、防蛀、防潮、无毒、无刺激性和阻燃性。此外，密封条应满足低温环境下的密封要求，以防硬化变形或失去密封效果。

3. 保温要求

一是移动冷库的温度偏差、均匀度、波动度不应大于±3℃。二是箱体各面均应隔热。受太阳辐射面应增强隔热强度。

4. 信息系统要求

一是移动冷库应具备温湿度等温控数据采集和监测功能。二是移动冷库应具有开、关门等状态信息监测功能，具有监测移动冷库的位置、速度、定位等功能，定位精度应≤10m。三是移动冷库应具备断电、应急等异常状态报警功能。此外，独立露天安装的元器件的防水等级不应低于《外壳防护等级（IP代码）》（GB/T 4208—2017）中IP68等级的要求。

5. 其他要求

具备运输功能的移动冷库，其制冷动力系统储备能量应满足产品运输时间的需求。具备储存功能的移动冷库，其制冷动力系统储备能量应满足产品应急供电制冷的需求。机械式移动冷库应具备除霜功能。蓄冷式移动冷库应具备蓄能实时监测功能。

（二）移动冷库使用要求

1. 运输及装卸要求

一是移动冷库应能在满载、空载状态下进行装卸、运输作业。二是移动冷库应满足铁路集装箱专用平车、公路集装箱运输半挂车或集装箱专用拖车运输的要求。三是在公路、铁路等运输时，对于有角件的移动冷库，在公路集装箱运输半挂车或铁路集装箱专用平车上，应用扭锁等装置拴固底部对称位四个底角件；对于无角件的移动冷库，公路集装箱运输半挂车或铁路集装箱专用平车应预留固定移动冷库的位置。四是自行设计的非标移动冷库通过公路、铁路运输时，应提供相应的运输要求说明。此外，装卸货物时应对移动冷库内装置的状态进行检查，对于松动、破损等情况及时进行维修。

2. 维护及保养

一是在移动冷库的装卸、运输和存放过程中，当发生正常的磨损、碰损、擦伤或撞击引起损坏、锈蚀时，应及时除锈和修补。二是应定期对移动冷库进行检查、维护和保养并保存相关记录。检查内容包括但不限于外观、零部件外观、连接部位等。

三、移动冷库的应用场景

移动冷库主要应用于田间地头，陆港、空港、海港物流园区，农产品批发市场及农产品零售市场（包括商场内超级市场、连锁超市和社区菜市场等）。无人售卖等场景也适合移动冷库。

（一）田间地头场景

田间地头是农业生产的现场及农产品流通的起点，是农产品分拣分级、包装清洗、预冷储存的场所。温度恒定、波动小的瓜果蔬菜类，以及鲜花等农产品宜选用蓄冷式移动冷库，其他宜选用机械式移动冷库。

对于田间地头的果蔬移动预冷设备，有中集冷链发展有限公司推出的"田间预冷柜"，广东精益专用汽车有限公司研发的 ZKD 系列移动保鲜库、冷冻库，陕西果业冷链新材料有限公司自主研发生产的组合式移动冷库等。以中集冷链预冷库为例，预冷柜可以在 2h 内让蔬菜水果的温度从刚采摘时的 30℃ 快速降到 3 ~ 4℃，每次单柜可预冷 2t 果蔬。此外，预冷柜搭配冷藏柜、低温分拣包装车间，还能在果蔬采摘后短时间内完成预冷、分拣和包装，最大限度保证果蔬的新鲜度，有效延长销售期 5 ~ 10 天，同时可降低流通期间 5% ~ 10% 的腐烂损耗。

（二）铁路冷链运输集装箱

因运输距离远、运输时间长、运输环境温度变化大、运输载具尺寸标准统一，铁路冷链通常采用全封闭的冷链运输集装箱。冷链运输集装箱有中车长江集团旗下的 45/40/20ft 多尺寸新能源锂电池冷藏集装箱、中车长江运输设备集团研制的柴电一体式冷藏集装箱等。中车长江集团旗下 45/40/20ft 新能源锂电池冷藏集装箱已在上海到成都的冷链班列上运用，一年平均单次使用的电力为 140kW·h，费用约为 100 元，而在此班列上运行的柴油动力冷藏集装箱单次消耗柴油为 130L，成本大约为 900 元。由此可见，新能源锂电池冷藏集装箱的使用成本大幅下降。在低温环境下，柴油动力冷藏集装箱需要更换更低牌号柴油，加油条件更加苛刻，成本会继续增加；而新能源锂电池冷藏集装箱在 -40℃ 以上的环境下可以运用，不需要增加额外的成本。另外，130L 柴油燃烧过程中会产生碳排放和其他废气，对环境造成破坏。

（三）适合海运的冷链运输设备

铁路运输发电箱可在湿热、寒冷等环境下使用，运用过程中各项功能正常，运用效果良好，同时解决了海运冷藏集装箱海铁联运供电问题，可有效降低物流成本和保障货物品质；可全面替代既有的有人值守的发电车，改变海运冷藏集装箱陆运模式。

（四）小型移动冷库

浙江雪波蓝科技有限公司的冷链单元箱满足小批量、高时效的冷链零担运输的市场需求。冷链单元箱推动杨梅、新鲜枸杞等高端水果品类的物流工作迈出了坚实的一步，成功地将它们以鲜果的方式运送至千里之外。

中国航天汽车有限责任公司的航天汽车移动冷链设备（无源长效恒温冷链箱）是一种冷链物流运输新装备。在控温保温期间无需外部电源，预冷使用，最长可以完成500h的控温时效，控温精度为±3℃；可以实现功能定制，按需定制冷藏、冷冻、保热等多种功能，定制范围为−80～80℃；材料无毒、无腐蚀性，可回收生物降解，重复使用高达7000余次，性能衰减小于10%；可广泛应用于疫苗、药品、血液、生鲜食品等物流运输，具有重要的应用价值。

延伸阅读4-5

移动冷库助力河南省平顶山市鲁山县农产品保鲜"最先一公里"

一、背景与概况

鲁山县位于河南省中西部，2010年，该县因势利导，提出了建设10里（1里=500m）经济长廊的战略构想，号召群众种植梨树，构建梨产业带。一时间，鲁山县董周乡五里岭两侧掀起种植梨树的热潮，引进种植了红香酥梨、砀山酥梨、丰水梨、圆黄梨、黄冠梨、秋月梨、红太阳梨、晚秋黄梨等二十多个品种。梨产业让村民的腰包都鼓了起来。每到梨成熟季节，本来车流量并不大的242省道董周乡五里岭段车流骤增，卖梨的摊位绵延几千米。为此，董周乡委研究决定，把五里岭的梨作为特色重点农产品品牌来打造。

1. 梨的保鲜技术

随着市场的打开，选择种植梨树脱贫的农户越来越多，产季滞销的问题也越来越突出，在梨产业带动贫困乡经济转好的背景下，鲜梨的保鲜储藏成为扶贫攻坚的最后一场"硬仗"。

砀山酥梨属呼吸跃变型果品，采后宜进行低温冷藏。砀山酥梨储藏时必须充分成熟，应在呼吸高峰到来之前的9月上旬采收。采收应在晴天无雨时进行，采时防止硬拉损伤果柄及果肉。储藏适宜温度为0～3℃，相对湿度为85%～95%，低于0℃易受冷害，储温过高则易腐烂。一般情况下，梨可常温储藏2个月左右，冷藏储藏可达半年以上。

2. 解决产季滞销问题最有效的方式就是建造产地型冷库

要想解决好农户当季果品滞销等问题，保证作物的品质及延长储藏期，提高市场价值，为当地农副产品产业升级，将采摘后的果品进行冷储藏是最合理的解决方案。将果品进行冷储藏有两种选择，一是采摘后就地储藏，二是运往有冷库的地方储藏。由于当地的地形、地貌等因素的制约，在当地建造大型冷库的可行性不高，因此产地型小冷库是该地区的最优选择。然而，在产地直接建设小型冷库又存在各种问题，扶贫攻坚战的"最后一役"陷入困境。

二、当地冷库现状

为了解决农产品产季集中上市售价低、易滞销、损腐率高等问题，当地政府帮助农户打造品牌，积极拓展市场，同时也建设了一批传统土建冷库，虽然暂时缓解了产季滞销的难题，但是由于传统冷库的固有属性，导致建设和使用过程中出现了很多难以解决的问题和痛点。

1. 项目选址及立项困难，建造地离果园远

传统冷库建筑的用地属性是仓储或工业用地，田间地头属于农业用地，如果考虑用地性质的合规性，传统形式的冷库建设手续烦琐，选址和立项成为难点。如果建设在离果园较远的地方，则运输成本、人力成本高。

2. 质量和工期难以保证

施工人员专业性参差不齐，施工标准和材料管控制度的不完善会直接影响设施的质量和使用寿命，同时存在很大的安全隐患。为了保证中标，牺牲设备质量是传统工程做法的惯用手段，会出现质量差、能耗高、降温不达标等问题。在施工过程中交叉作业多、现场协调难，出现问题常常扯皮。随着使用年限的增加，传统冷库保温防潮隔汽层会失效，无法做到保温隔汽完全连续，影响后期运行。

3. 建设周期长

土建冷库在建设中都要经过前期的可行性研究、规划、立项、图样设计、报建、现场施工、调试验收等过程，一般建设周期都在 1 年以上。

4. 智能化欠缺，温度不达标

粗放式经营管理现象严重，设备温度达标率常常不能得到有效保证，能耗浪费巨大，能耗管理缺乏有效手段。

5. 保温使用寿命较短

土建冷库使用几年便会出现保温层开裂、失效，隔汽层腐蚀等现象，严重影响使用效果，大大增加使用能耗。

6. 淡旺季转换运行维护费用高

存储淡季冷库闲置率高，为保证结构安全，冷库常常需要保冷，运行维护成本高。

7. 售后维修主体难以明确

由于工程项目的形式由建筑主体、制冷设备、制冷系统及安装工程组成，一旦出现问题，责任主体往往很难确定，同时安装商一般由当地的私营企业担任，其能力和实力难以保证。

这些痛点、难点造成了扶贫工作见效慢、冷库设备运行维护费用高、使用效果不佳等后果，使扶贫工作经常陷入"脱贫—返贫—再脱贫"的怪圈。扶贫专用款投入大、风险高、使用效率低、日常维护费用高，所打造的冷链扶贫体系效果不理想。

三、移动冷库解决方案

针对当地冷库使用的需求和痛点，鲁山县董周乡党委和政府设立了一套多功能模块化组合冷箱（以下简称移动冷库）的试点项目，通过产品自身的属性和技术优势，解决了当地冷库"建设难，费用高"的痛点和难点。试点项目投入使用后得到了试用农户和市委、乡委领导的一致好评，最终董周乡党委申请预订五套移动冷库作为解决精准扶贫攻坚战"最后一役"的利器。

在田间地头里，移动冷库的优势体现在以下几个方面：

1. 设备属性不影响用地性质

移动冷库属于类集装箱设备，只需要一片平地接上电源即可使用。无须考虑用地性质的问题。同时可以根据果园位置就近安装使用，大大减少了果农搬运的人力、物力，间接降低了摘果、存果的成本。

2. 交付期短

从设计、生产、运输到验收调试，根据不同需求，交付期为1~3个月，可以快速投入使用，有利于快速帮助农户脱贫。

3. 质量和工期可控

移动冷库主要由箱体模块、冷源模块、末端模块及一些配件组成。采用现行国家、行业标准在工厂标准化、模块化生产，现场直接拼装就可完成，整个过程经过严格的质量体系管控，品质和安全有保障。

4. 智能化控制系统

制冷设备、制冷系统、冷箱载体等的信息以数字化方式呈现，模块本身具备一定程度的人工智能，通过互联网实时监控，信息集中处理，平台能够帮助用户及时解决使用过程中的困难和问题，降低能耗，提升企业运营效率。

5. 使用寿命长，运行费用低

产品外壳主要采用MGSS不锈铁材料，箱体外壁均采用全焊接技术，再经底漆、中间漆、面漆三道表面涂装工艺，可有效防止冻融循环，空仓时无须运行保冷，箱体使用寿命不低于30年。制冷系统的主要设备均采用国际顶级品牌，性能及品质优良。同时通过国内顶尖的制冷工艺设计团队对系统进行优化，保证设备在最优的状态下运行，制冷系统设计使用寿命15年。冷箱保温效果好，制冷系统制冷效率高，运行使用费用低。

6. 扶贫款投入风险小

模块化组合冷箱具有可拆装、可移动的特性，避免了传统土建冷库建设固定、无法改变使用地点的痛点，可以使扶贫款项随冷箱的使用"动"起来，大大降低了固定资产投入的风险。

7. 售后服务体系成熟度高

售后服务网络遍布全国，专业的售后维修队伍为使用者提供全方位售后维修服务，用专业的技术和及时的服务为客户解决产品损坏责任不清、维修界限不明等痛点问题。

8. 结论

移动冷库是解决冷链"最先一公里"的利器。冷链"最先一公里"体系的建设，是整个全程冷链体系的基石，因为一旦产品在采摘后不能及时预冷、冷储藏，将会对农产品流通周期造成不可逆的影响，即便后续冷链过程再顺畅也无济于事，甚至会造成更大的资源浪费。近年来有很多地方的农产品发生滞销现象，造成农民损失严重。其中很重要的原因就是产后缺少预冷、冷储藏环节，无法实现错季销售和品牌升值。移动冷库的出现恰好弥补了这些缺口。

四、使用成效

通过扶贫试点应用项目的实施，2019 年，董周乡就有 60 多家种植大户和 500 多家小农户将酥梨存入保鲜库进行错季高价销售，较往年而言，平均每斤（1 斤 = 500g）酥梨的售价提高了 2 元左右。现以每套多功能模块化组合冷箱存放 80t 酥梨计算，通过冷藏储存错季销售，则可实现 32 万元左右的产品利润增收。另外从运行能耗方面来看，实测每套多功能模块化组合冷箱在满仓状态下，存储 80t 酥梨每天电费仅需约 40 元，这较以往租用传统冷库存储等量产品每天需要 70~80 元电费而言，情况大有改善，不但增加了农民的收入，而且可以有效激发和增强董周乡乃至整个鲁山县农民的产业参与度。

[资料来源：刘海波，徐翔. 移动冷库助力河南省平顶山市鲁山县农产品保鲜"最先一公里"[J]. 中国储运，2022（5）：28-30.]

第五节 冷库日常管理

一、冷库的操作管理

（一）防止水、汽渗入隔热层

库房内的地坪、顶棚和门框上应当防止冰、霜、水的存在，做到随时清除。未配备下水道的库房和走廊，既不能进行多水性的作业，也不能用水冲洗地坪和墙壁。库内排管和冷风机需要定期冲霜、扫霜，及时清除地坪和排管上的冰、霜和水等杂质。定期检查库外顶棚、墙壁有无漏水、渗水等情况，一旦发现应及时修复。不应将大批量未冻结的高温商品直接放入低温库房，防止库内温度升高造成隔热层产生冻融现象，从而影响冷库的使用寿命。

（二）防止因冻融循环造成冷库建筑结构的冻酥

冷库应根据设计规定的用途进行使用。高温、低温冷库不能随意变更（装配式冷库除外）。各种用途的冷库，在没有商品存放时，必须保持一定的温度。冻结间和低温间应保持在 5℃ 以下，高温间保持在露点温度[⊖]以下，以免库内受潮滴水，影响库房建筑结构（装配式冷库除外）。原设计有冷却工序的冻结间，在改造为直接冻结间时，应当配备充足的制冷设备，并控制进货的数量，保证合理的库温，防止冷库内有水滴。

⊖ 露点温度（Dew Point Temperature）：在气象学中，在空气中水气含量不变，保持气压一定的情况下，使空气冷却达到饱和时的温度称露点温度，简称露点，单位用℃或℉表示。

（三）防止地坪（楼板）冻鼓或冻坏

冷库的地坪（楼板）在设计时都有规定，要求能够承受一定的负荷，并铺有防潮和隔热层。如果地坪表面保护层被破坏，水分将会流入隔热层，致使隔热层失效。如果商品堆放超载，将导致楼板破裂。因此，不应直接将商品散铺在库房地坪上进行冻结。拆解货垛时不能采用倒垛的方法。脱钩和脱盘时，不能在地坪上进行摔击，以防砸坏地坪或破坏隔热层。库内商品的堆垛重量和运输工具的装载量，不能超过地坪设计的单位面积负荷。每个冷库库房都应核定单位面积最大负荷和库房总装载量（倘若地坪大修改建，应设计新的负荷），并在库门上做标志，以便管理人员监督检查。库内吊轨的单位载重量，包括商品、滑轮和挂钩的总重量，应符合设计要求，防止超载，以保证安全。底层地坪未做通风等处理的冷库库房应特别注意，使用温度最好控制在许可范围内。有地下通风处理的冷库，应严格执行有关地下通风的设计说明。定期检查地下通风道内有无结霜、堵塞和积水等现象，并检查回风温度是否符合要求。应尽量避免由于操作不当而造成地坪冻鼓。地下通风道周围严禁堆放物品，杜绝建设新的建筑。

（四）冷库库房内货位的间距要求

为实现商品堆垛安全牢固，便于盘点、检查和出入库，对商品货位与墙、顶排管和通道等的间距有一定的要求，详见表4-8。

表4-8　商品货位的堆垛与墙、顶排管和通道等的距离要求

建筑物名称	货物应保持的距离/mm	建筑物名称	货物应保持的距离/mm
高温库顶棚	≥300	冷风机周围	≥1500
低温库顶棚	≥200	铲车通道	≥1200
顶排管	≥300	风道底部	≥200
墙	≥200	手推车通道	≥1000
墙排管	≥400		

冷库库房内应留有合理宽度的走道，以保证运输、操作和库房安全。进行库内操作时，应防止运输工具和商品碰撞冷藏门、电梯门、柱子、墙壁、排管和制冷系统的管道等。

（五）冷库门定期进行检查，尽量减少库门的开启

冷库围护结构包括墙体、地板、屋面和库门，其中唯有库门是经常活动的，大部分冷库门采用橡胶门封，橡胶门封在低温潮湿的环境中长期使用极易老化，冷库门的频繁启闭又会使橡胶门封因挤压、撕拉而断裂，水平移动的电动门门封较之正面压合的手动门门封的寿命要短。另外，冷库门附近是冷热空气剧烈交汇的场所，因此木质门框也容易受潮而霉烂。水蒸气从破损的门封、门框处进入库内，是冷库较常出现的使湿度增加的原因之一，与库门同时启停的风幕无法防止这类水蒸气进入库内，渗入库内的水蒸气会随时间的延长而增多，库门附近的相对湿度就会较大，并由库门向库内扩散。

如发现冷库门变形、密封条损坏或电热器损坏，应及时修复。当冷库门被冻死而无法打开时，应先接通电热器再开门。每天尽量减少开关门的次数（做到进库出库都要随手关门，进库开灯、离库熄灯）。对于库门严密性的检查可采用透光的办法：关闭库门，一人在库内沿门四周边沿移动亮的手电筒，另一人在库外观察，如果可在门缝处看到手电筒的光，则证

明门封不严密。

（六）库内排管除霜时，严禁使用钢化器具敲打

给库内排管除霜时，严禁使用钢化器具或其他工具击打、损伤排气管表面。此外，还要做好冷库温湿度控制。

（1）在库内外适当地点设立"干湿球温度计"，一般可在每个库房内的中部悬挂一个，悬挂的高度离地面不低于1.8m。建筑面积不少于100m²的冷库，温度传感器不少于2个。

（2）自动或指定专人每天按时观察和记录。

（3）按月、季、年分析记录统计该时期内的最高温湿度、最低温湿度和平均温湿度。

（4）当发现库内温湿度超过要求时，应立即采取相应措施，以达到安全储存的目的。

二、食品冷库的卫生管理

（一）冷库的卫生和消毒

冷库内应保持良好的环境卫生，以防止食品受到污染。保持库房和工具设施的卫生。常用的消毒方法有漂白粉消毒法、次氯酸钠消毒法、乳酸消毒法、粉刷法、紫外线消毒法。

（二）工作人员的个人卫生

冷库工作人员经常接触多种食品，如不注意卫生，或本身患有传染病的就会成为微生物和病原菌的传播者。因此，对冷库工作人员的健康状况和个人卫生应有严格的要求。

（三）食品冷加工过程中的卫生管理

（1）食品冷加工的卫生要求。具有强烈气味的食品，如鱼、葱、蒜、乳酪等，以及储藏温度不一致的食品，严禁混存在同一个冷藏间内。

（2）对冷藏中的食品应经常进行质量检查。

（3）食品全部取出后，库房应通风换气。

（四）除异味

库房中产生异味一般是由于储藏了具有强烈气味或腐烂变质的食品。臭氧具有清除异味的性能。用2%的甲醛水溶液（即福尔马林溶液），或5%~10%醋酸与5%~20%的漂白粉水溶液进行喷洒，也具有良好的除异味和消毒作用。

（五）灭鼠

冷库的灭鼠工作应注重预防鼠类进入。消灭鼠类的方法有很多，可用机械捕捉、毒性饵料诱捕、气体灭鼠等方法，用二氧化碳灭鼠效果较好。

延伸阅读4-6

冷库灭鼠的原则和技巧

冷库（冻库）发生鼠害，第一要考虑老鼠是从哪里进入的。一是防鼠设施不到位，老鼠从外环境进入；二是搬运货物时无意中夹带进入。冷库的地面硬化程度高，老鼠打洞进入的可能性几乎没有；冷库的密封性也非常好，从墙面进入的可能性也几乎为零；而顶棚值得关注，要仔细检查，重点检查库房连接制冷设备或制冷装置的部位，有无鼠类出入的通道。

第二要考虑的是老鼠躲藏在冷库的什么地方。一般来说，检查货架顶层的纸箱（包装），看有无破损；检查墙面和顶棚有无鼠洞和鼠道，地面有无鼠粪。在靠近墙面的地面和货架下的地面撒滑石粉块，看鼠足迹和尾迹，以此判断鼠类的隐蔽地点。冷库中温度低，鼠类活动的范围有限，如果防鼠设施不到位，鼠类进入后直接取食，然后离开，基本不停留。在冷库中生活的鼠类比较集中，抱团取暖，躲藏的地方离货物比较近，或者就藏在货物中。如果冷库中安装了红外摄像装置，发现鼠类活动轨迹就容易得多。

冷库鼠类的防治应采取综合性措施，依据"标本兼治、以治本为主"的原则。具体做法是完善防鼠设施，加强入库前货物的管理，严禁货物夹带鼠类。最快速有效的办法就是熏蒸处理。熏蒸处理使用硫酰氟气体，该气体无色无味，毒性很大，处理的公司和个人需要接受专业技能培训，考试合格后取得资质才能从事此类工作。这个工作专业性强，用药剂量和作用时间需要精确计算，个人防护级别比较高（需要佩戴防毒面具），密封、散毒、泄漏气体检测等一系列操作是一般的PCO（有害生物防治）公司完成不了的。

在不具备熏蒸处理的条件下，投放毒饵也是可行的。如果冷库规模较大，可以腾空一间库房，这间库房中没有货物（鼠类的食物），鼠类有可能取食投放的毒饵。投放抗凝血类杀鼠剂毒饵可以有效消灭冷库中的鼠类，处理完一间，再处理下一间。处理一间最少需要7天。如果不能腾空库房，则只能采用人工捕打的办法。冷库中的鼠类以褐家鼠和黄胸鼠为主，这两种鼠类都有"新物反应"⊖，鼠夹、鼠笼和粘鼠板对它们不起作用。应把包装破损的货物抬到相对独立的房间，人工围拢起来，仔细检查并捕杀它们。这个工作需要的人多，工具还要得当，捕杀人员最好穿特警靴，以防被鼠咬伤。关闭冷库大门，或者在门口布置鼠夹和粘鼠板组成的防鼠带，驱赶顶棚和墙壁保温层中的鼠类并将其捕杀。

[资料来源：郭天宇. 冷库灭鼠的原则和技巧 [J]. 中国国境卫生检疫杂志，2023，46（4）：401.]

三、冷库的安全管理

（一）安全管理概述

冷库的安全管理包括：①防止冻伤；②防止人员缺氧窒息；③避免人员被封闭在库内；④妥善使用设备；⑤防火，防氨泄漏。

因此，从制度建设方面，冷库管理机构应当：建立冷库安全管理制度，并设有专门的安全管理人员；制定冷库漏氨事故紧急处置预案，当制冷系统发生漏氨事故时，能及时应对，妥善处理。

冷库漏氨事故紧急处置预案主要包括：

（1）报警。紧急通知企业管理、维修、应急抢险等相关人员到达现场处置。拨打119、120，向消防等部门报警。

（2）事故排风及紧急停机。当发生漏氨事故时，应迅速启动事故排风及紧急停机装置。

⊖　鼠对熟悉环境中陌生物体回避恐惧、不敢接近的行为。

（3）关阀。关闭相关阀门，切断事故源头。

（4）人员疏散。根据地形、风向、风速、事故漏氨程度等组织好人员疏散，必要时实施交通管制和交通疏导。

（5）泄压排空。以漏氨点为中心，及时有效地对储罐或容器进行泄压排空，同时用喷雾水枪进行稀释降毒。

（6）器具堵漏。可用专门的堵漏工具和管夹或盲板封堵。

（7）现场洗消处理。根据液氨的理化性质和受污染的程度，采用不同的方法进行洗消，减少对环境的污染。

（二）冷库防火管理

近年来，随着冷链物流产业的迅速发展，冷库需求量持续增长，冷库规模也在不断扩大。然而，因忽视冷库的消防安全问题，起火、爆炸等冷库事故频发，造成重大人员伤亡和财产损失，具体见表4-9。

表4-9　近年来部分冷库火灾事故

发生时间	事故情况	人员伤亡与财产损失情况
2013年6月3日	吉林宝源丰禽业有限公司主厂房特别重大火灾爆炸事故。事故直接原因：电气线路短路引燃周围可燃物。燃烧产生的高温导致氨设备和氨管道发生物理爆炸，大量氨气泄漏，介入燃烧	121人死亡、76人受伤，17234m²主厂房及主厂房内生产设备被损毁，直接经济损失1.82亿元
2013年8月31日	上海翁牌冷藏实业有限公司氨泄漏事故。事故直接原因：严重违规采用热氨融霜方式，导致产生液锤⊖现象，压力瞬间升高，致使存有严重焊接缺陷的单冻机回气集管管帽脱落，造成氨泄漏	15人死亡、7人重伤、18人轻伤，直接经济损失约2510万元
2013年12月11日	深圳荣健农副产品批发市场重大火灾事故。事故直接原因：自制冷藏室空气冷却器电源线路短路引燃商铺内可燃物蔓延成灾	16人死亡、5人受伤，直接经济损失1781.2万元
2014年11月16日	潍坊市龙源食品有限公司厂房重大火灾事故。事故直接原因：厂房非法建设，制冷系统供电线路敷设不规范、线路老化，致使8号恒温库内沿西墙敷设的冷风机供电线路接头处过热短路，引燃墙面硬质聚氨酯泡沫材料。火焰烟雾从8号恒温库门蹿出后，引燃库门上方的氨管道聚氨酯泡沫保温材料、加工车间吊顶及房顶彩钢板（中间填充物为聚苯乙烯夹芯板）和车间西侧的包装纸箱，火势迅速蔓延	18人死亡、13人受伤，4000m²主厂房及主厂房内生产设备被损毁，直接经济损失2666.2万元

⊖　液体流动过程中突然受阻，导致动能突然释放，产生巨大的冲击和压力波动。例如，在制冷系统中，热氨或热氟融霜时，回气管道中的液体在融箱开始时由于进气阀开得太快，高压气体推动液体加速流动，当遇到阻碍时就会产生液锤。

（续）

发生时间	事故情况	人员伤亡与财产损失情况
2017 年 11 月 18 日	北京市大兴区西红门镇新建二村新康东路 8 号的一处集储存、生产、居住功能为一体的"三合一"场所发生火灾。事故直接原因：地下冷库制冷设备在调试过程中，被覆盖在硬质聚氨酯泡沫材料内为冷库压缩冷凝机组供电的铝芯电缆电气发生故障造成短路，引燃周围可燃物。可燃物燃烧产生的一氧化碳等有毒有害烟气蔓延导致人员伤亡	19 人死亡、8 人受伤及重大经济损失
2021 年 12 月 31 日	大连市沙河口区新长兴市场地下二层冷库发生火灾。事故直接原因：企业违法建设冷库，违规使用易燃保温材料，违规使用电焊动火作业，造成保温材料着火。作业现场既没有配备灭火设施，也无专人看守，发生火灾后，工人们也没有及时组织扑救	9 人死亡

1. 冷库起火的原因

（1）建筑耐火等级满足不了规范要求。有些冷库是利用废旧的厂房、库房改建而成的；有些冷库直接采用夹芯隔热板和轻钢结构，未进行任何防火处理。这些冷库的耐火等级很难达到二级耐火等级要求，一旦发生火灾，极易造成蔓延和整体坍塌。这类场所使用的保温隔热材料多为聚苯乙烯或硬质聚氨酯泡沫等高分子材料，燃烧后烟气浓、毒性强。

（2）建筑防火分区面积过大。随着一些新型冷库建筑材料的应用和实际储藏规模的需要，冷库的建筑规模也在成倍增加，一些装配式冷库的建筑面积可达上万平方米，若没有进行适当的防火分隔，一旦发生火灾，火势会迅速蔓延。

（3）违规动火作业。一些企业违规动火作业，没有采取安全的防护措施，导致作业过程中产生的火星四溅，一旦接触冷库内部的可燃物，极易形成立体燃烧，同时保温材料也会产生大量有毒有害烟雾，给人员疏散和火灾扑救造成很大的困难。

（4）安全疏散满足不了规范要求。冷库建筑出于保温和使用功能方面的需要，往往将库房、冷间等不同的功能区串联起来，难以满足每个功能区都有直通室外的安全出口的要求；有些食品加工厂直接把冷库设在生产车间内，生产与冷藏混为一体；有些冷库设在地下室内，却没有直接通向地面的安全出口。上述情况，一旦发生火灾，冷库中的人员和物资很难被有效疏散，容易造成损失和伤亡。

（5）消防设施严重不足。相关人员由于对冷库建筑认识模糊和存在偏差，可能会将一些规模不大的装配式冷库视为一个冷藏装置，并对其需要设计和配置哪些消防设施没有一个明确的标准和概念且几乎没有在冷库内设置消防设施，一旦发生火灾，只能任其燃烧。

（6）施工和日常管理措施不到位。由于冷库内用来保温的聚苯乙烯泡沫塑料、硬质聚氨酯泡沫塑料和玻璃纤维等材料都具有很强的易燃性，还有一些防水涂料也能挥发出可燃气体与空气形成爆炸混合物，若在施工中不采取有效的防火措施，很容易因动火用电不当发生火灾。

（7）不同功能的房间混合设置。有的单位为了让使用空间最大化，随意在冷库内部进行简单分隔，用作办公室、机房等其他用途，分隔用的材料往往达不到消防安全标准要求，有些甚至是可燃材料；同时电器线路较多，用电荷载大，易产生高温甚至火源，因此具有很高的火灾风险。

（8）设备老化，安全管理差。部分企业主安全意识淡薄，只图眼前利益，疏于安全防患，安全制度只停留在书面和形式层面。一些设备及建筑结构老化、损毁，整改措施却不到位。领导和员工没有尽到安全工作的责任，不能及时发现问题、解决问题，导致隐患从少到多，从小到大，一旦发生火灾，后果不堪设想。

（9）拆除作业不当。冷库拆除时，管道中有残余的气体（比如氨气），一旦遇到明火会迅速燃烧。而冷库一般较密封，氧气的含量很少，通常会以不完全燃烧的方式进行，所以火灾现场会产生大量的一氧化碳气体。

2. 冷库火灾的特点

（1）燃烧猛烈，形成立体火灾。冷库四壁垂直贯通，有烟囱式的空心夹墙；保温层中有沥青、油毡，库内有软木、纤维板、稻壳和塑料等，一旦起火，纵横方向的蔓延速度很快。

（2）燃烧隐蔽，不易寻找着火点。冷库保温层稻壳起火，阴燃时间较长，阴燃火焰在夹墙内不易被发现。

（3）烟雾大，温度高，灭火不便。冷库出入口少，库门及多层冷库的楼梯间都易被火焰封堵，水枪手不便操作。

（4）毒害气体多，有爆炸危险。一般冷库起火后空气不足，燃烧不充分导致一氧化碳含量较高。用泡沫塑料作保温材料的，着火后会释放大量毒气。当管内氨气大量喷出，体积分数达到15.7%～27.4%时遇明火还会发生爆炸。

3. 冷库防火措施

（1）冷库的建设施工必须符合相关安全规范要求。按照《冷库设计标准》（GB 50072—2021）的规定要求，冷库选址应坚持远离居民区和主要交通要道的原则，配电线路设计安装要采取可靠的保护措施。

（2）加大监督力度，落实安全责任制度。相关部门应及时将冷库的消防安全工作纳入管理视线，加大日常监督管理力度，督促单位建立健全各项消防安全管理制度，保证落实到位。

（3）提高安全意识，加强日常监督管理。要定期对冷库建筑物展开检查，如冷库建筑物主体是否出现沉降，冷库地坪防冻设施运转工作是否良好，冷库隔热层表面有无开裂，是否有鼠洞、结霜、滴水跑冷等现象，并做好记录。

（4）消防设施器材完善，具备控制初起火灾的能力。火灾自动报警系统应根据其特点安装空气采样式极早期火灾探测系统。冷库的氨制冷压缩机可设置可燃气体探测器报警装备。消防自动灭火系统宜选用干粉自动灭火系统。要经常对冷库现场摆放的各类消防器材和救护用具进行维护、保养，定期进行全面检查，及时更新失效的消防器材及救护用具，使其随时处于良好的备用状态。

（5）严把消防技术审核关、验收关。对于已经投入使用的冷库，相关部门要组织联合检查，对不符合规范要求的，要责令整改；对存在重大安全问题、严重威胁公共安全的，要坚决停止使用。

第六节 气调储藏技术与管理

一、气调储藏的概念和原理

气调储藏（Controlled Atmosphere Storage，CA 储藏）是调节气体成分储藏的简称，是指通过改变果蔬产品储藏环境中的气体成分（通常是增加 CO_2 含量和降低 O_2 含量以及根据需求调节其气体成分含量）来储藏产品的一种方法。

正常空气中 O_2 和 CO_2 的体积分数分别为 20.9% 和 0.03%，其余的则为氮气（N_2）等。在 O_2 含量降低和 CO_2 含量增加的环境中，新鲜果蔬产品的呼吸作用受到抑制，降低了呼吸强度，推迟了呼吸峰出现的时间，延缓了新陈代谢的速度，推迟了成熟衰老，从而有利于果蔬产品新鲜品质的保持。同时，较低的 O_2 含量和较高的 CO_2 含量能抑制乙烯的生物合成，削弱乙烯的生理作用，有利于新鲜果蔬产品储藏寿命的延长。适宜的低 O_2 含量和高 CO_2 含量能抑制某些生理性病害和病理性病害的发生发展，减少产品储藏过程中的腐烂损失。低 O_2 含量和高 CO_2 含量的效果在低温下更显著。因此，气调储藏应用于新鲜果蔬产品储藏时，通过延缓产品的成熟衰老、抑制乙烯生成并发生作用，防止病害的发生，能更好地保持产品的色、香、味、质地特性和营养价值，能有效延长冷链产品的储藏和货架寿命。

二、气调储藏的特点

与通用的常规储藏和冷藏相比，气调储藏具有以下特点。

（一）鲜藏效果好

果蔬产品储藏保鲜效果好坏的主要表征是能否很好地保持新鲜果蔬产品的原有品质，即原有的形态、质地、色泽、风味、营养等是否得以很好地保持或改善。气调储藏由于强烈地抑制了果蔬产品采后的衰老进程而使上述指标得以很好地保持，不少水果经气调长期储藏之后，仍然色泽艳丽、果柄青绿、风味纯正、外观丰满，与刚采收时相差无几。

（二）储藏时间长

低温气调环境强烈抑制了果蔬产品采后的新陈代谢，致使储藏时间得以延长。陕西苹果气调研究中心观察到，气调储藏 5 个月的苹果质量相当于冷藏 3 个月左右的苹果质量。用目前的 CA 储藏技术处理优质苹果，已完全可以达到整年供应鲜果的目的。

（三）减少储藏损失

气调储藏有效地抑制了果蔬产品的呼吸作用、蒸腾作用和微生物的危害，因而也就降低了储藏期间的损耗。据河南生物研究所对猕猴桃的观察，在储藏时间相同的条件下，普通冷藏的损耗高达 15%~20%，而气调储藏的总损耗不足 4%。

（四）延长货架期

货架期是指果蔬产品结束储藏状态后在商店货架上摆放的时间。对经营者来说是一个很重要的指标。对商家来说，没有足够货架期的商品风险大，经营难度大。众所周知，气调储藏长期受到低 O_2 含量和高 CO_2 含量的作用，当解除气调储藏状态后，果蔬产品仍有很长一段时间的"滞后效应"，这就为延长货架期提供了理论依据。对苹果的试验表明，在保持相同质量的前提下，气调储藏果蔬产品的货架期是冷藏果蔬产品的 2~3 倍。

（五）有利于开发无污染的绿色食品

在果蔬产品气调储藏的过程中，不用任何化学药物处理，所采用的措施全是物理因素，果蔬产品所能接触到的 O_2、N_2、CO_2、水分和低温等都是人们日常生活中不可缺少的物理因子，因而也就不会造成任何形式的污染，完全符合绿色食品标准。

（六）有利于长途运输和外销

以 CA 储藏技术处理后的新鲜果蔬产品，由于储后质量得到明显改善而为外销和远销创造了条件。气调运输技术的出现又使远距离、大吨位易腐商品的运价低至空运的 1/8~1/4 倍，无论是对商家还是对消费者都极具吸引力。

（七）具有良好的社会效益和经济效益

气调储藏由于具有储藏时间长和储藏效果好等多种优点，可使多种果蔬产品几乎可以达到季产年销和周年供应，在很大程度上解决了我国新鲜果蔬产品"旺季烂、淡季断"的矛盾，既满足了广大消费者的需求，长期为人们提供高质量的营养源，又改善了果蔬的生产经营，给生产者和经营者以巨大的经济回报。

三、气调库及其主要设备

长期储藏的商业性果蔬产品气调库一般应建在优质果蔬产品的主产区，同时还应有较强的技术力量、便利的交通和可靠的水电供排能力。库址必须远离污染源，以避免环境对储藏产生的负效应。

1. 建筑组成

气调库一般应是一个小型建筑群体，主要包括气调库、包装挑选间、化验室、冷冻机房、气调机房、泵房、循环水池、备用发电机房及卫生间、月台、停车场。下面择其介绍。

（1）气调库。根据需要，气调库一般应由若干个储藏库组成，每个库内应装有冷却、加湿、通风、监测、压力平衡、各种管道等设施，同时还应有气密门、取样孔等，以利于货物的出入和观测。

（2）包装挑选间。包装挑选间是果蔬产品出入库时进行挑选、分级、分装、称重的场所，也可临时用来堆果和散热。此挑选间应采光通风良好、地面便于清洗，内连储藏库，外接月台和停车场，是一个重要的缓冲场和操作间。

（3）冷冻机房。冷冻机房内装若干台制冷机组，所有储藏库的制冷、冲霜、通风等皆由其控制。

（4）气调机房。气调机房是整个气调库的控制中心，所有库房的电气、管道、监测等皆设于此室内，主要设备有配电柜、制 N_2 机、CO_2 脱除器、乙烯脱除器、O_2 和 CO_2 监测仪、加湿控制器、温湿度巡检仪、果温测定器等。

（5）其他建筑。办公室、泵房、循环水池、月台、卫生间等皆为气调库的配套附属建筑。

2. 建筑结构

（1）建筑要求。气调库作为一组特殊的建筑物，其结构既不同于一般民用和工业建筑，也不同于一般果蔬冷藏库，应有严格的气密性、安全性和防腐隔热性要求。

（2）围护结构。气调库的围护结构主要由墙壁、地坪、天花板组成。要求具有良好的气密隔热、抗温变、抗压和防震功能。其中墙壁应具有良好的保温隔湿性和气密性。地坪除具有保温隔湿和气密功能外，还应具有较大的承载能力，它由气密层、防水层、隔热层、钢层等组成。天花板的结构与地坪相似。

（3）特殊设施。气调库的特殊设施主要由气密门、取样孔、压力平衡器、缓冲气囊等部分组成。气密门是具有弹性密封材料的推拉门，可以自由开闭，气密性良好。取样孔在门的中下部，又称观察窗，窗门之间由手轮式扣紧件连接，弹性材料密封，中间为中空玻璃，供观察或取样用，也可供操作人员进出或小批量出货。压力平衡器是一个安全装置，内通气调库，外接空气，中间用水封隔开，当库内压力增高时，气体可通过此装置自动外泄；反之气体则由外自动进入库内，确保库体安全。缓冲气囊是另一个气调库的安全装置，由一个大型塑胶袋通过管道与库体相连，用来平衡库内气体的压力，又名"人工肺"。

（4）隔热层。气调库能够迅速降温并使库内温度保持相对稳定，其围护结构必须具有良好的隔热性和热惰性。为使墙体保持良好的整体性和克服温变效应，在施工时应采用特殊的新墙体与地坪和天花板连成一体，以避免"冷桥"的产生。

（5）气密层。气密层是气调库的一种特有建筑结构层，也是气调库建设中的一大难题。实践中先后选用铝合金、增强塑料、塑胶薄膜等多种材料作为气密介质，但多因成本、结构温变等未能很好解决而不能尽如人意。经试验，选用专用密封材料（如密封胶）进行现场施工可达到良好的密封效果。

3. 气调系统

气调系统主要是对 O_2 含量和 CO_2 含量进行调节管理。气调储藏容器内的气体成分从刚封闭时的正常空气成分转变为所规定的气体成分，这之间有一个降 O_2 含量和升 CO_2 含量的过渡期，可简称为降 O_2 含量期。降 O_2 含量之后，则是使 O_2 含量和 CO_2 含量稳定在规定的指标范围内的稳定期。降 O_2 含量期的长短和降 O_2 含量的方法，以及稳定期的气体管理方法，既关系到果蔬产品的储藏效果，也涉及所需的设备器材，主要有下列几种方式：

（1）自然降 O_2 含量法（缓慢降 O_2 含量法）。封闭后依靠产品自身的呼吸作用使 O_2 含量逐渐下降并积累 CO_2。这类方法又可分为放风法和调气法。放风法，即每隔一定时间，当 O_2 含量降至规定的低限或 CO_2 含量升至规定的高限时，开启封闭容器，部分或全部换入新鲜空气，再重新封闭。调气法，即在降 O_2 含量期用吸收剂吸除超过指标的 CO_2 含量，待 O_2 含量降至规定指标后，定期或连续输入适量新鲜空气，同时继续使用 CO_2 吸收剂，使两种气体稳定在规定的指标范围以内。

（2）人工降 O_2 含量法（快速降 O_2 含量法）。人为地使封闭容器内的 O_2 含量迅速降低，CO_2 含量升高，实际上免除了降 O_2 含量期，封闭后立即就进入稳定期。快速降 O_2 含量有两种方式：充 N_2 法和气流法。

充 N_2 法是指封闭后抽出容器内的大部分空气，充入 N_2，用 N_2 稀释空气中的 O_2，使其含量达到规定的指标，有时也可充入适量 CO_2，使之达到要求的含量。该方法可快速降低容器中的 O_2 含量，使 CO_2 含量升高。

气流法是指按气体组分要求，人工配制好气体，输入储藏环境中，在以后的储藏期间，连续不断地排除部分气体和充入人工配制的气体。

四、气调储藏条件

应用气调技术储藏新鲜果蔬产品时，除所应掌握的气体成分不同外，其他方面与机械冷藏大同小异。就储藏温度来说，气调储藏适宜的温度略高于机械冷藏，幅度约 0.5℃。新鲜果蔬产品气调储藏时的相对湿度要求与机械冷藏相同。

新鲜果蔬产品气调储藏时选择适宜的 O_2、CO_2 及其他气体的含量及配比是成功的关键。新鲜果蔬产品要求的气体配比主要取决于产品自身的生物学特性。根据对气调反应的不同，新鲜果蔬产品可分为三类：

（1）优良的，代表种类有苹果、猕猴桃、香蕉、草莓、蒜薹、绿叶菜类等。

（2）对气调反应不明显的，如葡萄、柑橘、土豆、萝卜等。

（3）介于两者之间，气调反应一般的，如核果类等。

只有气调反应良好和一般的新鲜果蔬产品才有进行气调储藏的必要和潜力。相同种类、不同品种间的气体配比也有差异。此外。栽培管理技术、生长发育的成熟度、生态条件等的不同也会对气调储藏的条件（温度、气体配比）产生一定的影响。当采用多指标气调储藏时，还应将其他需调节的气体含量考虑进去，如低乙烯气调储藏时，乙烯的含量应低于规定的界限值。气调储藏会对产品造成低 O_2 含量和高 CO_2 含量的伤害，这在决定气体组分配比时应加以重视。

气调储藏不仅要分别考虑温度、湿度和气体成分，还应综合考虑三者间的配合。三者的相互作用可概括为：

（1）一个条件的有利影响可因结合另外的有利条件而进一步加深；反之，一个不适条件的危害影响可因结合另外的不适条件而变得更为严重。

（2）一个条件处于不适状态可以使另外本来是适宜的条件的作用减弱或不能表现出其有利影响；与此相反，一个不适条件的不利影响可因改变另一条件而减轻或消失。

因此，生产实践中必须寻找三者之间的最佳配合，只有一个条件发生改变后，其他的条件也应随之改变，才能维持一个较适宜的综合环境。双维气调是基于此原理而研究出来的气调技术新发展。

五、气调储藏的管理

气调储藏的管理与操作在许多方面与机械冷藏相似，包括：库房的消毒，商品入库后的堆码方式，温度、相对湿度的调节和控制等，但也存在一些不同。

（一）新鲜果蔬产品的原始质量

用于气调储藏的新鲜果蔬产品质量要求很高。没有入储前的优质的原始质量为基础，就不可能获得气调储藏的高效。储藏用的产品最好在专用基地生产，加强采前的管理。另外，要严格把握采收的成熟度，并注意采后商品化处理技术措施的配套综合应用，以利于气调效果的充分发挥。

（二）产品的入库和出库

新鲜果蔬产品入库储藏时要尽可能按不同种类、品种、成熟度、产地、储藏时间要求等分库储藏，不要混储，以避免相互影响和确保提供最适宜的气调条件。气调条件解除后，产品应在短时间内一次出清。

（三）温度

气调储藏的新鲜果蔬产品采收后，有条件的应立即预冷，排除田间热后入库储藏。经过预冷可使产品一次入库，有利于缩短装库时间及尽早建立气调条件。另外，在封库后建立气调条件期间可避免因温差太大导致内部压力急剧下降，增大库房内外压力差会对库体造成伤害。储藏期间温度管理的要点与机械冷藏相同。

（四）相对湿度

气调储藏过程能保持库房处于密闭状态，且一般不进行通风换气，并能保持库房内较高的相对湿度，降低湿度管理难度，有利于新鲜状态的保持。在气调储藏期间可能会出现短时间的高湿情况，一旦发生这种情况即需要除湿（如 CaO 吸收等）。

（五）空气洗涤

气调条件下储藏产品挥发出的有害气体和异味物质会逐渐积累，甚至达到有害的水平。在气调储藏期间，这些物质不能通过周期性的库房内外气体交换方法等被排走，故需要增加空气洗涤设备（如乙烯脱除装置、CO_2 洗涤器等）定期工作的频率来达到清新空气的目的。

（六）气体调节

气调储藏的核心是气体成分的调节。根据新鲜果蔬产品的生物学特性、温度与湿度的要求决定气调的气体组分后，采用相应的方法进行调节，使气体指标在尽可能短的时间内达到规定要求，并且在整个储藏过程中维持在合理范围内。

（七）安全性

由于新鲜果蔬产品对低 O_2 含量和高 CO_2 含量等的耐受力是有限度的，产品长时间储藏在超过规定限度的低 O_2 含量、高 CO_2 含量等气体条件下会受到伤害，造成损失。因此，气调储藏时要注意对气体成分的调节和控制，并做好记录，以防止意外情况的发生，这还有助于意外情况发生后原因的查明和责任的确认。另外，在气调储藏期间，应坚持定期通过观察窗和取样孔加强对产品质量的检查。

六、薄膜封闭气调法

20 世纪 60 年代以来，国内外对薄膜封闭气调法开展了广泛的研究，已达到实用阶段，并继续向自动调气的方向发展。薄膜封闭容器可安放在普通的机械冷藏库或通风储藏库内，使用方便，成本较低，还可在运输中应用。这是气调储藏法的一个革新。

目前，国内主要采用垛封法和袋封法两种方法（国外有一种集装袋封闭法与垛封法相似）。还有紧缩薄膜包装及开孔薄膜包装储藏法。

（一）垛封法

所储藏的产品用镂空通气的容器装盛，码成垛。先垫衬底薄膜，其上放垫木，使容器垫空。每一容器的上下四周都酌留通气孔隙。码好的垛用塑料帐子罩住，塑料帐子和衬底薄膜的四边互相重叠卷起并埋入垛四周的沟中，或用土、砖等物压紧。也可用活动储藏架在装架后整架封闭。密封帐都是用 0.1～0.2mm 厚的聚乙烯或聚氯乙烯做成的。封闭垛多码成长方形，每垛储藏量一般为 500～1000kg，也有 5000kg 以上的，视果蔬产品种类、储藏期长短以及中途是否开垛挑选产品而定。中途要开垛检查，容量不宜过大，应迅速检查完毕后立即重新封闭，不在空气中长久暴露。塑料封闭帐子的两端设置袖形袋（也用薄膜制成），供充气及垛内气体循环时插入管道之用，并可从袖形袋中取样检查；平时将袋口扎住不使其漏气；帐子上还设有抽取分析气样和充入气体消毒剂用的管子，平时也要把管口塞住。为防止帐顶和四壁薄膜上的凝结水浸润所储藏的产品，应使封闭帐子悬空，不要贴紧产品垛，也可在产品垛顶部与帐顶之间加衬一层吸水物。

通常把消石灰（氢氧化钙）作为 CO_2 吸收剂。如果是控制 O_2 含量单指标，则可以直接把消石灰撒在垛内底部。这样，在一段时间内可使垛内的 CO_2 体积分数维持在 1% 以下；待到消石灰行将失效时，CO_2 含量上升，再添加新鲜消石灰。如果是控制含量总和低于 21% 的双指标，则应每天向垛内撒入少量的消石灰，用以吸收一天内产品呼吸释放的 CO_2，这样才能使垛内的 CO_2 含量稳定在一定的指标范围内。另外，也可以用充入 N_2 的方法来稀释 CO_2。

（二）袋封法

将产品装在塑料薄膜袋内，扎紧袋口，放在分层的架上，或放在打孔的板箱内，再码成垛。一种方法是定期调气或放风，另一种方法是不调气。定期调气，即用 0.06~0.08mm 厚的聚乙烯薄膜做成封闭袋，100cm×75cm 的袋子约可装蒜薹 15~17.5kg 或芹菜 12.5kg。这种方法封闭体积小，装量少。一个储量 50t 的储藏库，约需要 3000~4000 个塑料薄膜袋。显然，要精细地调节每个袋子内的气体是不可能的，所以这种袋封法通常采用放风管理方式，就是要使袋内保持 O_2 含量的低限或 CO_2 含量的高限，当袋内气体达到有害程度时，打开袋口放风，换入新鲜空气，再扎口封闭。

七、硅橡胶窗气调储藏

虽然塑料薄膜越薄，透气性就越好，但容易破膜；加厚虽然提高了薄膜强度，但透气性降低。因此，塑料薄膜在使用上受到一定限制，而硅橡胶窗气调储藏则弥补了这一缺陷。

硅橡胶窗气调储藏是指将果蔬储藏在镶有硅橡胶窗（以下简称硅窗）的塑料薄膜袋内，利用硅窗对气体的选择透性，使密封袋内过量的 CO_2 通过硅窗透出去，而使果蔬呼吸所需的氧气缓慢进来，从而自动调节袋内气体组成。它是一种以低温储藏为基础，操作简便、成本低、保鲜效果好的储藏方法。与单纯的塑料包装储藏相比，硅窗气调储藏具有这些优点：①可根据果蔬对气体组分的要求，调节储藏环境中的气体成分；②可减少储藏过程中定期开袋放气的用工，节省人员费用；③可减少开袋放气及人员进出库所造成的库温波动及耗电；④由于不需要经常开袋，可减少果蔬储藏过程的水分蒸散；⑤储藏后的果蔬外观新鲜，质量好，商品价值提高。

硅窗塑料袋的大小可根据需要而定，但硅窗面积是一个非常重要的条件。因为从理论上讲，一定面积的硅窗，经过一定的时间后就能调节和维持一定的气体组成，即不同果蔬产品有各自的储藏气体组成，有各自相适宜的硅窗面积。硅窗面积具体取决于果蔬产品的种类、成熟度、储藏数量和储藏温度等。对于硅窗面积的大小，法国学者是根据果蔬的重量和呼吸强度来设计的。

总之，应用硅窗进行气调储藏，只有对储藏温度、产品数量、膜的性质和厚度及面积等多方面进行适宜的综合选择，才能获得理想的效果。对于一般果蔬而言，将 O_2 和 CO_2 的体积分数分别控制在 2%~3% 和 5%，有利于减缓果蔬的氧化过程，减少果胶和叶绿素等的分解，延长果蔬的储藏寿命。

延伸阅读4-7
我国农产品产地仓储发展趋势——智慧气调库

40年来，物流业中供应链源头农产品产地仓储系统的建设与其他领域相比，建设标准和运行效率还存在一定差距。"物流先行"理念一直没有在源头物流基础网络构建中得到重视和落实，成为阻碍农产品上行、影响农民增收的重要因素。

1. 产地仓储系统重塑的政策背景

2019年1月3日，《中共中央　国务院关于坚持农业农村优先发展做好"三农"工作的若干意见》中提出，要完善县乡村物流基础设施网络，支持产地建设农产品贮藏保鲜、分级包装等设施，鼓励企业在县乡和具备条件的村建立物流配送网点。

2020年1月6日，农业农村部办公厅发布《关于做好"三农"领域补短板项目库建设工作的通知》，拟组织建立完善农业农村基础设施建设重大项目储备库；2020年2月10日，《农业农村部关于落实党中央、国务院2020年农业农村重点工作部署的实施意见》发布，要求启动实施农产品仓储保鲜冷链物流设施建设项目，主要分为四级：农产品骨干冷链物流基地、区域性农产品产地仓储冷链物流设施、乡镇田头仓储冷链物流设施、村级仓储保鲜设施。

2. 产地仓储系统的现状

与流通领域差距巨大。物流系统建设结构性失衡，通道建设强、节点建设弱；在节点建设中，通用库过剩，专业库不足；在技术应用方面，无人仓过热，机械化及半机械化被轻视；在供应链全流程方面，农村产地源头的基础设施投资与技术研发远远落后于流通领域。

基层建设成本高。仓储最基本的作用是"蓄水池"。在我国广大乡村，种植户多且分散，大多数种植户的种植面积较少、产量低，然而果蔬农产品对物流设施温湿度条件的要求远高于其他产品，设施投资成本太高，种植户个体无法承受。源头仓储设施的不足易引发"果（菜）贱伤农"。

现有设施单体规模小，功能单一。以水果为例，近年来，大量小微水果种植户的销售渠道主要有两种：高品质果通过朋友圈销售，普通果通过当地果库渠道卖给外地批发客商（不包括偏远山区）。在收获季，高品质果通常短时期内快递量巨大，一些快递公司会直接上门拉货。如有剩余，大多数果农只能将水果暂存在自家走廊、地窖等阴凉处。在一些主要产区，大量的普通果进入果库渠道。

3. 气调储存的必要性和科学性

果蔬类农产品在采收后仍然是一个生命有机体，存在一定的呼吸作用。通过调节其储存环境中的温度和气体成分（如氧气、二氧化碳、乙烯等），可以降低其呼吸强度，从而延长其储存期，即"气调储存"。

呼吸强度大的农产品不易储存。在18℃的条件下，将气调库内氧气和二氧化碳的含量调节到适量值，呼吸的抑制作用增强，储存期就可以延长；否则就会产生二氧化碳中毒或低氧发酵的后果，果蔬等就会腐烂变质。

气调库的气密性是关键技术。我国气调库气密技术已经与世界先进水平接近，但在调节方面的技术研发和建设后的运营方面存在较大差距，社会成本高，空间价值率低，农产品增值不突出，而这些本质是供应链成本分摊和利益分配的问题。现实中没有完全相同的供应链，但每一条供应链都是一些基本要素的因时因地组合，因而当前，以乡村振兴为目标的产地仓储供应链系统应以精准建设智慧气调库为驱动力。

4. 精准建设智慧气调库的两点建议

智慧气调库的"智慧"体现在两个方面：一是仓容可以随农户需求进行模块化组合；二是功能不仅可以依据销售预测或下订单让果蔬分期分批成熟，还能够依据大数据建立分产区、分农户、分地块的果蔬品质图谱，为科学种植提供信息支持。

设施类型方面。乡村产地气调库建设适宜采用"库中库"模式，设计成组的单元式气调仓，实现仓容智慧调节，即仓容可根据实际需要进行调节，类似于目前城市中流行的迷你仓，在一个大的仓储空间里分割出若干小仓库。最小仓容建议参考集装单元尺寸，把气调库按箱式卡车的箱容分割成可分别调节氧气和温湿度的培育室，每次运输正好装满一车。

运营主体方面。把农民从"将收成转成收入"的困境中解放出来，让他们能够安心提高种植水平，而储存、筛选、分级、包装、分销等活动由更专业的组织去完成。重塑一个分工合理，保证农户、经销商、生产商、批发商和零售商风险共担、利益共享的食品供应链系统。

根据当前的现状，提出三种模式：

一是以合作社为核心的模式。合作社作为供应链核心，建设气调仓库为果农储存、代销水果，把简单的水果变成名牌商品。

二是以农业产业化龙头企业为核心的模式。规模大、品质优的种植户、加工企业或供销合作社组织负责仓储设施的建设，以及果蔬的收、储、销售、加工，尤其是在丰收季节，进行深度加工，创造新价值，延长产品寿命周期。

三是以"平台＋物流"企业为核心的模式。这类企业目前是唯一在四级短板建设项目中，拥有独特网络覆盖优势的。它们通常具有工业品下行和农产品上行的双重优势，对气调库等基础设施的供求了解更加系统、全面，而且这类企业的系统化运作能力强、资金雄厚，抗风险能力强。

总之，乡村振兴是国之大计，系统重塑"牵一发而动全身"，其中存在诸多悖反关系，需要我们关注、思考，尽可能早发现问题并提出建议。

[资料来源：刘俐. 我国农产品产地仓储发展趋势：智慧气调库 [N]. 中华合作时报，2020-04-24 (6).]

延伸阅读4-8

广东田头智慧小站：让农民从田头尝到"甜头"

1. 一大创举：解决果蔬损耗"拦路虎"

田头智慧小站是广东省农产品仓储保鲜冷链物流设施建设的创新之举，也是助力农民增收致富的重要抓手。农民丰产不增收，矛盾根源之一就是果蔬损耗率高。农业农村部规划设计研究院发布的调研报告显示，中国果蔬在"最先一公里"损耗率为15%~25%，可谓农产品上行的"拦路虎"。为解决这一难题，广东省公布了《广东省农产品产地冷藏保鲜设施建设实施方案》，鼓励建设田头智慧小站。

田头智慧小站是依托制冷技术、数字技术和自主研发的智慧管理系统，提供集产、供、销、管为一体的智慧田头保鲜仓储解决方案，为农业从业者提供集仓储保鲜、加工包装、直播电商、区域农业数据收集发布、新技术示范推广等多个功能为一体的田头仓储保鲜服务。

田头智慧小站在助农惠农上发挥了积极作用。以荔枝为例，果农摘完果后20min内，能够将荔枝温度降低至20℃以下，2h内将荔枝送至冷库，进行预冷加工，装箱过程还需加入冰袋，为荔枝持续降温。经过田头智慧小站预冷保鲜、分级分拣、加工包装等环节处理，果蔬的储藏时限比以往延长2~4倍，既确保了市民们的"菜篮子"品类更加丰富，也让果农们的"钱袋子"更加饱满。以贡柑为例，作为广东省农产品产地冷藏保鲜设施建设省级试点县，广东省德庆县通过田头智慧小站将贡柑端上万里之外的加拿大餐桌。

2. 七大环节：生动展示智慧应用场景

广东田头智慧小站覆盖农产品清吹、检测、加工包装、预冷、冷藏保鲜、冷链运输和无人售货终端七大环节，环环相扣，延长了农产品上市时长，为广东农业高质量发展注入新动能。

利用清吹机轻微的震动，实现蔬菜去杂去污。据广西众意联合农机制造有限公司负责人庞新国介绍，蔬菜清吹机每小时清吹400~1000kg的根茎类蔬菜，既保证高效清除菜根和菜茎的泥尘和表层枯黄老叶，又不会对茎叶造成破坏和压伤，方便冷藏和入库等次级工序。

做好农产品"最先一公里"的保障，落实农产品不安全不上市要求，这是田头智慧小站的使命。为保障舌尖安全，广东田头智慧小站中的重要一环是农产品质量安全检验检测。深圳市添晨生物科技有限公司和广州双螺旋基因技术有限公司分别从检测的智能化和检测农产品的多样性上下功夫，做到了广东田头智慧小站操作智能化、展示数字化、表达可视化，运用移动互联网、物联网、云计算等高科技手段，实现对"水里游的、天上飞的、地里种的"农产品的全方位快速检测。

农产品产地预冷保鲜是广东田头智慧小站的核心功能。针对不同农产品，广东田头智慧小站科技有限公司、中物（广东）物流有限公司和北京中集智冷科技有限公司以物联网智慧管理系统为辅，为大型农产品基地、合作社以及中小型农业公司、种植户等提供集产、供、销为一体的田头预冷、保鲜、仓储解决方案，做到"田头即入库，入库即保鲜"。

3. 十大功能：田头智慧小站再升级

2021年，广东省率先提出在全省建设"十个一"功能的田头智慧小站，并在高州先行先试，高州荔枝经过预冷、清洗、杀菌、分拣、包装等行销全球。在广东龙眼上市季，田头智慧小站再次助力龙眼保鲜增值，促进增收，让种植户喜笑颜开。"今年价格稳定，销路好，卖价也比较理想，田头智慧小站功不可没。"茂名市龙眼种植户朱焱宗表示，以前龙眼的保鲜期只有 3 天，难以发货到内蒙古、新疆等较远的地方，而有了田头智慧小站，龙眼的保鲜期延长了 3~5 天，不仅能销往大西北，还可以出口。

田头冷链一小步，促进广东补齐全程冷链物流短板迈出一大步。2022 年 6 月，广州增城再推出田头智慧小站 2.0 版本，通过品种、投入品、生产标准、包装、品牌、配送"六统一"，将田头智慧小站建设和增城优质农产品生产直接挂钩，实现"入库必精品，精品才入库"。目前，增城田头智慧小站服务产业和覆盖范围包含荔枝 18.4 万亩（1 亩 = 666.6 m^2）、蔬菜 64 万亩（迟菜心 6 万亩）、水稻 12 万亩（早晚两稻）、番石榴 1 万亩，服务时间从 5 月到次年 3 月，做到"闲时不闲，忙时更旺"。

2021 年 10 月，广东省财政厅、广东省农业农村厅、广东省乡村振兴局印发的《广东省乡村振兴驻镇帮镇扶村资金筹集使用监管办法》，提出在乡村振兴驻镇帮镇扶村财政资金使用清单中，重点鼓励支持建设一批田头小站、农产品产地冷藏保鲜设施。2020 年 11 月，广东省人民政府办公厅印发的《关于促进农村消费提质升级的若干政策措施》，鼓励建设田头智慧小站，促进农村消费提质升级。

[资料来源：林健民，赵飘飘. 广东田头智慧小站：让农民从田头尝到"甜头" [N]. 南方农村报，2021-12-12.]

延伸阅读 4-9

数字赋能助力百姓增收，"共享冰爽爽"让冷库变"宝库"

眼下正是阳光玫瑰葡萄批量上市的旺季，浙江慈溪果蔬种植户邬凯波却选择在这时将部分阳光玫瑰葡萄储存在坎墩街道绿琴果蔬农场的共享冷库中。"由于品质的特性，阳光玫瑰葡萄能在冷库中放置更长时间。错峰销售时，出售的价格会高不少。"邬凯波解释道。

邬凯波口中的共享冷库，是原先慈溪当地果蔬农场主自建的冷库。得益于数字化平台"共享冰爽爽"的建立，实时的冷库信息及精准的数据分析让慈溪当地冷库的综合利用率提升了 15% 以上。

慈溪是果蔬大县，水果和蔬菜种植面积分别达到 20 万亩和 48 万亩，年产各类瓜果、蔬菜 120 万 t 左右。周巷、庵东的蜜梨，逍林、新浦的葡萄，横河的杨梅，以及龙山、周巷的蔬菜，都是当地的特色农产品。其中，当地葡萄、蔬菜种植数量较大，仅单体规模在 10 亩以下的葡萄种植户就超过万户。大量的瓜果、蔬菜在进入市场流通之前，需要进入冷库冷藏保鲜。按照慈溪瓜果、蔬菜总产量测算，当地需要冷库库容 150 万 m^3。而实际情况是，慈溪现有冷库 212 个，库容 37.2 万 m^3。也就是说，现有冷库库容只能满足实际需求的 1/4 左右。

但与供给端供给不足形成鲜明对比的是，慈溪当地冷库季节空置率长期居高不下。212 个冷库中竟有 60% 的冷库存在季节性空置的情况，资源综合利用率并不高。

一边是种植户苦于找不到冷库，另一边又是冷库长期"吃不饱"。慈溪下定决心破题。种植户盼望自己辛辛苦苦种出来的瓜果、蔬菜都能卖上好价钱，要实现这一目标，冷链物流是不可缺少的环节。慈溪要建好产地冷藏保鲜设施，以满足种植户的刚性需求。另外，高效用好现有冷库设施并延伸拓展服务，也是慈溪作为国家农产品产地冷藏保鲜整县推进试点单位的一项重要任务。

为此，慈溪锁定共享冷库这一小切口，围绕"好用易用、服务群众"的目标，以数字化改革为手段，用"共享冰爽爽"应用成功构建了"我享冷库""我享交易""我享预警""我享检测""我享政策"五大场景。

其中，"我享冷库"场景可通过冷库设施上云入库、一图共享，进一步盘活当地的冷库资源，提高冷链设施利用率，实现有机组网。

"我享交易"场景通过交易时使用的 PAD，可自动采集产销数据，精准推送市场信息，帮助农户优化产业结构、科学生产经营。

"我享预警"场景可发挥协会组织的作用，为农户提供全方位设施运行监测和运维服务，减少风险损失。

"我享检测"场景可通过检测数据实时上传，使农户能够客观判定农产品的成熟度和采摘期，自动生成合格证码，实现优质优价、信用背书。

"我享政策"场景，提供多部门惠农政策信息和农事服务查询，搭建互动交流桥梁，提升政策的精准性和服务的高效性。

2021 年，台风"烟花"到来前，慈溪种植户就利用该应用，一键查找周边闲置冷库，将灾前抢收的 3000 余吨葡萄、蜜梨等水果及时地储存到冷库中。待台风过后，这批提前储存的水果及时投放市场，成功弥补了市场空缺，价格上涨明显。

不仅如此，共建共享让冷库受益面成功扩展的同时，种植户通过准确把握市场行情，实现错峰、跨季销售，平均的果蔬价上涨了 50% 以上。闲置的冷库资源也得到了有效的激活，库主赚租金，租户涨收益，户均增收超 5000 元，可谓一举多得。

"小切口让'共享冰爽爽'迅速走红。"慈溪市农业农村局相关负责人告诉记者，截至目前，"共享冰爽爽"已纳入浙江省农业农村厅"浙农优品""产销一体化"应用，覆盖全省 1537 个产地冷库。一个"好用易用，服务群众"的小切口应用由此走向全省，相关做法获农业农村部专刊刊登。

[资料来源：殷聪. 数字赋能助力百姓增收，"共享冰爽爽"让冷库变"宝库"[N]. 宁波日报，2022-08-31（A5）.]

练习与思考

1. 名词解释

移动冷库　气调储藏　货架期

2. 简答题

（1）简述我国不同类型冷库的发展现状。

（2）简述我国冷库发展趋势。

（3）冷库由哪些部分组成？其建筑有何特点？

（4）请阐述冷库规划设计的基本流程。

（5）冷库科学选址需要考虑哪些因素？

（6）简述冷库卫生管理的内容。

（7）论述冷库起火的原因及防火措施。

（8）移动冷库有哪些优点？

（9）移动冷库有哪些应用场景？

（10）气调储藏有何特点？

（11）硅橡胶窗气调储藏具有哪些优点？

本章参考文献

［1］ 中华人民共和国商务部. 室内装配式冷库：SB/T 10797—2012 ［S］. 北京：中国标准出版社，2012.

［2］ 中华人民共和国住房和城乡建设部，国家市场监督管理总局. 冷库设计标准：GB 50072—2021 ［S］. 北京：中国计划出版社，2021.

［3］ 李学工. 冷链物流管理 ［M］. 北京：清华大学出版社，2017.

［4］ 吕建军，侯云先. 冷链物流 ［M］. 北京：中国经济出版社，2018.

［5］ 谢如鹤，刘广海. 冷链物流 ［M］. 武汉：华中科技大学出版社，2017.

［6］ 朱晶玉，谭锋，左建冬，等. 移动式冷库的研究与开发 ［J］. 冷藏技术，2017，40（1）：50-53.

［7］ 赵皎云. 移动制冷技术在农产品冷链 "最先一公里" 的应用：访中集冷链科技有限公司方案解决部负责人岳治强 ［J］. 物流技术与应用，2020，25（增刊1）：48-51.

［8］ 李自强. 园艺产品贮藏与加工技术 ［M］. 重庆：重庆大学出版社，2013.

［9］ 中国物流与采购联合会冷链物流专业委员会，国家农产品现代物流工程技术研究中心，玉湖冷链（中国）有限公司，等. 中国冷链物流发展报告（2023）［M］. 北京：中国财富出版社，2023.

［10］ 中华人民共和国国家发展和改革委员会. 集装式移动冷库通用技术与使用配置要求：WB/T 1143—2024 ［S］. 北京：中国标准出版社，2024.

第五章

冷链运输与配送

学习目标

本章知识、能力和素质目标要求如下：
- 能够全面、客观地认知我国冷链运输的现状。
- 能够阐释冷链运输要求。
- 能够提出并选择冷链运输方法。
- 能归纳我国冷链多式联运的短板，并复述国家层面发展冷链多式联运的系统部署。
- 能够列举主要的公路、铁路、船舶、航空冷链运输装备及保温集装箱。
- 能够指出冷链运输装备技术要求。
- 能够正确定义冷链宅配，解释"生鲜电商＋冷链宅配"模式和"中央厨房＋食材冷链配送"模式。
- 能够深刻认识到我国冷链运输在设备工具、运营管理、成本能耗等方面与发达国家的差距，主动提升本领、成长成才，增强服务国家和行业的使命感与责任感。

第一节　冷链运输概述

一、冷链运输现状

1. 冷藏车总量逐年增长，但人均数量不足

据中国物流与采购联合会冷链物流专业委员会（以下简称中物联冷链委）统计，近几年全国冷藏车保有量保持两位数增长，截至 2023 年年底，已达 43.2 万辆，具体见表 5-1。但相比发达国家仍差距巨大，美国人均冷藏车保有量是我国的 15 倍，日本为我国的 12 倍。

表 5-1　2015—2023 年我国冷藏车保有量情况

年　份	2015	2016	2017	2018	2019	2020	2021	2022	2023
冷藏车保有量/万辆	9.34	11.50	14.00	18.00	21.47	27.50	34.00	38.26	43.20
净增量/万辆	1.75	2.16	2.50	4.00	3.47	6.03	6.50	4.26	4.94
同比增长	23.06%	23.13%	21.74%	28.57%	19.28%	28.09%	23.64%	12.53%	12.91%

资料来源：中物联冷链委。

2. 冷链运输率低，"断链"时有发生

目前，我国初级农产品冷链运输率相较于发达国家长期偏低，发达国家已达到 80% ~ 90% 的水平，而我国果蔬、肉类、水产品冷藏运输率分别仅有 35%、57% 和 69%（见图 5-1）。在我国，冷链断链所导致的农产品腐损率是发达国家的 1 ~ 2 倍。据估算，我国每年因冷链"断链"造成约 1200 万 t 水果、1.3 亿 t 蔬菜的浪费，经济损失超千亿元，加大了粮食安全的风险。

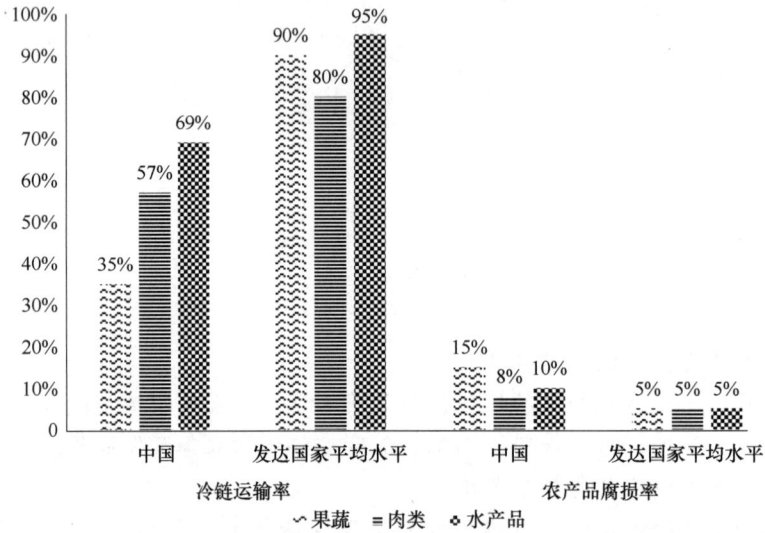

图 5-1　中国与发达国家冷链运输率及农产品腐损率对比

3. 冷链运输方式单一，公路运输为主

19 世纪 70 年代到 20 世纪 40 年代，冷藏运输方式以水上和铁路运输为主，运输种类较少，运送距离较短，主要采用天然冰加盐作为降温手段。20 世纪 40 年代到 20 世纪末，随着机械式三层冷库和强制空气制冷技术的出现，冷藏集装箱成为一种新的运输载体，公路运输逐步取代铁路运输。20 世纪末至今，以水产品和反季节果蔬为代表的高价值农产品产业链的快速兴起和微生物技术及电子信息技术的发展，进一步提高了冷链物流效率，推动了冷链物流企业不断涌现。在这一时期，冷藏集装箱多式联运逐步占据主导地位，空运物流得到普及，冷链物流的发展日趋完善。目前，冷链运输方式主要有公路冷链运输、铁路冷链运输、航空冷链运输和水路冷链运输，还有多种运输方式组成的综合运输。不同的运输方式各有优点，适用领域也有所不同，具体情况见表 5-2。

表 5-2　各种冷链运输方式比较

运输方式	公路冷链运输	铁路冷链运输	航空冷链运输	水路冷链运输
运输成本	中	低	高	低
服务延伸程度	"门到门"	"站到站"	"港到港"	"港到港"
市场竞争程度	激烈	低	中等	低
承接货物	中低价值货物为主	中低价值货物为主	高价值货物	中低价值货物为主

（续）

运输方式	公路冷链运输	铁路冷链运输	航空冷链运输	水路冷链运输
平均运距	800km	1000km	1500km	600~2000km
载重能力	10~25t	50~12000t	5~125t	1000~60000t
运达速度	中	低	高	低
便利程度	高	中	中	低
发运密度	高	中	中	中~低

近年来，随着我国冷链物流服务需求逐渐改变，从干线运输发展到需要"门到门"的全程冷链配送服务，再加上公路、航空运输服务方式不断发展，在整体市场份额中，铁路冷链物流的市场占有量持续下滑。中物联冷链委发布的数据显示，2021年，我国铁路冷链运输量总计达200万t左右，但总体规模仅占冷链物流总量的1%左右，公路冷链运输量则约占90%。目前，我国系统开展铁路冷链运输的企业包括中铁特货物流股份有限公司（以下简称中铁特货）、中铁集装箱运输有限责任公司和中铁快运股份有限公司等。其中，中铁特货是中国国家铁路集团有限公司所属专业物流公司，该公司拥有包括B22型及B10型机械冷藏车、BX1K型冷藏专用车组、BH1型隔热保温车、40ft隔热保温箱、背包式冷藏箱等在内的谱系化、多样性冷链运输装备，其冷链业务经营模式正在从中长距离"站到站"铁路干线运输向"门到门"全程冷链发展。

二、冷链运输的要求和冷链运输工具的要求

由于受地理分布、气候条件以及其他因素的影响，冷藏货物的原料产地、加工基地与消费地往往相距很远，为了满足各地消费需要，维持市场供需均衡，必须进行调度运输。尤其对于易腐食品来说，在常温下很快就会腐烂变质，失去食用价值，其运输必须处在最适合的温度和相对湿度条件下，这对运输工具及运输管理提出了一定的要求，并要使各个环节在运输组织过程中合理化。

（一）冷链运输的要求

不同的冷藏货物有不同的储藏温湿度条件要求。在冷链运输中应满足这些条件并保持稳定。因此，在冷链运输中必须进行控温，车厢内的温度应与所运易腐食品的最佳储藏温度一致，各处温度分布要均匀，并尽量避免温度波动。如果不可避免出现了温度波动，也应当控制波动幅度，减少波动持续时间。在冷链运输过程中为了保持所运食品的原有品质，维持车厢内温度稳定，可从以下两个方面考虑。

1. 温度要求

易腐食品在低温运输前应将食品预冷到适宜的储藏温度。生鲜易腐食品在冷链运输工具上进行预冷，存在许多缺点，一方面预冷成本成倍上升，另一方面运输工具上提供的制冷能力有限，不能用来降低货物的温度，只能有效地平衡环境传入的热负荷，维持货物的温度不超过要求的最高温度，因而在多数情况下不能保证冷却均匀，而且冷却时间长、品质损耗大。因此，易腐食品在运输前应当采用专门的冷却设备和冻结设备，将温度降低到最佳存储温度以下再进行冷链运输，这样更有利于保持储运食品的质量。

2. 湿度要求

在运输过程中，冷藏食品的水分在食品和冷空气处于热平衡状态时蒸发，特别是用能透过蒸汽的保护膜包装的或无任何保护膜包装的食品，其表面不但有热量散发出来，同时还有水分向外蒸发，造成失水干燥。水果、蔬菜中的水分蒸发，导致其失去新鲜的外观，当减重达到5%时，会出现明显的凋萎现象，影响其柔嫩度和抗病性。肉类食品的水分蒸发，除重量减轻外，其表面还会收缩、硬化，形成干燥皮膜，肉色也会发生变化。鸡蛋的水分蒸发会造成气室增大、重量减轻、品质下降。因此，车厢内的相对湿度大于食品的水分活度才是合理的。但是各种食品都对环境有一定的湿度要求，湿度过高或者过低对食品的质量及其稳定性都是不利的。在运输过程中，含水量充足、水分活度高的新鲜食品应在相对湿度较大的车厢环境中储运，以防水分散失；含水量少、水分活度低的干燥食品可在相对湿度低的车厢环境中储运，以防吸附水分。

（二）冷链运输工具的要求

运输工具是冷链运输环节最重要的设施，运输工具的质量直接影响运输服务的质量。不同冷链运输方式需要不同的运输工具，但这些运输工具应满足以下几方面的要求。

1. 冷源

冷链运输工具应当具有冷源，如干冰、冰盐混合物、碎冰、液氮或机械制冷系统等，能产生并维持一定的低温环境，保持食品的品温，利用冷源的冷量来平衡外界传入的热量和货物本身散出的热量。如蔬菜在运输过程中，为防止车内温度上升，应及时排除呼吸热，而且要有合理的空气循环，使得冷量分布均匀，保证各点的温度均匀一致并保持稳定，最大温差不超过3℃。有些冷链食品对温度要求较高，如速冻食品，在冷链运输中，运输工具中必须要有机械制冷系统以提供冷源。

2. 良好的隔热性能

冷链运输工具总的传热系数 K 要求小于 $0.4W/(m^2 \cdot K)$，甚至小于 $0.2W/(m^2 \cdot K)$，以有效地减少外界传入的热量，同时保持机械制冷所产生的冷源，避免车内温度波动和防止设备过早老化。一般来说，传热系数 K 平均每年要递增5%左右。车辆或集装箱的隔热板外侧应采用反射性材料，并且保持其表面清洁，以降低对辐射热的吸收。在车辆或集装箱的整个使用期间应避免箱体结构部分的损坏，特别是箱体的边和角，以保持隔热层的气密性，并且应该定期检查冷藏门的密封条、跨式制冷机组的密封、排水洞和其他孔洞等，以防止因空气渗透而影响隔热性能。

3. 温度检测和控制设备

运输工具的储藏间必须具有温度检测和控制设备，温度检测仪必须能准确连续地记录储藏间内的温度，温度控制器的精度要求高，为 ±0.25℃，以满足易腐食品在运输过程中的冷藏工艺要求，防止食品温度大幅波动。

4. 车厢的卫生与安全

车厢内有可能接触食品的所有内壁必须采用对食品味道和气味无影响的安全材料。车厢内壁包括顶板和地板，必须光滑、防腐蚀、不受清洁剂影响，不渗透、不腐烂，便于清洁和消毒。除了内部设备需要和固定货物的设施外，车厢内壁不应有凸起部分，箱内设备不应有尖角和褶皱，否则货物进出困难、脏物和水分不易清除。在使用中，车辆和集装箱内的碎渣、碎屑应及时清扫干净，防止产生异味污染货物并阻碍空气循环。对冷板所采用的低温共熔液的成分及其在渗透时的毒性应予以足够的重视。对于公路运输来说，公路冷藏车应保持较高的清洗频率，每次运输结束回场后都应及时清洗冷藏车厢。

三、冷链运输方法

为了保持适宜的运输温度，需要根据货物特性及不同的外温条件，采用不同的运输方法。易腐货物常用的运输方法有冷藏运输、气调运输、通风运输、保温运输、防寒运输和加温运输等。

（一）冷藏运输

冷藏运输是指通过一定的制冷方式，在运输工具内保持低于外界气温的温度，使货物保持在适宜的温度条件下的运输方法。装运易腐货物的运输车或集装箱，必须具有隔热设施和制冷设备（冰箱、制冷机和其他冷源装置），并在运输时不断制冷，使货物处于规定的温度条件下。目前采用的制冷方式一般有冰盐制冷、机械制冷、冷冻板制冷、液氮制冷等。

（二）气调运输

气调运输是指在运输过程中通过对运输环境中的空气成分、浓度及温湿度等条件的控制和调节，保证易腐货物的新鲜度和质量。先进的冷藏技术和气调系统相结合可以大幅扩大果蔬类和水产品类易腐货物的冷链运输范围。

气调运输的特点是：低温可以抑制易腐货物的新陈代谢和细菌繁殖；低氧可以抑制果蔬呼吸作用，推迟后熟，抑制叶绿素分解，减少乙烯产生，降低抗坏血酸的损失，改变不饱和脂肪酸的比例，降低不溶性果胶的变化等；适宜的储运氧气含量一般为 2% ~ 5%，氧气含量过低会产生厌氧性呼吸障碍；适宜的二氧化碳含量可以抑制呼吸作用、延缓后熟，降低果蔬的成熟反应速度，改变各种糖类的比例，适宜的储运二氧化碳含量一般为 2% ~ 10%；较高的相对湿度；控制乙烯含量，乙烯具有催熟作用，研究表明，其对叶绿素分解、果实蒂分解具有促进作用，往往造成蒂落后褐变，影响外观质量，如储运苹果的乙烯含量最高允许值为 0.3%。

（三）通风运输

通风运输是指在运输全过程或部分区段需要开启门、窗、通风孔或吊起运输工具侧板进行通风的运输方法。通风运输时进入车厢内的空气温度应低于车厢内的温度，否则不宜通风，以防因通风提高车厢内的温度。

（四）保温运输

保温运输是指不采用任何制冷、加温措施，仅利用车体的隔热结构，使易腐货物本身蓄积的冷量或热量以较为缓慢的速度散失，在一定时间内维持低于或高于外界气温的温度，以保持车内适宜温度的一种运输方法。

（五）防寒运输

防寒运输实质上是指加强隔热性能的保温运输，但只用于寒季运送易发生冷害或冻害的易腐货物，即在寒季运输怕冻的易腐货物，用保温运输工具还不能保证车内温度是货物适宜的运输温度条件时，必须采用补充的隔热措施以防止货物发生冻害、冷害的一种运输方法。

防寒措施一般是在车内壁、车门处加挂草帘、棉被等防寒物，车底板铺稻草、稻壳，并用稻草、棉絮等堵塞排水管、泄水孔。在外界气温不低于 – 15℃、运输时间不超过 7 × 24h 时，可用加防寒设备的冷藏车或隔热车进行防寒运输。

（六）加温运输

加温运输是指由运输工具提供热源（开启电热器或燃烧火炉），使车厢内保持高于外界气温的适宜温度，以运输易腐货物的一种方法。我国用于铁路运输的机械冷藏车采用电热器加热。

四、冷链多式联运

我国很早就意识到了多式联运在现代物流发展中的重要作用，早在 1962 年，就提出了关于公路和水路联合运输的文件，随后，公铁联合运输、铁水联合运输等文件也相继出台。1989 年 3 月，国家科学技术委员会批准通过"国际集装箱运输系统（多式联运）工业性试验"，该试验是"七五"国家重点项目，有效推动了我国集装箱运输的规范化和现代化及多式联运的快速发展。2000 年以后，我国先后与加拿大、美国等发达国家建立合作关系，派出技术人员赴外国学习，为我国多式联运步入正轨提供了思路与技术人才。

（一）快速发展

交通基础无疑是多式联运包括冷链多式联运在内的发展瓶颈。一方面，我国的公铁水交通运输线路在不断完善，港口体系快速发展，加强了不同运输方式之间的衔接；另一方面，装备不断更新，如冷藏集装箱的技术迭代，也促进了我国冷链多式联运的发展。多式联运模式越来越多样化，铁路发展势头良好，公铁联运发展潜力逐步显现，为了实现空铁联运的无缝对接，一些大型国际机场也在着手建设多式联运的专线，大力发展空铁联运。随着云计算、大数据、物联网等技术的创新，冷链多式联运在全程溯源、可视化及信息传达的及时化等方面未来可期，如冷链集装箱在运输过程中必须保证封闭性，带有探测和记录功能的移动设备让其实现了智能化与信息化的管理，保证了运输的时效性和成本优化。

（二）直面短板

我国多式联运起步较晚，目前还处在发展的初始阶段，仍然面临协同衔接不顺畅、市场环境不完善、法规标准不适用、先进技术应用滞后、监管方式不明确、企业经营自主性受限、技术标准和服务规则不统一等问题，是我国交通物流业融合发展的一大短板。

在标准上，不同的运输方式在票据单证格式、运价计费规则、货类品名代码、危险货物划分、包装与装载要求、安全管理制度、货物交接服务规范、保价保险理赔标准、责任识别等方面，均有各自不同的要求或标准，难以实现多式联运"一次委托""一口保价""一单到底""一票结算"。

在装备上，我国没有实现集装箱设备设施运输标准化，很多集装箱货车运输成本仍然很高，大大影响了满载率。多式联运的成熟很大程度取决于集装箱的成熟化和标准化，尺寸标准越统一，水路和公路衔接的速度就越快。我国出台的多项政策都提出，要加快技术装备升级，具体包括推广应用标准化运载单元、加强技术装备研发应用等，未来冷链集装箱也会趋于结构简单、容错率更高、自重更轻。

在基础设施上，大部分港区没有与铁路直接连接，全国只有 1/3 的港口实现了铁路进港，公铁联运的枢纽也相对缺乏，专用航空货运枢纽较少，配套分拨中心不能无缝衔接，集装箱仍然需要经过多次装卸，再通过卡车进行运转，运输的成本和时间都会被迫增加。冷链配套设施不足，"最后一公里"衔接不畅，港口、物流园区、大型工矿铁路专用线建设滞后，集疏运体系不完善，港口公路的集疏运通道受城市交通的挤压。

在制度上，铁路、公路、水运、航空等不同运输方式的管理体制相互割裂，各自的运单、载距等差别巨大无法互通，海关关检的效率也不尽相同，影响了多式联运优势的发挥。

（三）系统部署

我国冷链物流领域第一份五年规划《"十四五"冷链物流发展规划》对发展冷链多式联运做出全方位、系统性部署，提出一系列务实、可操作、可落地的具体举措，具有重要的里程碑意义。具体内容如下：

（1）完善冷链多式联运设施。鼓励国家骨干冷链物流基地等完善吊装、平移等换装转运专用设施设备，加强自动化、智慧化冷链多式联运设施建设。因地制宜增强国家物流枢纽、综合货运枢纽冷链物流服务功能，推进港口、铁路场站冷藏集装箱堆场建设和升级改造，配套完善充电桩等设施设备。

（2）优化冷链多式联运组织。培育冷链多式联运经营人，统筹公路、铁路、水运、航空等多种运输方式和邮政快递，开展全程冷链运输组织，积极发展全程冷链集装箱运输。依托具备条件的国家骨干冷链物流基地等开展中长距离铁路冷链运输，串接主要冷链产品产地和销地，发展集装箱公铁水联运。依托主要航空枢纽、港口，加强冷链卡车航班、专线网络建设，提高多式联运一体化组织能力。大力发展冷链甩挂运输，鼓励企业建立"冷藏挂车池"，有机融入公路甩挂运输体系，完善冷藏车和冷链设施设备共享共用机制，提高冷链甩挂运输网络化发展水平。鼓励现有多式联运公共信息平台集聚整合运输企业、中介等的冷链物流相关信息，拓展完善冷链物流服务功能，提高货源、运力、仓储等冷链资源供需匹配效率。

（3）增强冷链国际联运能力。提升中欧班列冷链物流服务水平，强化多式联运组织能力，畅通亚欧陆路冷链物流通道。依托中国—东盟多式联运联盟基地，拓展西部陆海新通道海铁联运、国际铁路联运、跨境公路班车国际冷链物流业务。鼓励具备实力的企业布局建设冷链海外仓，提升跨境冷链物流全程组织能力。大力发展面向高端生鲜食品、医药产品的航空冷链物流，提高公空、空空联运效率。鼓励主要农产品进出口口岸城市积极发展国际冷链物流多式联运，打造一批国际冷链物流门户枢纽。

延伸阅读 5-1

冷链运输走向高质量发展之路

2022 年 4 月，交通运输部、国家铁路局、中国民用航空局、国家邮政局、中国国家铁路集团有限公司印发《关于加快推进冷链物流运输高质量发展的实施意见》（以下简称《意见》），针对我国冷链物流行业如何实现高质量发展给出了答案。

数据显示，2023 年，我国冷链物流行业市场规模达到 5170 亿元，冷藏车保有量约43.2 万辆。据中物联冷链委预计，到 2025 年，我国冷链物流行业市场规模将突破 5500 亿元。2021 年，国务院办公厅印发的《"十四五"冷链物流发展规划》提出，到 2025 年，初步形成衔接产地销地、覆盖城市乡村、联通国内国际的冷链物流网络，布局建设 100 个左右国家骨干冷链物流基地。实施"骨干冷链物流企业培育工程"，培育一批具有国际竞争力的冷链物流企业集团。

在加快完善基础设施网络方面，《意见》提出了两方面的要求：

一是优化枢纽港站冷链设施布局。结合国家冷链物流骨干通道网络建设，依托农产品优势产区、重要集散地和主要销区所在地货运枢纽、主要港口、铁路物流基地、枢纽机场，统筹冷链物流基础设施规划布局，推动铁路专用线进入物流园区、港口码头，完善干支衔接、区域分拨、仓储配送等冷链运输服务功能，提升冷链运输支撑保障能力。二是完善产销冷链运输设施网络。支持有条件的县级物流中心和乡镇运输服务站拓展冷链物流服务功能，为农产品产地预冷、冷藏保鲜、移动仓储、低温分拣等设施设备提供运营场所，改善农产品产地"最初一公里"冷链物流设施条件。依托城市绿色货运配送示范工程，在冷链产品消费和中转规模较大的城市，推进建设销地冷链集配中心，研究设置冷链配送车辆卸货临时停车位，推动出台冷链配送车辆便利通行政策，提升城市冷链配送服务质量。鼓励生鲜电商、寄递物流企业加大城市冷链前置仓等"最后一公里"设施建设力度，在社区、商业楼宇等设置智能冷链自提柜等，提升便民服务水平。

在创新运输组织服务模式方面，《意见》提出了三个方向。

一是创新冷链运输组织模式。鼓励铁路企业开行冷链班列，推动冷链陆空联运发展，支持发展冷鲜航班和冷链卡车航班网络，大力发展面向高端生鲜食品、医药产品的航空冷链物流。二是培育冷链运输骨干企业。引导冷链运输企业加强与果蔬、水产、肉类等生产加工企业的联盟合作，支持冷链物流企业建设网络货运平台，优化整合产品、冷库、冷链运输车辆等资源，培育龙头冷链物流企业，提升市场集中度。三是增强跨境冷链物流服务能力。支持国际物流企业通过合资合作、自建网络、兼并收购等方式，延伸境外地面服务网络，提升跨境冷链物流全程组织能力，培育一批具有较强国际竞争力的现代冷链物流企业。推进国际物流企业与跨境电商平台战略合作，充分发挥海运在跨境冷链物流服务中的优势作用，促进供应链上下游企业协同发展。提升中欧班列集结中心冷链物流服务水平，畅通亚欧陆路冷链物流通道。扩展西部陆海新通道等海铁联运、国际铁路联运、国际道路冷链物流业务。

[资料来源：孟妮 . 冷链物流运输走向高质量发展之路 [N]. 国际商报，2022-04-25 (3).]

第二节　冷链运输装备

一、冷链运输装备技术要求

冷链运输装备主要是指公路冷藏汽车、铁路冷藏（保温）车、冷藏船（舱）、冷藏集装箱以及相应的转运、储存、换装等设施。在技术上，应满足以下基本要求：

（1）具有良好的制冷、通风及必要的加热设备，以保证食品的运输条件。

（2）运输冷冻、冷却食品的车、箱体具有良好的隔热性能，以减少外界环境对运输过程条件的"干扰"。

（3）冷链运输的车、船、箱等，应具有一定的通风换气设备，并配备一定的装卸工具，以实现合理装卸，保证良好的储运环境。

（4）冷链运输装备应配有可靠、准确且方便操作的检测、监视、记录设备，并进行故障预报和事故报警。

（5）冷链运输装备应具有承重大、有效容积大、自重小的特点，以及具有良好的适用性。

二、公路冷链运输装备

（一）公路冷藏车的类型

参考国家标准《道路运输　易腐食品与生物制品冷藏车安全要求及试验方法》（GB 29753—2023），根据温度调节装置的不同，冷藏车分为非机械制冷冷藏车、机械制冷冷藏车、机械制冷及加热冷藏车三类。

1. 非机械制冷冷藏车

当环境温度为30℃时，按冷藏车车厢内部平均温度保持的温度范围，将非机械制冷冷藏车分为四类，见表5-3。

表5-3　非机械制冷冷藏车分类　（单位：℃）

冷藏车类别	A	B	C	D
车厢内温控范围	≤7	≤-10	≤-20	≤0

2. 机械制冷冷藏车

当环境温度为30℃时，按冷藏车车厢内部平均温度保持的温度范围，将运输易腐食品的机械制冷冷藏车分为七类，见表5-4。

表5-4　运输易腐食品的机械制冷冷藏车分类　（单位：℃）

冷藏车类别	A	B	C	D	E	F	I
车厢内温控范围	0~12	-10~12	-20~12	≤0	≤-10	≤-20	≤-30

当环境温度为30℃时，按冷藏车车厢内部平均温度保持的温度范围，将运输生物制品的机械制冷冷藏车分为两类，见表5-5。

表5-5　运输生物制品的机械制冷冷藏车分类　（单位：℃）

冷藏车类别	G	H
车厢内温控范围	2~8	≤-20

3. 机械制冷及加热冷藏车

在一定环境温度下，按冷藏车车厢内部平均温度保持范围，将机械制冷及加热冷藏车分为十二类，见表5-6。

表 5-6 机械制冷及加热冷藏车分类　　　　　（单位：℃）

冷藏车类别	A	B	C	D	E	F	G	H	I	J	K	L
环境温度	-10~30	-20~30	-30~30	-40~30	-10~30	-20~30	-30~30	-40~30	-10~30	-20~30	-30~30	-40~30
车厢内温控范围	0~12	0~12	0~12	0~12	-10~12	-10~12	-10~12	-10~12	-20~12	-20~12	-20~12	-20~12

（二）公路冷藏车的技术要求

1. 行驶温度记录仪

冷藏车应配备行驶温度记录仪，其应具备温度记录、存储和卫星定位及远程信息传输等功能。行驶温度记录仪应与车辆温度控制系统相互独立，并应固定牢靠，同时具备运行自检功能，能自动记录全部检测信息。行驶温度记录仪应能真实反映并准确记录厢体内部装货区温度及对应的时间等数据，温度记录时间间隔应不大于 5min，运输易腐食品的冷藏车测量精度应不低于 ±1℃，运输生物制品的冷藏车测量精度应不低于 ±0.5℃。温度记录数据应被可靠保护，不可更改且应读取方便，数据存储时间不少于 3 个月。运输生物制品的冷藏车所装备的行驶温度记录仪，在车厢内部温度超出允许的波动范围时，应能通过一个明显的信号装置（例如声或光信号）提示驾驶人。

行驶温度记录仪的主电源应为车辆电源（对于挂车其主电源为牵引车辆电源），同时应配备备用电源。在主电源无法供电时应能自动切换至备用电源供电，备用电源可支持其正常工作时间不小于 8h。在断电期间，记录的数据不应丢失。行驶温度记录仪应至少包含两个温度传感器，多温冷藏车所配备的行驶温度记录仪的每个冷藏单元内应至少具有两个温度传感器。车厢（多温冷藏车的单个冷藏单元）容积超过 20m³ 的，每增加 20m³ 至少增加 1 个温度传感器，不足 20m³ 的按 20m³ 计算。温度传感器应布置在车厢内部能够真实反映装货区温度实际状况的区域。温度传感器应固定牢靠，避免储运作业及人员活动对温度传感器造成影响或损坏。

2. 车厢

（1）车厢总体要求。车厢应选用吸水性低、透气性小、导热系数小、耐蚀性好的隔热材料。隔热材料不应选用对运输货物造成污染的泡沫塑料，且不应选用一氟二氯乙烷（HCFC-141b）作为发泡剂、六溴环十二烷（HBCD）作为阻燃剂的泡沫塑料。同时，车厢内应设置保证气密性能的排水孔，外部应设置防止操作人员被封闭在车厢内的紧急报警装置，其操作按钮应设置在车厢内靠近门的侧壁上且标识明显。此外，车厢应具有良好的防雨密封性。在进行防雨密封性能试验时，车厢内顶部、侧壁、门及制冷机与车厢连接处不应有渗漏现象。

（2）车厢气密性能。冷藏车的车厢漏气倍数和多温冷藏车外侧厢体的漏气倍数均应符合表 5-7 的规定。

表 5-7　漏气倍数限值要求

厢体的传热面积 （S）/m²	漏气倍数/h^{-1}
$S > 40$	≤3.0
$20 \leqslant S \leqslant 40$	≤3.8
$S < 20$	≤6.3

（3）车厢隔热性能。冷藏车的车厢总传热系数应符合表 5-8 的规定。B、C 类非机械制冷冷藏车，B、C、E、F、G、H、I 类机械制冷冷藏车，B、C、D、E、F、G、H、I、J、K、L 类机械制冷及加热冷藏车，车厢的总传热系数 K 应小于或等于 0.4W/（m²·K）。多温冷藏车外侧厢体的总传热系数 K 应小于或等于 0.4 W/（m²·K）。

表 5-8　车厢隔热性能限值要求　　　　　　（单位：W/（m²·K））

类别	高级隔热 （R）	普通隔热 （N）
总传热系数 K	$K \leqslant 0.4$	$0.4 < K \leqslant 0.7$

（4）车厢强度和刚度要求。冷藏车（N_1 类冷藏车和载货部位的结构为封闭厢体且与驾驶室连成一体的冷藏车除外）车厢强度试验过程中车厢外部各测试面的最大变形不应超过 300mm，车厢强度试验完成后，不应有大于 20mm 的永久变形，并且试验部件的变形不影响其正常使用功能。

3. 制冷量

机械制冷装置在相应冷藏车类别温度下的总制冷量应不小于 1.75 倍的传热量。对于机械制冷式的多温冷藏车，其多温度机械制冷装置的总制冷量应不小于其外侧厢体传热量的 1.75 倍。

4. 降温性能

在车辆空载状态下，环境温度为 30℃，冷藏车制冷装置开始工作后 4h 内，车厢内部平均温度应符合如下要求：

（1）非机械制冷冷藏车车厢内部平均温度达到表 5-3 规定的车厢内温控范围的最大值（A 类为 7℃，B 类为 -10℃，C 类为 -20℃，D 类为 0℃）。

（2）A、B、C、G 类机械制冷冷藏车车厢内部平均温度达到表 5-4 和表 5-5 规定的车厢内温控范围的最小值（A 类为 0℃，B 类为 -10℃，C 类为 -20℃，G 类为 2℃），D、E、F、H、I 类机械制冷冷藏车车厢内部平均温度达到表 5-4 和表 5-5 规定的车厢内温控范围的最大值（D 类为 0℃，E 类为 -10℃，F 类为 -20℃，H 类为 -20℃，I 类为 -30℃）。

（3）机械制冷及加热冷藏车车厢内部平均温度达到表 5-6 规定的相应类别冷藏车车厢内温控范围的最小值。

5. 加热性能

在车辆空载状态下，环境温度不高于 -10℃，机械制冷及加热冷藏车加热装置连续工作 4h 内，车厢内部和外部的平均温差应能达到如下要求：

（1）A、E、I 类不小于 22℃。

（2）B、F、J 类不小于 32℃。

（3）C、G、K 类不小于 42℃。

（4）D、H、L 类不小于 52℃。

6. 具备液化气体制冷装置的冷藏车特殊要求

车厢内应配备氧气含量监测系统，该系统至少包含两个测量点，当车门打开，且任意一点氧气含量小于 19.5% 时，应能通过一个明显的信号装置（例如声或光信号）对操作人员进行提示。用于存储液化气体的存储容器，其单个容器容积不应超过 450L。制冷装置应设置液化气体剩余量显示装置，该装置应安装在驾驶室内驾驶员易于观察的位置。制冷装置应能从隔热厢体外部完成制冷源的添加，添加口应安装在有适当防护和易于操作的位置。车厢门、供液阀应设置联动装置，当车厢门打开时，应能自动关闭供液阀，并能通过一个明显的信号装置（例如声或光信号）提示操作人员注意。制冷装置应设置气压显示装置。压力表应安装在易于观察、防震和避免损坏的位置，不应安装在驾驶室内，当安装在裸露位置时，应加装压力表防护罩，确保安装牢固。制冷装置应设置安全阀，当存储容器和管路中的压力超过系统最高工作压力时，能自动泄压。制冷装置应设置手动截止阀，手动截止阀应安装在易于操作的位置，阀体不应直接安装在驾驶室内。制冷装置管路外应设置防护装置，防止工作人员接触到管路冻伤。

（三）公路冷藏车行业现存问题

1. 上下游夹击挤压利润空间

对于常温运输，冷链运输运营成本较高。近些年，冷藏车原材料成本、车辆采购成本、人工成本、油价涨幅明显，冷机等保养成本较高且没有很好的售后渠道，面临着后期高额的维修费用，冷藏车生产和运营企业产生了很大的经营压力。同时，冷链运输市场运费价格较透明且处于运价低位，企业之间存在价格战和恶性竞争的现象，部分企业盲目追求低成本，忽略了冷藏车的安全性、可靠性等，导致上下游夹击挤压利润空间，对冷藏车发展造成一定影响。

2. 冷藏车市区内路权受限

商超、零售网点多在市区内，其大部分卸货点也都在市区内，但国内很多省市对冷藏车进行了道路限时、限行等措施，使得冷藏车进出受到限制。目前，全国多个省份建立了通行证制度，但部分省份的通行证一证难求、办理不便，易造成交通管制违章情况发生。通行证及市区内通行限制问题是目前困扰冷藏车城配运输的关键瓶颈之一。

3. 技术创新升级有待加强

冷藏车对技术的依赖性较大，与欧美国家相比，我国冷藏车技术存在差距。目前，传统冷藏车采用机械或蒸汽压缩式制冷机组。由于近些年我国对节能环保逐渐重视，为了减轻环境压力，适应城市绿色发展的需要，传统冷藏车碳排放问题逐渐引发关注，随着新能源冷链技术不断研发推进，纯电动冷藏车、插电混合动力冷藏车、燃料电池冷藏车等新型冷藏车相继出现，加快了对传统高排放冷藏车的淘汰。在政策的加持下，新能源冷藏车不断普及应用，但目前新能源冷藏车技术发展不成熟，电池技术落后，充电时间长，续航里程受限，短时间无法完全取代传统冷藏车。

4. 行业竞争激烈

与冷库、冷藏集装箱等其他冷链设备相比，冷藏车行业的准入门槛较低，由于社会需求广泛，行业内企业分化较为明显，行业内卷严重，恶性竞争现象普遍。中集车辆、河南冰熊等老牌冷藏车生产企业，北汽福田、中国一汽、安徽江淮等大型商用车企业，凭借企业自身技术、质量和品牌等优势在冷藏车市场占据主导地位，主要倾向于企业规模扩张和新技术、新车型研发，而中小型企业主要以低价从竞争战场中杀出重围，一些小企业为了控制成本，擅自销售未经认证的改装冷藏车，扰乱冷藏车市场。《"十四五"冷链物流发展规划》提出要加快推进轻型、微型新能源冷藏车和冷藏箱的研发制造，不少企业看好冷藏车巨大的发展市场，不少新兴企业涌现，开始布局冷藏车市场，冷藏车市场重新洗牌，进入转型升级的新时代。

5. 冷藏车上保险依旧困难

从 2020 年我国车险改革后，与普通车相比，冷藏车作为特种车辆赔付比例较高，加之事故率高、定损难、主体责任难划分等原因，保险公司基于成本和风险的考虑，一般不愿承接冷藏车投保业务。而车辆统筹由于是非正规的保险业务，存在监管问题，常出现事故发生后理赔难，以及理赔赔付不到位的情况。因此，投保难是一直困扰冷藏车车主的主要问题之一。

延伸阅读5-2

冷藏车商业险投保何时不再难?[一]

目前，冷藏车等特种车辆在保险市场并不是很"受欢迎"，可谓是"投保无门"。据业内人士介绍，冷藏车等特种车辆出险率较高，相较于其他类型车辆，冷藏车的赔付情况会更多，且作为特种车辆，车内设备在长期的行驶中会更容易老化，设备故障率相对更高，故赔付率会更高。对于以盈利为目的的保险公司而言，很难接受这样的"亏本买卖"。

2021 年车险市场数据显示，特种车辆起保保费增速达 1.18%，相较于家庭自用（-6.66%）、非营业客车（-2.81%）、营业客车（-0.15%）等类型车辆的"负增长"，特种车辆的增速未免有些"夺目"。保险大数据显示，新能源冷藏车赔付率达85%，特种车辆被"花式拒保"也就见怪不怪了。

据了解，冷藏车投保难的情况在 2020 年车险综合改革之后更为突出，此次改革意在降低保险费用，增加理赔金额，提高服务质量，是从客户角度出发所制定的，但对于冷藏车等特种车辆来说，出险率本就偏高，再加之改革偏向于客户，这就大大增加了保险公司的负担。中国物流与采购联合会冷链物流专业委员会主任秦玉鸣在接受现代物流报全媒体记者采访时表示，冷藏车投保难主要有四个方面的原因：一是车险改革，加之冷藏车赔付比例过高；二是监管及评定体系缺失，冷藏车技术结构专业性过高，行业存在骗保情况；三是现有保险条款对于冷藏车及冷链物流业务评估不足；四是目前冷藏车也在推动新能源化发展，新能源车事故率仍然居高不下，且维修费用高。

秦玉鸣表示：

短期来看：第一，依托保险合作商，寻找小型保险公司或代理商；第二，购买足额货运险及人员保险，缓解事故风险损失；第三，加强日常车辆及司机管理，降低事故风险。

　　⊖　https://www.shangyexinzhi.com/article/4700913.html.

长期来看，第一，强化国家有关部门管理力度，优先解决行业同业者痛点。在现阶段，还应加强国家有关部门的监管和管控力度，从顶层解决上保险难的问题，确保行业可以良性发展，解决根本性问题，创建更好的企业营商环境。第二，重新梳理冷藏车相关保险规定及条款。对于冷藏车保险条款及相关规定进行重新梳理和细化，在保障多方利益的基础上，建立起符合行业发展，且不损伤各方利益的保险方案。第三，建立冷藏车检验及核保标准。冷藏车检验及核保标准还应更进一步完善，明确核查要求，同时加强骗保等不合规现象管理，规避骗保等情况的发生。第四，可推动保险公司联合汽车主机厂设计定制化产品。汽车主机厂为保险公司提供标准及判定服务，保险公司为客户提供保障，同时汽车主机厂也可将其保险产品作为提升自身市场竞争力的售后产品，最终实现多方共赢。

[资料来源：冷藏车商业险投保何时不再难？现代物流报网．https://www.xd56b.com/home/qiche/yaowen/17473.html．]

（四）公路冷藏车发展趋势

1. 定制化

当前我国"伪冷链"等问题仍存在，提高冷藏车产品质量非常紧迫。根据《"十四五"冷链物流发展规划》可知，各地将加快推广适应干线运输、支线转运、城市配送等不同需求的冷藏车车型，目前冷藏车呈现出定制化发展趋势。随着各种新材料、新技术应用于冷藏车厢体，在增加车辆载重性能的同时，确保了冷藏车的可靠性和安全性。如福田戴姆勒汽车推出智慧冷链一体化解决方案，实现冷藏车底盘、上装、制冷机组等方面一体化专业定制，可满足挂肉、冷冻、果蔬、医疗、海鲜等食品的不同运输需求。

2. 智能化

冷藏车是冷链运输的主力军，提供全程温控以确保货物运输安全。但是冷藏车不仅要保持温度，面对运输过程中的复杂情况，还需要根据具体情况及时调整。不同的货物对温度的要求不同，比如冷冻速冻食品需要 $-18℃$ 以下，新鲜蔬菜水果需要 $0 \sim 15℃$，在装货或卸货时，还需要对货物或车厢进行预冷等操作，减少货物受温度的影响；在运输过程中，车厢温度不稳定，极易使货物受损，这都需要驾驶员时刻关注车厢温度。在冷藏车实际运送环节，车辆进库提前打冷难落实；车辆在行驶途中，部分驾驶员为了省油，关闭冷机停止打冷；仅在部分收发节点读取记录温度数据、车辆状态、货物信息，导致公司和客户无法动态监测车辆及货物在途状态，货物受损。总而言之，冷链车缺乏全程、透明的运输监控管理。在物联网发展和数据的驱动下，打通车联网和冷链数据，实现人、车、货之间的互联互通，为用户提供智能调度、远程锁车、在线监管等智能化服务，成为冷链行业发展的一大趋势。当前各大头部车企纷纷向智能网联方向进行布局，如北汽福田提到，智能网联是规划技术发展战略和合资合作战略布局的重点方向之一；江铃汽车提出，要推进实施智能网联化的发展战略。未来，随着多元主体布局，智能网联化将成为冷藏车的必备条件。

3. 电动化

冷藏车相比于普通货车，耗能高、碳排放高，我国"双碳"战略对冷藏车节能减排提出更高要求，其新能源化势不可挡。此外，从近些年新能源冷藏车的销量也可以看出，新能源冷藏车的市场受欢迎度在逐年提高。随着各地路权限制，新能源冷藏车不限行、不限号的优势日渐显现，对于冷链物流需求量较大的城市来说，新能源冷藏车将会成为主流。同时，2023 年 6 月财政部、税务总局和工业和信息化部联合发布的《关于延续和优化新能源汽车车辆购置税减免政策的公告》明确提出，新能源汽车购置税减免政策再延续至 2027 年年底。减免政策的再度续期，将为新能源冷藏车市场渗透率持续增加助力。

延伸阅读5-3

新能源冷藏车的介绍

当下新能源冷藏车主要以纯电动车辆、混动（含增程式）电动车以及燃料电池车等产品为主。

纯电动车辆的主要优势为节能环保、运营成本低、噪声小等，但受制于电池能量密度的影响，续航短、电池衰减快，电池性能提升还需要较长时间的技术积淀，所以目前纯电动车辆只适用于城市短途运输。混动（含增程式）电动车的主要问题是购车成本稍高，高速、支线运输以及短途城际运输工况的经济性削弱，主要优势为续航里程长、用电不焦虑、环境适应性强等，其可以应用在城市配送、城郊运输等中短途运输场景。而对于现在国家大力推广的燃料电池车，具有真正意义上的零排放、加注快等特点（根据燃料来源，燃料电池可以分为两类：第一类是直接燃料电池，即直接使用氢气作为燃料；第二类是间接燃料电池，其中氢、甲烷、甲醇或其他碳氢化合物通过某种方法转化为氢或富氢混合物，以供应燃料电池）。但燃料电池技术还不够成熟，受制于配套基础设施不完善、补给站少，车辆补能便利性差。另外，燃料电池及整车集成技术仍处在成长期，需要进一步发展。

增程式冷藏车不仅符合"双碳"战略布局与冷链物流企业降本增效的实际目标，还在路权上具有极大优势，可突破进城的种种限制。两套动力设备缓解了里程和用电焦虑，自带高效发动机，支持超长的续航里程能力，电动机驱动的瞬时扭矩也更优于传统柴油车的加速和超车性能。它的多种工作模式，可以更好地应对不同的道路状况。以甲醇为燃料的新能源冷藏车具有极大的市场潜力。面对燃油车大量的碳排放对环境带来的压力，大力发展清洁型能源可以说是我国目前的最优解，既保护了环境，又减少了不可再生能源的消耗。不止我国，世界各国也都在逐步减少或者停止燃油车的销售，造成的市场缺口转向了新能源车。但目前无论哪种新能源，都无法同时满足低碳、供给稳定和价格低廉这三种条件，甲醇原料则极有可能突破这一困境。在存储量上，甲醇原材料易得，秸秆、城市垃圾废弃物以及占据我国煤炭 40% 以上的高硫高灰劣质煤都可以用来生产甲醇，尤其是后者，在制作甲醇的过程中还会消耗大量的二氧化碳，不仅能源利用率极高，还有助于减轻环境压力。且在常温常压下，甲醇的形态呈现液态，储存、运输、使用等环节都更安全便捷，同样不存在里程焦虑，成本也更低廉。目前，甲醇车的发展还处于起步阶段，与氢原料面临相似的问题，加注体系的建设还不完善，只有极少的试点能提供甲醇燃料的补充。与氢原料相比，甲醇燃料的补充设施建设并不困难，只需在现有加油站的基础上稍作调整即可运行，当政策和上下游产业链开始一起推动甲醇车的发展，甲醇车将迎来大规模的市场化发展。

[资料来源：中物联冷链委. 如何提高冷链运输服务质量？ [N]. 中国水运报，2023-01-09 (3).]

4. 合规化

随着 2022 年 9 月蓝牌新规的正式实施，我国正式进入新蓝牌时代，轻型冷藏车市场开始洗牌，不合规的轻卡冷藏车难以获得合格证，各地也开始纷纷严抓不合规轻型冷藏车。《"十四五"冷链物流发展规划》明确提出，要严格冷藏车市场准入条件，加大标准化车型推广力度，统一车辆等级标识、配置要求，推动在车辆出厂前安装符合标准要求的温度监测设备等；研究制定标准化冷藏车配置方案，引导和规范不同容积车辆选型；有计划、分步骤淘汰非标准化冷藏车；加强冷藏车生产、改装监管，严厉打击非法改装。随着政府政策不断规范，二手改装冷藏车市场将逐渐消失，不合规冷藏车将被逐步清退，在持续的强压管制下，冷藏车行业将逐渐走向合法合规的发展之路，合规化冷藏车将成为行业必然。

（五）冷藏车的管理

1. 使用冷藏车应注意的问题

（1）在装运货物前，要先对货物和车厢内部进行预冷。将温度较高的货物直接放入车厢或在车厢内部温度较高的情况下直接将货物放入车厢，会增加车厢内温度降低到预定温度的难度，所以在装运货物前，务必对货物和车厢内部进行预冷。

（2）装货时保持车厢内部冷气循环流畅。为了保持车厢内部温度均衡，必须充分注意货物的码放位置，不能将货物一直装至车厢顶部，也不能让货物堵住冷气的出口和入口。

（3）装卸货物要迅速。冷藏车车厢的门打开后，外部气流会进入厢体内部，将导致厢体内部温度升高，因此装卸货物要迅速，并应使冷冻机组停止工作。

（4）装运绿色蔬菜水果要特别小心。如果厢体内部冷气循环不好，则容易使绿色蔬菜、水果等物品的质量受到损害，因此要特别注意使冷气循环流畅、均衡。此外，靠近冷气出口的货物很容易因冷气而冻伤，因此必须事先用被褥等物品将货物遮挡起来。

（5）始终保持厢体内部清洁。如果货物中的盐分、脂肪及其他化学物质附在厢体内壁或门缝处，不仅不卫生，而且还会腐蚀厢体，缩短车厢的使用寿命，所以务必始终保持厢体内部清洁。

（6）对系统坚持正确维护与保养。对车辆制冷系统，应认真按照说明书的要求给予正确的维护和保养。另外，车辆一般不宜挪作他用（如用于一般货物的运输）。

（7）按照 2023 年 11 月交通运输部通过施行的《道路货物运输及站场管理规定》第二条规定，道路货物运输包括道路普通货运、道路货物专用运输、道路大型物件运输和道路危险货物运输。道路冷藏运输属于道路货物专用运输范畴，使用总质量 4500kg 及以下冷藏车从事道路货运经营需按规定办理道路运输经营许可证，并为车辆办理道路运输证，驾驶人员无须办理从业资格证。

2. 冷藏车运行时的注意事项

（1）冷藏车的制冷系统是用来保持货厢内部货物温度的，而不是冷却热货的。

（2）制冷机组的操作与维护应严格按照制冷机组使用说明书执行。

（3）由于厢体比较高大，整车重心有所提高，故在行驶时应注意稳定性，车辆拐弯时应减慢车速。

（4）运输途中尽量减少开门次数，以减少冷量损失。

（5）为了防止交叉感染、串味，每次用过后应冲洗车辆，消除异味，以保证产品的运输质量。清洗时，车辆最好停在斜坡上，以便污水流出。

（6）每次出车前要检查厢体与底盘的连接情况，以保证运输安全。

（7）车辆应存放在防雨、防晒、防潮且具有消防设施的库房内，并定期进行保养。

（8）运输冷藏车辆时，以自驶或拖曳方式上、下车船。必须吊装时，应使用专门吊具，以免损伤车辆。

（9）严禁锐利物器撞击厢体，以防损坏厢板蒙皮。若不慎撞破，则小洞可以用硅酮胶（玻璃胶）修补，大洞要及时与厂家联系修理。

3. 冷藏保温车厢体常见的损伤及修复措施

（1）常见的损伤。国内冷藏保温车厢体的内、外蒙皮大多是玻璃钢板，中间夹层（即保温层）基本上都是硬质聚氨酯泡沫材料，因此国内冷藏保温车厢体常见的损伤有：厢体内、外蒙皮划伤及裂纹；厢体保温层破损；厢体内、外蒙皮小面积剥离。

（2）修复措施。

1）厢体内、外蒙皮划伤及裂纹的修复。厢体外蒙皮划伤及裂纹直接影响厢体的外观，而厢体内蒙皮的深度划伤及裂纹有可能影响保温厢体的保温性能。其修复常采用打磨喷漆处理法，即先将划伤及裂纹打磨成毛面，然后将调拌好的原子灰均匀地涂抹在上面，待原子灰干透后修磨光平，最后喷漆处理。

2）厢体保温层破损的修复。撞击或其他原因造成保温层破损是对冷藏保温车厢体最大的损伤，它极有可能使冷藏保温厢体丧失保温性能。其修复大多采用切块补偿法，即将保温层破损部分以最小面积切掉，并制作同样大小的硬质聚氨酯泡沫材料及玻璃钢板，用玻璃纤维毡将保温材料覆盖并涂上不饱和聚酯胶，贴上玻璃钢板，放置在切割好的厢板孔洞处，用外力将其与整块厢板固定在一起，1~2h待胶固化后，修磨喷漆处理。

3）厢体内、外蒙皮小面积剥离的修复。厢体内、外蒙皮小面积剥离俗称"鼓泡"，是指在厢板制作过程中，蒙皮与保温层之间有少量气体未能及时排出，致使蒙皮与保温层不能完全黏结的现象。这种现象易造成整块蒙皮完全剥离，严重影响保温效果。其修复多采用注胶法，即在厢板剥离处中间位置钻一个8mm的小孔，用胶枪将不饱和聚酯胶注入其中，利用外力将其压紧，待胶完全固化后，修磨喷漆处理。

> **延伸阅读 5-4**
>
> ### 冷藏车加速热起来
>
> 中国重汽"亲人"服务，一路保"鲜"。近日，83辆中国重汽豪沃雪豹冷藏车交付天津用户。车型搭载潍柴WP2.5N发动机，最大输出功率达160马力（1马力＝735.499W），最大扭矩为450N·m，具有低转速、大扭矩、燃油消耗率低等优势。据悉，为保障车辆制冷效率，雪豹冷藏车可配备多品牌冷藏机，满足不同环境、不同货物的温控需求；车厢内温度可控制在设定点1℃范围内，保证货物全程处于最佳温度状态。车辆驾驶室内还安装了温控仪表，驾驶员可实时查看和调节冷藏车厢内的温度。此外，中国重汽推出"亲人"售后服务，大幅提升配件供应效率。依托中国重汽车联网智能管理系统，雪豹冷藏车用户还享有驾驶分析、多车实时监控、运营数据分析、油耗分析、热力分布、远程诊断等服务，实现车辆智能化管理。
>
> 福田戴姆勒汽车跨越1300km安全运输"冰墩墩"。在2022年北京冬奥会开幕前夕，一件重达3t的冰雕作品——"冰墩墩"跨越1300km，从"冰城"哈尔滨安全运抵北京

冬奥会延庆赛区。为保障安全运输"冰墩墩"，承运方黑龙江速鑫运输有限公司从工况适应性、减振性、温控等方面综合评估车辆，选择了福田戴姆勒自动挡冷藏车作为承运车辆。福田戴姆勒汽车相关负责人介绍，该款自动挡冷藏车采用气囊减振，解决了"冰墩墩"怕颠的问题。车辆平均换挡时间0.72s，减少了挡位切换过程中的顿挫，避免了车速变化对冰雕的冲击。运输"冰墩墩"的最佳温度是 -8℃，福田戴姆勒自动挡冷藏车通过采用车厢一体化解决方案，实现0.1℃的智能温控精度，满足运输温度需求。此外，该车型还具有冷机组远程开启、关闭、调温、定时等功能。

吉利商用车增程式车型走俏市场。进入夏季以来，吉利商用车南充工厂冷藏车生产线一直处于满负荷运转状态，加速为国药集团、南方电网、正大食品等企业提供定制化冷链物流服务。吉利商用车首席品牌官宋兆桓介绍，远程增程式冷藏车采用吉利e-GAPF增程式动力路线，具有能量回收等优势。在低速和怠速工况下，车辆能根据工况调整增程器控制策略，始终处于最佳热效率区间。据测算，按照日均行驶200km计算，远程增程式冷藏车每年可降低10%~30%的能耗费用。在纯电动模式下，远程增程式冷藏车续航里程达到120km，能够满足车辆在城区运营的需求。此外，远程增程式冷藏车采用多温区分仓设计，控温更精准，且增程器和动力电池持续为上装不间断供电，由20℃制冷到0℃仅需20min。

[资料来源：韩光胤. 冷藏车加速热起来 [N]. 中国交通报, 2022-08-18 (8).]

三、铁路冷链运输装备

铁路冷链运输装备是多元化的，各型装备均具有其技术经济性特点，各国因经济发展水平、冷藏货物状况、冷链运输发展阶段以及运输距离不同，冷链运输装备的发展模式不尽相同。

（一）我国铁路冷链运输装备模式

我国通过自主研发和引进国外技术，先后设计生产了B_6型加冰冷藏车和B_{19}型、B_{22}型、B_{23}型、B_{10}型机械冷藏车等20多个型号的铁路冷藏车辆10000余辆，其中5265辆B_6型、365辆B_{19}型、565辆B_{23}型、250辆B_{10}型冷藏车已全部淘汰或改为带棚运用。2023年3月，中国中车生产制造的新一代BH10型单节机械冷藏车完成全路首次"试跑"，进一步推动铁路冷链装备有序迭代，该车主要用于鲜活货物运输，载重60t，容积达143m^3，最高运行速度120km/h，具有"高效、低碳、智能"等特点。车辆通过无级调温，可将货间温度控制在$-24~14$℃中的任意温度。车辆综合地板承载能力高，可满足叉车机械化作业，装卸效率高。此外，该车型同步加装了铁路冷藏车控制系统及软件平台，通过物联网和信息化技术实现了无人值守、远程监控。

目前，我国冷藏货物预冷不充分，主要以机械制冷冷藏运输为主。我国铁路冷链运输装备主要有四种模式：

（1）机械冷藏车组。约有750辆B_{22}型机械冷藏车可进行冷藏运输，该车型在20世纪90年代引进，由一节机械车和四节货物车组成，在2023年前全部被淘汰。

（2）单节机械冷藏车。20辆已进行功能升级改造的B_{10}型单节机械冷藏车正在进行无人押运模式运用考验。

（3）冷藏集装箱运输车组。50 多列运输插电式冷藏集装箱的冷藏集装箱运输车组（编组形式：4 辆 BX1K 型冷藏集装箱平车 + 1 辆 B_{23} 型发电车 + 4 辆 BX1K 型冷藏集装箱平车）目前正在采用无人值守发电箱代替 B_{23} 型发电车进行运行考验。

（4）冷藏集装箱。约 500 个自供电冷藏集装箱在定点定线运行。

（二）我国铁路冷链运输装备存在的问题

铁路冷链运输涉及铁路冷链运输装备和管理两个方面，两者相互影响，只有均面向高质量发展目标，才能有效推动我国铁路冷链运输快速发展。我国铁路冷链运输装备主要存在如下问题：

（1）车辆数量少，老化严重，综合性能差。我国从 2002 年以后再没有批量生产铁路冷藏车，原有车辆因性能老化严重、综合隔热性能差已逐步被淘汰，目前能进行铁路冷链运输的装备不足 800 辆。

（2）车辆技术落后。我国铁路机械冷藏车大多采用有人押运模式，车辆制造、运用和维护成本高；制冷机组控温性能差，故障率高，控制技术落后，需要人工进行温度记录和调控，工作量大；采用专用转向架，与我国既有铁路货车检修体制不匹配，不能编挂快运班列，时效性差；车体结构不能满足机械化装卸要求，装卸效率低；大多无信息化系统，用户无法掌握货物运输信息，服务效果差。

（3）车型单一，运输经济性差。我国铁路冷链运输装备主要为机械冷藏车，车型品种单一，总容积偏小，运输鲜货"亏吨"严重，经济性差。运输牛奶、啤酒、矿泉水等货物时把机械冷藏车作为隔热车运输，经济效益差。

（4）铁路冷藏集装箱未得到充分利用。铁路冷藏集装箱是国外铁路冷链运输的主要运输装备，我国从 2009 年开始试运行，因油箱容积小、途中加油困难以及站场起吊和存放等辅助设施不完善而影响转运等，目前只有大约 500 个铁路冷藏集装箱在定点定线运行，未发挥冷藏集装箱可实现多式联运的优势。

（三）我国铁路冷链运输装备发展方向

1. 我国铁路冷链运输装备发展需求

随着国民经济的发展和人民生活水平的提高，冷链运输货物品种越来越多，储运品质要求也越来越高。我国目前以机械冷藏车（冷藏集装箱）为主的通用化装备形式越来越难以满足提升铁路冷链运输经济性的要求，装备呈现出细分化发展趋势。根据国家节能减排的环保政策需求，对冷链运输装备的制冷方式、隔热保温性能、能源消耗提出了更高的要求。同时为构建现代化冷链物流体系，提高冷链运输效率和服务质量，保障食品质量安全，迫切要求冷链运输装备具备信息化技术。

根据我国铁路冷链运输装备技术发展需求，需要积极开展新材料的应用、发泡材料及工艺等基础技术，隔热及气密性结构、风循环系统及控温精度、物联网移动信息化等共性技术和蓄冷控温、大型圆弧顶发泡等关键技术的研究，掌握核心科技，积极推进铁路冷链运输装备技术创新，支撑技术经济性指标先进、绿色环保和信息化程度高的系列化铁路冷链运输装备的发展。

2. 开展储运用一体化研究，助推铁路冷链运输协同发展

铁路冷链运输主要涉及三个方面：运输装备、运输站场设备配置和运输模式。这三个方面相辅相成，必须相互匹配才能发挥优势。不同的线路、运输货物的种类以及运输站场的设备配置对运输装备的选型具有较大的影响，需要对我国铁路冷链装备储运用一体化体系进行系统研究，开展铁路冷链运输装备顶层设计，有效指导铁路冷链运输装备的规划与研制、运输站场设备的配置以及运输模式的制定，解决目前装备、运用和站场设施等不匹配的问题，助推铁路冷链运输协同发展。

3. 开展多元化铁路冷链运输装备研发，提高铁路冷藏货物运量

从世界范围的冷链运输装备发展经验来看，铁路冷链运输装备主要有铁路冷藏车和冷藏集装箱两大类，各类装备均具有其特定的适用范围、技术和经济特点。铁路冷藏车适宜"库对库"大批量货物运输；冷藏集装箱可实现多式联运，适宜"点对点"运输。我国铁路冷链系统不完善，基础设施落后，需铁路冷藏车和冷藏集装箱协调完成运输任务，共同发展。

我国南北温差大，冷藏货物品种多，应根据我国铁路冷链物流、线路及装备发展现状，研制适合的铁路冷链运输装备，提高运输经济性。同时开展系列化产品设计，推动铁路冷链运输装备持续发展。结合世界铁路冷链运输装备发展经验，我国需要重点发展的装备主要有四类：①机械制冷装备（23t 轴重新型铁路机械冷藏车、40ft 及 45ft 机械制冷冷藏集装箱、新能源冷藏集装箱）；②隔热装备（铁路隔热保温车、公铁水联运隔热箱（VIP 技术））；③蓄能装备［40ft 及 45ft 蓄冷集装箱、蓄热集装箱（运输有低温要求的电子产品）、23t 轴重铁路蓄冷车］；④供电装备（40ft 无人值守信息化铁路冷藏货物运输发电箱、外挂式发电装备）。

（四）铁路冷链运输操作与管理

铁路冷藏货物运输操作主要包括冷藏货物的托运、装车与卸车、冷藏车辆运行组织三个环节。本书只重点讲述托运、装车与卸车环节，因为这两个环节都涉及托运人（货主），而冷藏车辆运行组织环节一般只与铁路部门有关，这里不赘述。

1. 铁路冷藏货物的托运

（1）运输期限的规定。易腐货物容许运输期限的长短，与货物质量、性质、品种、采收季节、成熟度、环境气候、加工处理方法等一系列因素有关，必须依据科学实验和实际经验以及有关的专业知识来确定。对上述专业知识和经验，托运人了解和掌握得比铁路部门相关人员更好，特别是对于某些新品货物更是如此。所以易腐货物的"容许运输期限"应由托运人提报，并在货物运单"托运人记载事项"栏内加以注明。如果易腐货物的容许运输期限小于铁路规定的货物运到期限，就表明此货物在运达目的地之前有可能腐烂变质。为了防止社会财富的浪费，使易腐货物质量有更为可靠的保证，铁路部门规定易腐货物的容许运输期限必须至少大于货物运到期限三日。

（2）冷藏货物的规定。托运人托运易腐货物时，货物的质量、温度、包装和选用的车辆，均须符合"易腐货物运输条件表"和"易腐货物包装表"的规定。易腐货物的初始质量和包装是优质运输易腐货物的重要前提。如不能满足运输要求或不适于提交运输而予以承运，必然造成货物损失，浪费运输能力。货物的质量和包装由托运人负责。铁路在运输过程中除应对合同规定的义务承担责任外，同时也应负责监督托运人、收货人承担合同规定的义务。

为了划分铁路部门与托运人之间的责任，发站在装车前应按照要求对货物进行检查。考虑到人力上的限制，可只对货物进行抽查。抽查的货物件数可以根据具体情况确定。装载货物的防护用品是否符合规定，发站也应认真检查或抽查，具体做法可由发站根据实际情况自行决定。但绝不能以定员不足为理由放弃检查或抽查。总的精神是要求发站对易腐货物的承运工作做到认真负责，防患于未然。

（3）托运要求的办理。使用冷藏车运输易腐货物时，托运人应在货物运单"托运人记载事项"栏内具体注明"途中制冷""途中加温""途中不加冰""途中不制冷""途中不加温""不加冰运输"等字样。

"途中制冷"是指使用机械冷藏车时，要求在运输途中按规定的运输温度控制车内温度。

"途中加温"是指在寒冷季节运输怕冷、怕冻的易腐货物时，为使货物不因外界气温过低而造成冷害、冻害所采取的技术措施。

"途中不加冰"是指加冰冷藏车在装车地进行始发加冰后，沿途在各加冰所不再加冰的运输方法。主要是在发站外温较高而沿途各站气温逐渐下降的地带采用这种运输方法。

"途中不制冷"是指使用机械冷藏车时，沿途不用开启制冷系统制冷降温，这实际上是把机械冷藏车当作无冷源车（隔热车）进行保温运输。

"途中不加温"是指用冷藏车装运易腐货物时，沿途不用开启机械冷藏车的电热器。这也是把冷藏车当作隔热车使用。

"不加冰运输"是指将加冰冷藏车用于装运易腐货物时，无论是在发站还是在途中加冰所都不加冰的运输方法。这也是一种保温运输方法。

2. 铁路冷藏货物的装车与卸车

（1）冷藏车的预冷。考虑到目前我国铁路冷藏运输的技术水平及运输组织工作的实际情况，铁路运输部门对加冰冷藏车和机械冷藏车的预冷做了不同的规定。

加冰冷藏车装运冻结货物时，车内应预冷到6℃以下，达不到时可预冷6h；装运冷却或未冷却货物时，车内应预冷到12℃以下，达不到时可预冷3h。

机械冷藏车车内预冷温度：冻结货物为 $-3 \sim 0$℃；香蕉为 $12 \sim 15$℃；菠萝、柑橘为 $9 \sim 12$℃；其他易腐货物为 $0 \sim 3$℃。

由于外温高低、车种车型不同，以及所运易腐货物种类的差异，冷藏车的预冷温度和时间差别很大。因此，发站应针对使用冷藏车装运易腐货物的有关技术的作业过程进行完善的计划和安排，合理确定洗车、加冰、预冷、装车等作业的时间标准，做好上、下班间的交接工作，不应强求所有作业都在本班内完成，避免因盲目求快导致操作不符合要求。

（2）冷藏货物的装载。

1）装车时间。发站和托运人、收货人应加强装（卸）车的组织工作，缩短装（卸）车时间。每辆加冰冷藏车装（卸）车作业时间（不包括洗车和预冷时间）不得超过3h。对于机械冷藏车，装货车为8辆以上的，每组装（卸）车时间不得超过12h；装货车为4辆以上的，每组装（卸）车时间不得超过6h。其中每辆的装（卸）车时间不得超过3h。当由于托运人（收货人）的责任而超过规定的装（卸）时间时，应核收货车使用费。

2）装车要求。经过预冷的冷藏车装车时，应采取的措施：保持车内温度；货物装车完毕,机械冷藏车乘务员应检查车门关闭是否严密;及时记录车内温度,并开机调温。使用加冰冷藏车运输易腐货物时,必须填写"加冰冷藏车作业单";使用机械冷藏车运输易腐货物时,需要填写"机械冷藏车作业单"。

(3) 冷藏货物的卸车。

1) 卸车和交付。冷藏货物的卸车和交付是运输过程的终结环节,必须认真做好这一工作,以免因卸车作业失误而前功尽弃。

运输质量的好坏不但在卸车时方可认定,而且卸车和交付作业本身也会直接影响货物的最终质量。如卸车时由于场地不符合卫生要求而使货物发生污染,卸车作业不当损坏货物或包装,缺少防护措施导致对低温敏感货物的冷害或冻害或使冻结货物软化等,都是在卸车时容易出现的问题。为防止这些问题发生,要求作业迅速、场地卫生、防护妥当、搬出及时。

为了具体掌握卸车实况,便于划清责任和有针对性地改进工作,车站必须针对本站负责的冷藏车卸车作业派货运员监卸。当收货人负责卸车时,也应派人检查,确认货物质量,并对照运单、货票和冷藏车作业单填好"到站作业记录"的各项内容,重点是货物质量的正确判定和交接温度的确认。

对冻结货物卸车温度的检测,可在卸完车门部位的货物时(刚从车门部位卸下的货物温度一般偏高,没有代表性,不宜用作测温货件),在车内抽查 2~3 件货物(操作方法与装车时相同),以所测货件的平均温度值作为交接温度记入作业单有关栏目内。对机械冷藏车所装货物质量的检测,以及货物温度的测定,车站应会同机械冷藏车机械长及收货人共同进行。当收货人要求直接卸车时,应由收货人自卸,并要求不中断卸车作业,缩短车辆待卸时间。严禁以车代库。

2) 车辆清洁。车辆的清扫、洗刷和消毒,是保持卫生状态良好,防止货物受到污染的必要措施,也是保护车体结构和车内设备不受损坏的重要手段。

近些年来,不少单位对这项工作做得不认真,对于装过易腐货物的冷藏车特别是对于加冰冷藏车卸后的清扫工作十分草率,甚至根本未进行清扫。有的车内残留不少货物碎屑,如碎肉渣、猪内脏、烂鱼虾、烂菜、烂水果等,致使车内生霉、长蛆、发出恶臭味,产生严重的污染源和滋生大量的病原菌。有的加冰冷藏车,地板上的防水层被微生物侵蚀、分解、糜烂,使防水层遭受破坏而失去功能,甚至污水渗入车底隔热层内,进一步恶化车体隔热性能。

延伸阅读 5-5

铁路冷链专列道阻且长

近期,满载泰国新鲜龙眼的进口水果冷链班列,从老挝万象南站启运,沿中老铁路一路北上,经云南磨憨口岸入境抵达昆明王家营站,并于农历春节期间陆续转运至全国各地各大水果市场。该班列全程冷链运输且仅需 28h,助力东南亚水果进境驶入"快车道"。

1. 模式改革:补齐软硬短板

所谓铁路运输冷链专列,是相对于公路运输冷链货车而言的。公路上运营的冷藏车无非是"一大硬""一大软",所谓"一大硬",就是"制冷机组 + 车厢厢体",制冷机组就是俗称的给冷藏车打冷的"机头"，车厢厢体就是业内俗称的"三明治复合板"，板材由内蒙皮、外蒙皮、保温层以及骨架经过特种胶黏剂黏结而成。而所谓"一大软"，就是众所周知的冷链全程监控，它借助先进的物联网技术，可以实现公路冷链运输全程不间断的实时监测、报警、记录和数据存储以及位置查询。同样作为冷链运输方式的铁路冷链运输，从本质上和公路运输一样，也是由"一大硬""一大软"构成的。作为一种新的冷链运作模式，冷链专列的硬件设备目前还不够"硬"，软件技术还不够"软"。但是，笔者认为，无论是硬件的还是软件的短板，都还只是铁路冷链发展过程中的表面现象，是标不是本，其根本问题或者发展短板还是运营模式。

改革铁路冷链的运营模式，将是冷链专列今后发展强有力的助推剂。改革的重点和诉求主要表现在两个方面。

一是缩短整个货运流程。包括冷链物流在内的铁路货运，每次运输都要经过装箱、调货、请车、起降设备、编组的流程，整个前期流程在货运的 5~6 天中一般占 2~2.5 天，其中编组可能还会在之后的流程中反复遇到。由于铁路起降设备每天只使用两次，因此在时间上会对铁路货运的时效性产生较大影响。而整个货运过程编组占用的时间也非常多。铁路编组站是几条铁路交接处的铁路枢纽，是站内进行车流集散和列车解编重编的中心。在铁路货运中，从货物装车到货物卸车，平均要进行 5~6 次调车作业，因此可能在编组站所耗费的时间占整个运输时间的 30% 左右。

二是从"站到站"向"库到库"全程物流发展。目前，"冷链专列"已经初步实现了冷藏集装箱的"站到站"的运输，但是，还有进一步挖潜的可能，这个潜力，就是从"站到站"向"库到库"的发展。通过与公路运输或物流公司等多方加深合作，铁路冷链完全有可能实现从"站到站"的冷链物流向"（冷）库到（冷）库"的冷链物流服务方式，即铁路线延伸至冷链物流配送中心冷库或食品加工生产基地的厂库设施中，铁路冷藏车可以直接进入冷库进行装卸及转运作业。这不仅能够实现完整意义上的全程冷链物流，还能够提高装卸作业和转运效率，很好地解决公铁联运方式中的铁路大批量与公路小批量运输的匹配问题，实现高效率、高质量的公铁联运无缝衔接。通过铁路冷链物流的无缝衔接，既可以减少公路拖车的接取送达空返行程，提高装备的利用效率，降低运营成本，又可以提高铁路运输的灵活性，扩大运输辐射范围，会受到包括食品经销商、物流服务商在内的冷链物流企业的普遍欢迎。

2. 服务建设：满足个性化需求

在运营模式改革的同时，也要加强铁路冷链服务建设。首先，应着力建设铁路冷链物流基地。铁路冷链物流基地根据其在路网中的作用及服务区域的不同，分为区域级冷链物流基地和地区级冷链物流基地，主要担负全国或区域的冷链货物集散与分拨任务，设置于全国综合交通枢纽或市场需求旺盛的地区，到发量 100 万 t 以上，用地 200~500 亩，冷库容量 20 万 t 以上，具备商务中心、多功能冷藏冷冻及恒温仓储中心、国际食品交易中心、信息结算中心、农副产品加工中心、检验检疫中心、金融及其他增值服务功能。这方面，目前已有现成模式可资借鉴，如昆明腾俊国际陆港有公铁多式联运中心、保税物流中心（B 型）、大型常温智能仓储区、冷链仓储区，都能满足各类冷链货物的集散和发运以及多种贸易方式的需求。同时，昆明腾俊国际陆港在老挝、泰国建立了服务网络，为中国农产品出口、老挝和泰国农产品及其他产品的进口提供了境内外集货、仓储、跨境物流、报关清关、班列运输、终端配送等综合服务。其次，要分类定制冷链物流服务方式。针对客户在运输品类、批量、运到时限要求等方面的不同需求，结合提前预订量的不同，铁路部门可给出不同运输产品的运价方案。对于冷链运输时效性要求强的商品，铁路运输速度快，运价也会相对较高。铁路的运价标准一般会公开发布，但铁路方面可以根据市场实际情况与客户协定合同运价，分类定制冷链物流服务方式。通常，多式联运冷链产品的服务方式等级最高。利用这种服务方式的冷藏列车，能够比较准确地把控运输时间，列车准时到达率较高，所以价格相对于普通列车自然应该高一些。最后，新型铁路冷藏车具有更强的制冷控温能力，包括增设运送新鲜物资时的换气功能、智能化操作及远程测控功能、实现实时定位追踪管理及远程故障诊断功能，能够更好地保障运输质量和物资安全，提高车辆利用效率，更好地满足冷链物流市场对时效性和成本效益方面的要求。

[资料来源：张签名. 铁路冷链专列道阻且长 [J]. 中国航务周刊，2023（8）：34-35.]

四、船舶冷链运输装备

水路冷链运输主要有两大类，一类是冷藏集装箱运输，另一类是冷藏船运输。冷藏集装箱的电力由船上的发电机或者便携式发电机提供。在集装箱到达码头后，可以转移到拖车底盘上。装在底盘上的冷藏集装箱可以像拖车一样，在陆路继续运输。冷藏船的货舱为冷藏货物运输舱，常分为若干个舱室。每个舱室都是一个独立的封闭装货空间，舱壁、舱门均为气密，并覆盖泡沫塑料、铝板聚合物等隔热材料，使相邻舱室互不导热，以满足不同货物对温度的要求。其制冷机组安装在专门舱室内，要求船舶在发生倾斜、摇摆、振动时和在高温高湿条件下仍能正常工作。随着装载自动化水平不断提高，冷藏船已越来越少，冷藏集装箱逐步占据了大部分市场。

因为水路冷链运输运载能力大，成本低、能耗少且投资省，所以适宜长途运输，但是水路冷链运输通常需要其他货运方式的补充来完成整个运输过程。目前，我国的冷藏船吨位为10万 t。

（一）船舶冷藏运输的分类

冷藏运输船舶可分为三种：冷冻母船、冷冻渔船和冷冻运输船。冷冻母船是万吨以上的大型船，它配备冷却、冻结装置，可进行冷藏运输。冷冻渔船一般是指备有低温装置的远洋捕鱼船或船队中较大型的船。冷冻运输船包括集装箱船，它的隔热保温要求很严格，温度波动不超过±5℃。冷藏运输船又有以下四种基本类型。

（1）专业冷藏运输船。其主要用于城市之间或城市所属区域范围冷藏运输易腐食品。收集和储运渔获物的冷藏船及鱼品加工母船也属于此类。

（2）商业冷藏运输船。商业冷藏运输船即运输一般货船的冷藏运输船。商业冷藏运输船主要用于运输冷藏货，但也可用于装运非冷藏货。

（3）冷藏集装箱运输船。这类船上设有专门的制冷装置与送、回风设备，为外置式冷藏集装箱供冷。

（4）特殊货物冷藏运输船。典型的特殊货物冷藏运输船有液化天然气运输船、化学品或危险品运输船等。

（二）船舶冷藏运输的特点

（1）保温绝热。具有隔热结构良好且气密的冷藏舱船体结构，必须通过隔热性能试验鉴定或满足平均传热系数不超过规定值的要求。其传热系数一般为 $0.4 \sim 0.7 W/(m^2 \cdot K)$，具有运行可靠的制冷装置与设备，可以在各种条件下为货物的冷却或冷冻提供足够的制冷量。

（2）结构灵活。冷藏运输船舶冷藏舱结构上应适应货物装卸及堆码要求，设有舱高 $2 \sim 2.5m$ 的冷舱 $2 \sim 3$ 层，并在保证气密或启闭灵活的条件下，选择大舱口及舱口盖。

（3）自动控制。船舶冷藏的制冷系统有良好的自动控制功能，可保证制冷装置的正常工作，为冷藏货物提供一定的温度、湿度和通风换气条件。水路冷藏的制冷系统及其自动控制器、阀件技术等比陆用制冷系统要求更高，如性能稳定、使用可靠、运行安全及工作抗震和抗倾斜等。

（三）船舶冷藏运输用制冷装置的注意事项

冷藏运输船上一般都装有制冷装置，船舱隔热保温。船上条件与陆用制冷设备的工作条件大不相同，因此船用制冷装置的设计、制造和安装需要有实际经验。在设计过程中，一般应注意以下几个方面的问题。

（1）船上的机房较狭小，因此制冷装置要尽可能紧凑，但又要为修理留足够的空间。考虑到生产的经济性和在船上安装的快速性问题，为了适应船上快速安装的要求，已越来越多地采用系列化组装部件，其中包括若干特殊结构。

（2）设计船用制冷装置时，要注意船舶的摆动问题。在长时间横倾 $15°$ 和纵倾达 $5°$ 的情况下，制冷装置必须能保持工作正常。

（3）与海水接触的部件（如冷凝器、泵及水管等）必须由耐海水腐蚀的材料制成。

（4）船下水后，环境温度变化较大，对于高速行驶的冷藏船，水温可能每几个小时就发生较大变化，而冷凝温度也要相应地改变，船用制冷装置需按最高冷凝温度设计。

（5）环境温度的变化会引起渗入冷却货舱内的热量的变化，因此必须控制制冷装置的负荷波动，所以，船用制冷装置上一般都装有自动能量调节器，以保持货舱温度恒定不变。

在运输过程中，为了确保制冷装置连续工作，必须装备备用机器和机组。船用制冷压缩机的结构形式与陆用的并无多大差别，但由于负荷波动强烈，压缩机必须具有良好的可调性能。因此，螺杆式制冷压缩机特别适于船上使用。

（四）船舶冷藏制冷设备与陆用冷藏设备的区别

船舶冷藏制冷设备应具有更高的使用安全可靠性，较高的耐压、抗湿、抗震性能及耐冲击性；具有一定的抗倾性能，在航行时能抗风浪及在一定的倾斜条件下能保证压缩机正常润滑、安全工作；船用制冷装置的用材应有较好的耐蚀性能；船用制冷装置的安装、连接应具有更高的气密性及运行可靠性；船用制冷装置选用的制冷剂应不燃、不爆、无毒，对人体无刺激，不影响健康；船用制冷装置应具有更好的适应性，安全控制、运行调节及监视、记录系统更加完备。船用制冷设备及备用机的主要要求应以我国《钢质海船入级规范》为依据，渔船应以我国《钢质远洋渔船建造规范》《钢质国内海洋渔船建造规范（船长大于或等于 $24m$ 但小于或等于 $90m$）2019》为依据，所有设备配套件均应经船舶检验部门检验并认可后才能装船。

五、航空冷链运输装备

最早的航空冷链物流可以追溯到 1928 年，当时的荷兰皇家航空公司开创了航空冷链物流的先河，它将 75 万 t 重的鲜花、水果和蔬菜空运到伦敦。1969 年，美国尔湾的工业界推出了世界首个冷藏集装箱，可以放置在波音 747 机舱里，自此航空冷链物流形成了第一个闭环。1972 年，日本航空公司利用航空冷链运送金枪鱼，实现了金枪鱼的全球供应，推动了航空冷链运输的首次高峰。而我国利用航空冷链运输货物还处于起步阶段。

航空冷链运输主要是指利用具有货舱的飞机或全货机，装载与其相兼容的 ULD（Unit Load Device，航空运输中的集装设备）或制冷集装箱，借助冷却媒介、控温运输工具和相关的辅助材料完成空中运输。航空冷链物流是系统工程，其参与主体多元化，链条衔接复杂，需要航空公司、机场、货运代理、地面分拨、海关等部门协同合作，只有这样才能保障航空冷链物流的高效运转。

在航空领域较少应用传统的制冷系统，多采用制冷集装箱进行航空运输。而制冷集装箱的温控效果好，一般有托盘和密闭集装箱两种形式，但托盘比较容易使货品遭受损害。制冷集装箱由于受到飞机机舱形状的严格限制，选择面较小。其可采用的材质有铝质、聚碳酸酯聚合物及高冲击成型聚合物，近年来广泛使用的材料还有纤维板等。由于 ULD 在等待装卸时经常会暴露在太阳底下，还应避免使用吸热材料。为了维持易腐货物的温度，一些制冷集装箱采用简单的隔热层（仅在壁面添加保温材料，以达到减弱温度变化的目的）。隔热层分临时性和永久性两种。永久性隔热层采用较厚的保温材料，具有较好的保温效果。采用永久性隔热层的制冷集装箱又分为主动式和被动式两种。至于采用主动式集装箱还是被动式集装箱，主要取决于易腐货物的价值。主动式制冷集装箱一般采用干冰作为制冷剂，并采用自动调温控制的换热器。这种换热器可以更加均匀地分配气流，避免内部出现冷或热的集中区域；当环境温度超过产品温度 8℃时，其可以发挥最大功效，特别是对于那些冷冻货品。被动式制冷集装箱只是在内部装上干冰或一般的冰，但必须上报给航空公司，因为高浓度的二氧化碳会产生危险。与其类似，一般的冰融化产生的水也容易引发危险。

航空冷链运输是通过装载冷藏集装箱进行联合运输的。除了使用标准的集装箱外，小尺寸的集装箱和一些专门行业非国际标准的小型冷藏集装箱更适合航空运输，因为它们既可以减少起重装卸的困难，又可以提高机舱的利用率，给空运的前后衔接带来方便。飞机只能运行于机场与机场之间，冷藏货物进出机场需要其他方式的冷链运输来配合。因此，航空冷链运输一般是综合性的，采用冷藏集装箱，通过汽车、铁路、船舶等联合运输，不需要开箱倒货，可实现"门到门"快速不间断冷环境下的高质量运输。为确保冷链运输的可靠性，最重要的是正确准备集装箱、严格检查产品包装及制定运输流程。

》知识拓展

航空冷链物流中的 ULD 到底是什么？

一、什么是 ULD

ULD 是 Unit Load Device 的缩写，是航空运输中用来装载货物的集装设备。ULD 根据用途可分为集装箱、冷藏集装箱、集装板、集装网和车架等。车架与集装板配合使用，共同完成货物的集装和运输任务。

二、ULD 的作用

所有装上飞机的货物需要被固定好，否则可能在飞行途中因为移动而对货物本身或机场内壁造成损害。而 ULD 就是用于固定货物的，可以先把货物装在 ULD 上，然后再将 ULD 固定在飞机里。

三、ULD 的名称

1. ULD 的命名规则

ULD 的命名一般为"三个英文字母 + 一串数字 + 航空公司二字代码"的形式。例如：PMC12345678LH。这代表德国汉莎航空公司的一个 PMC 板，板的号码是 12345678。

2. ULD 名称中前缀的三个英文字母的含义

第一个字母代表 ULD 的类型。例如：

(1) P，代表 Pallet，是一块四面开放的底板，如 PAJ、PLA、PLF 等。

(2) A，代表一个箱子（四面都有封），类似于 Container，如 AKE、AKH、AMF 等。

(3) R，代表 Refrigerate，即冷藏，说明该 ULD 带有温度控制，如 RKN 等。

(4) H，代表 Horse，即专门用来运送马匹的 ULD，如 HMJ 等。

第二个字母代表 ULD 的底板面积。例如：

(1) M，代表 244cm×318cm（98in）。

(2) A，代表 223cm×318cm（88in）。

第三个字母代表 ULD 的板型。例如：

C，代表可以打个 C2 板或 Q7 板。

四、ULD 根据用途分类

1. 集装箱

集装箱用于运载一般货物、行李和邮件，如 AMA、AMF、ALF、AKE。

2. 冷藏集装箱

冷藏集装箱主要用于运送鲜活物品，如水果、蔬菜、海鲜等，例如 RKN。

3. 集装板和集装网

集装板是一块平面的铝板。货件放置在板上，由绳网固定，例如 PGA、PMC、PQP。

4. 车架

车架放置在 PGA 集装板上，使两辆车可以相选放置，常见的有 PQP 车架，如 VZA、VRA 等。其主要作用是在航空货物运输中，方便装载和运输车辆等货物，提高运输效率和空间利用率。

延伸阅读 5-6

强化我国航空生鲜物流服务能力的探索——以昆明空中鲜花通道建设为例

一、与世界先进做法相比我国空中鲜花运输的短板

1. 鲜花包装"大"而"重"，包装损耗率较高

国内鲜花运输包装基本为 100kg 的"挤压式"包装，导致存在大件搬运、野蛮装卸

等情况。此外，航空运输至少经过三级转运——拍市或种植基地、机场、批发商或消费者，其中至少搬运6次，鲜花损耗率高于"门对门"运输的冷链汽运。近年来，随着云南鲜花品质的提升，花价一路上涨，高破损率既直接导致了货主的经济损失，又影响了货主的品牌和声誉，部分货主选择转向冷链汽运，这动摇了航空物流在鲜花运输中的主导地位。荷兰的鲜花包装盒不仅轻巧、抗压，还可对每盒鲜花进行跟踪和追溯，运输质量好，损耗率较低；同时，阿联酋航空创新鲜花包装技术Emirates Fresh，可用于保护热敏货物在运输过程中免受太阳能加热，既防水又透气，是鲜花运输的理想选择。

2. 安检模式"旧"而"散"，尚未形成个性化的服务体系

国内航空物流主要由腹舱运载鲜花，具体流程为鲜花从斗南花卉拍卖市场装车到达货站，再分散通过货运安检机进行安检，检查后装车进入机坪进行装卸，因无集装板（集装箱）保护并多次装卸，存在机械损伤、搬运损伤等花材损耗情况。目前，国际上基本为全货机运输鲜花，分为两种鲜花安检模式：一种是鲜花装载于集装板（集装箱）内通过集装箱专用安检机安检，破损率小，适用于全货机和宽体机；另一种是冷链车安检，适用于冷链车从花卉拍卖市场或种植基地运送至机场，整车安检后再转至航班。以上两种模式的损耗率都较低，相比于昆明机场的"旧""散"安检模式，具有较强的领先优势。

3. 冷链设施"缺"而"老"，冷链能力不足制约远期发展

之前，我国航空供应链上的参与者对冷链的重视程度较低，鲜花在航空运输途中主要采用箱内放"冰瓶"制冷（所谓冰瓶，是指用装满水的塑料瓶进行冰冻）方式。该种制冷方式既原始又占体积和重量，是老式冷链方法。反观民航业内领先的生鲜保障机场和航空公司，如内罗毕国际机场（现名乔莫·肯雅塔国际机场）已实现"压差预冷"，这项技术使鲜花内部温度与外部冷链环境一致，可以减少不同温差带来的损耗，延长鲜花的开放周期。鲜花预冷后，通过阿联酋航空的Emirates Fresh生鲜运输专属服务——热敏货物专属包装、货舱温度1~3℃、有针对性的装卸保障等，将鲜花运输至荷兰花卉拍卖市场。在全程冷链保障条件下，肯尼亚鲜花花期可达14~21天，受到国际市场的好评和欢迎，目前肯尼亚鲜花已销往60多个国家，出口收入超过11亿美元。此外，迪拜国际机场作为全球领先的易腐货物中转机场，具备较大空间、设施齐全的冷库，不仅可全程在冷环境下对鲜花进行机械化操作，还可驾驶汽车直接进出冷库，减少装卸搬运次数。迪拜考虑到易腐货物中转需求，在冷环境下设置植检室并为客户提供进出口检疫服务。

4. 产业链与供应链合作"少"和"弱"，尚未形成具有较强竞争力的服务体系

对于传统的鲜花产业来说，销售路径一般为花主—拍卖市场—批发商—中间商—花店—消费者，但在电商快速崛起和消费市场升级的带动下，新型销售路径变为花主—电商—消费者或者拍市—批发商（通过电商平台）—消费者。面对鲜花等易腐货物产业链布局的调整，无论是机场或是航空公司，应对变化的速度较为滞后，与产业链主体合作的黏性不强，冷链汽运通过升级优化取代了部分属于空运的市场，高铁也加快布局电商鲜花领域，航空物流不进则退。此外，随着国内鲜花的品质提高，欧洲、北美国家对我

国鲜花的需求量增加，但因国际货运网络不完善，缺乏具有较强国际竞争力的货运代理和综合物流服务商，云南鲜花出口难以形成稳定的供货渠道和出口规模，使我们与国外鲜花主产地形成了短期内难以逾越的竞争鸿沟。如何推动产业链和供应链合作，全方位开拓海外市场，形成自主可控的供应链服务体系，是必须解决和拓展的课题。

二、对强化我国航空生鲜物流服务能力的启示

1. 布局万亿级蓝海市场，提供个性化航空生鲜物流服务

云南、新疆、甘肃、青海等省份地理位置较为偏远，适合临空经济的制造业、高新技术等产业较不发达，但却拥有丰富、优质的生鲜农产品，包括鲜花、蔬菜、水果、牛羊肉等。随着居民消费水平的增长，生鲜行业成为万亿元级产业，2020年，我国生鲜零售市场规模超5万亿元，预计未来也将保持高增长趋势。面对生鲜市场这一风口，以上省份的机场、航空公司应将航空生鲜物流服务能力提升作为乡村振兴的重要组成部分，以"满足客户运输需求"为核心，根据优势生鲜产业特点和客户运输要求，制定不同类型产品的服务标准，对包装大小和抗压性、货物放置方式、安检方式、运输温度、装卸次数等进行升级优化，发挥民航的先导性和时效性作用，给予生鲜货物来自航空物流的优质服务和保障效率，在与冷链汽运和高铁货运的竞争中，在国际航空物流的竞争中，形成我国航空物流优势。例如，云南机场集团、云南东航物流有限公司等要主动对接斗南花卉拍卖市场等大型货主，共同研究符合市场需求、与国际一流鲜花产地接轨、适合航空运输的鲜花包装，统一包装重量和大小形状，从根本上减少野蛮装卸，降低鲜花破损率。此外，针对我国腹舱运输鲜花的特点，开发适合腹舱运输的集装设备，减少航空物流装卸次数，减少机械对易腐货物的损耗，构建"云南模式"的鲜花保障流程。

2. 强化航空冷链物流能力，打造全链条和自主可控的航空冷链服务体系

中国民用航空局响应国家对冷链物流产业的高度关注，针对航空物流起步较晚、基础薄弱等问题，制定我国航空冷链物流标准体系、推动航空冷链基础设施建设、完善冷链设备的适航审定、强化专业化人才引进，进一步完善生鲜、疫苗等高需求性产品流通环境，构建畅通高效、具有竞争力的航空冷链物流网络。航空公司应重视航空冷链物流能力的提升，加快建立航空冷链供应系统，推动航空冷链标准化、专业化，与国际上具有领先冷链空运水平的航空公司进行标准接轨。提升航空冷链运输的智慧化水平，引入主动制冷的温控箱，研发温度敏感货物的包装，可满足生鲜、疫苗、医药等温度敏感货物的航空冷链需求。机场需要升级优化冷库设施设备，根据不同温控货物特点，实现恒温储藏功能；学习国际先进机场经验，引入预冷设施设备，最大限度地保持货品品质标准，延长保存期限，同时减少入储后制冷机械的能耗；机场在改扩建及新建中，强化冷藏库、冷冻库、保鲜库等基础设施建设，为货站进行冷环境下机械化处理做前瞻性考量。

3. 多方合作联动，强化产业链与供应链融合发展

联合实力雄厚的头部生鲜电商平台，如盒马、京东到家、叮咚买菜、每日优鲜、花加等，依靠强大的电商数据共同拓展航空物流生鲜供应链；或联合顺丰、京东、圆通、申通、韵达等快递巨头，借助其强大的配送网络和具备规模的冷链供应体系，建立航

空 + 快递物流合作机制或合资公司，打造稳定、快捷、高效的航空生鲜物流流通通道。此外，把握全球生鲜供应链的发展机遇期，完善与龙头生鲜生产企业、跨境电商企业等大型货主的对接联动，多方共同推进国际货运航线网络和境外配送网络的投资布局。整个供应链通力合作，探索大型物流综合服务商、大型货代企业、大型航空物流公司收购境外航空易腐货物处理企业的可行性，在产业链融入国际市场竞争的过程中，打造自主可控、安全可靠的航空运输产业链、供应链。

[资料来源：李宛珂. 强化我国航空生鲜物流服务能力的探索：以昆明空中鲜花通道建设为例 [J]. 空运商务，2022，441 (2)：32-35.]

六、保温集装箱

（一）保温集装箱的类型

凡具有隔热的箱壁（包括端壁和侧壁）、箱门、箱底和箱顶，能阻止内外热交换的集装箱称为保温集装箱（Thermal Container）。保温集装箱是一个总称，根据中华人民共和国国家标准《系列 1 集装箱　技术要求和试验方法　第 2 部分：保温集装箱》（GB/T 5338.2—2023），保温集装箱的分类见表 5-9。

表 5-9　保温集装箱的分类

代码 (ISO 6346)	类型	最大漏热率[1] (U_{max})/(W/K)									运行温度[2][3][4]/℃	
		1D 1DD	1C 1CC	1CCC	1B 1BB	1BBB	1A 1AA	1AAA	1EE	1EEE	箱内	箱外
H5/HM	耗用冷剂式冷藏集装箱	13	22	24	31	33	40	42	44	46	−30	50
H8/HX	远程控制机冷式冷藏集装箱	13	22	24	31	33	40	42	44	46	30 −30	−30 50
R0/RA	机冷式冷藏集装箱	13	22	24	31	33	40	42	44	46	−30	50
R1/RB	（机冷式）制冷/加热集装箱	13	22	24	31	33	40	42	44	46	30 −30	−30 50
R7/RW	加热集装箱	13	22	24	31	33	40	42	44	46	30	−30
R5/RM	内置嵌入式冷藏/加热集装箱	13	22	24	31	33	40	42	44	46	30 −30	−30 50
R2/RD	带动力的机冷式冷藏集装箱	13	22	24	31	33	40	42	44	46	−30	50

（续）

代码 （ISO 6346）	类型	最大漏热率[1] （U_{max})/（W/K)									运行温度[2][3][4]/℃	
		1D 1DD	1C 1CC	1CCC	1B 1BB	1BBB	1A 1AA	1AAA	1EE	1EEE	箱内	箱外
R3/RG	带动力的 冷藏/加 热集装箱	13	22	24	31	33	40	42	44	46	30 −30	−30 50
R8/RX	带动力的 加热集 装箱	13	22	24	31	33	40	42	44	46	30	−30
HO/HA	外置式挂 装冷藏/ 加热集 装箱	13	22	24	31	33	40	42	44	46	—	—
H1/HB	内置式挂 装冷藏/ 加热集 装箱	13	22	24	31	33	40	42	44	46		

① U_{max} 按照传热系数不大于 0.4W/（m² · K) 换算而成。

② 控制箱内的电气元件应能承受85℃而不失效。

③ 所有材料应能在 −30～80℃表面温度下保持有效。

④ 如果机械制冷装置未设计在 −30℃，则制造商可选定最低设计温度。

对上述分类中的关键术语做出如下定义：

冷藏集装箱（Refrigeration Container）：带有或不带蒸发控制（ERU），使用液化气等制冷方式单元的（消耗制冷剂）保温集装箱。

内置机械式制冷/加热集装箱（Built-in Front Mechanically Refrigerating and Heated Container）：设有嵌入式加热和制冷单元的保温集装箱。

挂装设备（Removable Equipment）：在保温集装箱上可挂装或拆下的发电机组或其他设备。

内置式（Internally）：全部安装在 ISO 668 所规定的集装箱外部尺寸界限以内。

外置式（Externally）：全部或局部安装在 ISO 668 所规定的集装箱外部尺寸界限以外。

（二）冷藏集装箱的尺寸与计量单位

国际通用冷藏集装箱作为一种标准化的运输工具，其外观尺寸必须符合《系列1 集装箱 分类、尺寸和额定质量》（GB/T 1413—2023）的有关规定，而冷藏集装箱内部尺寸则由于制造厂家的不同而有所变化，但冷藏集装箱的最小内部高度为集装箱外部高度减241mm，最小内部宽度为2330mm，最小门框开口宽度为2286mm。冷藏集装箱最小内部长度和门框开口高度可参见《系列1 集装箱 分类、尺寸和额定质量》（GB/T 1413—2023）的有关规定。

目前，国际标准冷藏集装箱的宽度均为2438mm（8ft），额定长度有 13.7m（45ft）、

12.2m（40ft）、9.1m（30ft）、6.1m（20ft）及3.0m（10ft）五种。箱高小于2438mm（8ft）的集装箱的型号为1AX、1BX、1CX及1DX；箱高为2438mm（8ft）的集装箱的型号为1A、1B、1C及1D；箱高为2591mm（8ft 6in）的集装箱为高箱，其型号为1EE，1AA、1BB及1CC；箱高为2896mm（9ft 6in）的集装箱为超高箱，其型号为1EEE、1AAA、1BBB、1CCC。

延伸阅读 5-7

中车长江运输设备集团有限公司冷链集装箱的应用

1. 沪蓉冷链班列锂电池冷藏箱应用

2020年5月30日，搭载全国首个锂电池冷藏集装箱的铁路货运班列从上海杨浦站驶出，终点是成都。该产品是国家铁路集团引领下，中车长江运输设备集团研制的我国铁路冷链装备的重大创新型产品，能满足铁路、公路、水路等多种运输方式及其多式联运。

45/40/20ft新能源锂电池冷藏集装箱已在上海到成都冷链班列上运用。锂电池作为动力来源，在新能源汽车等方面已得到广泛应用，具有节能、环保、经济等优势。该冷藏集装箱搭载大功率纯电动变频制冷机组，制冷速度快、耗电量低、保温性能好。同时，锂电池冷藏集装箱采用信息化技术，对运输全程实施远程监控，提升了运输可靠性。新型的锂电池驱动冷藏集装箱每个箱体可独立供电，打破了传统冷藏集装箱依赖发电车供电的制约，可灵活编组，减少了装卸车过程中排线接电的作业环节，提高了运输效率。锂电池冷藏集装箱搭乘铁路货运班列途中不重新编组，全程平台监控，相比于其他冷链运输方式，具有全程电子控温、全天候运输等优势，能有效提升产品的市场竞争力。

2. 中欧班列柴电一体式冷藏箱应用

2018年，中车长江运输设备集团研制成功柴电一体式冷藏箱，开始在中欧班列上进行使用，全面采用信息化技术实现了远程监控。2018年11月22日，其首次将湖北地区的柑橘、柚子等新鲜水果送往了俄罗斯伊尔库茨克。更进一步，在2019年，此冷藏集装箱远赴东南亚，以优良的新鲜空气自动补偿技术阻止了水果呼吸热带来的加速腐化现象，为湖北人民输入了大量的热带地区新鲜水果。

与传统汽车舱运输相比，冷链专列能够为随车保温箱提供最低-29℃的温度，可根据不同需求调节至合适温度并持续提供制冷保温，具有时速快、恒温保鲜、运量大、安全系数高、节能环保的运输效果，保障了鲜活农产品长距离运输的需求。

3. 隔热保温装备铁路干线应用

中车长江运输设备集团研发的40/20ft宽体隔热箱，可灵活装载、单节运输、隔热性能优秀，可有效适应"门到门"运输。研发的铁路隔热保温车，具有隔热性能优、运输品质好、装卸效率高、运输价格低等优势。

铁路隔热保温车/箱具有良好的保温性能，在中长距离保温运输过程中，装卸效率高，内部温度变化小，货物品质优良，受到广大饮品、酒类、肉肠类厂家的青睐。而普通公路汽车保温运输多采用苫盖棉被方式，保温性能差，货物温度变化大，易造成货损，难以保证货物品质，并且存在能耗高、污染环境、造成交通拥堵等系列问题。

4. 冷藏货物运输发电箱铁路应用

中车长江运输设备集团创新研制铁路运输发电箱产品，该产品采用 1AAA 型标准集装箱尺寸，集成柴油发电机组供电、电气控制、远程监控、散热通风和低温保障、消防、减振降噪等技术，全面采用信息化技术实现远程监控、无人值乘运用。

铁路运输发电箱针对高原、平原、湿热、寒冷等环境，运用过程中各项功能正常，运用效果良好。同时解决了海运冷藏集装箱海铁联运供电问题，可有效降低物流成本和保障货物品质。

[资料来源：中国物流与采购联合会冷链物流专业委员会. 群雄逐鹿，谁将赢得移动冷库之战？[EB/OL]. 中物联冷链委，2022-04-13. https://mp.weixin.qq.com/s/M_GR_ykmAT0zLJDQgb8ALA.]

第三节 冷链配送

冷链配送（Cold Chain Distribution）是指在经济合理区域范围内，根据物品特性及客户要求，使冷链物品始终处于规定的温度环境下，对其进行订单处理、拣货、装载、运输、卸货、退货、物料回收等作业，并要求保证冷链物品质量，减少冷链物品损耗，按时送达指定地点的配货活动。

一、冷链配送的要求

1. 人员要求

冷链配送作业方应具备合法的营业执照及相关资质证照，组织的最高管理者应对所在流通环节中的食品质量安全给予保证。冷链配送作业人员应了解国家食品安全规定，并具有健康证等符合国家及行业规定的职业资质要求。

2. 车辆要求

根据货物的特性和托运方对货物温度的要求，选用适宜的配送车辆。定期对冷藏车制冷机组、厢体、车辆其他部位及相关监控设备进行维护保养，保障正常运行。在确保冷藏车的续航里程、车厢保温等基础上，冷链配送车辆可适当考虑采用清洁能源提供动力。此外，冷链配送车辆内宜配备方便装卸及保护的装置，如托盘、支架或其他标准单元化器具等。

3. 操作要求

冷链配送作业方应建立详细的作业规范以及作业标准。冷链物品的分拣、装车、送货和卸货作业应满足相关的温度要求，并采用符合国家标准的温度记录及检测设备进行温度的记录和监控。温度监测设备温度异常报警时，应立即进行检查，采取措施将温度调控至允许的范围内。

二、冷链配送作业流程

1. 订单处理

冷链配送作业方通过信息系统、邮件、微信小程序等可追溯的方式接收客户的订单需求，并进行确认和回复。订单信息包括但不限于要求装货时间、要求送达时间、货物名称、数量、体积、重量、温度要求及其他要求。冷链配送作业方接收订单后，根据货品流量、流向、城市道路要求等，制订送货作业计划、规划送货线路，安排合适的配送车辆并下达给相关人员。

2. 拣货

按照订单的安排，生成拣货单，再按照拣货单对库存货品进行分拣。拣货作业应在冷库或封闭的温控月台内进行。分拣好的冷链物品按照配送线路存放在指定区域，保持规定温度。冷链物品的包装应卫生安全，宜根据需要选用合适的包装材料和包装方式，推荐采用可降解、易回收、可重复利用的包装材料。

3. 装载

在确定装载人员及设备到位后进行装货，装载前对控温运输工具预冷，并检查其卫生状况，包括有无异味、有无外来污染物等；驾驶员应熟悉制冷设备的操作与维护，开启制冷设备预冷，根据运输要求设置所需温度；检查控温运输工具的制冷/加热设备能否正常工作；检查控温运输工具的隔热壁是否正常，门的密封是否完好；检查控温运输工具内的温度是否符合待运易腐食品的温度要求。装载货物时，应查验在库温度记录。当温度或食品状态异常时，应不予装载。厢体预冷到运输适宜温度再装车，装货应当遵循先远后近、先后有序、轻拿轻放、按单点货装车的原则。冷链物品外包装上有储运标志的，装车时应按照储运要求进行操作，遵循标签朝车尾、大不压小、重不压轻、木不压纸的原则，码放应当整齐平稳，严禁倒置和侧向摆放。装载应做到冷链物品均衡分布，防止偏重。装载应保证控温运输工具厢体内空气流通，货物与厢壁应留有缝隙，货物与车门之间宜保留至少 10cm 的距离，厢顶和货物之间宜留出至少 25cm 的距离，使用固定装置防止货物移动。作业完毕后清点冷链物品余数，正确填写发货单据。在多种温度的货物共同配送时，宜采用多温区运输装备进行。应根据温度、生熟等冷链物品属性合理拼装，不同热状态的易腐货物不应在控温运输工具的同一控温空间内运输。不同品名的易腐货物，货物性质允许混装的，可拼装在控温运输工具的同一控温空间内运输；有特殊气味的易腐货物，不能与其他货物在控温运输工具的同一控温运输空间内运输。

4. 运输

严格在规定时间内发车，合理安排运输路线，配送途中对车辆行驶轨迹实时监测，并按规定保持车厢内部温度，有相应记录。配送途中保证行驶的安全性，减少起伏、振动和碰撞，做好冷链物品防碎、防泄漏、防盗、防变质及防火、防潮、防事故等安全工作。当配送途中出现物品散落、装备损坏等情况时，应根据实际情况及时采取相应的保温措施予以处理，必要时调换车辆，同时登记备案。

5. 卸货

严格按标签上标明的收件人地址进行送货，在货品送达前，提前联系收件人，做好收件准备。货品的交接应当面核对相关信息，无误后由收货方签字确认。送达时，应当告知收件人实时车厢温度，配合收件人对货物进行测温。卸货过程中，关闭冷藏车制冷机组，保持厢（箱）门随开随关，作业如需中断，应立即关闭厢（箱）门，启动制冷机组。送货完毕，将签收后的送货单、周转箱等及时收回，填写送货记录，并及时将运输工具清洗干净，使之无残留污水、异味、污染物，必要时进行消毒。

三、"生鲜电商＋冷链宅配"模式

"宅配"一词起源于日本，即"配送到家"的意思。相对于普通快递物流，宅配更重视服务品质。冷链宅配（Cold Chain Home Delivery）是指利用专用设施设备与温控技术，从配送中心接到订单开始，到派送至消费者的过程中，温度始终控制在适宜范围内的物流过程。

1. 冷链宅配的难点

（1）冷链宅配末端网点不足。第三方冷链物流企业开展冷链宅配业务对配送网点的要求较高：原来只是在供货商与销售网点之间进行冷链配送，销售网点有冷储设备即可；现在需要延伸到每家每户，消费者若不及时取货，生鲜食品则无处存放。这一点与同样送货到家的普通快递截然不同。大多数快递企业都在居民区建有配送站，居民订购的货物可以集中送到这里，然后打电话让客户来取。但是，目前冷链物流公司并不具备这样的集散能力，冷链宅配末端网点不足，这严重制约了冷链宅配的发展。

（2）生鲜食品的温控要求不一致。由于冷链宅配的特点是小批量、多批次、多品种和多温区，这给配送提出了新的难题。如果采用冷藏车配送，多品种、多温区的问题难以解决，并且途中频繁开关门势必会对车中产品温度产生影响。目前已经有企业开始尝试用厢式货车搭配定制冷藏箱的方式解决这一问题。

（3）城市交通管理不利于冷链配送的开展。任何一个行业的发展都离不开相关政策的支持，冷链行业更是如此。在目前北京、上海等大城市越发拥堵的交通环境下，冷链宅配面临的挑战将会更大。生鲜冷链产品需要用冷藏车或厢式货车运输，这样会加剧交通拥堵，而在白天不允许货车进城的城市，这一点更加难以解决。

（4）配送品质难以保证。在货物运输过程中，由于多种原因，不能保证全程制冷，全程温度跟踪记录也没有普及，如冷藏车频繁开门、装卸货物时冷链中断等；使用单温区冷藏车混合配送冷藏、冷冻食品导致冷藏食品冻伤，冷冻食品融化；使用泡沫箱或纸箱加冰瓶，有的甚至不放冰块降温，难以保证配送温度，食品安全也令人担忧。

2. 冷链宅配模式

（1）B2C 冷链宅配模式。B2C 的流程是"客户仓库→分拣基地→营业所→快递员→家庭住宅"，整个流程都保证恒温冷链运输。黑猫宅急便是雅玛多集团知名的宅配服务品牌，在我国主要以 B2C 的模式服务冷链宅配。北京快行线及顺丰速运纷纷进入这一领域。北京快行线通过与京东、天猫等平台合作，将其配送服务对象延伸至终端消费者，成为速冻食品宅配中的先驱者。

（2）B2B + B2C 二段式冷链宅配模式。B2B + B2C 二段式冷链宅配模式即"城市冷链体系 + 落地配"的解决方案。冷链宅配主要与第三方物流企业合作，部分线路全程冷链配送，其他则是半冷链的二段式配送，依托 B2B 冷链城市间运输，配合"最后一公里"的落地，完成冷链宅配。

传统的冷链物流资源分配不均衡，配送主要以 B2B 为主。生鲜电商则面对庞大的 C 端群体，强调宅配，具有客户时效性要求高、不同食品多温层保鲜、运输过程有损耗等配送难点。北京快行线在北京的 B2B 方面相对比较成熟，利用 B2B 的基础优势开展冷链的 B2C 业务是水到渠成的事，B2B 与 B2C 业务的区别就是网点延伸程度的不同。在初步发展阶段，相对成熟的物流企业会用 B2B 的资源初步确定网点，经过二级配送上门服务，逐步实现网点到消费者手中。

（3）C2C 冷链宅配模式。C2C 的运作流程是"发货人→快递员→营业所→快递员→家庭住宅"。该模式最初主要针对个人客户，为其递送温控商品。例如，在炎热的夏天，母亲在家乡摘下新鲜水果，想让外地的儿子也尝尝鲜，即可采用 C2C 冷链宅配模式。利用电子商务平台，该模式也可以扩展到大型农场对个人消费者的宅配模式，大型农场在线上销售商品，线下利用冷链宅配将商品送到消费者手中。

四、"中央厨房 + 食材冷链配送" 模式

1. 中央厨房的类型特征

按照国家市场监督管理总局制定的《中央厨房许可审查规范》，中央厨房是指"由餐饮连锁企业建立的，具有独立场所及设施设备，集中完成食品成品或半成品加工制作，并直接配送给餐饮服务单位的单位"。实际上，如今中央厨房的形式、功能等都在发生着变化和延展，从传统的大型食品加工厂到现做现配的团膳厨房，从包装食品到即食产品，从冷冻冷藏到常温热链，都可以归类到"中央厨房"。

按照工艺功能、业态、服务业态数量、配送模式、产品加工深度、产品类型等方面的不同，中央厨房可分为多种类型。

（1）按工艺功能区分，中央厨房有原材料预处理区、米饭加工区、面食加工区、加热调理区、熟食分装区等不同类型。

（2）按业态区分，中央厨房主要有团膳业中央厨房（如企业员工餐、学生营养餐，以及为高校、医院、航空、铁路、部队、社区、赛事、会展等的供餐）、连锁商超餐饮中央厨房（如便利店、综合超市、快餐连锁、火锅店等）、电商业中央厨房（如为电商团购类平台提供产品的中央厨房，还有互联网企业推出的"超市 + 餐饮"概念的新业态）。

（3）按服务业态数量区分，中央厨房有单业态专业性中央厨房（一般只加工一种或加工工艺较为相似的一类产品，产品种类较为单一）、多业态综合性中央厨房（可同时加工多种类型的产品，不同种类产品工艺流程差异较大，加工设备种类也较为多样，以满足不同产品加工工艺的需求）。

（4）按配送模式区分，中央厨房有冷链型中央厨房、热链型中央厨房、冷热链混合型中央厨房。其中，冷链型中央厨房是指食品制作烹饪完成后，在冷藏（4～10℃）或冷冻-18℃下储存运输和销售，部分产品有门店二次复热的环节。热链型中央厨房是指预制主食和菜肴制作完成后，置入保温存储设备中暂存，配送时采用保温车或者保温箱配送，使产品从制作完成直至送达消费者为止。冷热链混合型中央厨房是指食品在经过冷链生产制作完成后进行低温储存和配送，在配送至客户端前进行二次加热，保温配送至客户端。

（5）按产品加工深度区分，中央厨房有半成品加工（即净菜工厂，把批量购买回来的菜品和蔬菜放在一个单独的地方加工成半成品，包括对原材料的挑选、清洗、分割、切配、包装等初加工，再用冷藏车运输到各个门店使用），还有成品加工（通过强大的生产线，直接加工为可直接或简单加热后即可食用的成品，送往各门店）。

（6）按产品类型区分，中央厨房有主食工厂（生产包子、馒头、面条、米饭等产品）、烘焙工厂（生产面包、糕点等产品）、熟食工厂（生产鸭脖、凤爪和卤制藕片、海带等产品）、豆制品工厂（生产豆腐、豆干、香干等产品）、水产制品工厂（生产鱼排、扇贝粉丝、蟹棒、鱼丸等产品）、调味料工厂（生产麻酱、辣椒酱、火锅底料等产品）、预制菜工厂（生产成品菜肴产品）等。

2. 中央厨房冷链物流体系建设现状

冷链物流作为贯穿中央厨房配送体系的"线",其重要性不言而喻。餐饮行业对食品原材料的流通加工、仓储运输、装卸搬运、配送销售等环节的全程冷链要求较高,需要各个环节紧密衔接,保持冷链的完整性。中央厨房所需要的冷链配送主要体现在食材购买端和预制品配送端。在食材购买端,中央厨房内需要冷链的食材品类繁多,涵盖肉制品、水产品、乳品、烘焙品、果蔬、各类食品半成品,每个品类对冷链有着不同的要求,需求复杂且规模巨大。在预制品分销至各连锁门店阶段,全程打冷⊖、成品保存和成品保鲜成为重点,标准化的冷链运输体系和成熟的冷链技术成为保证食品安全、提升客户满意度的关键。因此,随着传统连锁餐饮企业建立成熟供应链体系的需求不断增长,中央厨房的应用更加广泛,冷链物流的重要性将不断提高,从而推动冷链物流行业的发展以及标准化的提升。

目前在餐饮行业5万亿元的规模中,已有超过80%的规模性餐饮企业建成或者正在布局建设中央厨房,包括海底捞、外婆家、避风塘、真功夫、永和大王在内的连锁餐饮企业均建设有自己的中央厨房体系和冷链配送体系,并逐步向第三方提供相关服务。通过中央厨房的建设和供应链集约化管理的增强,餐饮企业易耗品损失下降,成本控制加强。随着"互联网餐饮电商+中央厨房+'最后一公里'冷链配送"模式的不断成熟,各大餐饮企业将加大中央厨房产业园的投资建设。

3. 中央厨房全程冷链建设的难点

(1)数字化程度低。中央厨房需要流通加工、冷链仓储运输、装卸搬运等环节紧密协同。目前餐饮供应链全链路多依赖人工,数智化、信息化水平有待提高,需要引入数字化系统进行统一管理。

(2)采购、生产协同难。中央厨房生产需要采购大量的食材,而需要冷链环境下保存的食材品类繁多,如肉制品、水产品、乳品、烘焙品、果蔬,以及各类食品和半成品等,保质期有限。如果中央厨房采购、生产协同效率低,没有形成闭环,将会造成食材损耗。

(3)冷库食材多,仓储管理难。在中央厨房,冷库内储存有大量加工前的原材料和未出库的菜品。失温会造成货损,引起二次食品安全问题。此外,货品SKU(最小存货单位)多,仓储信息杂,也会导致临期过期风险加大。

练习与思考 ✍

1. 名词解释

气调运输 ULD 保温集装箱 冷链配送 冷链宅配 中央厨房

2. 简答题

(1)简述我国冷链运输现状。

(2)简述冷链运输的基本要求。

⊖ 全程打冷是指在整个物流过程中(包括仓储、运输、配送等环节),始终保持货物所需的温度环境,确保温度恒定,防止因温度波动导致食品、药品等易腐产品的品质下降或失效。这一概念与"全程冷链"紧密相关,但更强调制冷设备的持续运行和温度控制,以确保货物始终处于适宜的温度状态。

（3）简述主要冷链运输方法。

（4）我国冷链多式联运存在哪些短板？

（5）简述冷链运输装备技术要求。

（6）简述公路冷藏车的发展趋势。

（7）简述我国铁路冷链运输装备模式。

（8）简述冷链配送的作业流程。

本章参考文献

[1] 喜崇彬. 我国铁路冷链物流发展现状及挑战 [J]. 物流技术与应用，2020，25（增刊2）：26-29.

[2] 中物联冷链委. 冷链多式联运如何"破茧而出"？[N]. 中国水运报，2022-12-12（3）.

[3] 中物联冷链委. "多式联运＋冷链"激发新动力 [N]. 中国水运报，2022-11-07（3）.

[4] 常河山. 冷链物流多式联运，运输环节亟待高效连接：专访中国物流与采购联合会冷链物流专业委员会秘书长秦玉鸣 [N]. 现代物流报，2023-02-27（A8）.

[5] 中物联冷链委. 冷藏车商业险无处可买 [J]. 中国物流与采购，2022，644（7）：38-41.

[6] 高驰. 冷链很"热"，冷藏车迎新发展 [J]. 汽车与配件，2023，1347（5）：52-53.

[7] 金晓平，景传峰，何远新，等. 铁路冷链运输装备发展研究与思考 [J]. 铁道车辆，2020，58（8）：9-12，5.

[8] 谢如鹤，王国利. 冷链物流概论 [M]. 北京：中国财富出版社，2022：100-102，108-110.

[9] 谢如鹤，刘广海. 冷链物流 [M]. 武汉：华中科技大学出版社，2017.

[10] 中华人民共和国工业和信息化部. 道路运输 易腐食品与生物制品 冷藏车安全要求及试验方法：GB 29753—2023 [S]. 北京：中国标准出版社，2023.

[11] 汪利虹，冷凯君. 冷链物流管理 [M]. 北京：机械工业出版社，2019.

[12] 全国集装箱标准化技术委员会. 系列1集装箱 分类、尺寸和额定质量：GB/T 1413—2023 [S]. 北京：中国标准出版社，2023.

[13] 全国集装箱标准化技术委员会. 系列1集装箱 技术要求和试验方法 第2部分：保温集装箱：GB/T 5338.2—2023 [S]. 北京：中国标准出版社，2023.

[14] 陶倩，杨禹恒. 中央厨房及冷链系统规划建设概述 [J]. 物流技术与应用，2023，28（增刊1）：44-47.

[15] 林振强. 运荔枝：数字科技赋能中央厨房与冷链物流建设：访成都运荔枝科技有限公司总经理黄博 [J]. 物流技术与应用，2023，28（增刊1）：55-58.

[16] 张签名. 铁路冷链专列道阻且长 [J]. 中国航务周刊，2023（8）：34-35.

[17] 中国物流与采购联合会冷链物流专业委员会，国家农产品现代物流工程技术研究中心，玉湖冷链（中国）有限公司，等. 中国冷链物流发展报告（2023）[M]. 北京：中国财富出版社，2023.

第六章

冷链物流包装

🔁》学习目标

本章知识、能力和素质目标要求如下：

- 能够解释冷链物流包装的概念。
- 能够列举冷链物流包装的组成。
- 能够阐释保温箱技术的发展方向。
- 能够列举传统和新型冷链保鲜包装材料。
- 能够评价各类冷链保鲜包装材料的特性。
- 能够阐释各类冷链保鲜包装技术的原理。
- 能够为特定冷链产品设计冷链保鲜包装方案。
- 能够树立勇于探索创新的科研精神，增强使命感和责任感，努力为行业冷链包装技术与解决方案的持续优化做出贡献。

第一节 冷链物流包装概述

一、冷链物流包装的概念

冷链物流包装是通过采用适当的包装材料、容器和包装技术，最大限度地保持冷链产品原本的鲜度与价值，也就是为了保鲜而采用的包装。

冷链物流包装的功能主要是最大限度地延长冷链产品的寿命和保护食品的品质，防止天然（自然）因素的破坏，以保护其内容、形态、品质和特性，其次才是实现其便利功能和促销功能。有时冷链物流包装只能实现其保护功能，达到产品货架期延长或保质的目的，而便利与促销功能可通过其他包装（如外包装或包装附件等）来实现。

衡量冷链物流包装功能的量化指标主要有形、质地、色、香、味和污染残毒等。"形"是指通过冷链物流包装，生鲜食品到达规定的保质期或保鲜期后的外观形状与最初外观形状的差异，这种差异越小就说明其保鲜功能越强。"质地"则是指包装对象（物质）内部的成分所具备的物理特性，如内部密度、硬度、脆度及组织的粗糙度等。"质地"与前面的"形"是刚好相对的性能特征表现，一个是外表，另一个是内部。"色""香""味"都是可以由感官所能体会到的生鲜食品于保质期或保鲜期前后的指标。"污染残毒"是指在进行保鲜包装之后，不能因包装材料或包装辅料导致污染和残留有毒物质。

二、冷链物流包装组成

冷链物流包装主要包括保温包装箱、冷媒、填充物和辅助物等，但包装运输过程需匹配冷冻/冷藏设备。

1. 保温包装箱

保温包装箱是冷链物流包装最重要的载体，冷链物流包装产品质量的好坏直接取决于保温包装箱。保温包装箱由导热系数小的轻质层状保温材料组成，其功能是将内装物预冷后，维持内装物处于相对低温的环境，以保证内装物的品质。

按箱型材质不同，保温包装箱可分为 EPS 保温箱、EPP 保温箱、VIP 保温箱和铝箔保温箱等。EPS 保温箱的材质为聚苯乙烯泡沫，EPP 保温箱的材质为聚丙烯塑料发泡材料，VIP 保温箱的材质为真空绝热板，铝箔保温箱的材质为聚乙烯泡沫塑料。

箱型的保温性能取决于材质本身的导热系数，导热系数不同，保温性能就不同。相同厚度保温箱的保温性能：EPS 保温箱 $[0.04 \sim 0.045 W/(m \cdot K)]$ < EPP 保温箱 $[0.04 W/(m \cdot K)]$ ≈ 铝箔保温箱 < VIP 保温箱 $[0.0025 W/(m \cdot K)]$。

EPS 保温箱为一次性保温箱，EPP 保温箱、VIP 保温箱和铝箔保温箱为循环保温箱。相同规格尺寸的箱型，EPS 保温箱的直接购买价格最低，EPP 保温箱和 VIP 保温箱受材质影响，直接购买成本较高。现阶段 EPS 保温箱使用量较多，但 EPP 保温箱和 VIP 保温箱可循环使用，其循环使用成本要低于 EPS 保温箱。在同城冷链配送体系中，EPP 和 VIP 箱型的使用较为常见。

EPS 保温箱与 EPP 保温箱相比：

（1）就性能而言，EPS 保温箱的抗冲击性、隔热性和耐磨性较差，通常使用一次后就会被丢弃。EPP 保温箱在机械强度、耐冲击性、隔热性、耐磨性等性能方面具有更多优势，因此可以多次重复使用。

（2）从环保角度来看，EPS 保温箱很难降解，对环境造成严重污染，由于 EPS 泡沫燃烧会产生有毒气体，其报废处理也很困难。EPP 保温箱本身无毒无味，是一种环保材料，具有可回收性和可降解性。它在报废后很容易处理，可以被转换为其他仍具有使用功能的商品。

（3）在成本方面，虽然目前 EPP 保温箱的单价远高于 EPS 保温箱，但基于 EPP 的回收性能和报废后的进一步加工价值，EPP 保温箱在大规模物流应用场景中的单次使用成本仍然可以接近甚至低于 EPS 保温箱。

2. 冷媒

冷媒是一种从周围物体中吸收热量而相变，从而使物体处于规定温度范围内的蓄冷材料，使用前，冷媒需彻底冷却，完全冻结。从冷媒的外包装结构和样式角度来看，冷媒可分为冰板、冰袋和冰瓶等；按照内装物材料不同，冷媒可分为水/冰、无机盐、凝胶和干冰。

3. 填充物

填充物多为缓冲类包装产品，一般用作固定、填充包裹空隙等，其目的是填充内装物与包装箱间的空隙，对内装物在寄递运输过程产生的碰撞起到缓冲作用，从而保证内装物产品品质。填充物包括植物纤维类填充物、发泡类填充物和充气类填充物。植物纤维类填充物是由植物纤维经过造浆、造纸、模塑等工艺而制成的，如纸类、纸浆模塑、吸水纸等。发泡类填充物简称"泡沫塑料"，是通过降低泡沫塑料密度，从而具有缓冲和保护作用的填充物。充气类填充物是指在封闭空间内充填气体形成垫、袋、柱等形状，从而具有缓冲和保护作用的填充物。

4. 辅助物

辅助物是指除主体包装外的辅助包装物，如绑绳、胶带、捆扎带、面单等，主要起到固定内装物，保证内装物不受损伤的作用。

以上各个组成部分之间相互联系，相辅相成。保温包装箱是冷链包装的重要基础条件；冷媒保证内装物处于相对恒定的温度，为内装物的品质提供保障；填充物填充了包装的内空隙，防止内装物在运输过程的碰撞；辅助物便于固定鲜活产品等，起到辅助作用，降低运输过程中生鲜产品的破损率。

保温包装箱和冷媒是冷链包装最重要的组成部分，有助于减弱内外部能量交换，确保内部温度始终相对低且稳定，保证内装物的品质；冷媒的性能决定保温时长，保温时长越长，保冷效果越好。由于冷链包装物的内装空间固定，因此体积小、重量轻且保冷效果好的冷媒更加符合消费者所需，但一般同时满足这几点的冷媒，成本往往较高，导致整体包装成本升高。因此，完美的包装方案是保温包装箱、冷媒和内装物三者的附加值之间实现平衡。

三、保温箱技术的发展方向

1. 延长保温时效，精准控制温度范围

当前保温箱的功能正由保证商品不坏向保证商品更好品质的方向提升。使保温箱保温时间更长，并且为不同的商品提供适合的温度范围，成为对保温箱最重要的要求，也是保温箱技术发展的重点。目前，行业正通过试验（调节保温材料的厚度、密度及构造）寻求保温性能较高的保温材料。

如中集冷云（北京）供应链管理有限公司⊖（以下简称中集冷云）一直致力于相变材料的研发，通过相变冷媒能够满足不同种类商品对温控时长、温控区间的个性化需要。不管是医药物流的过冷问题还是食品冷链的保暖问题，均可通过同一套配置的合理相变点的冰排来实现，并研发出温控时长达120h、满足远距离运输需求的复合材料保温箱。

2. 绿色环保，减少包装污染

据中物联冷链委和前瞻产业研究院披露的数据可知，我国每年产生近3亿个泡沫箱及10亿个冰袋等冷链耗材。这些材料来源于木材、石油等珍贵资源，且存在难降解、难回收等问题，对环境的污染不容小觑，因此让冷链包装"绿起来"刻不容缓。绿色包装的原则包括标准化、减量化、重复使用和循环再生。冷链物流包装的绿色化发展，可以通过两个方面的努力来实现：一是扩大降解材料在冷链物流包装中的使用，二是冷链物流包装的循环使用。

⊖　中集冷云（北京）供应链管理有限公司是中集集团旗下的一家集冷链设备研发生产、销售租赁与冷链运输为一体的综合服务型企业。

3. 改变外形，减少空间占用

当可周转保温箱成为行业趋势，其后续的回收和存储就面临新的问题——存储空间及运输空间，这些都直接与物流成本息息相关。为此，企业对可周转保温箱的外形设计进行了调整，使其可折叠、可套装，从而减少占用空间。据悉，中集冷云新推出的可周转保温箱，折叠之后其体积可以减少2/3。

4. 打造智能保温箱，实时可追溯

随着大数据时代的到来，保温箱越来越智能化。智能保温箱集保温、定位、实时温度监测等功能为一体，是物联网技术、信息技术及人工智能与自动化设备的集成，可实现冷链物流信息与实物的无缝对接。例如，京东物流推出的智能保温箱主要应用于酸奶、热带果蔬、海鲜冻肉等对温控要求较高的冷冻、冷藏食品。消费者在京东选购这些生鲜商品时，可以在商品详情页查看其储存的实时温度，下单之后，即可通过 PC 端或者京东 App 在订单详情中查看商品配送过程中的温度实时变化情况，确保了食品安全，让消费者全程看得明白、吃得放心。另外，京东智能保温箱还具有共享环保功能，在保温时长、存储占用空间等方面优于行业平均水平。而且，该保温箱可以循环使用，使用寿命是行业的 2 ~ 3 倍，大大降低了包装的损耗。

5. 更多规格，满足多种冷链运输

据介绍，目前部分医药企业在小批量冷链运输方面正身处困境：采用普通保温箱运输，单箱装载量有限，运输成本过高；采用冷藏车运输，包车成本太高，拼车运输时限受到制约。因此，为了弥补保温箱与冷藏车对装载量的限制，开发更多规格的冷链保温箱以满足多元化运输需求成为行业发展的趋势。例如，中集冷云开发出一款容积为650L的托盘保温箱，相比于采用冷藏车运输，运营成本更低，灵活性更强，不受常规冷藏车拼车发货的时间限制，也解决了冷藏车一定时间内需要升温除霜的制约；并且，从提货到派送全程无开箱开门动作，有效地保证了医药冷链全程不断链。

延伸阅读 6-1

农业农村部权威解读

《限制商品过度包装要求　生鲜食用农产品》（GB 43284—2023）

强制性国家标准《限制商品过度包装要求　生鲜食用农产品》（GB 43284—2023）由农业农村部组织起草，于2024年4月1日起实施。该标准的发布实施，为强化商品过度包装全链条治理、引导生鲜食用农产品生产经营企业适度合理包装、规范市场监管提供执法依据和基础支撑。

该标准明确了蔬菜（含食用菌）、水果、畜禽肉、水产品和蛋等五大类生鲜食用农产品是否过度包装的技术指标和判定方法。主要技术指标包括三方面：一是针对不同类别和不同销售包装重量的生鲜食用农产品设置了10% ~25%包装空隙率上限；二是规定蔬菜（含食用菌）和蛋不超过三层包装，水果、畜禽肉、水产品不超过四层包装；三是明确生鲜食用农产品包装成本与销售价格的比率不超过20%，对销售价格在100元以上的草莓、樱桃、杨梅、枇杷、畜禽肉、水产品和蛋加严至不超过15%。

农业农村部农产品质量安全中心对《限制商品过度包装要求　生鲜食用农产品》（GB 43284—2023）强制性国家标准进行了解读。

1. 什么是生鲜食用农产品过度包装？

答：《限制商品过度包装要求　生鲜食用农产品》（GB 43284—2023）强制性国家标准规定，过度包装指的是包装空隙率、包装层数或包装成本超过要求的包装。

2. 《限制商品过度包装要求　生鲜食用农产品》（GB 43284—2023）的适用对象有哪些？

答：依据《限制商品过度包装要求　生鲜食用农产品》（GB 43284—2023）中适用范围的规定，本标准适用于蔬菜（包含食用菌）、水果、畜禽肉、水产品和蛋等生鲜食用农产品商品的销售包装。

3. 进口生鲜食用农产品是否也需要参照《限制商品过度包装要求　生鲜食用农产品》（GB 43284—2023）强制性国家标准的要求，符合包装物减量的要求？

答：根据《中华人民共和国标准化法》第二十五条，不符合强制性标准的产品、服务，不得生产、销售、进口或提供。因此，进口生鲜食用农产品在国内销售需要符合该强制性国家标准的要求。

4. 对于有些生鲜食用农产品，货架销售符合层数要求，但电商销售使用快递之后，快递包装是到消费者手上的，这个快递包装是否算销售包装？

答：鉴于生鲜食用农产品的生鲜、易腐等特性和产业需求，销售包装在生鲜食用农产品商品供应链中还有保鲜、保活等功能，《限制商品过度包装要求 生鲜食用农产品》（GB 43284—2023）中 3.2 条款"销售包装"的定义中特别注明"不包括物流防护包装以及冷却、气体调节、防潮等保鲜保活功能性用品"。快递包装为物流包装，因此不算销售包装。

5. 哪些包装材料计入包装层数？哪些包装材料不计入包装层数？

答：在包装层数的计算过程中，装入整个生鲜食用农产品的网兜/网套、两种材料叠加组合包装、抽屉式组合包装计为一层；简单捆扎绳、标签、标识、衬垫、隔离物、填充物、缓冲物、贴体包装、紧贴销售包装外的热收缩薄膜不计为一层。计算时，直接接触生鲜食用农产品的包装为第一层，以此类推，最外层包装为第 N 层，N 即包装的层数。

6. 哪些包装材料计入包装成本？哪些包装不计入包装成本？

答：计入包装成本的销售包装包括包装材料、拎袋、网袋/网兜、网套、捆扎物、衬垫、小型工器具、非生鲜食用农产品类赠品等，不包括冷却、气体调节、防潮等保鲜保活功能性用品。

7. 农产品销售价格容易波动，以哪个销售价格作为判定包装成本是否超标的依据？

答：依据《限制商品过度包装要求　生鲜食用农产品》（GB 43284—2023）中"5.5 包装成本"计算方法的说明"商品的销售价格指合同价格，未签订合同的以实际交易价格为准，均为该商品所属批次的最高价格"，商品的销售价格为所属批次的最高合同价格。

8. 标准发布日期至实施日期之间的过渡期怎么安排?

答:《限制商品过度包装要求 生鲜食用农产品》(GB 43284—2023) 强制性国家标准自发布日期至实施日期之间的过渡期为 6 个月。考虑到实施之后,仍有部分实施之日前生产或进口的生鲜食用农产品继续销售,为避免浪费,在该标准的第 7 章规定:本文件实施之日前生产或进口的生鲜食用农产品可销售至保质期结束。自实施之日起,市场上不允许再生产不符合新标准包装要求的生鲜食用农产品。因此,我们呼吁企业在过渡期内尽快完成整改达标。

9. 消费者如何快速判断包装是否属于过度包装?

答:消费者一般可以通过"一看、二数、三算、四问",简单判断商品是否属于过度包装。"一看",就是要看商品的外包装是否为豪华包装,包装材料是否属于贵金属、红木等贵重材料;"二数",就是要数清包装层数,判断蔬菜(包含食用菌)和蛋类包装是否超过三层,水果、畜禽肉、水产品类的包装是否超过了四层;"三算",就是要测量或估算外包装的体积,并与允许的最大外包装体积进行对比,看是否超标;"四问",就是要询问包装材料成本与销售价格,计算两者之比,看是否超标。

上述只要有一个不符合要求,就可以初步判定为不符合标准要求。我们呼吁消费者尽量不选购过度包装的商品,抵制过度包装行为,以自身行动践行绿色低碳消费理念。

10. 包装空隙率如何快速判定?

答:(1) 称量或者找出生鲜食用农产品总质量、种类及其对应质量。根据生鲜食用农产品品类和对应质量确定各自的商品必要空间系数。

(2) 计算出允许的最大外包装体积。单种生鲜食用农产品:允许的最大外包装体积=商品必要空间系数×总质量/(1−包装空隙率)。两种及两种以上生鲜食用农产品:允许的最大外包装体积=总和(各自商品必要空间系数×单种生鲜食用农产品质量)/(1−包装空隙率)。

(3) 测量商品的外包装体积。

(4) 将允许的最大外包装体积和实测的外包装体积进行比较,若实测外包装体积大于允许的最大外包装体积,则包装空隙率不符合标准要求,如果实测外包装体积小于等于允许的最大外包装体积,则包装空隙率合格。

[资料来源:《限制商品过度包装要求 生鲜食用农产品》强制性国家标准"十问". 国家市场监督管理总局网. https://www.samr.gov.cn/zw/zfxxgk/fdzdgknr/xwxcs/art/2023/art_9d645a4c95de461caa65c564ef54148a.html.]

第二节　冷链保鲜包装材料

食品包装在我国包装行业中占有非常重要的地位,是包装业的支柱产业。食品包装材料是指用于制造食品容器和构成食品包装的材料总称。根据世界包装组织(World Packaging Organization,WPO)提供的信息,全球包装业营业额已逾 5000 亿美元。而其构成情况为:纸和纸板占 32%,塑料占 28%,金属占 24%,玻璃占 6%,包装机械占 5%,其他占 5%。

在日本，各种包装材料总消费量年均增长率为 2.8%，其中纸和纸张消费量的年增长率为 4.7%，金属为 4.9%，玻璃为 3.3%，而塑料则达到 7.1%。这说明塑料包装材料发展最快，这种状况值得国内包装材料生产厂家关注，但塑料本身具有一定的特性和缺陷，在被用于食品包装时会带来诸如卫生安全等方面的问题。例如，用于包装的大多数塑料树脂是无毒的，但它们的单体分子却大多有毒性，并且有的毒性相当大，有明确的致畸、致癌作用。当塑料树脂中残留单体分子时，用于食品包装即构成了卫生安全问题。而塑料添加剂（增塑剂、着色剂和油墨、润滑剂、发泡剂和稳定剂等）一般都存在着卫生安全方面的问题，选用无毒或低毒的添加剂是塑料能否用作食品包装的关键。包装材料的安全与卫生直接影响包装食品的安全与卫生，为此世界各国针对食品包装的安全与卫生制定了系统的标准和法规，用于解决和控制食品包装的安全卫生及环保问题。

冷链保鲜包装材料的类型多种多样，但其基材仍以传统包装材料的基材为主。而从创新与改进的角度来说，复合材料与组合材料是冷链保鲜包装材料的重点。

从材料的物理特性来划分，冷链保鲜包装材料包括：

（1）片材类，包括塑料板材、瓦楞纸板、金属板材及复合板材等。

（2）软材类，包括纸、塑料及金属等膜类与箔类柔性材料。

（3）刚性类，包括玻璃、陶瓷及塑料与复合材料。

（4）散材类，包括粉剂、水剂与气体等。

纸、塑料、金属、木材、玻璃、陶瓷及复合材料等是主要的传统包装材料。典型的包装材料和容器见表 6-1。

表 6-1　典型的包装材料和容器

包装材料	包装容器类型
纸、纸板	纸盒、纸箱、纸袋、纸罐、纸杯、纸质托盘和纸浆模塑制品等
塑料	塑料薄膜袋、中空包装容器、编织袋、周转箱、片材热成型容器、热收缩膜包装、软管、软塑料、软塑箱和钙塑箱等
金属	马口铁、无锡钢板等制成的金属罐和桶等，铝、铝箔制成的罐、软管和软包装袋等
复合材料	纸、塑料薄膜、铝箔等组合而成的复合软包装材料制成的包装袋和复合软管等
玻璃、陶瓷	瓶、罐、坛和缸等
木材	木箱、板条箱、胶合板箱和花格木箱等
其他	麻袋、布袋、草或竹制包装容器等

冷链保鲜包装材料发展较快的主要是纸质包装材料、塑料包装材料、金属包装材料、玻璃包装材料及陶瓷包装材料五大类。木包装材料主要用于重型产品（如机电产品）的包装，其有逐渐被纸包装材料和塑料包装材料取代的趋势，再加上国际上强调环保与资源的问题，木包装材料一般情况下不提倡，故用得越来越少，在此也不做研究；而陶瓷包装材料因制作工艺与速度等问题，用量也较少。

一、传统冷链保鲜包装材料

1. 塑料包装材料

塑料是一种以高分子聚合物——树脂为基本成分，再加入一些用来改善其性能的各种添加剂制成的高分子材料，相对分子质量通常在 104 以上。大分子特殊结构使其具有一系列特殊的性能，如化学惰性、难溶和强韧性等。塑料因其原料来源丰富、成本低廉、性能优良，成为近 40 年来世界上发展最快、用量巨大的包装材料。塑料包装材料及容器逐步取代了玻璃、金属和纸类等传统包装材料，是食品保鲜包装用得最多的材料与容器。而塑料保鲜膜是食品保鲜包装中最值得关注的方面。其缺点是对某些品种的食品存在卫生安全问题，以及包装废弃物的回收处理对环境造成污染等问题。我国用于食品包装的塑料也多达十五六种，如聚乙烯（PE）、聚丙烯（PP）、聚苯乙烯（PS）、聚酯（PET）、聚氯乙烯（PVC）、聚碳酸酯（PC）、乙烯–醋酸乙烯共聚物（EVA）、聚酰胺（PA）、聚偏二氯乙烯（PVDC）、聚醋酸乙烯酯（PVAc）、乙烯–乙烯醇共聚物（EVOH）和离子键树脂等。其中高阻氧的有 PET、PA、PVDC、PVAc 和 EVOH 等，高阻湿的有 PE、PP 和 PVDC 等；耐射线辐照的有 PS 等；耐低温的有 PE、EVA 和 PA 等；阻油性和机械性能好的有 PET、PA、离子键树脂等；既耐高温灭菌又耐低温的有 PET 和 PA 等。各种塑料的单体分子结构不同，聚合度不同，添加剂的种类和数量不同，性能也不同，即使同种塑料，不同牌号性质也会有差别。

延伸阅读 6-2

有色塑料袋：有色事小，中毒事大

在生活中，我们是否有过这样的经历：买东西时用塑料袋装热乎乎的馒头、油条；在农贸市场时，用五颜六色的袋子装各类食物。不知大家是否注意到：热腾腾的馒头、豆腐脑等一放进塑料袋中，塑料袋马上就变得皱皱巴巴；有时买回去的蔬果没有及时从塑料袋中拿出，会有股异味儿。其实，这些塑料袋叫有色塑料袋，其原材料却可能是一支针管、几个垃圾袋的混合物等，长期使用对人体危害极大，可导致慢性中毒，甚至是癌症的诱因之一。

那么，什么是有色塑料袋？有色塑料袋到底有多"毒"呢？

1. 常见塑料袋的分类

常见的塑料袋有三类。一类是"食品专用袋"，由聚乙烯、聚丙烯和密胺（三聚氰胺）等原料制成，在用于制造食品袋时不加入添加剂，所以基本无毒，是国家允许使用的产品，但价格较贵。"食品专用袋"可用来包装食品，并标注了"食品用"标识。第二类由聚氯乙烯制成，有毒，不能做食品包装袋使用，日常生活中往往常见于衣服或物品的包装袋。第三类是带有各种颜色的再生塑料袋，绝大多数是家庭小作坊用回收的废旧塑料、工业废弃物、医疗机构丢弃的塑料垃圾回收加工制成的，这些塑料袋未经消毒处理，含有严重超标的病菌和致癌物。

第二类和第三类塑料袋在制作过程中，需加入有毒性成分的稳定剂、增塑剂等，两者都称为有色塑料袋。也就是说，只要不是食品专用袋的，都是有色塑料袋。第三类塑料袋成本较低，市场购物时常见。

这里需要特别注意的是：透明塑料袋未必就是食品专用袋。目前，没有生产技术将聚乙烯和聚氯乙烯分拣出来，再生塑料袋一般都含有聚氯乙烯。塑料袋生产企业用再生料生产的透明的或半透明的塑料袋不是食品专用袋。

2. 有色塑料袋到底有多"毒"

(1) 造成环境污染与身体伤害。塑料的原料是人工合成的高分子聚合物，分子结构非常稳定，自然界的光、热、细菌和酶难以将其降解，而燃烧后残存在大气里的氯化物及重金属离子严重危害着人类健康和生态环境。另外，塑料本身会释放有害气体，因在密封袋中长期积聚，浓度随密封时间的增加而升高，导致袋中食物受到不同程度的污染，对儿童影响尤为突出。

(2) 对人的肝脏、肾脏、生殖系统、中枢神经系统造成损害。聚氯乙烯的毒性来源有两方面：一是没完全聚合的游离氯乙烯单体具有毒性和致癌性；二是在聚合加工时所加入的添加剂很多有毒。聚氯乙烯的慢性毒性会引起肝脏毒性、脑退行性变、间质性肺炎、肾病等，它还能引起肝血管瘤及癌症。由于聚氯乙烯塑料袋染色的颜料渗透性和挥发性较强，如果用其盛装含油、含酒精类食品及温度超过50℃的食品，就会溶入食品中，也会产生聚二苯、聚三苯等致癌物质。

(3) 再生塑料袋本身所含的重金属和一些有机化合物会从这些塑料袋转移到食品中。短期也许不会有太大的影响，但如果人体长期受到这些物质的侵害，就会危害器官。用这种塑料制品包装食品，尤其是熟食，容易诱发食物变质，人吃了这类变质食品后，易引起呕吐、腹泻等食物中毒症状。且由于其多含有机染料——芳烃等，对人体的主要危害部位是呼吸道和皮肤。人们长期处于多环芳烃污染的环境中，可引起急性或慢性伤害。目前，已在动物实验中证实，多环芳烃对皮肤和呼吸系统有着明确的致癌作用。

看到这里，想必大家对于用塑料袋装食物早已怀有"畏惧"之心。其实，对个人而言，解决这个问题的办法很简单，购买直接入口的食物时，最好自带玻璃容器；买蔬果时，则使用环保布袋。这样，既可以让我们的身体免于毒素的伤害，同时也保护了环境。

当然，从长远来看，要从根本上解决食品塑料袋的问题，光靠广大消费者的推动是远远不够的，政府职能部门还应制定法规，把食品包装安全纳入食品安全生产的一个环节，开展食品包装安全的认证、国家强制标准和准入制度，从政策层面上多管齐下，以确保舌尖上的安全。

[资料来源：王培. 有色塑料袋：有色事小，中毒事大 [EB/OL]. (2022-08-31) [2024-01-19]. https://m. thepaper. cn/baijiahao_19705147.]

2. 纸质包装材料

纸质包装材料（以下简称纸包装）作为食品保鲜包装材料，占有相当大的比重。其包装容器的结构和形式多种多样。而且随着人们的求新心理与包装产品的不断推陈出新，纸包装的种类层出不穷。特别是纸箱、纸袋、纸盘及纸托盘用于食品包装占了很大的比例，而且其比例还在扩大。

纸具有许多优良的特性，这些特性在制造食品保鲜包装方面发挥了重要作用。主要表现如下：

(1) 透气性。透气性是纸包装最大的保鲜特性。在保鲜包装中，鲜活食品具有呼吸作用，会产生呼吸热。纸包装可以让热气透出，从而防止食品腐烂。

(2) 吸湿性。吸湿性是纸包装的又一大保鲜优点，如超市中的鲜肉托盘包装，其可吸走鲜肉表面析出的少量水分，延缓鲜肉的变质。

（3）加入相关性原料与成分还可提高纸包装的保鲜性。例如，在纸箱内部加入中草药或抗氧化成分等，可大大提高食品的保鲜效果。

（4）韧性与保护性。纸包装表面具有韧性，同时有一定的厚度，这对食品特别是鲜活食品起到了保护作用。

3. 金属包装材料

金属材料是一种历史悠久的包装材料，金属包装材料及容器是以金属薄板或箔材为原材料，再加工成各种形式的容器来包装食品。目前金属包装材料被广泛用于罐头农产品的包装，同时也有许多农产品半成品使用此类包装材料。而最能体现金属保鲜包装的是一些周转箱及活鲜动物（鱼类及禽类）圈养容器（笼等）。金属包装材料的优良特性如下：

（1）优良的阻隔性能。金属包装材料具有阻气、隔光和保香等隔离性能。它对许多气体（O_2、CO_2及水蒸气等）有阻隔效果，还能对包括紫外光在内的许多光线予以阻隔。这些都是保鲜所必需的性能。

（2）良好的热传导性能。金属包装材料良好的热传导性体现在加热与散热。作为加热所需的特性表现为加热灭菌，使所包装物品不受包装的污染。而良好的散热性能可使热处理工序提高效率，并且合理的结构能使鲜活食品得以在包装中散去热量。

（3）卫生安全性能。金属包装材料不易变质腐烂，也不易产生细菌，同时还可通过加热使表皮得以杀菌，最终保证所要包装的物品卫生条件良好。

（4）良好的保护性。强度和加工适应性是金属包装材料良好保护性的体现。金属包装材料可根据不同的包装物性能要求做成不同的结构和厚度，以提高强度，保护包装物。适应性是指金属可以适应大部分物品的包装要求进行设计、加工和处理，能适应物品的体积和形态制成相应的结构和大小。这些对于易腐、怕挤压和重压的产品的储藏及运输十分有意义。

但是，金属包装材料的化学稳定性差、不耐酸碱，特别是用其包装高酸性食物时易被腐蚀，同时易析出金属离子从而影响食品风味，在一定程度上限制了其使用范围。

4. 玻璃包装材料

玻璃是以石英石、纯碱（碳酸钠）、石灰石和稳定剂为主要原料，加入澄清剂、着色剂和脱色剂等，经调温熔炼再经冷凝而制成的一种非晶体材料。玻璃是一种古老的包装材料，用于食品包装已有3000多年的历史。罐头就是玻璃保鲜的典型包装。生鲜食品保鲜中能体现玻璃包装材料保鲜应用的是半成品或腌制品的包装，如泡菜类食品就多为玻璃或陶瓷容器包装，果汁类产品也多用玻璃包装。

玻璃自身的优点使其作为包装材料时展现出显著的特点：高阻隔、光亮透明、化学稳定性好、易成型。但玻璃容器重量大且容易破碎，这些缺点影响了它在食品包装上的使用与发展，尤其是受到塑料和复合包装材料的冲击。随着玻璃生产技术的发展，现在已研制出高强度、轻量化的玻璃材料及其制品。目前我国玻璃使用量占包装材料总量的10%左右，玻璃仍是食品包装中的重要材料之一。

二、新型冷链保鲜包装材料

1. 纳米包装材料

纳米技术被誉为21世纪三大尖端技术之一，而食品包装是食品工业中各个环节的重要组成部分，因此纳米包装应运而生。纳米包装材料主要是指将纳米粒子添加分散到柔性高聚物中形成聚合物基纳米复合材料，使其具有某一特性或功能。常用的聚合物有 PA、PE、PP、PVC、PET、LCP 等，常用的纳米颗粒有纳米银、纳米氧化锌、纳米二氧化钛、纳米氧化硅和纳米黏土等。纳米材料与柔性高聚物的复合方法主要有四种：插层复合法、原位法、溶胶-凝胶法和共混法。

目前，纳米复合包装材料主要应用于纳米活性包装和纳米高阻隔包装两个领域，而纳米活性包装分为抗菌包装和保鲜包装。在传统包装中果蔬释放的乙烯含量过高时，会加快果蔬的腐烂速度，使果蔬的口感和品质下降，而有些纳米复合包装会对乙烯有催化作用，减少乙烯的含量，起到保鲜作用。纳米材料的抗菌机理与其本身的特性有着密切关系，因为纳米材料拥有较小的纳米尺寸和较高的比表面积，所以其更容易与细菌接触，进而大量吸附到细菌的细胞壁上，使细菌渗透压增大或与细菌上的蛋白和酶结合，从而破坏细胞壁结构，导致细菌死亡。有些纳米材料还能氧化细胞成分和产生次级产物［例如活性氧（ROS）或溶解的重金属离子］，最终导致细菌死亡。纳米包装的阻隔性主要是指对于 O_2、CO_2 等气体的阻隔性以及对于水蒸气的阻隔性等。纳米食品包装从形式上分为纳米包装材料和纳米材料涂膜液，纳米包装材料是将纳米材料分散到其他食品包装材料中，以提升食品包装材料的性能，纳米材料涂膜液是将纳米材料与其他材料混合后，直接涂膜到食品上。还有另一种分类方式，根据与纳米材料结合的物质不同将食品中的纳米材料保鲜包装分为聚合物纳米材料、天然高分子纳米材料两类。

2. 新型高阻隔包装材料

高阻隔包装材料是食品包装材料的发展趋势：非结晶性尼龙，其阻气性为尼龙的 6 倍；SaranHB，其阻气性为 Saran 膜的 10 倍；金属化镀膜。

新型高阻隔性塑料在国外已广泛使用，因为这种包装材料不仅可以增强对食品的保护，而且可以减少塑料的用量，甚至可以重复使用。对于要求高阻隔性保护的加工食品及真空包装、充气包装等，一般都要用复合材料包装。而在多层复合材料中必须有一层以上高阻隔性材料。现在国内常用的高阻隔性材料有铝箔、尼龙、聚酯、聚偏二氯乙烯等。随着对食品的保护性要求提高，阻隔性更好的 EVOH（乙烯 – 乙烯醇共聚物）、聚乙烯醇等也开始应用。EVOH 是一种链状结构的结晶性聚合物，集乙烯聚合物良好的加工性和乙烯醇聚合物极高的气体阻隔性于一体，是一种新型的阻隔材料。其阻气性比 PA 高 100 倍，比 PE、PP 高 10000 倍，比目前常用的高阻隔性材料 PVDC 高数十倍以上。在食品包装方面，用 EVOH 制成的塑料容器完全可以替代玻璃和金属容器，可以解决如啤酒瓶爆炸伤人这样的问题。

PEN（聚萘二甲酸乙二醇酯）将会给食品包装带来巨大的变化。PEN 的化学结构与 PET 相似，但刚性大大提高，阻氧性、阻水性比 PET 高数倍，而且紫外线吸收性好、耐水解性好、气体吸附性低，装过食品后不残留异味，可重复使用。

无机高阻隔微波食品包装材料将成为新宠。近几年研发的镀 SiO_x（氧化亚硅前驱体）材料是在 PET、PA、PP 等材料上镀了一层薄的硅氧化物。它不仅有更好的阻隔性，而且有极好的大气环境适应性，阻隔效果几乎不受环境温度和湿度变化的影响。SiO_x 镀膜有高阻隔性、高微波透过性、透明性，可用于高温蒸煮、微波加工等软包装，也可制成饮料和食用油的包装容器。

3. 可食性包装薄膜

可食性包装薄膜由多糖类物质合成，无毒副作用，既可食用又不影响被包装食品的性质。其主要成分是葡甘露聚糖，吸水后可膨胀100倍，具有高弹性、高黏度，可耐热、防水、防潮，食后既可消除饥饿，又不被人体吸收。可食性包装薄膜既可制成溶于水的薄膜，也可制成溶于温水而不溶于冷水的薄膜，还可制成耐热、可塑封的薄膜，可与食品一起煮烧，方便又卫生，保鲜作用极好。

目前已研制的可食性包装薄膜有：可食性淀粉包装膜，以玉米淀粉、马铃薯淀粉为主料，辅以可食性添加剂制成，用于糖果、果脯的内包装，其抗机械拉力、韧性、透明度、速溶性都优于目前食品厂使用的糯米纸；可食性蛋白质膜，以动物或植物蛋白为原料制成的蛋白质薄膜，既可减少抗氧化剂和防腐剂的用量，又能延长产品的货架期；另外，魔芋精粉及改性产物膜、纤维素及改性产物膜、甲壳素可食膜都是新型的可食性包装薄膜。

总之，冷链保鲜包装材料今后发展主流趋势是功能化、环保化和简便化。无菌包装采用高科技和分子材料，保鲜功能将成为食品包装技术开发重点；无毒包装材料更趋安全；塑料包装将逐步取代玻璃制品；采用纸、铅箔和塑料薄膜等包装材料制造的复合柔性包装袋，将呈现高档化和多功能化。

延伸阅读 6-3

预制菜风起云涌，哪些包装得风气之先？

1. 真空包装技术保质保鲜

真空包装技术是预制菜较为常见的一种保鲜技术。真空包装可分为真空袋装和真空盒装两种包装形式。真空袋装的主要作用是除氧，有利于防止食品变质。常用的真空包装机类型有双室真空包装机、滚动真空包装机、拉伸膜真空包装机等。而真空盒装则常用来包装如冷鲜肉、净菜（新鲜消毒蔬菜）、鸭脖、小龙虾、凉皮等即食类产品，这些产品通常使用气调真空包装，多采用气调真空包装机等设备来进行包装。

目前市场上常用的气调真空包装机主要分为两大类：一类是半自动气调真空包装机，另一类是全自动气调真空包装机。半自动气调真空包装机又分为两类机型：一类是单进单出型，另一类是双进双出型。还有一种贴体真空包装机，原理是采用低黏度的复合膜，将物料放在下模板的托盒或膜上，在真空状态下，将加热板产生的热量通过排风口送到真空室内，给低黏度复合膜瞬间通体加热，令其复合在一起，达到真空包装的效果。这类包装是将膜加热软化后再收缩包装，因此在包装带有尖角、硬刺的物品时不会出现膜被刺破的现象。

2. 可折叠保温周转箱

目前，京东、顺丰、菜鸟等物流巨头都在采用可折叠保温周转箱。以京东为例，在京东生鲜业务中已全面推行使用可折叠保温周转箱，代替一次性泡沫箱，通过京东逆向物流返回仓库循环使用。京东循环冷链箱使用寿命超过1.5年，平均单箱使用次数达130次，历年累计使用次数达1.8亿次，有效减少了一次性泡沫箱和冰袋、干冰的使用。目前已累计减少一次性泡沫箱1.8亿个，减少一次性冰袋6亿个，减少干冰0.5亿kg，累计减排量达30多万吨。

据介绍，京东物流还发挥自身在供应链方面的优势，与上游企业合作，共同在包装减量循环上下功夫。使用原发包装，即商品包装在物流运输过程中具备防护商品功能，且满足外界物流环境，无须二次包装实现直接发货。京东物流通过入仓优惠政策激励上游品牌商推行直发包装，宝洁、联合利华等品牌商上千个商品 SKU 已实现出厂原包装可直发，截至目前已减少物流纸箱使用 1.5 亿个以上。京东物流这一措施共减少纸张使用约 12.5 万 t，相当于减少碳排放 4.4×10^5 t。

3. 纸塑冷链保温箱

美国 Vericool 公司最新研发出一种新型的冷链保温箱，主要是由可堆肥隔热材料制作的，包括再生纸纤维和其他植物基材料，可以进行回收和堆肥。被丢弃的 Vericool 公司的冷链保温箱可以被回收，并且在 180 天或者更短的时间内就可以被降解。与传统的泡沫保温箱相比，Vericool 公司的冷链保温箱能保温的时间更长，成本也更低。

4. 保温牛皮纸隔热垫

谈到牛皮纸，大多数人首先想到的可能是档案袋、信封、牛皮纸胶带、瓦楞纸板等。其实，牛皮纸的应用范围十分广泛，在汽车零部件、化妆品、药品、陶瓷、家居用品等领域都能见到牛皮纸的身影。牛皮纸在食品包装领域也很常见。牛皮纸以其独特的材料特性和成型结构，大幅降低传导、对流和辐射导致的热量损失，从而保证肉类、奶制品、冷冻/冷藏食品、低温即食食品等易变质产品在常温储运过程中的食品安全。当走进肯德基、麦当劳、必胜客打包餐品时，会发现打包纸袋多是牛皮纸；像三只松鼠、百草味、洽洽瓜子等零食的包装也都是牛皮纸；很多面包、茶叶的包装也会选用牛皮纸。此外，在冷冻包装行业，牛皮纸也很受欢迎，像牛肉、羊肉等生鲜食品很多都用牛皮纸来包装。

美国的朗派包装（Ranpak）公司在过去的近 50 年里，对牛皮纸包装进行了深入的挖掘，涉及的领域广泛，在食品包装领域的应用中也积累了众多经验。区别于一般用纸，朗派包装的牛皮纸柔韧结实，抗撕裂强度和耐破度高，在较大的拉力和压力下也不容易破裂，具备良好的包装性能，在运输过程中更能体现其良好的防护性。例如，朗派包装在处理瓶装或玻璃包装等易碎类食品时，多采用 PadPak 缓冲牛皮纸。通过专用设备 Senior 将纸卷制作成具有独特缓冲性能的纸垫，拉伸能力强，具备良好的抗压、抗折特性，能够吸收 90% 的低落冲击力，既环保又安心。

5. 覆膜铁技术用于预制菜包装

覆膜铁技术是指将塑料薄膜通过热熔或黏合法复合在金属基板表面，从而提高金属基板和金属容器的耐腐蚀性能的工艺技术。利用该技术生产的产品具有耐蚀、抗酸、无双酚 A、无塑化剂等特性，既能保证内容物达到无菌安全，又能锁住食材的原味。

我国研发覆膜铁技术的代表性企业是奥瑞金，其自主研发食品级覆膜铁技术，并推出了依靠该技术工艺打造而成的预制菜品牌"奥瑞金碗"，目前已有佛跳墙、小米炖辽参、银耳山药鸡头米、花胶鸡等产品。

覆膜铁具有较强的普适性，市面上绝大部分食品包装均可采用，可在零防腐剂添加的情况下，将食品的保质期延长至一年，加之金属材料具备环保性能、热传导性、隔光性、密闭性及特殊环境的适应性等优势，该包装技术也成为预制菜包装的新赛道之一。

[资料来源：CHINAPLAS 国际橡塑展官方微博；奥瑞金官方网站；包装地带网等。]

第三节　冷链保鲜包装技术

对于生鲜农产品、加工食品和医药产品这些需要温控条件的产品来说，其品质的高低不仅取决于其自身的好坏，也与其在物流环节是否处于适合的冷链环境息息相关。在冷链物流中，合适的冷链包装不仅能够让产品保持最适宜的温度，让食品保鲜，让药品保质，同时也可以有效避免挤压磕碰，降低货损。与此同时，生鲜电商行业的蓬勃发展，使末端配送冷链包装需求量急速增长，对冷链包装技术提出了更高的要求。

一、物理包装技术

物理包装技术主要是利用光、电、运动速度和压力等物理参数对生鲜食品进行作用，使之对环境反应迟缓，改变其原来的生物规律，最终实现保鲜。这里重点介绍臭氧保鲜包装技术和减压保鲜包装技术。

1. 臭氧保鲜包装技术

臭氧保鲜包装技术是当前在冷藏生鲜食品中应用较多的一种物理技术。臭氧（O_3）是1840年被发现的，是氧的一种同素异形体，性质极为活泼。臭氧的生物学特征表现为强烈的氧化性和消毒效果。它能杀死空气中的病菌和酵母菌等，对果蔬农产品表面病原微生物的生长也有一定的抑制作用。但是臭氧无穿透作用、无选择特异性。臭氧的保鲜包装特性是利用其极强的氧化能力。臭氧极不稳定，易分解为初生态的氧原子和氧分子，即 $O_3 \rightarrow [O] + O_2$，$[O]$ 为初生态的氧原子，它的氧化能力极强。当初生态的氧原子和霉菌等微生物接触时，就会使微生物的细胞氧化并破坏，导致微生物死亡。研究认为，臭氧能抑制酶活性和乙烯的形成，降低乙烯的释放率，并可使储藏环境中的乙烯氧化失活，从而延缓果蔬产品的衰老，降低腐烂率。臭氧对果蔬采后生理的影响还有待研究。

（1）臭氧保鲜包装的应用效果。臭氧作为净化空气和生鲜食品的消毒剂，可以降低空气中的霉菌孢子数量，减缓墙壁和包装物表面的霉菌生长，减少储藏库内的异味，但它对防止腐烂无效。由于真菌潜伏的位置存在大量的还原性物质，臭氧在损伤组织处迅速失去活性，不可能抑制损伤处病原菌的侵染，阻止病原建立寄生侵染关系，更不能抑制潜藏在表皮下的病菌侵染。因此，臭氧对控制水果和蔬菜腐烂的作用不大，甚至无效。此外，$1.07mg/m^3$ 的臭氧就可引起莴苣和草莓损伤，$2.14mg/m^3$ 的臭氧就可损伤桃，$6.85mg/m^3$ 的臭氧就可引起苹果损伤。这些含量的臭氧对人体也有害。

（2）臭氧应用中应注意的问题：①臭氧配合低温在生鲜食品保鲜包装方面具有较好的效果。②臭氧可对冷库中储藏的生鲜食品进行杀菌，并可把某些腐败的有机物氧化，去除臭味和异味。试验表明，当臭氧含量达到 $4 \sim 5mg/cm^3$ 时，环境中的霉菌可减少一半。③臭氧难溶于水，并且穿透力弱，因此，在对生鲜食品进行包装时，应先将生鲜食品均匀地摊放后，再进行臭氧处理，同时对包装材料与容器的内外进行臭氧处理后，马上进行包装。④最好定期对生鲜食品的储藏环境或货架定期进行表面臭氧处理。⑤将臭氧、酶制剂、低温三者相结合会更有效果。

2. 减压保鲜包装技术

减压保鲜包装技术就是指将包装的生鲜食品置于低压环境中储藏保鲜，也可简称减压储藏。这种储藏技术属于气调冷藏的进一步发展。其具体方法就是将储藏环境（如储藏库）中的气压降低，造成一定的真空度，一般是降到10kPa以下。这种减压方法最先用于番茄和香蕉等果蔬的保鲜储藏，现已被用于多数生鲜食品的保鲜储藏。采用此减压方法处理后，果蔬的保鲜期比常规冷藏延长了几倍。减压保鲜包装技术是一种具有广阔前景的保鲜包装技术。

（1）减压保鲜的原理。减压保鲜的原理是使包装储藏环境中的气压降低，便于生鲜食品（果蔬）组织中的气体成分向外扩散，使组织内或环境中的气体更新，从而抑制微生物生长，最终达到保鲜的目的：①降低气压。气压降低使空气中的各种气体组成成分的浓度都相应地降低。例如，气压降至正常的1/10，空气中的各种气体组成成分也降为原来的1/10，此时氧含量仅为2.1%，这就创造了一个低氧环境，从而可起到类似气调储藏的作用。②组织内气体向外扩散。减压处理能促使植物组织内气体成分向外扩散，这是减压储藏更重要的作用。组织内乙烯等有害气体向外扩散是保鲜的关键。植物组织内气体向外扩散的速度，与该气体在组织内外的分压差及其扩散系数成正比；扩散系数又与外部的压力成反比，所以减压处理能够大大提升组织内的乙烯向外扩散的速度，减少内部乙烯的含量。据测定，当气压从100kPa降至26.7kPa时，苹果内部的乙烯含量几乎减少3/4。在减压条件下，植物组织中其他挥发性代谢产物，如乙醛、乙醇和芳香物质等也都加速向外扩散，这对防止果蔬的后熟、衰老都是极为有利的，并且一般是减压越多，作用越明显。减压保鲜包装技术还可从根本上消除二氧化碳中毒的可能性。③消除气味物质在组织中的积累。减压保鲜包装技术不断更新空气，各种气味物质不会在空气中积累。低压还可以抑制微生物的生长发育和孢子的形成，从而减轻某些侵染性病害。在13.6kPa的气压下，真菌孢子的形成被抑制，气压越低，抑制真菌生长和孢子形成的效果就越明显。经减压处理的产品移入正常的空气中，后熟仍然较缓慢，因此可以有较长的货架期。减压储藏比冷藏更能够延长产品的储藏期，见表6-2。

表6-2　几种蔬菜在冷藏和减压储藏下的储藏期比较

种类	储藏期/天	
	冷藏	减压储藏
青椒	16～18	50
番茄（绿熟）	14～21	60～100
番茄（红熟）	10～12	28～42
葱（青）	2～3	15
结球莴苣	14	40～50
黄瓜	10～14	41
菜豆（蔓生）	10～13	30

（2）减压保鲜包装中存在的问题。如果在包装容器中减压，包装就变为了减压保鲜包装。目前，减压储藏也存在着一些不足之处。对生物体来说，减压是一种反常的逆境条件，

会因此产生新的生理障碍，发生新的生理病害。产品对环境压力的急剧改变也会有反应，如急剧减压时，青椒等果实会开裂。在减压条件下储藏的产品，有的后熟不好，有的味道和香气较差。由于减压储藏要求储藏室经常处于比大气压低的状态，如果储藏室或储藏库是耐压建筑，在建筑设计上还要求其密闭程度高，否则达不到减压目的，因此减压库的造价比较高。

二、气调包装技术

1. 气调包装的定义

气调包装（Modified Atmosphere Packaging，MAP）的定义有很多种。国际上通用的气调包装的定义为：改变包装内气氛，使食品处于不同于空气组分[⊖]的气氛环境中，从而延长保藏期的包装。

根据上述定义，有很多种包装技术都可被认为是气调包装，如真空包装、充气包装、气体气味吸收包装等。但随着技术的深入和演变，这些包装技术已成为独立体系。而目前人们所认可的气调包装，则是指先将包装内的空气抽出后再充入所要求的气体。

MAP 的英文含义是改善气氛的包装，它比较确切地表达了气调包装技术的定义；CAP（Control Atmosphere Packaging）的英文含义是控制气氛的包装，而软包装材料的透气性以及食品与包装内气体的相互作用使包装内的气氛不可控制，因而被认为是误称。虽然国际上 MAP 与 CAP 有时通用，但包装业界已逐步将气调包装统一称为 MAP。MAP 有时也称为气体包装，包装内充入单一气体，如氮气（N_2）、二氧化碳（CO_2）、一氧化碳（CO）、惰性气体，也可充入两种气体（如 CO_2、N_2）或两种以上气体（如 O_2、CO_2、N_2）。气体的种类和组分可根据各类食品防腐保鲜要求确定。这种通过充入单一气体或多种混合气体来改变包装内气氛的气调包装是食品气调包装主要的包装形式。

2. 气调包装技术的原理

气调包装技术通过对包装中的气体进行置换，使食品得以在改善的气体环境中达到保质和保鲜的目的。该包装技术从产生至今已有几十年的历史。20 世纪 70 年代，西欧、日本等地区和国家已经普遍采用此包装技术。20 世纪 80 年代以来，我国也开始采用此包装技术。消费者希望得到少用防腐剂等化学物质的无污染食品，在保质的前提下尽可能保鲜（颜色、味道、硬度），而且生产者、经营者也期望食品能有较长的货架期，气调包装满足了以上需求。

气调包装技术的原理是用保护性气体（单一或混合气体）置换包装内的空气，抑制腐败微生物繁殖、降低生物活性、保持产品新鲜色泽及减缓新鲜果蔬的新陈代谢活动，从而延长产品的货架期或保鲜期。气调包装内保护气体的种类和组分要根据不同产品的防腐保鲜要求来确定，这样才能取得最佳的防腐保鲜效果。

3. 气调包装方法

气调包装方法主要是根据包装产品特性、所用包装容器（材料）和包装后储运条件进行包装。具体方法是先清洁包装和产品，再抽出包装容器内的空气，紧接着充入配制的气

⊖ 空气组分：通常是指空气中正常的气体组成比例，即氮气（N_2）约占 78%、氧气（O_2）约占 21%、二氧化碳（CO_2）约占 0.04%，以及少量其他气体（如氩气、水蒸气等）。为使食品处于不同于空气组分气氛环境，一般是指通过调整气体比例（如降低氧气、增加氮气或二氧化碳）来抑制食品腐败。

体，封口，成型，最终装箱储运。其关键在于根据产品特性选择包装材料和包装气体。如果包装已定，则关键就在于选择和配制气体（比例）。

4. 气调包装常用材料

气调包装常用材料有三大类：

（1）纸箱类。一般配合冷库，多用瓦楞纸箱包装，主要用五层瓦楞纸板制作纸箱。同时箱内单个实体用纸或聚乙烯塑料薄膜进行裹包。

（2）塑料类。多用单质的聚乙烯、聚氯乙烯制成的包装袋进行包装，聚氯乙烯主要用于制作大袋。

（3）复合材料。以聚乙烯、聚氯乙烯薄膜为基材与纸箱进行复合，形成纸塑包装，另外也有用聚丙烯作为基材进行复合制成的包装。复合材料是应用最多的气调包装材料。其中，聚乙烯复合包装材料在小袋气调包装中应用最广。

为了保持包装内混合气体给定的浓度，食品气调包装的包装材料有以下几点要求：

（1）包装材料的机械强度。包装材料要有一定的抗撕裂和抗戳破的强度，尤其是用于包装新鲜的鱼和带骨的肉的材料。

（2）包装材料的气体阻隔性。由于大多数塑料包装材料对 CO_2 的透气率比对 O_2 高 3～5 倍，所以要求采用气体阻隔性高的多层塑料复合包装材料。高阻隔性的 PVDC 和 EVOH 是塑料复合包装材料的最佳选择。

（3）包装材料的水汽阻隔性。为了避免产品因失水而损失重量，食品气调包装的包装材料要求有一定的水汽阻隔性。

（4）包装材料的抗雾性。大多数的气调包装食品都要求冷藏储藏，包装内外温差使水分在包装膜内产生雾滴从而影响产品美观，因此必须采用抗雾性塑料包装材料，使包装内水分不形成雾滴。

（5）包装材料的热封性。为了保持包装内的混合气体，包装袋或盒的封口要求有一定强度，而且完全密封、无泄露。在这方面，聚乙烯的热封性最可靠。

新鲜果蔬的塑料包装膜应为包装内外的气体交换膜，便于从大气中吸入包装内被果蔬有氧呼吸所消耗的 O_2 和从包装内排出果蔬呼吸所产生的过多的 CO_2，因此要求采用具有透气性的塑料包装材料，而不是具有阻气性的包装材料。

三、真空贴体包装技术

传统真空包装膜对物料外形的适应性较差，膜紧贴物料并产生大量褶皱，导致毛细管效应产生，使物料汁液渗出，增大损耗并影响美观。另外真空包装中的肉呈现紫红色或棕褐色，影响消费者对肉新鲜度的判断。气调包装可对肉色有很好的保护作用，但过高浓度的 O_2 易造成好氧性细菌等微生物的生长以及不饱和脂肪酸的氧化酸败，同时包装内气体较多，易在表面形成水雾及产生返霜现象，有损物料品质及包装美观。相关学者提出通过应用真空贴体包装技术来延长货架期，并提供更加美观的包装效果，以适应未来包装保鲜、高效、美观的发展要求。如今，在各大电商平台和线下生鲜超市都可看到真空贴体包装的身影，应用范围涉及鲜肉、西式加工肉、海鲜食品、即食食品（微波食品）等细分市场。

1. 真空贴体包装技术的原理

真空贴体包装（Vacuum Skin Packaging，VSP）于 20 世纪 60 年代在欧洲、美国、日本

等地区和国家兴起，最初用于包装小五金制品，起到防尘保护、直观展示的作用。随着真空包装技术的发展及人们对于食品包装美观性要求的提高，研究人员逐步提出食品用真空贴体包装的概念。

真空贴体包装包含贴体盖膜和高阻隔易剥离底膜（托盒）两部分，根据底膜热封层材质的不同，又可以分为 PE 类、PP 类、PET 类和 AL 类贴体包装，目前在国内应用较多的是 PE 类和 PP 类。底膜（托盒）可以提供支撑产品的作用，又可分为预制盒（Pre-made Tray）和在线成型（Online Forming）两种形式。贴体盖膜在加热和真空的作用下，贴合于被包装物表面，同时与底膜进行热封。标准的贴体包装机，可使盖膜和托盒盒沿和底部同时被热封，对被包装物起到固定和保护的作用。

真空贴体包装效果形成的关键在于特制的真空贴体包装膜。食品用真空贴体包装膜一般为多层共挤成型，有良好的热成型拉伸性和抗穿刺性能。膜与物料接触一侧有热合层，在熔融状态下可与底盒粘连。针对不同物料采用不同阻隔性能的贴体膜，保证气体、水汽、香味阻隔性，提高真空贴体包装效果。

2. 真空贴体包装的优势

（1）3D 外观。贴体膜紧贴商品，保持并凸显其自然外观，使商品固定的同时不受挤压。商家可任意选择立式、悬挂式或传统水平式等多种方式在销售终端陈列商品，增加消费者购买欲望。

（2）高真空度。在高真空条件下，汁液无法渗出，可有效减少细菌繁殖，保证卫生。

（3）切边整齐。贴体包装机设计精心、用料考究、做工精良，精妙的切边技术使包装封口非常整齐漂亮，高颜值的外表无形中为商品增加了附加值。

（4）货架期长。真空贴体包装技术本身就是一种食品保鲜技术，其紧贴商品隔绝了细菌，延缓了商品的衰败，起到了很好的延长货架期的作用。

四、生物包装技术

生物包装技术包括传统生物包装技术与现代生物包装技术两部分。传统生物包装技术是指已有的生产酱、醋、酒、面包、奶酪、酸奶及其他食品的传统工艺；而现代生物包装技术则是指以现代生物学研究成果为基础、以基因工程为核心的新兴技术。当前学者们谈论的生物技术均指现代生物技术。现代生物技术主要包括基因工程、细胞工程、酶工程、发酵工程和蛋白质工程。这五项工程中，最有希望用于食品包装领域的是酶工程。

生物酶是一种催化剂，可用于食品包装，对产品产生特殊的保护作用。研究表明，食品（包括很多生鲜食品和农副产品）都是由于生物酶的作用而变质和霉烂的。将现代生物技术用于食品包装，即通过"以酶治酶、以酶攻酶"来实现其包装作用。生物酶用于农产品包装是生物技术在食品包装上的典型应用。生物酶在农产品包装上的应用主要就是制造一种有利于农产品保质的环境。它主要根据不同农产品所含酶的种类而选用不同的生物酶，使农产品所含不利于农产品保质的酶受到抑制或降低其反应速度，最终延长农产品的货架期。

生鲜食品的生物酶保鲜包装技术就是将某些生物酶制剂用于生鲜食品的保鲜包装。其技术工艺体现在三个方面：酶钝化处理；生物酶制剂处理；包装装料密封处理。酶钝化处理是指利用空气放电产生臭氧和负离子，使生鲜食品表面的酶钝化。其作用是使生鲜食品表面酶的活性降低，使之对周围环境失去灵敏性，降低其呼吸强度，以提高其保鲜效果。生物酶制剂处理是指配制酶为主要原料的组合剂，将这种酶组合剂与被包装产品一起装入包装中。包装装料密封处理就是指将经过多道工序处理后的生鲜食品（如食物、物料）进行包装，利用包装材料（如包装膜及包装片材、软材等）或包装容器按一定的量包装后再进行密封。其容器由多种材料制成，如聚酯瓶、玻璃瓶、陶瓷瓶等。对于包装处理工序中所用到的包装薄膜，可根据密封性要求和材料本身性能加以选择。一般来说，应选择透气性和密封性较好的塑料薄膜或复合薄膜。但还需要有一定的透气性，否则会导致包装成品膨胀得太大而影响包装成型且会占用较多空间。

延伸阅读 6-4

消毒到最小包装，确保进博会进口冷链食品展品安全

第四届中国国际进口博览会所有进口冷链食品展品按照"口岸检验检疫、分批进入总仓、集中消毒、统一运输入馆"的要求来保障展品安全。

1. 每个包装一张"身份证明"，进馆后随时"溯源"

小包装消毒完成重新装箱之后，在进馆前每箱进口冷链食品展品的包装箱上都将有一张"第四届进博会进口冷链食品展品出库追溯清单"，上面记录着展商名称、具体展位、展品原产国、生产日期等基本身份信息，并附有"二维码"。通过这张"身份证明"，展品能随时随地被检查和"溯源"，总仓对货品的管理更加便捷。没这张"身份证明"，则不允许入馆；在展馆发现无这张"身份证明"的进口冷链食品，将予以立即撤展和追踪处理。

2. 对进入总仓的进口冷链食品进行拆包

为全力做好市场监管服务保障工作，上海市市场监管局强化对进博会食品企业的"人员、物品、场所"管理，与相关部门协调落实方案要求，严查检疫合格证明、消毒证明，确保"三专"管理（专用通道进货、专区存放、专区展示），着力落实展区内不得零售进口冷冻生鲜食品、不得提供未经"熟制加工"的冷冻生鲜食品试吃等措施，并在展会布展期间将开展应急处置演练，全力保障第四届进博会冷链食品安全可控。

[资料来源：澎湃上海. 消毒到最小包装！进博会进口冷链食品展品"第一车"进入总仓 [EB/OL]. (2022-10-21) [2024-01-19]. https://m. thepaper. cn/baijiahao_15018158.]

练习与思考

1. 名词解释

冷链物流包装 冷媒 气调包装 真空贴体包装技术

2. 简答题

（1）简述冷链物流包装组成。

（2）论述保温箱技术发展方向。

（3）相比于 EPP 保温箱，EPS 保温箱有何优越性？

（4）简述传统包装材料的类别。

（5）简述可食性包装薄膜的类型。

（6）论述气调包装的技术原理。

（7）论述真空贴体包装的技术原理与优势。

本章参考文献

［1］ 汪利虹，冷凯君. 冷链物流管理 ［M］. 北京：机械工业出版社，2019.

［2］ 刘芳卫，杨立颖，徐晓晴. 生鲜农产品冷链包装的研究思考 ［J］. 绿色包装，2021，69（9）：34-38.

［3］ 中华人民共和国农业农村部. 限制商品过度包装要求　生鲜食用农产品：GB 43284—2023 ［S］. 北京：中国标准出版社，2023.

［4］ 任芳. 冷链包装技术及其升级发展 ［J］. 物流技术与应用，2018，23（增刊1）：18-21.

［5］ 马雪飞，杜志龙，马季威，等. 食品用贴体包装技术及设备研究进展 ［J］. 中国农机化学报，2018，39（5）：102-107，115.

［6］ 马雪飞. 食品真空贴体包装技术及装备研究 ［D］. 北京：中国农业机械化科学研究院，2019.

［7］ 李洋，刘广海. 冷链物流技术与装备 ［M］. 北京：中国财富出版社，2020.

第七章

冷链物流节能降耗管理

🔁》学习目标

本章知识、能力和素质目标要求如下：
- 能够认识到冷链物流节能管理的必要性和迫切性。
- 能够从建筑、制冷设备、运行和新技术应用四个方面提出冷库节能的解决方案。
- 能够准确计算冷藏车各项冷消耗。
- 能够解释影响冷链运输能耗的主要因素及措施。
- 能够列举绿色冷链包装材料，并指出各类材料的优点。
- 能够提出冷链包装的循环使用方案。
- 能够增强节能减碳、绿色环保的理念和服务国家"双碳"战略的历史使命，主动探索冷链物流节能降耗新技术，提升创新能力。

第一节　冷库节能管理

冷库是能耗大户，根据统计，中国冷库每年的电费超过 800 亿元。冷库能耗一般占整个冷链物流企业能耗的 70% 以上，能源成本占企业运营成本的 30%，冷库的节能不仅能减少能源消耗，增加社会效益，还可以降低运行成本，因此冷库的节能越来越受到企业的重视。冷链物流企业耗电考核标准规定：冻结物冷藏单位产品耗电量为 0.3kW·h/t，冷却物冷藏单位产品耗电量为 0.9kW·h/t，冷冻加工单位产品耗电量为 120kW·h/t。但实际运行过程中，有的企业冻结物冷藏单位产品耗电量甚至多达 1.4kW·h/t，少的也到 0.2kW·h/t；冷却物冷藏单位产品耗电量多达 1.0kW·h/t，少的也达到 0.3kW·h/t；冷冻加工单位产品耗电量多达 180kW·h/t，少的也达到 70kW·h/t，能源浪费严重。在国家推进"双碳"战略和能耗双控的背景下，节能降耗已成为冷库仓储亟须解决的现实问题。

一、建筑节能

（一）隔热材料的选择

冷库节能与否与保温材料的选择有关，应根据冷库的温度、湿度、寿命等因素，选择合适的保温材料。典型冷库保温材料及其导热系数见表 7-1。导热系数越小，保温隔热性能越佳，聚氨酯（PU）与聚脲材料是相对较好的选择。其中，后者为可以达到消防要求的 B1 级材料，因此其应用比聚氨酯更广，也是低温库不可替代的保温材料。这两种材料多在工厂流水线上复合成夹芯板，成品运输至施工现场（区别于混凝土土建库，较多采用现场喷涂发泡方式）。真空绝热板由于成本过高，在国内大型冷库建筑中应用相对较少。

表 7-1　典型冷库保温材料及其导热系数

材料	聚苯乙烯泡沫	聚氨酯（PU）	玻璃丝棉/岩棉	混凝土	软木板	聚异氰脲酸酯（PIR）	真空绝热板（VIP）
导热系数/[W/(m·K)]	0.036	0.024	0.044	1.1	0.043	0.018	0.005

表 7-2 为冷库保温材料基本特性。由于国内新消防法规要求提高，能够达到 A 级防火性能要求的岩棉及玻璃丝棉夹芯板应用大幅上升。但由于材料自身特性，在夹芯板受到撞击或开洞造成内外钢板破损后，上述两种芯材会因吸水造成保温效果减弱甚至丧失，并存在老化掉屑等弊端。当采用上述两种保温材料时，应采用夹芯板四面企口，门洞等位置应提前设计，杜绝现场手工切割，以有效封闭芯材。内外钢板本身除提供芯材有效防护外，还有气密性作用，冷库板与檩条和主结构连接，塑料头自攻钉应用胶或绝缘垫片有效封堵，防止水蒸气侵入芯材。

表 7-2　冷库保温材料基本特性

基本特性	聚氨酯（PU）	聚异氰脲酸酯（PIR）	发泡聚苯乙烯（EPS）	酚醛树脂	岩棉
耐损性	中等	中等	好	差	差
骤燃温度	310℃	420℃	350℃	490℃	参考制造商
推荐应用	冷冻、冷藏库	冷冻、冷藏库、食品生产	冷冻、冷藏库	冷冻、冷藏库、食品生产	冷藏库、食品生产
不推荐应用	防火高危区	—	防火高危区	—	冷冻

冷库板越厚，外部热传导造成冷耗越小，但建设成本越高。在把握建设成本与后期运营成本的均衡时，需要根据不同地区温湿度以及冷库库温综合考虑。在采用聚氨酯材质的情况下，冷库板厚度建议不低于 100mm。PIR 材质加工而成的夹芯板，保温性能好，材料性能稳定，轻质且吸水率极低，从国际范围来看，冷库围护材料采用 PIR 夹芯板是通行做法。

延伸阅读 7-1

建筑保温用聚异氰脲酸酯泡沫发展方兴未艾

为实现"双碳"战略目标，规模化发展超低能耗、近零能耗建筑成为趋势。随着节能要求的提高，墙体保温材料的厚度与质量要求进一步加强，同时对于建筑保温体系的安全性又提出新的要求。具有高效保温性能的聚异氰脲酸酯（PIR）泡沫在建筑领域受到高度关注。

1. PIR 比 PUR 性能更优异

PIR 是一种新型建筑保温材料，是聚酯多元醇与异氰酸酯发生三聚反应，形成的脲基甲酸酯六元环结构。与传统聚氨酯（PUR）泡沫相比，其原材料配方、生产工艺要求、化学特性及物理特性等有很大区别。

PIR 既具有传统 PUR 泡沫的性能优势，又在多项物理性能方面有所提升。PIR 中的脲基甲酸酯六元环结构促使燃烧结焦成炭，可大幅提高泡沫体系的防火性能。并且 PIR 具有更好的尺寸稳定性，压缩强度高，保温性能好，有更低的热分解率和更高的机械强度，可回收重复利用，使用寿命长，与几乎所有屋面、墙体系统兼容，能够提供经济高效的建筑保温解决方案。

2. PIR 优异性能的具体体现

PIR 的优异性能主要体现在，它既能满足建筑的高效保温要求，又能满足大厚度保温体系高防火、不吸水、质量轻、不脱落的安全性要求。具体体现在以下几个方面：

一是保温隔热性能优异。PIR 的导热系数 ≤0.022W/(m·K)，是冰箱、冷柜、冷库、热力管道、LNG 低温存储设备等不可替代的保温材料。将它应用于建筑保温，可有效减薄保温层，减小风压影响，从而降低保温层脱落的风险；还可节约面积，尤其是将它应用于严寒、寒冷地区的超低能耗建筑外保温，可节约 2% ~ 3% 的建筑面积。

二是防火阻燃性能好。PIR 是热固性材料，具有离火自熄性和燃烧后炭化两大特点。其防火性能强，遇到电焊火花不自燃、不软化、不熔融滴落、不轰燃，在火灾燃烧中，相较于热塑性保温材料，PIR 的防火性能表现更好。

三是黏结性好。PIR 可以在基材上实现微孔渗入式发泡，能与基材紧密结合、黏结牢靠，可提升系统的整体安全性。

四是防水性能优异。PIR 具有封闭的泡孔结构，闭孔率达 95% 以上，吸水率低，能有效阻隔水汽的渗透，可以实现防水保温一体化。

五是使用温度范围广。PIR 的使用温度范围为 −50 ~ 150℃，可应用于严寒和高温地区的墙体和屋面。

六是耐化学腐蚀性好。PIR 具有良好的物理化学稳定性，不易与腐蚀性化学品发生物理化学反应，也不会腐蚀接触面建筑基层。

七是耐候性能好。PIR 一旦反应成型，其物化性能可以长期保持稳定。PIR 在建筑保温领域的使用最长年限已经超过 50 年，其性能依然优异，可以达到与建筑同寿命。

3. PIR 在建筑保温中的多样化应用场景

PIR 在建筑保温中有多种应用方式和应用场景。应用方式主要有板材、喷涂和灌注等。PIR 既可以用于超低能耗建筑围护结构的内外保温、夹芯保温，也可以用于屋面防水保温、楼板隔声保温及地下工程防水保温。

PIR 板材在工厂可与水泥基卷材、装饰面材、无机材料等直接发泡黏合为一体，应用于民用建筑的外保温、夹心保温、内保温及屋面保温体系，还可与金属面复合应用于工业建筑与商业建筑的屋面、围护墙体系统。

PIR 喷涂因施工方式特殊，具有整体喷涂无热桥、黏结性强、满粘无空腔、易于处理复杂立面，无接缝、保温隔声效果好等特点。

PIR 灌注保温产品在海外建筑中常有应用，这种产品工艺类似冰箱的保温灌注工艺，在空腔墙体中灌注发泡填充，发挥 PIR 的超强黏结性，使 PIR 与墙体形成整体，从而实现保温结构一体化构造，既能实现高效保温的要求，又能达到构造防火的标准。

PIR 硬泡保温产品在欧美、日韩、中东等国家和地区的建筑领域已成熟应用多年，且市场需求正高速增长。PIR 系列创新产品及应用体系，在国内多个项目中也成功应用。未来 PIR 产品将在我国建筑节能行业发挥更大的作用。

[资料来源：晋艳丽. 建筑保温用聚异氰脲酸酯泡沫发展方兴未艾 [N]. 中国建材报，2023-06-26 (6).]

（二）围护结构的防潮和隔汽

冷库内外温差较大，高温空气中的水蒸气会进入隔热层冷凝成水，使隔热层受潮，影响隔热效果，从而降低保温性能，增加能耗。水蒸气都是由高温一侧向低温一侧渗透的，所以一般情况下，将防潮和隔汽设置在高温侧。如果冷库的高温侧和低温侧发生变化，那么在隔热层的两侧都应设置防潮、隔汽层。冷桥的存在会影响围护结构防潮和隔汽层的完整性和严密性，进而使隔热层受潮失效，甚至威胁建筑物的安全，同时暴露在空气中的冷桥会增加围护结构的热负荷，因此必须尽量避免在围护结构中形成"冷桥"。对于一些不可避免的"冷桥"，应选用导热系数较小的材料。

（三）冷库门设计及管理

冷库门是冷库的配套设施之一，是冷库围护结构中最容易跑冷的部位。据相关资料介绍，低温储藏库的库门在库外温度 34℃、库内温度 -20℃ 的条件下开启 1h，耗冷量就达 1088kcal（1cal = 4.1868J）。

冷库内常年处于低温高湿以及温度、湿度频繁变化的环境中，低温库的内外温差通常在 40 ~ 60℃ 之间。当库门开启时，由于库外空气温度较高，水蒸气压力大，而库内空气温度较低，水蒸气压力小，库外空气就会向库内流动。在库外高温、高湿的热空气通过冷库门进入库内后，大量的热湿交换会加剧冷风机或蒸发排管结霜，导致蒸发效率降低，从而引起库温波动，影响储藏产品的质量。

冷库门的节能措施主要包括：

（1）设计时应尽量减少冷库门的面积，特别是降低冷库门的高度，因为冷库门高度方向的跑冷要比宽度方向大得多。在保证进货高度的情况下，选择合适的门洞净空高度和净空宽度的比例，尽可能减少冷库门门洞的净空面积，以取得较好的节能效果。

（2）当冷库门开启时，冷量损失与门洞净空面积成正比。在满足货物进出货量的前提下，要提高冷库门的自动化程度，及时关闭冷库库门。

（3）装置冷风幕，并使用行程开关，使冷库门开启时启动冷风幕运行。

此外，对于交易型冷库频繁使用的库门，可设置回笼间，减少冷库门冷热交换，减少水蒸气进入库内；可设置降温穿堂降低冷热交换；采用双穿堂设计时，尽量避免冷库门对开或者同时打开。

（四）安装 PVC 门帘

PVC 门帘是用聚氯乙烯塑料做成的，可有效阻止冷库内外热量转移，达到节能的目的。我国最早使用的冷库门帘是棉被，到 20 世纪 60 年代，开始采用门斗，有效减少了冷库门洞的跑冷。1965 年后建成的冷库开始外设空气幕。随着化工塑料工业的发展，上海化工厂和上海市第二商业局合作研制出了 PVC 门帘，并在 1984 年 12 月 20 日通过技术评定，被认为是一种节能门帘。表 7-3 给出了 PVC 门帘和其他材料门帘的比较。PVC 门帘对减少冷库门洞附近的跑冷效果显著，装有 PVC 门帘的冷库的跑冷量比没有装门帘的冷库减少了 10%。

表 7-3　PVC 门帘和其他材料门帘的比较

门帘材料	优点	缺点
橡皮条	—	不卫生，不透明，有安全隐患，寿命短，易老化
棉被	效果好，经济实用	易吸水，不卫生，不透明，不安全
聚酯涤纶薄膜	起灰时间长，较卫生	使用时容易漂起
PVC	透明度大，较安全	容易起灰，使用寿命较短，没有形成系列产品

在隔热性能良好的金属推拉门内安装柔性 PVC 条带门帘，具体做法是：当门洞高度在 2.2m 以下、以人员和手推车盘货通行时，可采用宽度为 200mm、厚度为 3mm 的柔性 PVC 条带，条带之间的搭接率越高越好，使条带之间的缝隙最小；高度大于 3.5m 的门洞，条带宽度可采用 300~400mm。

（五）制冷系统余热回收

制冷压缩机在运行过程中，制冷剂经压缩成为高温高压的过热气体，排入冷凝器，经散热成为过冷高压液体。所谓余热回收，就是在不影响冷库制冷系统正常运行的前提下，回收制冷系统的冷凝热，并经过热回收系统处理后可提供 55~95℃ 的热水。配合蒸汽再加热，可满足畜禽屠宰车间的漂烫机补水、烫脱毛、托盘清洗、鸡爪脱皮、清洗鸡肚等工艺的使用要求，也可用于向生活区提供热水（如澡堂、餐厅、洗衣房等）、冷库地坪的乙二醇加热系统的热源和采暖（包括办公楼、宿舍楼、食堂、澡堂和洗衣房等）。

余热回收系统可完全吸收制冷系统的冷凝热（即全热回收），真正实现系统废热零排放，有利于环境的可持续发展。同时，制冷系统、热回收系统的完美配比，优化了制冷系统性能，保证了较高的综合 COP（制冷综合性能系数），省去了锅炉、电加热等，初始投资小，运行费用低，有较好的经济性能。相比于燃气、燃油、电锅炉，1~2 年就可收回投资。

（六）智能高效照明

在冷库中照明不仅浪费大量电能，还会增加冷库的热负荷，冷藏间的照明发热量一般为 $1.8~2.3W/m^2$，加工间、包装间等的照明发热量一般为 $5.8W/m^2$。传统的照明功率大，同时散热量也大，使用 LED（发光二极管）照明不仅可以降低设备输入功率，还可降低冷库的热负荷。采用 LED 并配备移动传感器，根据库内是否有物体移动来决定灯具的暗与亮，可使库内照明节省耗电 50% 以上。

（七）冷库建设工艺管线的设计布局

制冷管道及照明动力管线等穿过隔热外墙是不可避免的，每多一处穿越点就等于在隔热外墙上多开一个缺口，而且处理复杂，施工操作困难，甚至可能留下工程质量的隐患。因此在管道设计布置时，应尽可能减少穿越隔热外墙的孔数，并对穿墙处的隔热构造进行细致处理。

二、制冷设备节能

（一）制冷压缩机的选择

在冷库制冷系统中，压缩机能耗最大，因此必须选择性能优良、高效节能的制冷压缩机。研究表明，在额定速率下，压缩机的性能可以达到最高，通过使用压缩机变频控制可实现超过20%的节能效果。同时，合理确定压缩机的能量调节方法使压缩机以最低能耗运行，可达到节能目的。调节方法主要有：①采用变频控制技术，即根据冷库的环境参数进行实时检测，相应调节压缩机转速，改变制冷量，使其与冷库热负荷相匹配，保证系统高效运行，达到节能目的；②多能级优化组合进行能量调节，该方法不但能适应变动的热负荷，还能使压缩机轻载或空载运行，延长压缩机使用寿命，适用于大中型冷库。

（二）冷凝器的选型

冷凝器在运行过程中消耗大量电能，因此冷凝器节能是冷库节能的重要部分。同其他冷凝器相比，蒸发式冷凝器是一种高效节能的换热设备，通过水的蒸发潜热吸收制冷剂放出的热量。蒸发式冷凝器减少了循环水量，降低了水泵的动力消耗，不仅节能而且节水，同时还省去了冷却水在冷凝器中的显热传递阶段，使冷凝温度更有可能接近空气的湿球温度，达到节能目的。蒸发式冷凝器在国外早已普遍使用。近年来，国内也从应用壳管式冷凝器转向应用蒸发式冷凝器。

（三）蒸发器的选择

无论是冷风机蒸发管组还是冷排管，增大蒸发器的蒸发面积是最为有效的强化传热的途径，虽然一次性的投资可能会大一些，但是运行节能效果要好很多。在低温冷库的建设中，采用排管式蒸发器可起到蓄冷的作用，冷库温度和蒸发温度波动较小，温度保持和延续的时间比较长，节能作用明显。蒸发器融霜方式的选择也是关乎节能的重要环节。在大中型冷库的制冷系统中，蒸发器一般不采用能耗高的电热融霜方式，而小型氟利昂制冷系统为简化管路，可采用电热融霜方式，但是应根据霜层融化所需的热量配置适宜的电热功率。

三、运行节能

（一）合理利用库房，淡季及时并库

冷藏间的耗电量是按冷藏间耗冷量的多少来计算的，通常包括两部分：一是货物冷冻或冷藏时的耗冷量；二是冷藏间本身（即围护结构）及操作管理的耗冷量。节约用电的关键在于冷藏间的利用率，利用率低的冷藏间耗冷多，耗电也就多。在实际操作中，压缩机所配备的电动机功率是按该机制冷能力选定的，库房的耗冷量小于制冷机的制冷能力。冷库在淡季运行时，由于冷藏间存放的货物较少，运转是"大马拉小车"，浪费了电能。因此，在淡季可将几个冷藏间内的货物按储藏温度及时并库，以减少能耗。

（二）冷库蒸发器的合理调节与及时除霜

一般而言，冷库蒸发温度每提高1℃，可节能2%~2.5%。因此，在能够满足产品制冷

工艺的前提下，可通过调整供液量，尽量提高蒸发温度。

冷库制冷装置运行一定的时间后，原本在冷库空气中的水分会凝结到低于 0℃ 的蒸发器的管壁上，形成浮霜，不及时除掉的话，就会堆积起来，越来越厚，导致热阻产生，制冷量下降，能耗大大增加。霜层的热阻一般比铜、铝、钢管的热阻大得多，当霜层厚度大于 10mm 时，其传热效率下降 30% 以上。当管壁的内外温差为 10℃、库温为 –18℃ 时，排管蒸发器的制冷系统运行一个月后，其传热系数 K 值只有原先的 70% 左右。当冷风机结霜特别严重时，不但热阻增大，而且空气的流动阻力增加，严重时将无法送风，所以要适时对蒸发器的表面进行除霜处理，以保证制冷系统高效、节能运行。不同形式蒸发器的及时除霜方式不同。国外冷库普遍采用冷风机，常用的除霜方式有水冲式除箱、制冷剂热气除霜、电热除霜，其中制冷剂热气除霜应用最广泛，被认为是最高效、节能的除霜方式。

（三）冷凝器管壁水垢的清理

水冷式冷凝器运行一段时间后表面会形成水垢，水垢的导热系数为冷凝器管壁导热系数的 2.4% ~ 2.8%，这会增加冷凝器管壁的传热热阻，影响冷凝器的换热效率，间接升高冷凝温度，增大制冷装置的功耗，同时结垢到一定程度时还会腐蚀制冷设备，缩短其使用寿命。国外冷库中普遍采用蒸发式冷凝器，并对其布水器喷嘴进行定期清洗且将冷却水软化处理。对于除垢周期，由于冷凝器形式、制造材料和当地水质不同难以确定，应根据冷库具体的制冷装置合理确定。除垢的方法主要有手工清洗、机械清洗、电子除垢以及化学清洗四种。同时对制冷装置的冷却水进行必要的水质处理，主要的方法有磁化、静电以及离子交换等。目前，我国一些冷库安装了稳定剂和静电水垢控制器，能够有效地减缓水垢增厚速度，从而达到节能的目的。

另外，定期放油、防止不凝性气体进入系统和及时排放不凝性气体可有效提高运行效率。经油分离器未完全分离的润滑油进入冷凝器和其他设备会降低设备的换热效率，增加能耗。所以不仅要选用性能优良的油分离器，还应定期对设备放油。另外，在加油和加注制冷剂时的不规范操作会使不凝性气体进入装置，使冷凝面积减少，冷凝压力增大，降低装置的制冷能力，增大能耗。当制冷系统中混有不凝性气体，其分压力值达到 0.196MPa 时，耗电量将增加约 18%。因此，一定要注意防止不凝性气体的进入，不慎进入要及时排放。

（四）定期放油

制冷压缩机工作时，排出的润滑油大部分可以通过油分离器分离下来，但是依然会有一部分进入冷凝器或其他装置管路中，在管壁或设备的底部凝结或沉淀。当蒸发器盘管内有 0.1mm 厚的油膜时，为保持设定的温度要求，蒸发温度就要下降 2.5℃，这导致耗电量增加 10% 以上。因此，除了选择性能优良的油分离器外，还应根据压缩机的实际油耗情况，对制冷装置润滑油的含量进行分析，采取合理措施将其排出，以有效改善和提升制冷装置的传热效果，降低电耗。

（五）合理利用峰谷电运行

在不影响被冷物冷藏质量的前提下，冷库可以利用夜间"谷价"运行，减少白天制冷压缩机的运行时间，避开白天用电高峰期。目前，我国许多省市制定的分时电价制度中，峰谷电价比为 3 : 1 ~ 4 : 1，所以可利用蓄冷装置或调整开机时间，提高"谷电"使用率，降低运行成本。

（六）合理利用昼夜温差运行

我国不少地区昼夜温差较大。通常海洋性气候地区昼夜温差为 6 ~ 10℃，大陆性气候地区昼夜温差可达 10 ~ 15℃。夜间环境温度低，可根据产品储藏特性，调整延长夜间开机时间；冷凝温度相对较低，有利于冷库节能。相关研究结果表明，冷凝温度每下降 1℃，可减少压缩机功耗 1.5%，单位轴功率制冷量将提高 2.6% 左右。但需要注意的是，夜间开机时间的长短要以保证库温波动在正常范围内为前提。

（七）合理选择冷库的通风换气时间

果蔬类食品由于呼吸作用会放出一些气体，影响冷库内的环境温度和条件，因此在果蔬冷库中必须设计通风换气，但是通风换气引起的热负荷较大。在一般情况下严寒季节选择白天进行通风换气，其他季节选择温度较低的夜间进行通风换气，以达到节能目的。

（八）防止蒸发温度过低

蒸发温度与库房温度之差一般为 7 ~ 10℃，我国通常采用的蒸发温度：果蔬冷库的蒸发温度一般设计为 −10℃ 左右，冻结物冷藏间为 − 28℃，冻结间为 − 33℃，而在实际运行中，许多果蔬储藏库的温差在 15℃ 左右。而欧洲等地区的经济发达国家，蒸发温度与库房温度之差一般为 3 ~ 5℃。蒸发温度与库房温度的温差增大，就会使蒸发温度过低，这会导致制冷系数下降，能耗增加。据估算，在其他条件不变的情况下，蒸发温度每降低 1℃，则要多耗电 1% ~ 2%。另外，温差增大，还会使冷风机的除湿量增大，库房湿度减小，从而引起食品干耗增大，食品品质下降。

四、新技术应用节能

（一）变频调速技术

随着科学技术的发展，变频调速技术因其节能、高效、减噪、可靠等优点，被广泛应用到工业控制的各个领域，尤其在冷库节能领域应用潜力巨大，可应用在压缩机、冷风机、冷库大门等设备改造中。压缩机系统以冷库最大制冷负荷工况设计，但大多数时间，冷库在部分负荷下运行、压缩机全开无疑造成能源浪费，应用变频压缩机能有效解决这一问题。变频压缩机可以根据冷库负荷的变化，随时调节压缩机电机的转速，使之输出的冷量与实际冷负荷相匹配，避免"大马拉小车"现象出现。目前，变频压缩机多用于暖通空调行业，在冷库中并未获得广泛使用，项目初始投资过高；节能效果不足以收回额外投资；缺少相关控制策略和运行维护经验可能是制约冷库应用变频压缩机的瓶颈。随着变频调速技术运行参数的优化、控制策略的完善、投资成本的降低，这一技术的经济优势将逐渐凸显，变频调速技术在冷库应用中将具有广阔发展前景。

（二）LNG 冷热电联供系统

由于天然气具有污染小、燃烧性能好的优点，并且储量丰富，应用也越来越广泛。人们为了便于天然气的储藏运输，将其压缩、冷却至其沸点（−161.5℃）温度后变成液体，储存在 −161.5℃、0.1MPa 左右的低温储存罐内。在 LNG 汽化成常温气体供给用户的过程中又将释放出大量的冷能，其值大约为 830kJ/kg（包括液态天然气的汽化潜热和气态天然气从储存温度复温到环境温度时的显热）。如果将该冷能进行有效的回收利用，如用于冷库速冻、低温冷藏等，在冷库小区域内实现 LNG 的冷热电联供，则可以节省大量的电能，大大提高能量利用率。在未来几年内，我国将在沿海地区建成多个 LNG 接收站，这对于沿海地区的冷库建筑群有更多的发展优势，有明显的经济效益和社会效益。

LNG 冷热电联供就是指以 LNG 作为一次能源，将发电系统和供热、制冷系统相结合，以小规模、点状方式分布在用户附近，独立输出热、冷、电能，实现热电联供或冷热电联供的系统。与传统供能方式相比，其在消减电力高峰负荷、平衡燃气季节峰谷、减少冷库运营成本、保障电网安全等方面有着独到的优势。回收 LNG 的冷能供给冷库是一种非常环保的冷能利用方式。将 LNG 与冷媒在低温换热器中进行热交换，冷媒通过换热器获得冷量，并将冷量储存在蓄冷槽中，然后通过一系列的媒质冷热交换将冷量经管道输送到冷冻、冷藏库，通过冷却末端释放冷量实现对货物的冷冻、冷藏。这使冷库可以不用制冷机或减少制冷机的使用数量，节约了大量的初始投资和运行费用，还可以节约很大一部分电力。汽化后的天然气可以用于以下用途：为冷库建筑区域的锅炉提供能源以制备热水；为直燃型溴化锂机组提供热源以实现供冷或供热；与经压缩机压缩的空气在燃烧室中燃烧生成高温高压气体，推动蒸汽轮机发电；此外，还可作为气源直接输出供用户使用。蒸汽轮发电时，从蒸汽轮中排出的废气包含大量的热量，通过余热回收系统对其热量加以回收，用于输出工艺热水或生活热水。

（三）采用低谷电蓄热蓄冷

众所周知，加工车间（尤其是畜禽屠宰加工车间）的工艺热水和预冷水每天的消耗量非常大。工艺热水制备多采用蒸汽换热或电加热，预冷水则由预冷水池内冷却排管制取或机房内氨分板换机组制备，冷源由制冷机组提供。屠宰车间的工艺热水和预冷水一般是在白天使用，使用时间处于用电峰时段和平时段，采用夜间谷时段制备工艺热水和预冷水，蓄存在蓄水池（箱）中（采用固体蓄热设备时，可把热能储存在固体蓄热体中），满足白天生产期间的使用，就可将电网高峰时的冷热水用电量移至电网低谷时使用，达到电网移峰填谷、节约电费的目的。与传统制取设备相比，增加了蓄水池（箱），工艺热水系统增加了一套电加热设备。在采用合理、高效的保温（冷）材料的情况下，可以保证蓄水池（箱）内的水温每晚降（升）不超过2℃。白天生产时间仅需用水泵将制备好的水送至冷热水系统即可，仅消耗少量的高价电力，且相当于增加了一套系统作为备用，提高了工艺热水、预冷水系统使用的可靠性。

另外，利用低谷电与水蓄冷、冰蓄冷、蓄热机组结合，还可以完成整个区域的供暖与制冷系统的配套，形成新型车间冷库建筑的冷热源系统。

（四）可再生能源利用

随着能源日益短缺，"光伏 + 冷库"已成为冷库仓储解决节能降耗问题的有效途径。"光伏 + 冷库"是指在冷库屋顶上面安装太阳能电池板，形成光伏发电能源供应系统，以解决冷库运行过程中的能源消耗，其经济效益和环保效益明显。"光伏 + 冷库"的优点如下：

1. 不占土地，具有空间优势

冷库有大面积的闲置屋顶，加装光伏板有得天独厚的空间优势，可以对面积广阔的冷库基地进行二次开发利用。

2. 隔热保鲜，延长寿命

冷库多为储存量大的食品厂、果蔬仓库、制药厂、乳品厂等，冷库加装光伏后能起到恒温隔热的功能，有利于生鲜产品保鲜储存。光伏板可遮挡直射的阳光，可以起到遮挡风、雨、雪，防止杂物撞击的作用，从而延长屋顶寿命，降低设备损耗。

3. 投资稳定，市场量大

从目前市场对冷库的需求来看，我国现有的冷库容量缺口较大，冷库投资持续增加，相对于发展分布式光伏，"光伏＋冷库"有较好的投资稳定性。

4. 高效降本，绿色环保

冷库用电负荷高，且24h连续运转，负荷稳定，光伏发电量基本都能被消纳，符合"自发自用，余电上网"模式。在"双碳"目标下，光伏发电给企业带来的绿色经济效益进一步凸显。

除了直接在冷库屋顶安装光伏电站外，"光伏＋冷库"还有一些离网、可移动的现实案例。新型光伏移动式冷库，也被称为"多功能一体式光伏移动智能冷库"，采用光伏发电，可多箱组合、易搬运，具有综合成本低、投产周期短、使用灵活方便、可拆装搬运、可回收再利用等多种优势。这种光伏移动式冷库，包括光伏电池板、调节钮、支架、保温层、冷藏室、制冷机、隔离板等。光伏电池板通过调节钮固定在支架上端；支架固定在保温层外部上端；冷藏室在保温层之间；保温层和制冷机固定在隔离板上方，轻巧便携。

延伸阅读 7-2

冷链仓储市场新力量：格力光伏移动冷库

格力推出的"光伏直驱变频热氟融霜制冷机组"，基于光伏直驱变频技术，创新性地将光伏清洁能源与制冷技术相结合，使设备能够直接由光伏发电驱动运行，降低了空调设备对传统电力的依赖性，大幅减少空调运行费用的同时也降低了系统运行带来的碳排放。

一、核心技术

（1）零碳源光伏直驱变频技术，节能省电，精准控温。

（2）智能热氟化霜，有霜化霜、无霜不化，实现化霜功率降低20%，化霜时间缩短80%，化霜后恢复库温时间缩短75%，高效解决了冷库在化霜过程中库温波动大、化霜能耗高、库温不均匀并且还需要人为调试化霜时间等行业痛点。

（3）多端多元换流技术：实现10ms内能源实时切换，确保系统的高效稳定运行。

（4）远程智能控制：发用电一体化管理平台智能控制管理，全方位满足用户远程智能管理需求。

二、光伏直驱变频制冷机组运行模式

光伏直驱变频制冷机组由光伏系统、能量储存系统（可选）、冷凝机组系统、能源信息管理系统组成。相比于传统的冷凝机组，光伏直驱变频制冷机组具有如下五种运行模式。

1. 纯光伏发电工作模式

当冷库没有制冷需求时，通过光伏发电产生的电能可全部供给其他用电设备或反馈给当地电网，此时系统相当于一个光伏电站。纯光伏发电工作模式如图7-1所示。

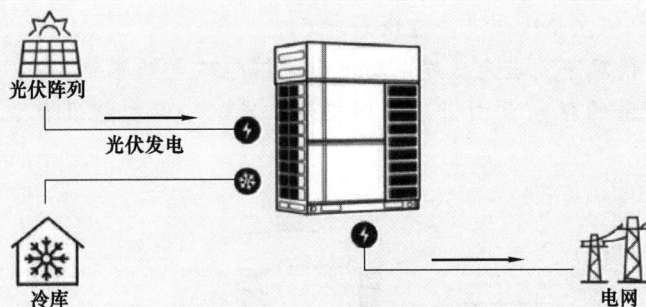

图 7-1　纯光伏发电工作模式

2. 光伏冷凝机组及系统发电工作模式

在阳光充足的情况下，当光伏阵列的发电量大于冷凝机组消耗的电能时，光伏发电的电能在优先供给冷凝机组的情况下，额外的发电量可供给其他的用电设备及电网，从而可额外为用户带来经济效益。光伏冷凝机组及系统发电工作模式如图 7-2 所示。

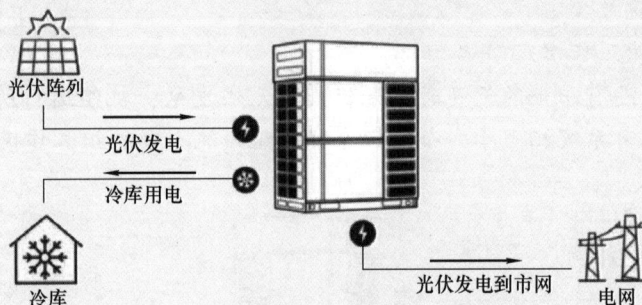

图 7-2　光伏冷凝机组及系统发电工作模式

3. 光伏冷凝机组工作模式

当光伏发电功率等于机组耗电功率时，机组运行所需的电能完全由光伏发电提供。此时系统电能完全自发自用，对外零电耗。光伏冷凝机组工作模式如图 7-3 所示。

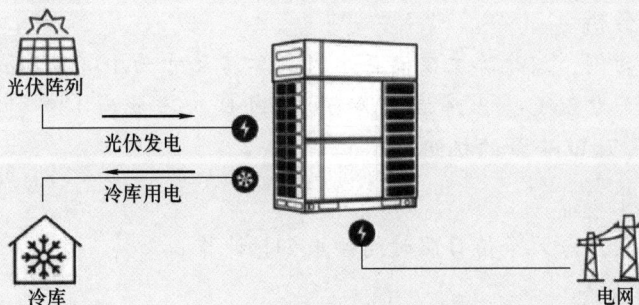

图 7-3　光伏冷凝机组工作模式

4. 光伏冷凝机组及系统用电工作模式

在缺乏光照的情况下，当光伏发电功率小于机组耗电功率时，光伏发电的电能全部供给冷凝机组，剩余的耗电量由当地电网提供。光伏冷凝机组及系统用电工作模式如图7-4所示。

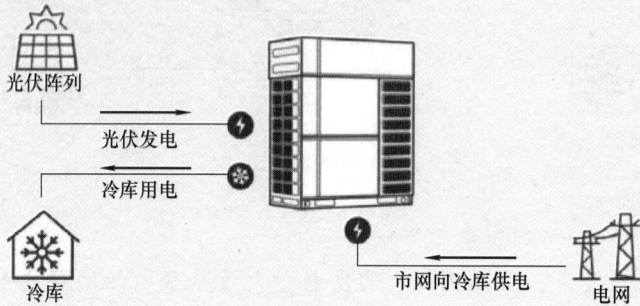

图7-4　光伏冷凝机组及系统用电工作模式

5. 纯冷凝机组工作模式

在夜晚或者在没有阳光的天气时，光伏模块无法发电，机组运行所需的电能全部由当地电网提供，此时系统相当于一个变频冷凝机组。纯冷凝机组工作模式如图7-5所示。

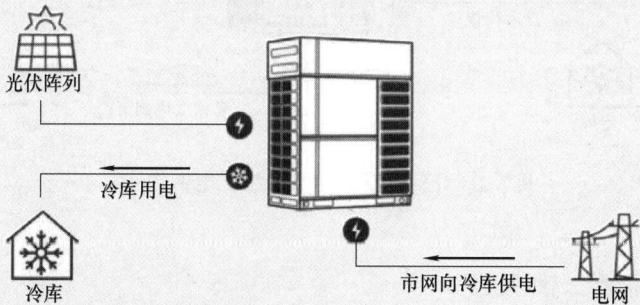

图7-5　纯冷凝机组工作模式

三、案例效益分析

以宁夏某冷库为例，该冷库主要储存水果，库房尺寸为 $10m \times 14m \times 3.5m$，库房温度为0℃，入库温度为25℃，出库温度为0℃，每日入库量为10%，冷却时间为24h，经过计算，需要16.7kW冷量的机组。

1. 日照时数

以宁夏地区为例，每天峰值日照时间按4.51h计算。

2. 光伏板铺设面积

冷库屋顶总面积为 $140m^2$，按照使用面积为总面积的80%计算，冷库屋顶可铺设光伏板面积为：$140m^2 \times 80\% = 112m^2$。

3. 可铺设光伏板数量

以 GIE-ML144/450 组件为例，单块光伏板面积为 $2.2m^2$，则屋顶最多可铺设光伏板数量为：$112m^2/2.2m^2 = 50$（块）。

4. 空调光伏板的装机容量

按照每台光伏机组的最佳匹配度（全部使用 450WP 光伏组件，使单位面积光伏发电功率达到最大），接入 2 串，每串为 18 块的光伏组件，共 36 块光伏板，总装机容量为 16.2kW；按照冷库制冷量需求量 16.7kW 进行匹配，共需 1 套 15 匹的光伏直驱变频热氟融霜制冷机组。

5. 发电量

（1）日发电量。GIE-ML144/450 光伏组件每块的峰值发电功率为 450W，一共安装 36 块，按照每天 4.51h（宁夏地区）峰值日照时间，综合考虑光伏组件效率、变流器效率、灰尘及雨雪遮挡损失、组件串并联匹配损失、弱光损失及其他项损失等因素，综合效率约为 80%，计算日发电量：$450W \times 4.51h \times 36 \times 80\% = 58449.6W \cdot h$。

（2）年发电量。考虑到光伏组件自身特性，第一年衰减系数约为 2.5%，第二年开始往后每年衰减 0.5%，不同年份总发电量情况见表 7-4。

表 7-4 不同年份总发电量情况

不同年份	总发电量/MW·h
前 3 年	62
前 5 年	102
前 10 年	203
前 20 年	397
前 30 年	580

6. 经济收益分析

（1）30 年内该光伏电站日均发电 53kW·h，按市场商业电价每度电 1 元算，每天节省 53 元，每月节省 1590 元，每年节省电费 19080 元。

（2）光伏电站建设成本 6.48 万元，3 年半内收回建设成本。

（3）光伏电站使用寿命 30 年以上，以 30 年计算，收回成本后可净收益 26 年半，相当于节约电费 50.7 万元。

（4）折算光伏电站发电每度成本 0.1 元。

7. 环境效益分析

应用光伏冷库带来的环境效益见表 7-5。

表 7-5 应用光伏冷库带来的环境效益

总发电量/kW·h	580822
节约标准煤/t	183.1
减排二氧化碳/t	476.1

				（续）
减排二氧化硫/t		4.03		
减排氮化物/t		1.83		
减排粉尘/t		3.11		
参数	二氧化碳	二氧化硫	氮化物	粉尘
排放系数/t^{-1}	2.6	0.022	0.01	0.017

注：此表均按每发 1kW·h 电需消耗 315g 标准煤计算。

[资料来源：格力中央空调助力碳中和 I 光伏冷库解决方案全新上线 [EB/OL]. (2022-08-30)
[2024-01-27]. https：//baijiahao. baidu. com/s? id = 1742576364689093532&wfr = spider&for = pc.]

第二节　冷链运输节能管理

一、冷链运输工具热计算

冷链运输工具的热计算是设计冷却设备、加温设备和空气循环设备的基础工作，在日常组织工作中也经常需要运用热计算。在热计算中最重要的是计算冷藏车各项冷消耗和冷却器的散冷量。把这两方面根据具体情况加以灵活运用，就可以找出一系列生产上所必需的数据。以下将讨论冷藏车（含冷藏集装箱）热计算的基本原理。

（一）冷消耗的计算

对于通用冷链运输工具来说，在各种情况下可能遇到的冷消耗因素共有八项，各项因素计算方法如下。

1. 漏热的冷消耗（Q_1）

$$Q_1 = 3.6 F_车 K_车 (t_外 - t_内) z \tag{7-1}$$

式中，$F_车$、$K_车$ 分别为车体的外表面积（m²）和传热系数 [W/(m²·K)]；$t_外$、$t_内$ 分别为在 z 时间内外界阴面的平均气温和车内平均温度（℃）；z 为传热的时间（h）。

其中，

$$K_车 = \cfrac{1}{\cfrac{1}{A_w} + \sum \cfrac{\delta_i}{\lambda_i} + \cfrac{1}{A_n}} \tag{7-2}$$

式中，A_n、A_w 分别为内、外表面热交换系数 [W/(m²·K)]；δ_i 为第 i 层材料厚度（m）；λ_i 为第 i 层材料的导热系数 [W/(m·K)]。

式（7-1）中的 $F_车$ 是车体的外表面积，即按车体外部六面的尺寸计算出的六个面积之和。由于车墙很厚，外表面积比内表面积大得多，传热实际上是通过平均表面积进行的，那么为什么这里可以用外表面积计算呢？这主要是为了测量和计算方便。在测定传热系数时，就可按照外表面积计算，这样计算出来的 $K_车$ 已经考虑了 $F_外$ 与 $F_均$（车体外表面积与内表面积的均值，即车体的平均表面积）的差别，而且是对应于 $F_外$（车体外部六面的表面积）的。当试验时，$K_车$ 是按照车体的平均表面积计算的，则在使用式（7-1）时，$F_车$ 应相应地采用平均表面积，$F_车 = \sqrt{F_外 \times F_内}$。车体的传热系数是不断变化的，新出厂时最小，使用中逐渐增大，维修后又减小，随后又增大。我国目前还没有一套这种变化的试验资料，在进行比较精确的试验时，每次都应对所选车辆重新测定 $K_车$ 值。

式（7-1）中的 $t_外$ 是车辆附近阴面的空气温度，阳面由于太阳辐射而增加的传热量另在 Q_3 中计算，$t_内$ 是车内各点的平均温度。$t_外$、$t_内$ 应该是在 z 时间内定时测定的若干读数（每个读数是几个温度的读数的平均值）的总平均值。

2. 漏气的冷消耗（Q_2）

当车内外有温度差时，车门、通风口等不严密处会发生漏气。漏气量的大小与缝隙的大小、温差的大小、外界的气候条件（如风速、风向、下雨等）有关。同一型号的车或者同一辆车在不同的场合和时期，漏气的冷消耗可能有很大差别。因此，Q_2 是很难用计算的方法正确确定的，只能通过计算传热系数用试验方法确定。在一般情况下，可简化认为 $Q_2 = 0.1Q_1$。

3. 太阳辐射的冷消耗（Q_3）

车体被太阳照射的部分因温度升高，传热温差也有所提高。计算公式如下：

$$Q_3 = 3.6\gamma F_车 K_车(t_阳 - t_内)z_阳 - 3.6\gamma F_车 K_车(t_外 - t_内)z_阳$$
$$= 3.6\gamma F_车 K_车(t_阳 - t_外)z_阳 \tag{7-3}$$

式中，γ 为车体被太阳照射面积占总面积的百分比（%）；$t_阳$ 为车体被太阳照射面的温度（℃）；$z_阳$ 为车体被太阳照射的时间（h）。

根据对单辆车的试验观测，车辆经常有三面（顶、端、侧）被太阳照射，只有短暂的时间可能是两面（顶端或顶侧或端侧）被照。因此，可以近似地把单辆车的被照面积取为 50%。通常车顶部比端侧面温度高，端侧面的温度也不相同，计算时应取测定各点的平均值，在粗略计算时，可取 $t_阳$ 比 $t_外$ 高 10~12℃。车体被太阳照射的时间，在具体进行试验时可按测定值计算，在理论计算中，可按当时当地平均的日照时间折合计算。

4. 通风的冷消耗（Q_4）

运送某些货物（如未冷却的蔬菜、水果、鲜蛋以及熏制品等）时需要通风，通风时会把外界的热空气带入车内，一方面需要降温（在计算时假定降至车内设定温度），另一方面可能有一部分水蒸气凝结（假定降至车内设定湿度水平），这两部分热量之和就是通风的冷消耗，计算公式如下：

$$Q_4 = V_通[C_空(t_外 - t_内) + q(f_1 p_1 - f_2 p_2)]z_阳 \tag{7-4}$$

式中，$V_通$ 为计算期间的通风容积（m³）；$C_空$ 为空气的容积比热 [1.297 kJ/(m³·K)]；q 为水蒸气的凝结热或凝固热，车内零上温度时为凝结热，可取 2.51 kJ/g，车内零下温度时为凝固热，可取 2.845 kJ/g；f_1、f_2 分别为通风时外界空气的相对湿度（%）和通风时车内空气的相对湿度（%）；p_1、p_2 分别为外界空气的饱和绝对湿度（g/m³）和车内空气的饱和绝对湿度（g/m³）。

5. 货物降温的冷消耗（Q_5）

$$Q_5 = (m_货 C_货 + m_容 C_容)\Delta t \tag{7-5}$$

式中，$m_货$、$m_容$ 分别为货物的重量（kg）和包装容器的重量（kg）；$C_货$、$C_容$ 分别为货物的比热容 [kJ/(kg·K)] 和包装容器的比热容 [kJ/(kg·K)]；Δt 为计算期内货物降温度数（℃）。

6. 车体降温的冷消耗（Q_6）

车体在冷却以前，可以把车体温度看作与环境温度相同，冷却后，外壁与外界空气温度一致，内壁与车内温度相同，计算公式如下：

$$Q_6 = m_车 C_车 \left(t_初 - \frac{t'_外 - t'_内}{2} \right) \tag{7-6}$$

式中，$m_车$为车体需要冷却部分的重量（kg）；$C_车$为车体需要冷却部分的比热容 [kJ/(kg·K)]；$t_初$为车体初始温度（℃）；$t'_外$、$t'_内$分别为计算终了时车体内表面温度（℃）和计算终了时车体外表面温度（℃）。

7. 货物呼吸的冷消耗（Q_7）

$$Q_7 = m_货 q_货 z_货 \tag{7-7}$$

式中，$q_货$为货物在车内温度下的呼吸热 [kJ/(h·kg)]；$z_货$为货物在车内的时间（h）。

8. 循环风机的冷消耗（Q_8）

$$Q_8 = 3600 N_风机 z_风机 \tag{7-8}$$

式中，$N_风机$为循环风机功率（kW）；$z_风机$为循环风机开动时间（h）。

（二）装运货物时的实际冷消耗

在装运某种具体货物时，其冷消耗因素并不总是八项，各类货物制约因素互有差别。有些货物即使冷消耗的因素相同，但数据有差别。举例如下：

（1）冻货。运送冻货时，车体需要预冷、传热、漏热、太阳辐射、风机散热，但货物不需要冷却和通风，也无呼吸。因此，冻货的冷消耗计算公式如下：

$$Q = Q_1 + Q_2 + Q_3 + Q_6 + Q_8 \tag{7-9}$$

（2）冷却的水果、蔬菜和鲜蛋。这类货物在运送中除传热、漏热、太阳辐射、车体降温、风机散热等冷消耗外，还多一项呼吸的冷消耗。果蔬和鲜蛋在冷却后的运送一般不需通风。因此，冷却的水果、蔬菜和鲜蛋的冷消耗计算公式如下：

$$Q = Q_1 + Q_2 + Q_3 + Q_6 + Q_7 + Q_8 \tag{7-10}$$

（3）未冷却的水果、蔬菜和鲜蛋。这类货物八项冷消耗俱全，其计算公式如下：

$$Q = Q_1 + Q_2 + Q_3 + Q_4 + Q_5 + Q_6 + Q_7 + Q_8 \tag{7-11}$$

【例】 设一个 20ft 冷藏集装箱将 10 t 香蕉通过海运从深圳运往上海，船舱温度为 30℃，运输时间为 5 天，集装箱漏热率为 25W/℃，漏气率为 5m³/h，若集装箱内温度为 11℃，请计算全程耗冷量。

解：（1）解题思路：冷消耗因素分析。

香蕉：水果类，有呼吸热，有 Q_7；货物已预冷，无降温热 Q_5；已预冷的货物运输途中一般不通风，无 Q_4；箱体已预冷，无箱体降温热 Q_6；箱内的循环风机功率没有数据，可不计，也可查相关冷藏集装箱的参数表。因此：

$$Q = Q_1 + Q_2 + Q_3 + Q_7$$

（2）参数确定。

20ft 箱的尺寸：6058mm×2438mm×2438mm。

其他参数：$K = 0.4$W/(m²·K)；$t_外 = 30$℃，$t_{内1} = 11$℃；货物重量 10t（10000kg）。青香蕉呼吸热：11℃时为 8452kJ/(t·d)；$\gamma = 0.5$，$z_阳 = 10$h/d，$t_阳 - t_外 = 10$℃。

（3）计算。

$$\begin{aligned}
Q_1 &= 3.6 F_车 K_车 (t_外 - t_内) z \\
&= 3.6 \times 2 \times (6.058 \times 2.438 + 2.438 \times 2.438 + 6.058 \times 2.438) \times 0.4 \times \\
&\quad (30 - 11) \times (5 \times 24) = 23299(\text{kJ})
\end{aligned}$$

$$Q_2 = 0.1Q_1 = 23299.4\text{kJ}$$

$$\begin{aligned}
Q_3 &= 3.6\gamma F_车 K_车 (t_阳 - t_内)z_阳 - 3.6\gamma F_车 K_车 (t_外 - t_内)z_阳 \\
&= 3.6\gamma F_车 K_车 (t_阳 - t_外)z_阳 \\
&= 3.6 \times 0.5 \times 2 \times (6.058 \times 2.438 + 2.438 \times 2.438 + 6.058 \times 2.438) \times 0.4 \times \\
&\quad 10 \times 10 \times 5 \\
&= 25548(\text{kJ})
\end{aligned}$$

$$Q_7 = m_货 q_货 z_货 = 10 \times 8452 \times 5 = 422600(\text{kJ})$$

$$\begin{aligned}
\text{总耗冷量} = \text{耗冷量}\ Q &= Q_1 + Q_2 + Q_3 + Q_7 \\
&= 232994 + 23299.4 + 25548 + 422600 \\
&= 704441.4(\text{kJ}) \\
&= 195.7\text{kW} \cdot \text{h}
\end{aligned}$$

答：在车内温度为11℃时的全程耗冷量为195.7kW·h。

二、影响冷链运输能耗的主要因素及措施

(一) 漏热量的影响

冷链运输装备之所以能控制食品温度，除了有效的制冷手段外，良好的隔热性能也十分重要。以冰激凌等需要低温运输的食品为例，车内常在 -18℃ 以下，而考虑到太阳辐射的影响，车外综合温度超过60℃也十分常见，此时，若冷链运输装备的隔热性能好 [设传热系数为 0.2W/(m² · K)]，则热负荷为 1.2kW 左右，但如果传热系数为 0.5 W/(m² · K)，则热负荷将接近3kW。值得注意的是，传热系数为 0.5 W/(m² · K) 的冷藏车在现实生活中比比皆是，尤其是使用过很长一段时间的车辆，漏热量的增加造成能耗激增。此外，因一般 40ft 冷藏集装箱在箱内 -20℃、箱外30℃的工况条件下制冷量仅为 6 ~ 10kW，因此，车体漏热量大不仅影响能耗，还有可能使得车辆无法满足食品品质保证的需要，造成更大的影响。

由此可见，对于冷链运输装备，一方面，在最初选择时，应采用隔热性能好的设备；另一方面，要注意使用过程中的维护，及时维修，以达到保证装备隔热性能的作用。但在实际操作中仍存在一定的误区。

一是过于注重车辆传热系数 K 值，而忽略了厢体"热桥"效应。目前我国在进行冷藏车隔热性能测试时，多采用传热系数 K 为分析、比较的基础。若从传热系数 K 的物理意义的源头出发，K 反映了厢体材料绝热效果、厢板的保温材料种类以及厚度等因素，但无法反映因厢体几何尺寸的不同、不同位置材质不同 (车厢部分位置需采用钢质加强筋进行强化) 所造成的整体传热和车厢隔热薄弱环节 (热桥效应)。在冷藏车使用一段时间之后，振动、车厢各接口的开裂等薄弱环节导致产生的漏热量越来越大，为此，必须引入漏热率 L（W/m²）来表征车厢漏热效果。漏热率 L 是北美国家为表征冷藏车单位面积传热量而引入的传热单位，能更好地分析整车隔热效果，因此运输商在选择冷藏车时综合考虑 K 和 L，将能对车辆的隔热效果做出更全面的评价。

二是忽略车辆老化率。目前，国际上通常采用聚氨酯泡沫制作隔热材料阻止外界热量传入车厢内，由于这种方法具有高绝热、易加工、整体成型的特点，因而被大规模使用。在制

作时，首先将混合好的聚氨酯泡沫注入车壁内外夹层间，待其固化后形成模块化整体。可见，这种制作发泡过程实际上是一种化学反应，气体在泡沫中膨胀并保留在聚氨酯的微小空隙结构中。

随着厢体的老化，这些气流会从微小空隙逃逸，而外界的空气和水便会渗入这些空隙，从而严重降低其隔热性能。研究表明，车辆隔热性能下降率约为每年 5%，5 年即为 25%。在欧美地区，冷链运输公司一般 3 ~ 5 年会对冷藏车厢进行全面更换，而国内很少对车厢进行维护或更换，使得车辆在使用后期性能严重下降，大大增加了能耗。

（二）漏气量的影响

冷链运输中所采用的运输装备，如冷藏集装箱的气密性并不是非常完好，在运输过程中必定有气体渗透进或者渗透出集装箱，从而改变冷链运输内部单元的温湿度和气体成分，最终导致运输的食品腐败变质，也会影响运输装备的运输总能耗。冷藏集装箱在运输货物过程中，围护结构缝隙逐渐增大也会使其整体气密性下降。

在冷链运输过程中，若运输货物状态确定，运输装备渗风，能耗则主要取决于装备内外温差和装备的渗透漏气量，运输装备的内外温差则主要由外部自然环境条件决定。冷链运输装备的性能与设计标准、制作工艺水平和装备的老化率、使用期都有很大关系。随着车速的提高，渗风量越来越大，因此在列车运行速度越来越快的今天，不论是从节能，还是从食品品质安全的角度考虑，均应对装备气密性给予重视。

目前，在发泡工艺上常用三明治发泡（先将每个车壁做好后拼装为一个整体）或整体式发泡（将车厢外表面整体成型后一次性充注发泡料），由于三明治发泡法的各壁面间存在接口，所以气密性常存在先天不足，且随着使用时限的增长，漏气量也会不断增加，因此应尽量淘汰。此外，车辆老化导致气密性下降是难以避免的，为此，必须定期对车辆进行检修和维护。

车门渗风同样是能耗的主要来源。在车门关闭时，门封是阻止漏气的重要装置，因此门封应具有良好的密闭效果并且容易更换，建议一年一换，因为随着密封条的老化，漏气现象会越来越严重。此外，目前的密封条材料一般是 PVC（聚氯乙烯），它的低温耐疲劳性能差，特别是温差较大时易损坏，因此建议采用 EPDM（三元乙丙橡胶）作为密封条材料，其具有大温差下耐疲劳的特点。

此外，在车辆装载和卸货时，车门需长时间开启，若不采取保护措施，车外热湿空气渗入车内，一方面会增加热负荷，另一方面还会导致蒸发器结霜，从而影响车辆制冷，因此建议采用塑料门帘进行隔热。在塑料门帘选材上，应选用满足食品安全需要的食品级 PVC 材质门帘，同时应有足够的耐低温性能；在安装方式上，应从门顶到门底完全遮盖，且门帘叶片皆相互重叠，保证隔热、隔汽。

（三）田间热与呼吸热的影响

新鲜农产品在采摘后运输时仍然具有生命力，在呼吸的同时不断产生水、二氧化碳和热量。呼吸作用消耗了果蔬养分，缩短了储存时间，对食品保存是不利的。而不同果蔬所产生的呼吸热也是有区别的，这与货物温度以及周围氧气和二氧化碳的浓度密切相关。为控制货物周围气体成分，对于某些呼吸作用强的果蔬，出于品质的考虑，在运输过程中必须强制通风。

另外，研究表明食品呼吸作用随温度的升高而升高，温度每升高10K，食品的呼吸作用会增强2~3倍，因此，在冷链运输开始之前通过预冷措施将货温降到适宜的区间，对降低能耗具有重大意义。应该看到，冷链运输装备是维持适当低温的设施而不是强制降温的装置（大型地面冷库的制冷成本只有机械冷藏车制冷成本的1/8左右），若生鲜食品不预冷处理，车辆不得不减少食品装载量，降低了使用效率。同时，由于温度达不到设定要求，制冷压缩机长时间运行又增加了油耗。据统计，运输同样的货物，预冷和未预冷的单位能耗相差50%。此外，未经预冷的水果、蔬菜在运输中的腐烂率高达25%左右，而预冷后的腐烂率在5%以下，其经济效益和社会效益不言而喻。可见，冷链的操作贯穿于"从田间到餐桌"的整个流程，冷链运输作为冷链中极为重要的一环，其效果的好坏与生产、加工、预冷、冷藏、零售等环节是密切相关的。但目前我国冷链运输预冷率不高，绝大部分果蔬在运输前都没有进行预冷处理，而冻肉、冰激凌等冻结货物在运输前的冷冻往往也不充分。据统计，90%以上的果蔬在运输前并未预冷，需 -18℃以下运输的冻肉承运时多为 -12 ~ -6℃，而冰激凌也经常达不到 -18℃的规定承运温度。

第三节　冷链包装绿色管理

一、冷链物流面临包装环境压力

近年来，电子商务的发展改变了人们的消费方式，在线购物的品类越来越多样，其中就包括需要低温配送的速冻食品、牛奶、水果、生鲜食品和药物等。在这种趋势下，冷链物流迎来爆发式发展，但也由此带来冷链物流包装的环境污染问题。

按不同分类标准，冷链物流可分为多种类型，如按运作模式主要划分为以下两种模式。

第一种是"泡沫箱＋冷袋"模式，一般被称为"包装冷链"，其特点是利用包裹本身创造出一个适合生鲜产品短时间存储的小环境。这种模式的优点是包装好的产品可以利用常温物流体系配送，物流总成本较低，传统的生鲜电商基本都采用这类运作模式；其缺点是包装用品属于一次性消耗品，并不环保。

第二种模式是利用真正的冷链物流体系，即产品从产地冷库直至送达最终客户手中，所有物流环节均在低温环境下，以保证冷链不"断链"。这种模式要做到对冷链全程进行温控，一般被称为"环境冷链"。其优点是利用冷链环境保持温控，减少不必要的包装，十分环保；其缺点是对整个冷链物流体系要求很高，难以利用普通物流体系运作，运营成本较高。

近年来，冷链物流的高速发展带来了不可回避的问题——我国每年会由此产生近3亿个泡沫箱及10亿个冰袋等冷链耗材。这些材料来源于木材、石油等珍贵资源，而使用后大部分会被直接丢弃，导致冷链物流包装大多变成生活垃圾，对环境的污染不容小觑。随着国家和民众对环保的重视，冷链包装必须走上绿色化之路。绿色包装的原则包括：标准化、减量化、重复使用和循环再生。冷链物流包装的绿色化发展，可以通过两个方面的努力来实现：一是扩大降解材料在冷链物流包装中的使用，二是冷链物流包装循环使用。

二、包装材料的绿色化

为延长保温时间，冷链物流的包装材料主要选择隔热性好的材料，如泡沫塑料（可发性聚苯乙烯泡沫塑料)、珍珠棉复铝箔、瓦楞纸等。其中,泡沫塑料(可发性聚苯乙烯泡沫塑料)是一种防震保温材料,具有质量轻、易成型、造型美观、色泽鲜艳和价格低廉等优点,因此其被广泛应用于水果运输、生鲜物品封装等领域。但其广泛应用也带来一系列环保问题,例如,泡沫塑料本身价格不高,导致其回收困难;其材料性质稳定,如果通过填埋需要上百年才能完全降解,由此形成可怕的"白色污染"。

珍珠棉复铝箔又称珍珠棉复铝膜、铝箔防潮垫、复铝膜珍珠棉等,是泡沫和铝箔或镀铝薄膜的复合制品,具有优异的反红外线、紫外线的能力,也是保温箱内层常用的材料,其优点包括防震、防水、防尘和防潮。

瓦楞纸是由挂面纸和通过瓦楞辊加工而形成的波形的瓦楞纸黏合而成的板状物,具有缓冲性能好、轻便、牢固、成本低、便于自动化生产、包装作业成本低、印刷性能好、低温运输不易碎等优点,目前常用于冷链运输配送过程中。

在绿色环保的趋势下,很多企业尝试用可降解的新材料替代可发性聚苯乙烯来制造保温箱,或者用其他可降解的保温箱循环替代一次性泡沫保温箱。有些企业已经开始尝试使用可降解的聚乳酸基可降解塑料、淀粉基可降解包装材料等制成的保温箱。还有企业在推动绿色包装时,应用保鲜技术使用 EPP(聚丙烯塑料发泡材料)循环保温箱和冷媒达到温度控制功效。

值得一提的是,不同于泡沫塑料,EPP 保温箱设有独立的冰盒卡槽,可防止物品积压损坏,避免损耗。目前,EPP 保温箱被广泛应用于外卖行业,它可有效隔热、保温,使得外卖食物保持在稳定温度。在 EPP 的基础上,德国材料公司进一步研发出新型 EPP——NeopolenP,该材料的特点为:可降解、对人体完全无害、可循环利用;缓冲力超级好,能够承受一定的冲击力;更强的隔温性能,拥有强大的热稳定性;质量轻,易于运输和携带;有极强的稳定性,可长久反复使用。EPP 制作的包装箱比普通泡沫箱的保温性高 6 倍,而新型材料 NeopolenP 的保温性则是 EPP 的 10 倍,有效延长保温时间。

保温箱里的冰袋是一种塑料袋封装有蓄冷剂的蓄冷装置,配合保温箱实现冷链物流运输过程中的低温环境。冰袋的工作原理是,从冰箱、冷库等设备中吸收冷量储存起来,经过一段时间,冰袋就会充冷完全冻结成固态,当要运输低温产品时,将冰袋垒放在已经放入保温箱内的低温物品四周和上方即可,只要放置好一定的冰袋数量,密封好保温箱,即可在较长时间内维持箱内低温。保温冰袋主要分两种:一种装有干冰,对环境危害比较明显,因为干冰是固态二氧化碳,气化后直接排放在空气里;另一种装的液体是水、防腐剂和高吸水性树脂的混合物。

目前,在冰袋冷媒材料方面还研发出一种新材料——生物冰。生物冰是一种生物制品,通过 ISO 9002 认证,具有安全无毒、保温效果良好、使用方便、成本低、安全性高、可重复使用等优点,与同体积普通冰相比,冷冻时间可延长 5 倍,蓄冷量足。生物冰的出现,对于偏远地区的低温运输是一场革命性的改变。

从食品安全角度看,液体保鲜冰袋中的成分总体安全。尽管如此,因绝大多数保鲜冰袋的外包装是普通塑料袋,并非可降解塑料袋,如果没有合理的回收方式,对环境的污染仍然存在。

三、冷链包装的循环使用

在冷链物流快递包装中，可降解的环保材料正得到越来越多的应用，但也面临成本高昂的问题。如果仅仅是一次性使用，很不环保，从商业运营的角度来看也难以持续。因此，冷链物流包装的循环使用将成为今后的必由之路。

目前，我国领先的物流和快递企业都已在推动物流包装的循环使用。如菜鸟通过在菜鸟驿站和天猫超市进行纸箱回收，研发全生物降解的绿色包裹，搭建绿色购销平台，在淘宝平台上线运营"绿色包裹"专区等方法，鼓励和支持商家、消费者使用绿色包装材料。苏宁、京东、顺丰等企业各自也都有纸箱、泡沫箱回收业务，以及用保温周转箱替代白色泡沫箱的运营机制。在泡沫箱、纸箱的回收业务中，通过对参与的客户、消费者给予一定的激励回馈，让更多客户和消费者加入回收行动。

在生鲜业务领域，有的物流企业开始推行使用保温周转箱，不仅能保持低温，还能将箱体折叠，从仓库配送至消费者后再返回仓库，实现循环利用，从而代替之前的白色泡沫箱。但我们也应看到，与普通物流过程中的托盘和周转箱循环共用相比，生鲜等食品冷链物流的要求更加苛刻，对物流包装有消毒的要求。现实的情况则是，目前还缺少行业公认的运作与检测标准，冷链物流包装的循环共用模式推广难度较大，保温箱的循环使用基本还是在企业内部体系中自行循环。

近些年，随着外卖物流服务（如美团、盒马）模式的兴起，冷链物流包装的循环共用得到了极大提升。外卖物流配送服务模式通常是指由外卖骑手携带保温箱在较短距离内进行投递服务。外卖骑手的保温箱内置几位客户所需的保温商品（热餐或者冷冻生鲜产品），配送至客户收货地址后直接将保温商品取出后交给客户。因为保温箱是反复使用的，也可视为冷链包装绿色循环使用理念的体现。

基于对成本、效率和环保等多方面的考虑，用循环包装技术及模式代替一次性物流包装已成为业界共识。不过，在由传统模式向可循环物流包装模式转变的过程中，业内人士认为也面临着三大挑战：

（1）一次性投资压力。可循环包装的购买价格高于瓦楞纸箱等一次性包装物，而随着时间推移和规模化应用，整体费用将明显降低。然而企业必须在使用初期进行大量投资，还需负担额外的运输成本，并建设相应的基础设施和控制系统。这种负担是许多企业不愿或没有能力使用可循环物流包装的一大原因。

（2）周转率低下。在传统的租赁模式下，有诸多原因导致周转效率低下。例如，由于上下游用户间的信息不透明，即使箱子已经腾空，但上下游用户都无法实时掌握空箱数据及位置信息，也无法采取任何收箱行动；部分下游用户在未经上游企业同意的情况下，擅自挪用空箱资源；下游用户始终没有优化周转率的动力，上游发箱者始终处于被动的一方。这种低效的租赁模式导致平均年度周转率都在 5 次以下。

（3）存在数据盲区。在传统的物流包装流转过程中，用户无法实时掌握包装物当下的位置信息，也无从知晓被使用或空闲的状态信息，这些数据盲区导致每年高达 20% 的丢失率。为了掌握物流包装的信息，一些企业使用人工盘点的方式进行管理，但收效甚微，且无形中增加了运营成本。

四、创新服务模式实现循环共用

由于被包装物品对温度敏感、易变质，所以冷链物流服务要最大限度地满足保温、及时等需求，第一时间将货物送达消费者。如果最终投递环节不顺畅，造成投递延迟，就会给冷链物流服务带来压力。为避免投递延迟带来的损耗变质问题，往往需要设计出更多的保温冗余量，使保温材料、冷袋等被更多使用，反而造成更多的环保问题。针对这种现象，许多企业也在从服务模式创新出发，希望找到破解方法，例如，通过推出社区保温自提柜、冷链储藏柜、代收服务点等，从而达到减少冷链物流包装和耗材使用量的目的。

目前，有企业开发出可折叠式温控快递投放箱，安装在用户门口。箱体通过可折叠的设计，保证居民楼内通道面积不受影响；保温设计可使被投递的生鲜和外卖能够在一定时间内保持品质；独立配置锁具，保证住户隐私与物品安全。通过设置这种可折叠式温控快递投放箱，即便收货人不在家中，快递员也可以实现生鲜商品或餐饮直接投递，避免二次配送带来的成本与负担。不过，这种设施要想得到推广，需征得房产物业管理部门的同意。当然，如果与房产开发商合作，将这种可折叠温控快递投放箱打造为新楼盘基础设施之一将更为理想，可以将其嵌入墙体之中，以保证楼道内部的空间与楼道的整体美观。

还有企业开发出保温或者温控的快递柜，如专用于外卖行业的智能保温取餐柜。外卖智能取餐柜被安置在写字楼或公寓大堂公共区域，外卖小哥到达配送点后会把外卖放进柜中，并给用户发送特定的取餐码，用户凭借取餐码下楼取餐，操作和快递柜类似，并且其保温功能可最大限度地保证外卖餐饮的口感和品质。

永辉超市也在部分区域尝试安装生鲜智能快递柜。该产品具备保温、冷冻等多种功能，消费者通过永辉生活 App 线上下单后，永辉物流配送至生鲜智能快递柜，消费者可自行提货，实现全程无接触配送。

> **延伸阅读 7-3**
>
> **万科物流：ESG 零碳物流园区实践——万纬长沙开福冷链园区**
>
> **一、案例背景**
>
> 万纬物流是万科集团旗下成员企业，2015 年，万科集团正式推出独立物流品牌——万纬，现已成为国内出色的多温区综合物流解决方案服务商，可为客户提供高标准的仓储设施及多元化的冷链物流服务，核心业务聚焦全国六大城市群，覆盖全国 47 个主要城市，拥有超过 170 个物流园区，全国运营管理 40 余个专业冷链物流园，仓储规模超过 1200 万 m^2。
>
> 万纬物流全面践行 ESG 理念，坚持绿色可持续发展，截至 2023 年 6 月 30 日，万纬累计绿色建筑认证面积超过 770 万 m^2，101 个项目获得绿色三星认证，12 个冷链园区获得 LEED 铂金级/金级（其中 7 个铂金级，5 个金级），未来还将推动所有新建冷库 100% 通过绿色仓库认证，新建冷库分布式光伏 100% 覆盖。万纬长沙开福冷链园区坐落于湖南省长沙市开福区开福大道附近，建筑面积 104000m^2，其中有 57000m^2 的高标常温库（丙二资质），42000m^2 的高标冷库（冷库配置 31000 个货架位），货车停车位 100 个，是长沙开福区高标准多温层园区的重要资源。

二、绿色低碳实践

1. 建设分布式光伏项目,可再生能源助力减碳

万纬长沙开福冷链园区利用在1号、2号常温仓储区域,3号、4号冷库仓储区域的四栋厂房屋顶建设光伏分布式电站项目。分布式光伏EPC工程项目于2023年4月正式开工建设,历经5个月,安装组件选用545W高效单晶硅组件计7854块,项目总装机量4280kW,光伏组件转换效率高达21.2%,逆变器效率达到98.6%;采用高压并网,并网方式自发自用,余电上网。2023年9月22日,项目正式并网发电,建成后每年可产生可再生能源电力348万kW·h左右,每年可减少1985t二氧化碳的排放。

项目实现了长沙电网新能源政策改革后的多个"第一":一是万纬长沙开福冷链园区是湖南省第一个实现四遥的分布式光伏项目(遥信、遥测、遥控、遥调),为湖南省电网公司实现"分布式光伏先可观可测、后可调可控"的升级改造树立了先进典型;二是长沙配调自动化子站无线数据专网调通后的首个接入项目;三是国网长沙城北分公司的首个10kV并网屋顶光伏项目以及营销系统升级2.0版本以后的首个并网发电项目。万纬长沙开福冷链园区项目为长沙后续分布式光伏项目打造了样板工程,获得了湖南省电网公司领导的持续关注和长沙市电力公司的高度认可。

2. 多维度节能减碳,获评一级绿色仓库认证

万纬长沙开福冷链园区坚持可持续发展的理念,综合考虑规划设计、施工、运营各阶段,致力于提升智能化、可视化、精益化的仓储信息系统水平,建设绿色、节能、环保的冷链配送中心。园区获评《绿色仓库要求与评价》(SB/T 11164—2016)一级(三星)绿色仓库最高等级认证。

万纬长沙开福冷链园区主要从三个维度实现节能减碳。一是绿色规划设计,园区有太阳能光伏系统;对制冷余热进行回收,用于冷间的地坪加热防冻;耗能设备均选用节能产品;人体感应LED节能灯具;100%采用可再循环木制托盘;100%采用电动叉车,营造绿色建筑。二是围绕污染控制、资源节约、废弃物管理等方面开展绿色建造。三是绿色运营,园区内通过热氟融霜代替电融霜,同时在卸货口增加门帘和充气门封来实现节能降耗。此外,园区内采用智慧温控、智慧制冷、智慧消防、智慧安防等智慧化系统设计,为园区绿色环保运营提供保障。

万纬物流不仅关注自身的节能减碳,还希望绿色价值延伸至供应链,倡导并携手上下游的客户及伙伴,成为"零碳路上的合作伙伴",助力行业实现绿色低碳发展。

3. 建立全流程管理体系,实现冷库光伏全覆盖

万纬建立了从策划、设计、招采、施工、调试到运营的全流程屋顶分布式光伏管理体系。在项目策划阶段,针对不同类型的屋顶和电气条件、用能特征,量身定制不同的光伏方案。在设计阶段,优化光伏设计方案,最大化提升光伏系统效率。在招采和施工阶段,加强施工过程管理,确保光伏项目高质量落地。在运营阶段将精细化运营理念贯穿始终,将所有具有光伏系统的冷链园区的制冷策略基于光伏出力曲线进行优化调整,提升光伏产能的消纳率,助力冷链园区对清洁能源的高效利用。

面向未来，对于新建冷链项目，万纬要求100%预留光伏安装条件；对于已交付冷链园区，万纬将逐步改造并加装分布式光伏系统，最终形成全国范围内万纬物流冷链园区分布式光伏系统的全覆盖。

[资料来源：2023全球贸易与国际物流高峰论坛之"2023物流与供应链（中国）解决方案"优秀案例。]

练习与思考

1. 名词解释

余热回收　冷热电联供系统　包装冷链　环境冷链

2. 简答题

（1）为实现冷库节能，在冷库的建设阶段可采取哪些措施？

（2）为实现冷库节能，如何选择制冷压缩机、冷凝器和蒸发器？

（3）在冷库运行过程中，如何实现冷库节能？

（4）应用哪些新技术可实现冷库节能？

（5）请列举影响冷链运输能耗的主要因素。

（6）如何实现冷链包装的绿色化？

本章参考文献

[1] 杜子峥，谢晶. 冷库节能减排研究进展 [J]. 冷藏技术，2015，150（1）：4-11.

[2] 慕飞鸿. 从节能高效简述土建冷库的建筑优化设计 [J]. 绿色环保建材，2019，150（8）：76-77.

[3] 钱芳，李瑛，方杰. 冷库的节能技术及措施 [J]. 能源研究与信息，2015，31（1）：23-27.

[4] 张立新，陈会燕，李超. 冷库制冷装置节能途径分析 [J]. 农业开发与装备，2018，195（3）：60，106.

[5] 谢如鹤，刘广海. 冷链物流 [M]. 武汉：华中科技大学出版社，2017.

[6] 喜崇彬. 冷链物流包装的绿色化发展 [J]. 物流技术与应用，2021，26（增刊2）：23-25.

第八章

冷链物流数字化

学习目标

本章知识、能力和素质目标要求如下：

- 能够阐释冷链物流信息管理的原则、内容和要求。
- 能够列举冷链物流温度监控规范。
- 能够阐释区块链的内涵、特征、分类与架构。
- 能够列举区块链技术的应用场景。
- 能够提出区块链在冷链物流中的应用。
- 能够阐释物联网技术的基本概念和特征。
- 能够列举物联网技术在冷链物流中的应用。
- 能够初步设计冷链物流追溯体系。
- 能够形成跨学科的思维方式，培养信息化、数字化的素养和意识。

第一节 冷链物流信息管理

冷链物流是最大限度保证食品品质安全的一项庞大、复杂的系统工程，涉及原料采购、加工、仓储、运输直至消费等多个环节，各个环节均需要相关的信息技术体系支撑，因而包含和涉及的技术领域广泛而复杂：既包含宏观层面的标准和认证技术，又包含微观层面的电子信息、智能信息、自动信息等；既有"硬件"设备和设施，可进行信息追踪与溯源、数据采集/交换/整合等，又有属于"软"的方面的供应链的管理与优化措施；既可以只从属于单环节、单功能的节点技术，如环境信息采集、定位、信息传输等，也可以贯穿整个物流过程的集成技术服务体系。例如，有农业物联网的农产品追溯系统，有对畜禽从出生到出栏这一过程进行记录、主导动物标识及疫病的动物溯源系统，也有关注食品从产地运出到进入各地市场这一流通过程的肉类、蔬菜流通溯源系统。

总而言之，冷链物流数字化基于互联网、物联网、区块链、数字孪生等新一代数字技术，针对生产（种养）、加工、流通（储、运、销）、消费节点，建设基于食品安全、品质和成本控制方面的透明供应链技术服务体系，利用监控流程、感知环境、提升效率、节约成本这四项功能实现生产安全、流通安全和消费安全。

一、冷链物流信息管理的原则

（一）实时性

实时监控冷链物品在生产加工、仓储、运输、装卸、销售等环节的温度、湿度、位置等状态信息。

（二）准确性

对冷链物品在各环节的信息实现准确监控。

（三）可靠性

确保各环节所使用设备或系统所提供信息服务的可靠。

（四）完整性

采集和处理的信息在输入和传输的过程中，不被非法授权修改或破坏，保证数据一致。

（五）连续性

应确保供应链各环节信息不间断。

二、冷链物流信息管理的内容

（一）参与方信息

其包括冷链物流服务的委托方和服务提供方的名称、地址、联系方式等。

（二）物品信息

其包括物品名称、数量、追溯标识、生产批号、保质期、环境温湿度要求等。

（三）仓储信息

其包括物品信息、货位信息、温湿度监控信息、卫生要求等。

（四）收发货信息

其包括物品温度确认记录、交接时间、交接地点、外包装情况、操作人员签名等。

（五）检验检疫信息

其包括检验检疫报告、物品合格证、出产证明等。

（六）在途信息

其包括物品在途温湿度与位置的实时全程记录、运输时间、异常情况、相关人员信息等。

（七）环境信息

其包括温度信息和湿度信息。

（1）温度信息。根据温度适用范围，冷链物流的环境信息分为以下五个方面，详见《冷链物流分类与基本要求》（GB/T 28577—2021）。

1）超低温物流：适用温度范围在 −55℃以下。

2）冷冻物流：适用温度范围在 −30 ~ −18℃。

3）冰温物流：适用温度范围在 −18 ~ 0℃。

4）冷藏物流：适用温度范围在 0 ~ 10℃。

5）其他控温物流：适用温度范围在 10 ~ 25℃。

（2）湿度信息。根据物品的特性和委托方的要求，提供相应的湿度记录。

（八）设施设备信息

其包括以下设施设备的标识、性能、容积等信息：车辆、冷库、冷藏/冷冻室、冷藏集装箱；冷柜、封闭式月台；预冷库等。

三、冷链物流信息管理的要求

（一）总体要求

（1）在生产、仓储、运输与流通过程中应及时预冷，并使环境始终控制在物品规定的温湿度范围内，及时、准确、完整地记录各物流环节的关键信息，确保物品在冷链物流过程中环境信息可追溯。

（2）应明确物品在不同物流环节的环境要求、可允许的偏差范围、测量方法、测量结果的记录和保存要求。

（3）应配备连续温湿度记录仪并定期检查和校正，设置环境异常警报系统，配备不间断电源或应急供电系统，保留定期检验与校正的记录。

（4）冷链物流作业的委托方应对受委托方的冷链条件进行查验，签订合同时应明确物品在储存、运输和配送过程中的环境要求。

（5）应制定环境异常应急处理预案，并对环境异常情况进行记录。

（6）冷链物流全程应保持信息记录的连续性和完整性，宜采用自动化手段进行数据采集和处理。过程中的每一次转载视为不同的作业环节，应记录每一个作业环节的完整信息。

（二）冷链物流关键环节信息管理要求

1. 运输环节信息管理要求

（1）应记录物品装运前后的环境温湿度、物品质量检验信息、运输包装信息、数量信息、物品状态信息、操作人员信息等。

（2）运输过程中应全程连续记录物品所处的环境温度、车辆定位、车辆状况、信息异常情况及处理方式等。

（3）运输结束时，应记录环境温湿度信息、物品质量检验信息、物品包装信息、数量信息、单据交接信息及下一环节的操作人员信息。

2. 仓储环节信息管理要求

（1）应记录物品入库前后的环境温湿度、物品质量检验信息、运输包装信息、数量信息、物品状态信息、操作人员信息等。

（2）应记录物品存储时的环境温湿度、时间、冷库状态、库区库位、异常情况及处理方式等信息。

（3）物品出库时，应记录物品仓储过程中的物品信息、温湿度信息、操作人员信息等。

3. 装卸环节信息管理要求

（1）装卸前应查验物品的包装、标识、环境记录、物品状态、质量检验报告等信息。

（2）应记录作业起止时间、作业环境温湿度、异常情况及处理方式等信息。

（三）信息存储

建立信息管理制度，纸质记录及时归档，电子记录及时备份。记录保存期限应不少于食品保质期满后 6 个月，没有明确保质期的，至少保存两年。

（四）信息传输与共享

冷链物流各环节交接时宜做到信息共享，冷链物流服务完成后服务提供方应及时将信息提供给服务委托方。

第二节　冷链温度监控

用户通过温度监视和跟踪来确定自己的易腐货物在全链条中是否处于合适的温度条件和地理位置。监控设备监视冷链物流设备的运行性能和易腐货物在运输过程中不同环境下的温度。监视跟踪易腐货物能够获得产品的整个温度历史记录，不但在途运输的时候有记录，而且在货物中转的时候也会有相应的温度数据生成。这样的即时反馈有助于客户和承运商对冷链物流过程的掌控，有助于尽快发现问题，并及时解决问题。

一、货物监视设备

（一）手持温度检测器/传感器

手持仪器是冷链物流中应用最多的基本设备。它们具有各种各样的形式，包括使用热电偶的无线探测器和一些新型电子温度计。它们需要手工操作来获取数据，包括将探头插入货物中或者手动打开电子温度计。这些设备具有准确、易用、相对便宜、购买方便等特点。

（二）电子温度记录器

电子温度记录器有多种类型，包括单个构造和具有硬接线的设备。一些设备可以利用机械、模拟或者电子手段与控制系统连接。大多数设备利用可以感应温度的电偶，然后用各种各样的方式进行存储和显示。有些记录器可以直接在本地设备上显示温度，有些记录器则将数据传送到远程显示设备。不过这些设备通常也会存储数据，并提供计算机程序的数据读取接口，也可以包括打印设备或者与打印设备相连来打印温度记录。

和其他冷链监视技术一样，温度检测设备也具有各种各样的形式。例如，固定设备，可安装在各种冷藏设备（如冷藏库、冷藏运输车或者冷藏零售柜）上。也可以是移动式设备，主要用来跟踪一些易腐货物，从供应链的发货地到接收地全程监控。固定式和移动式监视设备都可以重复使用。

（三）货物温度记录器

在冷链物流中使用最广泛的是货物温度记录器。这些记录器很小，可以跟随货物记录温度。它们具有多种存储容量，可根据具体需求进行选择，也可实施频率的记录和警报数据界限的更改。用户在货物装载出发的时候，将货物温度记录器与货物包装在一起。运输过程中温度超出设置时，报警器会报警。货物温度记录器的时间/温度数据可以通过数据接口和桌面软件下载到计算机中。还可以用一些网络软件对数据进行处理以适应多种站点的应用。货物温度记录器的准确度较高：冷藏时误差是 0.6℃，冷冻时误差是 1.1℃。大多数设备使用的不是一次性电池，而电池的寿命取决于具体的使用情况（记录和下载频率），一般在一年左右。一些制造商销售一些一次性产品，这些产品的电池是不可更换的，精度较高，能够适应一些要求较高的货物，如药品。这种一次性温度记录器使用完毕后，由厂家提供回收服务。

（四）产品温度记录的射频识别（RFID）标志

射频识别标志技术和条形码技术比较相似。它由连接在微处理器上的天线构成，里面包含唯一的产品识别码，当用户激活标志的感应天线时，标志将返回一个识别码。与条形码不同的是，射频识别可以容纳更多的数据，不需要可见的瞄准线即可读取数据，并允许写入计算机。使用射频识别标志技术的最大问题是成本。也有一些新的制造技术，如 FSA（液体自动分布式）封装工艺，能够在很大限度上降低成本。射频识别标志技术还面临可读性的挑战，含有金属和水的产品射频波会减弱，导致数据不可识别。2.4GHz 波段的射频识别标志不适合在水分较多的环境里使用，因为水分子在 2.4GHz 时会发生共振，并且吸收能量，导致信号减弱。

（1）被动射频识别。大多数射频识别是简单的被动标志，因为射频识别标志的主要目的是产品管理和跟踪，所以并不需要能量去操作温度传感器或者实现远程通信。

（2）半被动射频识别标志。半被动装置保持休眠状态，被阅读器激发后会向阅读器发送数据。与主动射频识别标志不一样，半被动射频识别标志具有较长的电池寿命，并不会有太多的射频频率干扰。另外，数据传输有更大的范围，对半被动射频识别标志来说可以达到 10~30m，而被动射频识别标志只有 1~3m。

（3）主动射频识别标志。主动射频识别标志同样有电池，不过与半被动射频识别标志不一样，它主动地发送信号，并监视阅读器传来的响应。一些主动射频识别标志能够更好地将程序转变成半被动射频识别标志。主动射频识别标志能够用来提供更为自动化的冷链监视程序。它可以贴在托盘上或者货物的包装箱上（使用何种方式由成本而定），保存的温度记录在经过阅读器时被下载。阅读器可以放置在冷链运输的开端及中间的一些交接站。主动射频识别标志为冷链温度监视提供了能够 100% 保存数据的解决方案。

二、冷链温度监控概述

为了维持高效、完整的冷链物流，需要在储藏、处理和运输全过程中进行温度控制，低温储藏设施和加工配送中心都需要安装温度监视系统。在监视以外，这些系统需要提供数据采集和警报等一些功能，以确保货物能一直处于合适的温度环境中。

（一）温度监视系统

自动型温度监视系统包括中央监视系统和网络数据记录系统。中央监视系统在各设备上装有远程感应器，组成一个网络并与输入设备连接。定制系统通常要满足特定的监视和记录功能需要，集合远程监视警报和报告系统。网络数据记录系统具有高度的分布式系统，多个数据记录器与各个设备相关联，每个记录器都有自己的感应器、储藏器、时钟和电池，独立地记录各个设备的数据，并与计算机网络相连。这些网络的规模和配置都非常灵活，能让操作员简单地添加记录器或者将一个记录器从一个位置移动到另一个位置，同时实现中央监视、报警和数据采集等功能。

（二）监视和数据采集

实施数据采集的能力，反映了一个监控系统的监控能力和对故障反应的及时性。一些标准和认证也对数据的采集容量和速度进行了规定。同时，管理设备的职员也需要能够实时获取这些信息以确保冷链的完整性，并在故障发生时迅速维护。许多先进的硬件能够同时允许本地监视和远程监视，本地监视通常简单地与 PC（个人计算机）连接即可实现，远程监视则常常要借助网络。

（三）温度控制规程

温度监控系统需要一个合适的规程来进行温度控制。这些系统都需要一个温度读取设备来读取冷藏库或冷冻区域的温度。除了这些温度的监视和记录设备本身以外，还需要按照规程整合所有的温度记录。这些规程规定：温度监视不仅包括产品的温度记录，还包括运输工具的温度记录。规程还要求记录产品从一个处理环节转换到另一个处理环节的时间。这些步骤对保证冷链的完整性非常重要，有助于在出现问题时迅速找到问题发生的时间和地点。规程还规定，操作员需要定时对温度计或者其他设备进行校准，并对这些校准操作进行记录，校准所有的设备并记录每次的校准时间。通常使用冰水混合物对温度计进行校准，这时的读数应该是 0℃。

（四）温度和湿度的测量与布置

合理的温度和湿度的测量与布置能准确地反映货物所处的环境或者冷藏设备所处的工作状态。在设计相关方案的时候，操作人员需要首先查明关键的布置区域。在很大的开放式冷冻/冷藏区域中，有几个区域的温度特别容易波动。比如，距离天花板或者外墙很近的空间容易受到外界的影响；在冷藏门打开的时候，外界温度会对门附近的温度造成很大的影响；棚架、支架或者集装架子区域，因为阻挡了空气循环，可能会出现较高的温度点。上述重要区域需要用设备进行监视。同时，为了进行对比，在冷藏/冷冻区域的出口区域、外部区域和冷冻/冷藏区域的不同高度区域都需要使用设备进行测量监视。许多设备的设计者还建议在蒸发器的回风处放置温度计，这样能够比较准确地反映室内空气的平均温度。在出口设置温度计的读数，通常比在回风处的低 2 ~ 3.5℃。

在冷藏库中，一般推荐操作人员每隔 900 ~ 1500m 的直线距离放置一个监视设备。如果冷库由小冷藏/冷冻室单元组成，应该在每个单元里面都放置监视设备。一旦安装，温度监视设备应该尽可能多地取样，以免产生激烈的温度变化，但取样也不能过于频繁，以免带来大量冗余数据，一般来说，每 15min 进行一次采样是比较合理的。

知识拓展

冷链温度记录仪（GB/T 35145—2017）（节选）

4 产品的分类和基本参数

4.1 产品分类

4.1.1 显示方式

记录仪按显示方式可分为：

a）带本地显示。

b）不带本地显示。

4.1.2　数据通信

记录仪按数据通信功能可分为：

a）具有无线通信方式。

b）具有有线通信方式。

4.1.3　传感器安装方式

记录仪按传感器的安装位置可分为：

a）内置式：传感器位于记录仪主机内部。

b）外置式：传感器位于记录仪主机外部。

4.1.4　供电方式

记录仪按电源供电方式可分为：

a）内置电池供电。

b）外部供电。

4.2　基本参数

4.2.1　正常工作条件

环境温度：传感器外置时，记录仪主机的正常工作环境温度范围应为 $-20 \sim 50℃$；传感器内置时，记录仪整机的正常工作环境温度应为其温度测量范围。

相对湿度：通常情况下，记录仪的正常工作相对湿度为 $5\% \sim 95\%$；传感器内置且记录仪整机密封时，记录仪在液态或流态物体中应能正常工作。

大气压力：应为 $86 \sim 106 \ kPa$。

4.2.2　测量范围

记录仪温度测量范围的下限应在 $0℃$ 及以下，可选择表 8-1 中所列的范围作为记录仪的温度测量范围。

表 8-1　记录仪可选的温度测量范围

记录仪可选的温度测量范围/℃
$0 \sim 50$、$-10 \sim 50$、$-20 \sim 50$、$-40 \sim 50$、$-50 \sim 50$、$-30 \sim 70$

4.2.3　传感器

记录仪可采用铂电阻、铜电阻、热敏电阻、集成电路元件等作为温度传感器。

4.2.4　电源

记录仪采用内置电池供电时，可选用锂离子电池、镍氢电池、镍镉电池、锌锰电池、碱性电池等电池。在记录仪最低功耗运行时，电池应能连续使用 1 年以上。

外部交流供电时，应使用符合 GB 20943—2013、YD/T 1591—2019 且通过产品安全认证的电源适配器。

4.2.5　显示记录

记录仪应具有数字、曲线和图形等多种显示记录方式。带本地显示功能的记录仪，显示方式应为数字显示，其温度显示分辨力应不低于 $0.1℃$。

4.2.6 通信接口

记录仪可选择但不限于下列与其他系统进行数据交换的通信接口或外存接口：

a）RS-232、RS-485、USB、以太网等通信接口。

b）CF 卡、SD 卡、USB 等外存接口。

c）GPRS、Zigbee、WiFi 等无线传输方式。

5 要求

5.1 与准确度有关的要求

5.1.1 基本误差（Δ_{max}）

记录仪的基本误差应不超过允许的基本误差限。

记录仪的基本误差限可用下列形式之一的绝对误差表示。

a）直接以被测量值误差表示：

$$\Delta_{max} = \pm K$$

式中　K 为记录仪记录值允许的误差值。

b）以与被测量值有关的量程和量化单位表示：

$$\Delta_{max} = \pm (a\% \times F.S + d)$$

式中　a 为除量化误差之外的其他因素引起的综合最大测量误差系数，与准确度等级的数值相同；$F.S$ 为被测量的量程；d 为分辨力。

a 可自下列数系中选取：0.05、0.1、0.2、0.5、1.0。

5.1.2 重复性误差

带本地显示的记录仪，其显示值的重复性误差应不大于 $a\% \times F.S/4$。

5.1.3 时钟误差

在参比工作条件下，24 h 的时钟误差不超过 ±2 s。

5.6　抗运输贮存环境条件性能要求

5.6.1 运输环境温度

记录仪在运输的环境条件下，经高温（+55℃）、低温（-25℃）分别进行 16 h 试验后，其显示和记录值的基本误差、重复性和时钟误差仍应符合 5.1.1、5.1.2 和 5.1.3 的要求。

5.6.2 运输湿热

记录仪在运输的环境条件下，经相对湿度（25℃、95%）48h 试验后，其显示和记录值的基本误差、重复性和时钟误差仍应符合 5.1.1、5.1.2 和 5.1.3 的要求。

5.6.3 运输碰撞

记录仪在运输的环境条件下，经峰值加速度为 $100m/s^2$、脉冲持续时间为 16 ms 的运输碰撞试验后，应能正常工作，且其显示和记录值的基本误差、重复性和时钟误差仍应符合 5.1.1、5.1.2 和 5.1.3 的要求。

5.6.4 自由跌落

记录仪在运输的环境条件下，经 250 mm 的自由跌落试验后，应能正常工作，且其显示和记录值的基本误差、重复性和时钟误差仍应符合 5.1.1、5.1.2 和 5.1.3 的要求。

5.7 其他要求

5.7.1 防护等级

记录仪应至少满足防护等级 IP54 的要求。

5.7.2 数据安全性

记录仪储存的数据应确保安全，应符合以下规定：

a）记录仪历史数据应无法进行更改，数据导出文件格式至少应有一种为不可修改的加密文件格式。

b）记录仪软件应具备用户登录权限管理、操作日志管理，原始历史数据保存等功能。

c）记录仪应具备数据掉电保护功能；记录仪在更换电池后，历史数据应可以进行完整读取，并可保存成相关历史数据文件。

5.7.3 功能要求

5.7.3.1 提示功能

记录仪应具有低电压提示功能。

5.7.3.2 通信功能

记录仪应能与上位机正常通信、传输数据并具有结果导出等功能。

5.7.4 外观

记录仪的外观应符合以下规定：

a）记录仪外形结构应完好，表面应光滑、色泽均匀，不应有裂缝或明显的斑痕，划痕，不应有肉眼可见的缩孔、色斑等缺陷。

b）产品的名称、型号、制造厂名或商标、出厂编号均应有明确的标记。

c）带本地显示的记录仪，其数字显示应清晰、不应有影响读数的缺陷。

三、冷链物流温度监控规范

（一）国家标准

1.《易腐食品控温运输技术要求》（GB/T 22918—2008）

国家标准《易腐食品控温运输技术要求》（GB/T 22918—2008）由全国制冷标准化技术委员会归口，主管部门为中国轻工业联合会。该标准规定了易腐食品控温运输的相关术语和定义、运输基本要求、装载要求、运输途中要求、卸货要求、运接驳要求等。该标准适用于易腐食品的公路、铁路、水路及上述各种运输方式的多式联运的运输管理。

2.《食品冷链物流追溯管理要求》（GB/T 28843—2024）

国家标准《食品冷链物流追溯管理要求》（GB/T 28843—2024）由全国物流标准化技术委员会归口，主管部门为国家标准化管理委员会，主要起草单位为上海市质量和标准化研究院等。该标准规定了食品冷链物流的追溯管理基本要求、追溯信息、信息采集及记录、追溯信息管理和实施追溯的管理要求。具体而言，该标准要求运输过程中，应实时连续监控在途运输环境温度并实时采集，采集记录时间间隔不宜超过 10min；冷库温度记录和显示设备宜放置在冷库外便于查看和控制的地方。温度感应器应放置在最能反映食品温度或者冷库平均温度的位置，应远离容易出现温度波动的地方，如远离冷风机和货物进出口旁。采集记录间隔时间不应超过 30min。装卸过程应测量采集装卸前后的食品温度以及装卸作业时间，宜采集装卸作业的环境温度作为扩展信息。

（二）行业标准

1.《行驶温度记录仪技术要求和检验方法》（JT/T 1325—2020）

行驶温度记录仪是实现道路冷链运输过程中温度监控和管理的主要车载设备，是构建道路冷链运输信息化管理体统的重要信息节点，为保障道路冷链运输服务质量发挥关键作用。

交通运输行业标准《营运货车安全技术条件第1部分：载货汽车》（JT/T 1178.1—2018）规定，冷藏车应安装温度监控装置，车辆及其温度监控装置、制冷设备的性能应符合 GB 29753 及相关标准要求。

行驶温度记录仪基本构成是依据行驶温度记录仪的产品现状，并结合《道路运输车辆卫星定位系统 车载终端技术要求》（JT/T 794—2019）规定的。主机包括微处理器、数据存储、卫星定位、无线通信、实时时钟、人机交互操作、外接装置信息采集、车辆信息采集、内置可充电电池、数据输出等模块、部件。

该标准对行驶温度记录仪的基本功能，终端自检，平台巡检响应，温度记录、显示、上传及温度范围设定，驾驶员身份信息、车辆 CAN（控制器局域网）总线数据、车辆载货状态信息、车辆状态信息、车厢门开闭状态、标准时钟和其他扩展的信息采集功能，警示，休眠和数据安全等分别做出了详细规定。

为了方便驾驶员实时了解冷藏车内部温度信息，行驶温度记录仪应具备温度数据显示功能。主机应能实时显示每一路温度传感器实际测量的温度值，且温度数据显示分辨力应不低于 0.1℃，保证其显示精度达到目前冷链运输产品的要求。行驶温度记录仪应有数据上传功能，数据上传最大时间间隔应不超过120s，最小不低于30s。行驶温度记录仪主机不仅应能测量、记录并上传相应的温度信息，同时为了实时了解冷链运输全程或某一段运输过程的温度变化情况，还要求终端主机具备检索、输出以及打印温度数据的功能。

行驶温度记录仪的主机应具有两路内置 CAN 总线通信接口，通过 CAN 总线采集、记录、上传冷藏车运行状态等信息，以确保平台对车辆运行状态的全程了解，并在出现问题时及时溯源、排除故障；且能通过视频、称重或发动机 CAN 数据分析等技术识别车辆是否载货。行驶温度记录仪还应具有车厢门开闭状态信息采集功能，不仅可以便于为冷藏车载货状态、运输状态等变化提供重要依据，同时也有助于排除温度采集曲线上由开关门造成的数据噪声点，排除人为干扰造成的误报警。主机可以通过卫星或网络等不同方式接收授时，且可采集不限于图像、视频以及制冷机组工作状态等信息。

行驶温度记录仪的警示功能主要表现为当监测的各项数据发生异常后及时向驾驶员或者监管平台发出警示信息。此外，终端还应具备休眠功能，并保证数据安全。

2.《冷链运输监控管理平台技术要求》（JT/T 1443—2022）

道路冷链运输过程中的温度监控和管理是保障运输质量的关键内容，实现运输过程中的温度监控，需要冷链运输企业和管理部门使用符合统一标准的软件平台，为此交通运输部组织相关单位开展行业标准《冷链运输监控管理平台技术要求》的编制工作，以统一各级平台功能，促进数据共享，推动道路运输温度监控和管理的有效实施。

该标准规定了冷链运输监控管理系统构架，运输企业监控平台、地方监管服务平台的功能要求和性能要求，适用于冷链运输企业监控平台、地方监管服务平台的建设、管理和应用。该标准实施后，冷链运输企业以及行业管理部门使用符合该标准的监控管理平台，冷链运输企业管理平台将统一标准、统一协议、统一接口数据共享，从而实现冷链运输上下游企业数据共享。同时行业管理部门将动态掌握冷链运输及冷藏车相关数据，更好地进行行业服务务与监管工作。

（1）冷链运输监控管理系统架构。根据交通运输行业冷链运输管理的总体规划，冷链平台主要为实现冷链运输上下游企业数据共享、对冷链运输温度数据抽检抽查、对冷链运输企业进行服务和信用评价三项目标提供具体的技术支撑，因此将平台分为三类：运输企业监控平台（以下简称企业平台）、全国冷链运输数据交换与服务平台（以下简称行业平台）、地方监管服务平台（以下简称地方平台）。企业平台用于企业自身业务管理，行业平台用于全行业数据统计分析及服务，地方平台用于行业监管。

行驶温度记录仪实时将运输过程及温度数据同时上传到企业平台及行业平台，企业平台与托运人平台、收货人平台互相开放数据接口，企业平台对地方平台开放数据接口。行驶温度记录仪数据上传本企业的同时还传送到行业平台，保证行业平台数据的准确性与完整性，为冷藏车异地年审、冷链物流企业考核提供技术支持。

（2）运输企业监控平台功能要求。运输企业应落实冷链运输"不断链"的主体责任，为减轻企业负担，在企业现有业务信息化平台的基础上实现标准要求，将企业平台功能分为基础功能与业务功能。其中，基础功能包括报警与警情处理、监控、接口服务、统计分析等，主要实现企业安全生产、内部管理等。业务功能主要包括温度管理、运输任务监控管理、车辆任务状态显示、冷机监控管理、历史温度与轨迹回放查询，主要实现全过程温度监控，保证运输过程"不断链"。

（3）地方监管服务平台功能要求。行业管理部门通过地方平台，能更好地实现行业服务及行业监管，具体包括实现接入平台管理、报表导出、报警管理、车辆数据同步、接口服务、基本资料查询、车辆动态监管、统计分析等功能，将为冷藏车、冷链运输企业提供跨部门、跨地区行业服务及监管。

延伸阅读 8-1

一支疫苗的"旅程"，精创冷链监控撑起安全保护伞

安全有效的疫苗，是预防传染病最有力的科技手段。然而，从疫苗的生产到最后的接种，冷链运输将起到至关重要的作用。

1. 全流程冷链，一支疫苗的"旅程"

从研发生产，到配送和接种，疫苗的参与者除了医药产品制造商、原材料供应商外，还有物流商、分销商、医疗服务提供部门。疫苗冷链运输及存储对疫苗的安全性和有效性至关重要。一支疫苗要求在生产、仓储或运输和销售的过程中，始终处于规定的最佳低温环境下，以保证疫苗质量，减少疫苗损耗。

2. 精创冷链监控，撑起安全保护伞

疫苗冷链运输属于控温型物流，一般而言，标准温度要求为 $2 \sim 8 \, ^\circ\!C$。现代的冷链物流为了协助冷链运输企业更好地实现温度控制，需配备冷链温度监测系统。精创冷链监测系统能够保证运输全过程的温度符合标准要求，通过物联网温度监测记录仪终端上传至监管云平台，实现全流程可视化温度监测。

针对疫苗、试剂、药品等生命科学冷链运输系统，精创科技应用"冷链数据精细化采集"和"精创冷云技术"，实现了冷链物流全程实时监测管理，解决了疫苗冷链运输中实时监控，信息互联互通和全时段、全范围、全覆盖在线监管三大核心难题。针对

冷链物流的每一个环节，精创科技可提供物联网记录仪、冷藏箱记录仪、冷藏车记录仪、温湿度记录仪、PDF记录仪、冷藏车机组控制系统等系列温控设备，为疫苗冷链监控撑起安全保护伞。

通过精创冷云，可以实现冷链行业的智能测控和联网，以及信息采集、传感、通信、控制、云计算等功能，为生产、存储、运输、销售全冷链环节提供监控、诊断、预警和控制等服务，对生命科学冷链进行实时监测，保证药品、疫苗、诊断试剂等的运输安全。

3. 精创Tlog系列高精度温湿度记录仪

面对mRNA疫苗更为严苛的 -70 ~ -10℃ 的温度运输需求，精创Tlog系列高精度温湿度记录仪可以在 -196℃ 的低温下工作，足以满足市面上所有疫苗全场景冷链监控的需求。Tlog系列记录仪具有LCD（液晶显示屏）和防止误触碰的双按键设计。通过按键操作可查看设备状态和记录参数；支持多种启动和停止方式、多个阈值设置，以满足不同用户的需求；支持记满停止和循环覆盖两种存储方式；可自动生成PDF报告，无软件也可随时查看数据。蓝牙款可通过App进行参数配置、数据读取、蓝牙打印，实现无须开箱即可查看数据，简单、方便、实用。

4. RCW-20系列联网记录仪

在冷链运输过程中，疫苗冷藏箱的温度监控格外关键。RCW-20系列联网记录仪是一款配套冷藏箱、医疗冰箱的联网记录仪，具有嵌套安装支架，可以配套安装在冷藏箱上，采用4G网络实时上传数据，具备LBS+GSP定位及蓝牙打印功能，可满足冷链全过程中记录的温湿度数据要求。

5. RCW-360物联网记录仪

RCW-360物联网记录仪可应用于 -200℃ 的超低温环境，可直接应用于覆盖全场景的疫苗运输温度监控。通过2G（GPRS）/WiFi/4G网络数据实时上传云平台，采用瑞士进口原装高精度传感器，可实现温度监测报警，远程在线实时查询、存储温度数据，基站定位等功能；内置可充电锂电池，具有超低功耗，断电仍可长时间提供实时数据上传、平台报警服务。

[资料来源：财报网.一支疫苗的"旅程"，精创冷链监控撑起安全保护伞 [EB/OL].（2021-01-25）[2024-01-24].https://finance.ifeng.com/c/83Jp9FOcnzR.]

第三节　区块链+冷链物流

一、区块链技术

（一）区块链的内涵

区块链（Blockchain）起源于开发者中本聪（Satoshi Nakamoto）在其2008年所发表的技术论文《比特币：一种点对点电子现金系统》。从技术的结构上来看，区块链按时间顺序将数据块以链条的形式组合成特定的"链式"结构，并通过密码学等方式保证数据的不可篡改和不可伪造的去中心化的公开账本。区块链上的数据由所有节点共同维护,每个参与维护节点都能复制获得一份完整记录的拷贝,分布式地建立一套信任机制,保障系统内数据公开透明、可溯源和防止非法篡改。举个例子,在一个 100 人的村庄,张三向李四买了一头牛,向他支付 1 万元。过去,他要依靠中间人赵六,才能将自己的 1 万元转给李四。而有了区块链系统,张三可以直接将自己的 1 万元记到李四的账本上,同时交易信息会传到全村,也就是整个"区块链系统",使其他 98 个人也能看到信息。由系统记录整个交易过程,具有可溯源优势,解决了赵六账本丢失或李四不认账等问题。区块链的发展经历了四个阶段,具体如图 8-1 所示。

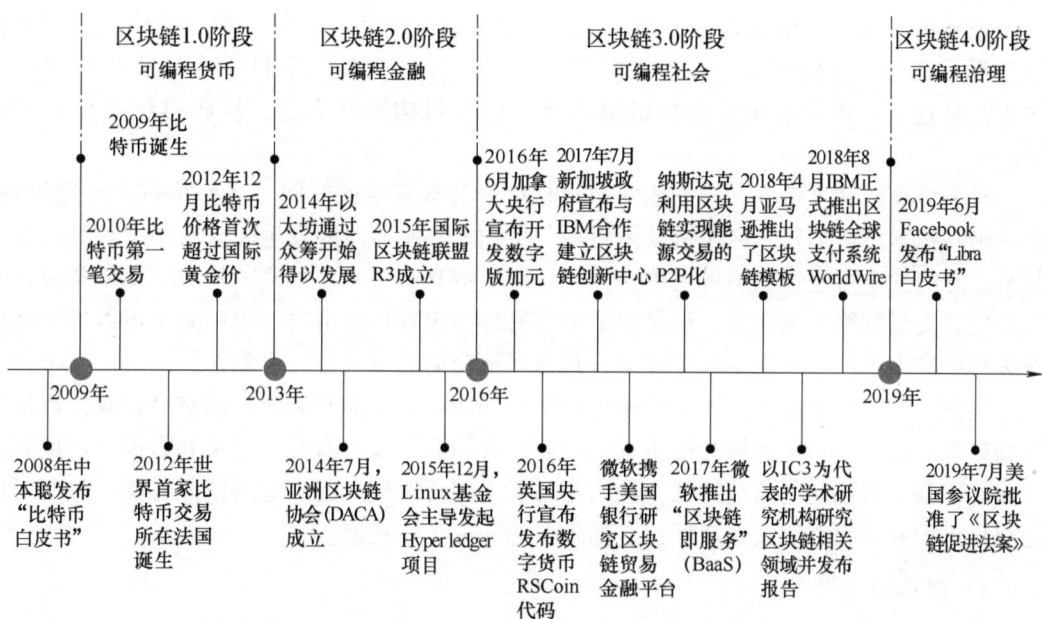

图 8-1 区块链发展的四个阶段

自 2017 年 9 月以来,区块链技术与实体经济结合逐渐深入,成功应用不断涌现,各地政府陆续制定出支持区块链发展的相关政策。区块链依然被高度关注,突显了其价值和应用前景。区块链结合共识机制、非对称加密算法、分布式数据存储、P2P 网络传输等计算机技术,创造出了一种全新的数据应用模式,被认为是继大型机、个人计算机、互联网之后计算模式的颠覆式创新。区块链技术或将引起一场新的技术革新、产业变革,并彻底改变人类社会的价值传递方式。

一是推动新一代信息技术产业的发展。区块链作为一种全新的数据存储和传输模式,将为以大数据、云计算、物联网、人工智能等为代表的新一代信息技术的发展创造新机遇。

二是为经济社会转型升级提供技术支撑。随着区块链技术广泛应用在金融服务、供应链管理、智能制造、教育就业、社会公益、知识产权和文化娱乐等经济社会各领域,将不断降低各行业的运营成本、提升多部门间的协同效率,为经济社会的转型升级提供系统化支撑。

三是推动生产关系的变革。区块链的"网状协同"大幅降低了点对点的价值交换和合作成本,极大地推动了分工进一步细化,带动了生产力的大发展。同时,区块链以技术的方式大幅降低信任成本，最终实现真正的供给侧改革。

四是构建新型价值互联网。区块链借助分布式记账技术，建立去中心化信任，实现互联网本质的更新升级，即由信息交换向价值交换的转变，开启新一代的价值互联网体系（Internet of Value），为资产数字化全面实现提供技术支撑。

（二）区块链特征

区块链是一种可以创造信任的共享账本和分布式数据库，它的诞生和发展是以互联网等技术的诞生和发展为基础的。区块链借助互联网能实现信息的全网同步和备份，并且可以使交易者之间的信任机制得以建立。其特征可以主要概括为以下方面：

一是去中心化。也就是说，通过网络记录的每笔交易不存在任何中介机构，所有交易的发生都是交易人直接交易，并按照交易时间被记录在交易人手机中或计算机的客户端程序中。从这一点可以看出，区块链可以绕开中介机构展开交易，从而避免中介交易的风险。

二是不可篡改和可追溯。每一笔网络交易都会有其发生的时间，从而构成一个数据块，并运用密码技术予以加密。区块链就是将每一个数据块按照时间发生的先后顺序将其线性串联起来。时间的不可逆性和不可更改性，使得区块链具有了不可篡改的特点。也就是说，所有人的所有交易都被记录在案。如果在某个交易环节出现造假情况，我们完全可以通过区块链条进行精准识别，实现交易的可追溯，从而保证交易的真实性、可靠性。

三是信息的共享和透明。这主要是指网络中的所有人都能看到所有的交易记录，都能共享数据账本，所以当某个区块数据出现问题时，并不会导致所有交易记录和数据资产遭到破坏。因此，基于区块链的这些特征，网络交易者之间可以建立起一定的信任机制，从而可以简化交易流程和审批程序，形成便捷、高效、透明的工作机制。

（三）区块链分类

区块链依据参与成员的不同，分为三种链，如图8-2所示。首先是所有节点都可以加入并达成共识的公有链，任何节点可以自由加入或离开，账本信息完全公开透明，所有人都可以记账上链。并且公有链可以完全实现真正意义上的去中心化，不受任何个人或者组织操纵，但是也正因此，公有链的传输速率不高，每一条交易都需要公有链中所有节点达成共识才能上链。公有链的主要应用从一开始的数字货币，到后来围绕着比特币、以太坊和EOS（嵌入式操作系统）等搭建的区块链项目。其都围绕着虚拟货币和结算功能展开，因为公有链拥有高度的去中心化结构，所以具有很高的商业价值，但是早期的工作量证明等共识机制浪费了大量的算力资源。并且由于存储能力有限，公有链在一些领域内的发展受到了限制。

联盟链可以有效帮助一些组织在需要的情况下高效管理数据，相比于公有链而言，联盟链具有一定的准入限制，并不是任何人都可以参与共识，其被一个或多个实体掌控，并且清楚每一个参与者的身份。由于联盟链中的节点数量不多，达成一个共识所需的时间比公有链短，所以联盟链的每秒交易数量可达到一千笔，最高可达一万笔。不同于公有链，联盟链中不需要所有人参与记账，由联盟选举出记账人即可，在某种程度上减少了算力的浪费，但也因为多中心管理的存在，联盟链并不是完全的去中心化。联盟链的应用领域主要包括数字版权保护、供应链溯源、物联网、医疗信息共享等，在一些比较重要的领域，比如版权保护、产品溯源和政府信息监管等，能最大化发挥其不可篡改、可追溯的技术优势。一些国际企业也利用联盟链开发跨境支付业务，利用联盟链中的智能合约使交易自动执行，无须人为核对，自动简化支付时所需要的手续，减少交易耗时。物联网中的设备与设备之间缺乏信任，而且高度依赖中心服务器的数据库数据，数据库一旦崩溃，整个物联网络都会瘫痪，联盟链帮助物联网中的智能设备传输数据解决了设备间的信任问题，也减少了与中心服务器交换数据的频繁通信，并能通过内嵌的智能合约来实现复杂功能。联盟链在医疗信息共享领域也有用武之地，应用最广泛的 Medical Chain（联盟式医疗区块链系统）具有隐私访问控制、医生与病人直接沟通和共享医疗数据等功能，这些功能使得医疗行业中比较复杂的医患数据得到调整，一定程度上方便了医患人员。

	公有链	联盟链	私有链
优点	■ 任何人都可以加入 ■ 完全去中心化	■ 相对于公有链较为安全 ■ 运行效率高	■ 优先考虑系统速度 ■ 较少担心系统故障
缺点	■ 速度和吞吐量较低	■ 部分去中心化	■ 过于中心化 ■ 开放程度低
典型应用场景	■ 虚拟货币、支付	■ 支付、数据溯源	■ 审计、发行

图 8-2　三种区块链对比

私有链是指写入权限仅在一个组织手里的区块链。读取权限或者对外开放，或者被任意程度地进行了限制。私有链仅在私有组织中使用，区块链上的读写权限、参与记账权限按私有组织规则来制定。私有链的应用场景一般是企业内部的应用，如数据库管理、审计等。私有链的价值主要是提供安全、可追溯、不可篡改、自动执行的运算平台，可以同时防范来自内部和外部对数据的安全攻击，这个在传统的系统中是很难做到的。

（四）区块链架构

区块链起源于比特币，但又不仅仅是比特币，在比特币大火之后，区块链被更多的人了解与应用。区块链是计算机网络中结点之间共享的分布式数据库，作为数据库，区块链以电子方式存储数字格式的信息。众所周知，区块链在维护比特币等加密货币系统中交易的安全和去中心化记录方面发挥着重要作用。区块链的特点是确保数据记录的真实性和可靠性，并为交易双方提供信任，而无需受信任的第三方。

数据结构是典型数据库和区块链之间的一个主要不同。区块链将信息以块为单位收集在一起，每一个区块包含一组已经被打包好的交易信息。区块链中的每一个区块都有存储上限，当它收集交易信息到达区块存储上限的时候就会停止接收，并使用哈希值链接到前一个区块，当下一个区块存储满了会链接到这一个区块，循环往复就形成了一条区块链。新添加区块之后，所有新的交易信息都会被编译到新形成的区块中，并在其达到存储上限时添加到链中。数据库通常将数据构造成表，但区块链，顾名思义，就是将数据构造成若干个区块并将它们拼接在一起。这种数据结构在以分布式方式实现时，会创建一个本质上不可逆的数据时间线。作为一种特定的数据结构，区块链中的数据以块的形式永久存储，并且按照时间序列排序。

作为一种新技术，区块链具有去中心化、去中心化操作、非对称加密、时间戳和共识算法等特点。它采用加密技术和分布式消息转发协议来简化协调过程，分布式账本提供去中心化的数据存储，提高数据处理效率，并且通过提供数据共享功能来维护数据的安全性。区块链也是一个分布式数据库，传统的分布式数据库只有一个中央服务器来存储数据，而区块链由区块链网络中的所有存活的结点管理，每个结点都会进行单独的数据备份，即使某个结点上的数据被人恶意篡改或者抹除，也不会影响其他结点上的数据备份，进而不会影响整个区块链上的数据。因此，与传统数据库技术相比，区块链技术具有可持续性、兼容性、数据共享、互联互通等优势。

在区块链中，每一个区块都会由两个部分组成，分别是负责链接其他区块的块头和存储数据的本体。块头中主要包括链接到前一个区块的哈希值以及时间戳。区块本体是区块的"数据仓库"，负责存储该区块包含的所有实际交易数据或其他有效信息。通过这种对应关系，每一个区块都紧密相连，不会有外来的区块插在中间，从一开始的创世区块，到最新的区块，保证了数据的全程记录且不可篡改，已经被记录在区块中的数据不会再更改。

随着区块链的不断发展，区块链架构也在演变。其中区块链的很多模块都在弱化，许多机制也被逐步取代，大部分的功能都通过其他方式体现。无论是联盟链、私有链，还是公有链，都需要有一定的激励措施来促进交易的记录与区块的产生，与公有链不同的是，联盟链和私有链都有最高级管理者的存在，所以无法像公有链一样流通公有的货币。无论是哪种区块链，都有三层架构，分别是网络层、交易层和应用层，如图8-3所示。

图8-3　区块链架构

区块链架构从下到上依次承担着区块链网络的基本功能、区块链网络的交易功能，以及区块链网络的展示功能。

网络层的主要任务是建立起区块链基础网络，使得各结点能够互相通信，并且封装了区块链系统的一些数据交换规格。区块链系统中的每个结点都通过特定的数据传输和验证规则来参与区块数据的记账过程，当大部分区块链结点都验证过同一条交易后，才会将此交易写入区块。

交易层的主要任务是负责交易数据的建立、检验和保存，该层实现了区块链的核心业务，即两个区块链结点的地址之间通过智能合约进行交易，对某一交易达成共识，并且通过区块链结点的互相背书广泛传播，最后记入区块链账本中。

应用层主要是一些典型的区块链应用，包括数字货币、金融资产交易结算、数字政务、存证防伪和数据服务。数字货币主要包括大家熟知的比特币，还有莱特币等，因为区块链技术具有天然的金融属性，很适合记账；所以在金融支付结算方面，市场多个参与者共同参与维护一份总账本；区块链也可以让政府部门的办公效率提高，让所有的数据都存储上链，既方便了用户，也方便了不同部门之间的协同办公，其可追溯、不可篡改的特点对于政府信息公开有很大的帮助；区块链利用哈希证明系统可以证明某个文件在区块链中的存在，再加上其全程可溯源、不可篡改等特性，为一些身份证明等需要长时间存证的领域提供防伪溯源的功能；区块链技术可以将大量的数据有顺序地存储至区块中，这在一定程度上帮助现有的大数据应用进行数据存储，优化了大数据应用的数据流通与共享。区块链技术在保证数据真实的前提下，在一定程度上促进了数据在网络中的流通，改善了数据垄断和"数据孤岛"带来的信息闭塞问题。

二、区块链技术应用场景

（一）数字货币

在经历了实物、贵金属、纸币等形态之后，数字货币已经成为数字经济时代的发展方向。相比于实体货币，数字货币具有易携带存储、低流通成本、使用便利、易于防伪和管理、打破地域限制、能更好整合等特点。

比特币技术上实现了无须第三方中转或仲裁，交易双方可以直接相互转账的电子现金系统。2019 年 6 月，互联网巨头 Facebook 也发布了其加密货币——天秤币（Libra）的白皮书。无论是比特币还是 Libra，其依托的底层技术正是区块链技术。

我国早在 2014 年就开始了中国人民银行数字货币的研制。我国的数字货币 DC/EP 采取双层运营体系：中国人民银行不直接向社会公众发放数字货币，而是由中国人民银行把数字货币兑付给各个商业银行或其他合法运营机构，再由这些机构兑换给社会公众供其使用。2019 年 8 月初，中国人民银行召开下半年工作电视会议，会议要求加快推进国家法定数字货币研发步伐。

（二）金融资产交易结算

区块链技术天然具有金融属性，它正对金融业产生颠覆式变革。在支付结算方面，在区块链分布式账本体系下，市场多个参与者共同维护并实时同步一份"总账"，短短几分钟内就可以完成现在两三天才能完成的支付、清算、结算任务，降低了跨行跨境交易的复杂性和成本。同时，区块链的底层加密技术保证了参与者无法篡改账本，确保交易记录透明、安全，监管部门可方便地追踪链上交易，快速定位高风险资金流向。在证券发行交易方面，传统股票发行流程长、成本高、环节复杂，区块链技术能够弱化承销机构的作用，帮助各方建立快速准确的信息交互共享通道，发行人通过智能合约自行办理发行，监管部门统一审查核对，投资者也可以绕过中介机构进行直接操作。在数字票据和供应链金融方面，区块链技术可以有效解决中小企业融资难问题。目前的供应链金融很难惠及产业链上游的中小企业，因为它们跟核心企业往往没有直接的贸易往来，金融机构难以评估其信用资质。基于区块链技术，我们可以建立一种联盟链网络，涵盖核心企业、上下游供应商、金融机构等，核心企业发放应收账款凭证给其供应商，票据数字化上链后可在供应商之间流转，每一级供应商可凭数字票据证明实现对应额度的融资。

（三）数字政务

区块链可以让数据"跑起来"，大大精简办事流程。区块链的分布式技术可以让政府部门集中到一个链上，所有办事流程交付智能合约；办事人只要在一个部门通过身份认证以及电子签章，智能合约就可以自动处理并流转，按顺序完成后续所有审批和签章。区块链发票是国内区块链技术最早落地的应用。税务部门推出区块链电子发票"税链"平台，税务部门、开票方、受票方通过独一无二的数字身份加入"税链"网络，真正实现"交易即开票""开票即报销"——秒级开票、分钟级报销入账，大幅降低了税收征管成本，有效解决了数据篡改、一票多报、偷税漏税等问题。扶贫资金管理是区块链技术的另一个落地应用。利用区块链技术的公开透明、可溯源、不可篡改等特性，可实现扶贫资金的透明使用、精准投放和高效管理。

（四）存证防伪

区块链可以通过哈希时间戳证明某个文件或者数字内容在特定时间的存在，加之其公开、不可篡改、可溯源等特性，为司法鉴证、身份证明、产权保护、防伪溯源等提供了完美的解决方案。在知识产权领域，通过区块链技术的数字签名和链上存证可以对文字、图片、音频、视频等进行确权，通过智能合约创建执行交易，让创作者重掌定价权，实时保全数据形成证据链，同时覆盖确权、交易和维权三大场景。在防伪溯源领域，通过供应链跟踪区块链技术可以被广泛应用于食品医药、农产品、酒类、奢侈品等各领域。

（五）数据服务

区块链技术将大大优化现有的大数据应用，在数据流通和共享方面发挥巨大作用。未来，互联网、人工智能、物联网都将产生海量数据，现有中心化数据存储（计算模式）将面临巨大挑战，基于区块链技术的边缘存储（计算）有望成为未来解决方案。再者，区块链对数据的不可篡改和可追溯机制保证了数据的真实性和高质量，这成为大数据、深度学习、人工智能等一切数据应用的基础。最后，区块链可以在保护数据隐私的前提下实现多方协作的数据计算，有望解决"数据垄断"和"数据孤岛"问题，实现数据流通价值。针对当前的区块链发展阶段，为了满足一般商业用户区块链开发和应用需求，众多传统云服务商开始部署自己的 BaaS（区块链即服务）解决方案。区块链与云计算的结合将有效降低企业区块链部署成本，推动区块链应用场景落地。未来，区块链技术还会在慈善公益、保险、能源、物流、物联网等诸多领域发挥重要作用。

三、区块链在冷链物流中的应用

（一）溯源追踪难，桎梏冷链物流发展的一根"棘刺"

如今，在冷链物流中已经广泛使用互联网技术来提高物流的信息化水平，以实现对整个流通过程的监管，但是行业的发展仍然面临一些难题。

一是冷链监控体系尚未形成。目前国内的冷链监控体系主要集中在对冷藏运输车及冷库的监控，但一件生鲜产品从生产者的仓库到消费者手中要经过一系列环节，如果其中任何一个环节出了问题，都有可能影响到最终产品的质量和安全。尤其是在跨国冷链运输过程中，经常会出现更换承运商的情况，虽然会要求进货商要向市场监管部门进行报备，但在实际操作中，仍然存在未备案或者虚假备案的冷链经营主体。且在报备的过程中，由于是人工进行操作，经常会出现漏报甚至瞒报的情况。

二是供应链上的数据追溯同样是难点之一。因为一个产品在运输流通环节中涉及物流公司和仓储公司在内的多家公司，在这条供应链条上的各企业的数据整合和交换并没有统一标准，难以进行整合，所以问题出现后无法实现追溯。以温度追踪为例，当前冷链运输过程中温度记录的实时性较差，多采取自动采集和人工记录的方式，最后再上传到中心数据库。人工统计不仅容易产生偏差，也存在主观上左右记录结果的可能性。此外，中心数据库记录方式的可信度也有待考量。

而在数据标准化的问题上，由于各环节缺乏有效的沟通协调，不同标准间存在重合及不统一等问题。一方面，各地出台的标准多带有地方特色，质量差异颇大；另一方面，冷链流转链条上各参与方顾及自身利益，存在着为保护自身利益而篡改追溯数据的可能性。

数据不能共享、溯源不及时、全程依赖人工、数据极易被篡改等问题成为摆在冷链物流行业面前的一道道难题。

（二）区块链，让冷链物流行业实现全程溯源＋有效监控

区块链技术记录的数据具有低成本、高防伪、不可篡改、去中介化等性能。因此，当区块链技术被应用到冷链物流领域时，将为冷链物流行业带来颠覆性变革。具体来说，主要体现在以下三个方面：

一是区块链冷链防控。区块链技术可在运输前对相关物品质量进行把控，包括出具检验检疫报告、消毒证明等；在流通环节，对生产、批发、冷链运输和市场销售等流通路径，以及温度、湿度、物流轨迹、开关门等冷链条件进行监控，并对相关人员的健康状况进行记录；另外，区块链可对企业资质进行检查核验，包括营业执照、备案登记记录、检验检疫证明、海关报关单等。

二是上链信息监管。区块链不可篡改的特性为数据记录的追溯和共享提供了技术保障。去中介且不可篡改的上链数据极大地增强了数据的可信度，成为提升整个冷链监管效率和品质的关键。市场监管部门可以知晓商品的流通情况，全流程清晰可追溯，方便形成闭环管理。通过企业认证和实名认证技术完成主体确认，并与区块链上的数字身份锚定，所有上链数据和数据提供方一一绑定。当冷链食品出现问题时，通过链上数据反向溯源，可快速定位供应链上相关主体，并以链上不可篡改数据为依据展开责任认定。

三是扫码溯源查询。在整个链条的终端，消费者通过"一物一码"的扫码机制就可快速查询到冷链食品的来源信息、物流信息。

延伸阅读 8-2

从梁平柚到梅州柚——区块链技术助力农产品溯源

重庆梁平柚与广西沙田柚、福建文旦柚并称为中国三大名柚。因其果实硕大，芳香浓郁，汁多味甜，营养丰富，素有"天然水果罐头"的美称。然而，作为中国驰名商

标，每年各种柚子集中成熟，"卖家市场"变为"买家市场"。许多果农为了少亏损，不得不以低于成本的价格进行出售，入不敷出的境况严重打击了果农的种植积极性。此外，市场中的柚子种类繁多，经常有品质质量不佳的柚子冒充梁平柚，对梁平柚的声誉产生负面的影响，"劣币驱逐良币"现象严重。在多重因素的作用下，梁平柚的销售每况愈下。

一、"第一个吃螃蟹"——梁平柚"中心化"传统溯源模式

(一) 二维码溯源帮助梁平柚"起死回生"

为了重振梁平柚的声誉，增加农产品的可信度，让柚子赢得更多消费者的青睐，2014年，种柚大户与相关互联网技术人才合作创办互联网农业公司。公司结合当时最先进的二维码技术，为每一颗柚子树定制了独特的身份标签，每一颗柚子上面都有一个二维码，通过专门开发的 App 扫码即可得知柚子来自哪个果农的哪个果园、果园的哪棵果树，以及这棵果树的树龄以及施肥除虫情况，甚至连其所处的经度、纬度都可以显示出来。如果对上述信息心存疑虑，还可以自行驾车前往验证。此外，还推出了"定制柚子"，消费者可以自行选择10年、50年甚至100年的果树，在成长初期、成熟前期就提前预订，把柚子"提前"卖出去，避免了柚子大面积成熟之后积压至坏的情况。

梁平柚所利用的二维码追溯系统是重庆拉土拉公司自行开发研制的，专门针对国内外原生、优质、高端的农产品，为消费者提供产品保真、质量溯源、防伪认证等服务的综合应用平台。通过溯源平台，消费者可以实现对梁平柚的生长、采摘、运输、加工、销售及售后的全过程溯源，通过防伪识别建立严格的信用记录，以确保产品的最佳品质。依靠二维码识别技术和产品安全追溯系统以及应用互联网技术，让柚子实现了"从田间到餐桌"的全程透明化。

(二) 自建平台二维码溯源仍"漏洞百出"

1. 数据信息收集覆盖产业链较短，追溯系统获取信息的能力不足

梁平柚溯源系统中包含的溯源信息只有产地信息、种植信息、果实生长周期等。在柚子成熟收获后，加工、仓储、运输、分销等环节的信息流缺失。一旦发生农产品质量安全事件，问题的责任主体难以确认，追溯系统形同虚设、效率低下。

2. 自建平台数据处理能力存在"天花板"

在整个追溯过程中，参与主体多、数据处理量大，对平台质量、传输速度有较高的要求。而自建平台的网络传输和端口的接受能力有限，一旦数据量过大，容易导致数据传输拥堵，影响时效性。同时，在我国农村地区，基础配套设施的建设情况较差、网络不健全、网络覆盖面不足、计算机的普及使用率不高等因素在一定程度上限制了溯源系统的使用。

二、"更上一层楼"——顺丰"区块链"助力梅州柚溯源新模式

梅州市是广东省最大的柚子产区，全球最大的沙田柚生产基地，全国第二大柚类生产地级市。然而，柚果种植规模的不断扩大，带来了技术和管理跟不上、人工和农资价格急剧上涨等一系列问题，当地柚果产业发展陷入了10年之久的停滞。2018年8月28日，梅州市与顺丰速运有限公司合作启动"因为柚你，一路顺丰"活动。顺丰与梅州市人民政府采取"产地＋物流"的合作模式，将顺丰科技全面运用到生产的各个环节，促

进渠道融通。

1. 顺丰溯源的总体架构

顺丰溯源总体架构如图 8-4 所示,主要由接口层、应用层和展示层三个层次构成。接口层也可以称作数据采集层,由种植农户、流通平台等柚果供应链中间环节通过物联网设备进行信息数据的采集。通过接口服务组件,为系统模块和外部系统的通信以模块化的方式提供接口服务,为丰溯平台⊖适应业务的快速变化提供支撑,增加平台的灵活性。应用层是整个溯源系统的逻辑处理和数据加工中心。通过超级账本与数据库互相配合,存储溯源系统中的所有数据。根据业务逻辑和模型,对底层的服务接口和组件进行整合和串联,为上层的展示层提供多主题、多维度的数据服务。展示层是使用者与系统之间的接口,实现对外的数据展示和人机交互。通过各种终端设备,实现数据的采集,完成溯源系统对农产品的数据录入,并实现数据验真、加密与上链。最终以溯源码作为农产品信息载体,将各个关键环节串联起来。

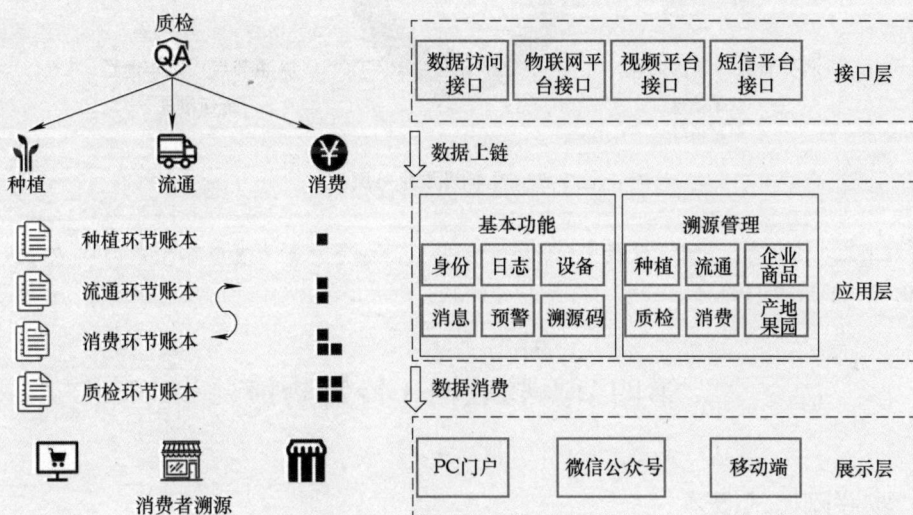

图 8-4　顺丰溯源的总体架构

2. 顺丰溯源技术模式"识时达务"

顺丰溯源平台基于对农产品产业链和区块链技术的理解,将二者在技术和模式上进行了结合创新。联合顺丰速运、第三方质检机构、农业部门,共建联盟链。依托顺丰的物流数据优势,实现产品物流信息关联,完善溯源链条;同农产品检测行业权威机构建立了长期合作关系,所有采用丰溯溯源的农产品均有完整权威的检测报告,为保证产品品质和提升消费者信任提供了强有力的支撑。采用农业物联网和区块链技术,实现农业端到端产业链的数据自动采集,无人工参与,杜绝信息造假和数据篡改。顺丰科技将区块链技术与溯源产品有力结合,建立专属溯源体系,为每个(批)产品提供唯一的溯源码。每个柚子从生产、物流、零

⊖　丰溯是顺丰科技推出的区块链溯源平台,采用 FISCO BCOS 底层开源框架,为农副产品、冷链生鲜等企业客户和消费者提供关键流通节点的溯源信息服务,形成从源头到消费者端全链路透明的信息链。

售到质检各个环节都被详细记录，拥有自己独一无二的编码，由果园、果农、物流、加工、零售各个环节的编码组成。柚子在完成采摘前，由果农在柚皮上打上二维码，初始二维码包括果树地理位置、树龄、果农等信息。在完成采摘，进入集散中心后，在原编码基础上加上分拣、打包等信息，其他环节与之类似，进入下一环节后，在原有基础上进行扩展。最终到达消费者手中时，只需要扫码即可了解到柚子的全生命周期，各环节信息透明可靠。全产业链溯源系统的建立，为梅州柚的品牌价值注入生命力，对产品"从田间到餐桌"的流向进行精准定位，最终实现了产销运全过程的可信追溯，保障了消费者权益，让消费者更放心。顺丰溯源业务流程如图8-5所示。

图8-5　顺丰溯源业务流程

[资料来源：江琳莉，史磊. 从梁平柚到梅州柚——区块链技术助力农产品溯源 [J]. 农业大数据学报，2020，2（02）：94-103.]

第四节　物联网+冷链物流

一、物联网技术概述

（一）物联网技术的基本概念

物联网技术是一种基于互联网技术，将用户扩展和延伸至物品的网络技术。当前在各行业中得到广泛应用的物联网技术主要有射频识别（RFID）、红外感应技术、全球定位系统（GPS）、激光扫描技术、通信技术、地理信息系统（GIS）等。依所约定的协议，利用物联网技术，可将物品与互联网进行连接，在进行信息交互之后，即可实现对物品的识别、定位及追踪的监管。物联网技术的本质在于互联网、识别与通信、智能化。其中，互联网是指针对需要联网的物品务必要实现互联互通的网络；识别与通信是指进入物联网的物品应具备自动识别及相互之间的通信功能；智能化是指网络系统所具有的自动化、可进行自我反馈及控制的功能。

（二）物联网技术的特征

物联网技术具有明显的现代化特征，主要体现在这几个方面。第一，广泛应用各类感知技术。物联网系统广泛应用各类传感器，且每个传感器均为一个信息源，因所使用的传感器类型较多，其所获取的信息格式及内容不同。同时，所获取的信息具备强实时性，数据可通过所设置的频率进行周期性采集，并自动及时更新。第二，物联网技术是基于互联网而形成的泛在网络。物联网是通过各类有线、无线网络将物体信息进行传输的，其核心仍为互联网技术。物联网系统当中的传感器所采集的数据量极大，需经网络进行传输；为保证数据传输的安全性和准确性，物联网技术必然要适应各类异构网络，并遵循一定的网络协议。第三，物联网技术本身具有智能处理功能，可实现对物体的智能控制。物联网技术集传感器及智能处理于一体，通过利用各类智能技术，如云计算技术、模式识别等，其应用领域得以拓展。传感器所采集到的各类信息经分析和处理后可满足不同用户的需求，使其应用领域及模式进一步扩大。

二、物联网技术应用于冷链物流中的可行性分析

（一）技术可行性

当前，物联网技术的 RFID 技术、无线传感器技术、网络通信技术及云计算技术的应用较为广泛，发展也相对成熟。RFID 技术在得到国家政策的大力支持之后，一直存在争议的成本及安全性问题得到了有效解决，同时它也有统一的技术标准及完善的中间件，可应用其管理并跟踪物品。无线传感技术处于物联网的感知层，主要工作是采集物体信息。Intel 公司在美国俄勒冈州建立了首个无线葡萄园，利用无线传感器对影响葡萄生长的各类因素进行检测，并可分析出各类因素对葡萄质量的影响。这说明无线传感器可应用于冷链物流，以对货物信息进行采集。网络通信技术包括传感器的网络通信、传输网络的通信及电信网络本身的通信。现应用于网络通信的技术有 SDH（同步数字体系）、全光网及 2G、3G、4G，甚至发展为 5G 的移动通信技术。各网络通信技术的用户数量大、覆盖范围广且技术比较成熟，可广泛应用于冷链物流，为冷链物流的网络通信提供技术支持。云计算平台可根据用户具体需求实现资源的配置及释放，其规模大、用户多且资源利用率较高，利用云计算技术可有效降低系统运营成本。另外，近些年来，人们都乐于将自身信息及资源上传至云中，扩大了云计算平台的数据量，同时云存储本身的可靠性、安全性及自动容错能力较强，现云计算产业圈已基本形成并不断得到完善，可更好地满足企业数据分析及处理需求。

（二）经济可行性

将物联网技术应用于冷链物流，需要考虑的经济方面的因素包括技术层面成本、设备层面成本及系统层面成本。其中，技术层面成本包括研发传感器技术及 RFID 技术所需的成本；设备层面成本包括各类感知终端的投入成本，如温度传感器、RFID 电子标签、二维码、GPS 等的投入成本；系统层面成本主要为嵌入式系统的开发及维护成本。而影响物联网技术在冷链物流中应用的成本因素主要有内部因素成本及外部因素成本，其中内部因素成本包括货物本身的体积、季节性影响、易腐烂、标准化等因素；外部因素成本包括冷链物流的反应速度、运输时间、监控回溯及信息传输等。将物联网技术应用于冷链物流能够获取的效益主要包括：第一，可降低运营成本，包括反应速度的机会成本、运输成本、新鲜货物腐烂成本、监控回溯成本等；第二，可提高运营效益，包括生产、配送、仓储及销售等方面的效益；第三，可获得良好的社会效益，包括食品安全、减少浪费、追踪回溯等。

三、物联网技术在冷链物流中的应用

（一）应用于采购环节

传统冷链物流在进行物品的采购时，通常需要进行市场调查，再最终确定物品的采购。此方式耗费大量人力、物力，加大了采购成本。而将物联网技术应用于冷链物流的采购环节，可通过广泛应用物联网技术中的 RFID 电子标签及读写器来优化采购方案，保证采购水平。首先，为所要采购的物品制作相应的电子标签并粘贴，每个标签中均包含与 EPC（电子产品编码）规则相符的商品信息。其次，买方输出采购单前，可利用 RFID 读写器对所要采购的物品实施电子标签识别，以获取所要采购物品的所有信息，同时还可了解其在冷链物流整个过程中的流转及变化情况，为采购方案的优化提供有效的数据参考，让采购人员准确制定采购的时间、周期及数量。最后，利用物联网技术，还可保证卖方所供应物品的数量、质量及品类与要求相符，从而缩短物品检测时间，这不但提高了采购的科学性，也有效节约了采购时间，使得冷链物流成本下降。

（二）应用于生产环节

在生产环节，若使用带 RFID 电子标签的物品进行生产，即可利用流水线上的 RFID 读写器对其进行识别，且可将物品生产工序中的相关信息写入电子标签中，从而获取产品的所有加工信息。将这些信息上传至生产管理信息系统，可为企业提供客观、科学的数据依据，使企业更好地了解自身的产能，从而科学地制订生产计划，并精准安排生产周期。在实际的生产环节中，应用物联网技术，可让企业及时获取生产订单的执行情况，通过对生产进度进行跟踪，有效管控生产周期，并对产品质量完成状况进行监督。这不但可优化生产流程，而且可为产品交货期的预测及制定提供客观数据支持，同时还可作为员工绩效考核的标准之一，从而促进冷链物流生产企业生产力的提高。

（三）应用于仓储管理

仓储管理是冷链物流管理的重要组成部分之一，将物联网技术应用于冷链物流的仓储管理中，有利于缩短仓储作业时间，提高物品库存的精确度，从而提高仓储管理水平。在仓库出入口安装 RFID 读写器及红外线接收器，当带有 RFID 电子标签的物品经过仓库出入口时，RFID 读写器会进行自动扫描，获取物品信息，并上传至仓储后台，智能化控制物品的出入库。相比于传统的红外扫描或人工输入等方式，此技术的应用大大缩短了物品出入库的时间，同时也有效避免了因人工操作而可能导致的失误，物品的出入库作业既快速又准确。利用仓库各区域所安装的 RFID 读写器，还可帮助仓储工作人员迅速找到所需的物品，既减轻了仓储工作人员的工作量，又提高了其工作效率。此外，在盘点仓库货物时，利用手持式 RFID 读写器，也可以快速扫描仓库中的货物，并将扫描信息自动传输至仓储后台管理系统中，有效提高了仓储盘点的效率与精确度。

（四）应用于运输管理

在整个运输过程中，货物性质、周边环境等的改变都会影响货物最终到达目的地的状态，这些因素也是冷链物流效率及质量控制的关键。因此，冷链物流企业非常重视运输管理。将物联网技术应用于冷链物流的运输管理中，可有效提高运输效率，保证物品质量。通过在运输工具上安装无线通信设备、GPS、RFID 读写器、传感器等，系统可自动

接收运输车辆的信息，了解车辆的移动状况及物品的运输状态，同时还可通过分析物品的实际情况，实现物品的全程"可视化"；利用 GIS 及 E-Map，可分析出物品的最佳运输路线，并确认准确的车辆数量，保证物品可被快速、安全运输至目的地，降低运输能耗及减少废气、废物的排放。此外，在运输过程中应用物联网技术，还可缩短物品的分拣及通关时间。

第五节　冷链物流追溯体系

一、食品安全追溯体系设计

考虑到可操作性，食品安全追溯体系的设计应采用"向前一步，向后一步"原则，即每个组织只需要向前溯源到产品的直接来源，向后追踪到产品的直接去向。根据追溯目标、实施成本和产品特征，适度界定追溯单元、追溯范围和追溯信息。具体的步骤包括：确定追溯单元、明确组织在食品链中的位置、确定食品流向和追溯范围、确定追溯信息、确定标识和载体、确定记录信息和管理数据的要求以及明确追溯执行流程等。

（一）确定追溯单元

关于组织如何建立并融入可追溯体系，《饲料和食品链的可追溯性　体系设计与实施的通用原则和基本要求》（GB/T 22005—2009）及 GS1 可追溯体系中都引入了追溯单元的概念。追溯单元是指需要对其来源、用途和位置的相关信息进行记录和追溯的单个产品或同一批次产品。该单元应可以被跟踪、回溯或召回。企业内部可追溯体系建设的基础与关键就是追溯单元的识别与控制。从追溯单元的定义来看，一个追溯单元在食品链内的移动过程同时伴随着与其相关的各种追溯信息的移动，这两个过程就形成了追溯单元的物流和信息流。组织可追溯体系的建立实质上就是找到追溯单元的物流、信息流之间的关系并予以管理，从而实现物流和信息流的匹配。原料接受过程追溯单元的确定见表8-2。

表8-2　原料接受过程追溯单元的确定

原料接受过程	过程特点描述	过程处理	追溯单元模块
移动	追溯单元物流位置的改变	不创建追溯单元	—
转化	追溯单元特性的变化	创建追溯单元，确定追溯码	以提单为单位
储存	追溯单元的保留	不创建追溯单元	—
终止	追溯单元的消亡	不创建追溯单元，剔除不合格品	—

当建立可追溯体系时，有四个基本内容是不可避免的。一是确定追溯单元，追溯单元的确定是建立可追溯体系的基础；二是信息收集和记录，要求企业在食品生产和加工过程中详细记录产品的信息，建立产品信息数据库；三是对环节的管理，即对追溯单元在各个操作步骤的转化进行管理；四是供应链内沟通，即追溯单元与其相对应的信息之间的联系。

由于各项基本内容围绕追溯单元展开，因此追溯单元的确定非常重要。组织应明确可追溯体系目标中的产品和/或成分，对产品和批次进行定义，确定追溯单元并对追溯单元进行唯一标识。

每一个追溯单元在任一环节都可能包含一个或多个原料接受过程。以水产品加工厂的原料接收环节为例，将接收到的某一批原料定义为一个追溯单元，那么原料从无到有的过程就是转化；在接收过程中可能存在不合格的原料，这些不合格的原料应该被排除出食品链，这个过程就是终止。

从表8-2中可以看出，我们并不是将操作步骤中的每一个"变化"都确定为追溯单元。食品追溯单元具体可分为食品贸易单元、食品物流单元和食品装运单元，由存在于食品供应链中不同流通层级的追溯单元构成。

食品贸易单元根据销售形式不同，分为通过POS（销售终端）销售的贸易单元和不通过POS销售的贸易单元。通过POS销售的贸易单元即零售贸易单元，不通过POS销售的贸易单元即非零售贸易单元，如农场主将番茄按筐卖给批发商，这里一筐番茄即一个非零售的贸易项目。

食品物流单元是在食品供应链过程中为运输、仓储、配送等建立的包装单元，如装有食品的一个托盘。食品物流单元由食品贸易单元构成。它可由同类食品贸易单元组合而成，也可由不同类食品贸易单元组合而成。

食品装运单元是装运级别的物流单元，由食品物流单元构成。如将10箱马铃薯和8箱番茄装运在一个卡车上，该卡车即一个装运单元。

（二）明确组织在食品链中的位置

食品供应链涉及食品的种养殖、生产、加工、包装、储藏、运输、销售等环节。组织可通过识别其上、下游组织来确定其在食品链中的位置。通过分析食品供应链过程，各组织应对上一环节具有溯源功能，对下一环节具有追踪功能，即各追溯参与方应能对追溯单元的直接来源进行追溯，并能对追溯单元的直接接收方加以识别。各组织有责任对其输出的数据，以及其在食品供应链中上一环节和下一环节的位置信息进行维护和记录，同时确保追溯单元标识信息的真实唯一性。

（三）确定食品流向和追溯范围

组织应明确可追溯体系所覆盖的食品流向，以确保能够充分表达组织与其上、下游组织之间以及本组织内部操作流程之间的关系。食品流向涉及：食品的外部接收点和分包点；原料、辅料和中间产品投入点；组织内部操作中所有步骤的顺序和相互关系；最终产品、中间产品和副产品放行点。

组织依据追溯单元流动是否涉及不同组织，将追溯范围划分为外部追溯和内部追溯。当追溯单元由一个组织转移到另一个组织时，涉及的追溯是外部追溯，外部追溯是供应链上组织之间的协作行为。一个组织在自身业务操作范围内对追溯单元进行追踪和/或溯源的行为是内部追溯。内部追溯主要针对一个组织内部各环节之间的联系。外部追溯按照"向前一步，向后一步"的设计原则实施，以实现组织之间和追溯单元之间的关联为目的，需要上、下游组织协商共同完成。内部追溯与组织现有管理体系相结合，是组织管理体系的一部分，其以实现内部管理为目标，可根据追溯单元特性及组织内部特点自行组合。

（四）确定追溯信息

组织应确定不同追溯范围内需要记录的追溯信息，以确保饲料和食品链的可追溯性。需要记录的信息包括供应方的信息、产品加工过程的信息、向客户和/或供应方提供的信息。

为方便和规范信息记录和数据管理，宜将追溯信息划分为基本追溯信息和扩展追溯信息，见表8-3。

表8-3　追溯信息划分和追溯范围

追溯信息	追溯范围	
	外部追溯	内部追溯
基本追溯信息	以明确组织间关系和追溯单元来源与去向为基本原则，是能够"向前一步，向后一步"链接上、下游组织的必需信息	以实现追溯单元在组织内部的可追溯性、快速定位物料流向为目的，是能够实现组织内各环节之间有效链接的必需信息
扩展追溯信息	以辅助基本追溯信息进行追溯管理为目的。一般包含产品质量或商业信息	更多的是企业内部管理、食品安全和商业贸易服务的信息

注：基本追溯信息必须记录，对于扩展追溯信息的交流与共享以不涉及商业机密为宜。

食品追溯体系中的组织及位置信息主要包括追溯单元提供者信息、追溯单元接收者信息、追溯单元交货地信息及途经位置信息。

食品贸易单元基本追溯信息有贸易项目编码、贸易项目系列号和批/次号、贸易项目生产日期/包装日期、贸易项目保质期/有效期。扩展追溯信息有贸易项目数量、贸易项目重量。

对于由同类食品贸易单元组成的物流单元，其基本追溯信息有物流单元编码、物流单元内贸易项目编码、物流单元内贸易项目数量、物流单元内贸易项目系列号及批/次号。扩展追溯信息有物流单元包装日期、物流单元重量、物流单元内贸易项目的重量。

对于由不同类食品贸易单元组成的物流单元，其基本追溯信息是物流单元编码。扩展追溯信息有物流单元包装日期、物流单元重量。

食品装运单元基本追溯信息包括装运代码、装运单元内物流单元编码。

（五）确定标识和载体

对追溯单元及其必需信息的编码，建议优先采用国际或国内通用的或与其兼容的编码，如采用通用的国际物品编码体系对追溯单元进行唯一标识，并将标识代码与其相关信息的记录一一对应。

食品追溯信息编码的对象包括食品链的组织、食品追溯单元及位置。食品链的组织为食品追溯单元提供者和食品追溯单元接收者；食品追溯单元即食品追溯对象；位置是指与追溯相关的地理位置，如食品追溯单元交货地。

根据技术条件、追溯单元特性和实施成本等因素选择标识载体。追溯单元提供方与接收方之间应至少交换和记录各自系统内追溯单元的一个共用的标识，以确保食品追溯时的信息交换通畅。载体可以是纸质文件、条码或 RFID 标签等。标识载体应保留在同一种追溯单元或其包装上的合适位置，直到其被消费或销毁为止。若标识载体无法直接附在追溯单元或其包装上，则至少应持有可以证明其标识信息的随附文件。应保证标识载体不对产品造成污染。食品追溯参与方及其位置信息的编码数据结构见表8-4。

表8-4　食品追溯参与方及其位置信息的编码数据结构

参与方	位置信息的编码数据结构			
	AI（标识代码）	GLN（参与方位置编码）		
追溯单元提供者	412	厂商识别代码 → N_1、N_2、N_3、N_4、N_5、N_6、N_7	← 位置参考代码 N_8、N_9、N_{10}、N_{11}、N_{12}	校验码 N_{13}

注：1. N 为数字字符。

　　2. 厂商识别代码为 7 ~ 9 位数字，表中仅列出 7 位。由中国物品编码中心统一分配。

　　3. 位置参考代码由食品供应链参与方自行分配。

　　4. 自动生成校验码。

（六）确定记录信息和管理数据的要求

组织应规定数据格式，确保数据与标识的对应。在考虑技术条件、追溯单元特性和实施成本的前提下，确定记录信息的方式和频率，且保证记录信息清晰准确，易于识别和检索。数据的保存和管理，包括但不限于：规定数据的管理人员及其职责；规定数据的保存方式和期限；规定标识之间的关联方式；规定数据传递的方式；规定数据的检索规则；规定数据的安全保障措施。

（七）明确追溯执行流程

当有追溯需求时，应按如下顺序和途径进行。

（1）发起追溯请求。任何组织均可发起追溯请求。提出追溯请求的追溯参与方应至少将追溯单元标识（或其某些属性信息）、追溯参与方标识（或其某些属性信息）、位置标识（或其某些属性信息）、日期/时间/时段、流程或事件标识（或其某些属性信息）之一通知追溯数据提供方，以获得所需信息。

（2）响应。当追溯发起时，涉及的组织应将追溯单元和组织信息提交给相关的组织，以实现追溯的顺利进行。追溯按食品链逐个环节进行，与追溯请求方有直接联系的上、下游组织响应追溯请求，查找追溯信息。若想实现既定的追溯目标，追溯响应方应将查找结果反馈给追溯请求方，并向上、下游组织发出通知，否则应继续向其上、下游组织发起追溯请求，直至查出结果为止。

（3）采取措施。若发现安全或质量问题，组织应依据追溯界定的责任，在法律和商业要求的最短时间内采取适宜的行动。包括但不限于：快速召回或依照有关规定进行妥善处置；纠正或改进可追溯体系。

二、食品追溯信息系统

食品追溯信息系统（Food Traceability Information System）是指运用信息技术，系统化地采集、加工、存储、交换食品企业内外部的追溯信息，从而实现食品供应链中各环节信息追溯的系统。追溯执行流程如图8-6所示。

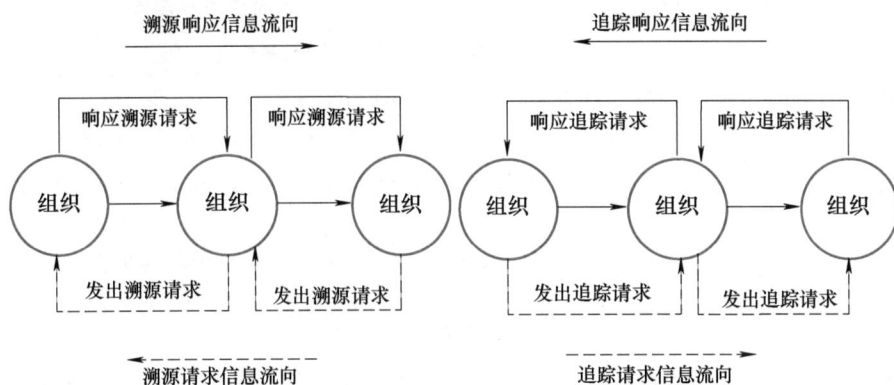

图 8-6　追溯执行流程

（一）食品追溯信息系统模块

食品追溯信息系统模块可分为生产环节追溯信息系统模块、物流环节追溯信息系统模块和销售环节追溯信息系统模块。

生产环节追溯信息系统模块包括场地管理模块、投入品管理模块、原料管理模块、制定生产流程模块、生产计划管理模块、生产执行模块、产品包装模块、产品存储模块、产品管理模块和员工管理模块。生产环节追溯信息系统模块的功能说明及相关追溯信息见表 8-5。

表 8-5　生产环节追溯信息系统模块的功能说明及相关追溯信息

模块名称	模块功能说明及相关追溯信息
场地管理	记录生产车间场地信息，包括产地位置码、环境信息、土壤水质信息
投入品管理	记录生产过程中使用或添加的物质信息，如种子、肥料、农药、兽药
原料管理	记录原料采购信息，包括供货商信息、产品用料分类（主料、辅料、包材）信息、原料信息（原料编码、包装单位）、原料入库信息
制定生产流程	制定和管理生产过程中的各个环节，确保每个环节按照标准流程执行，实时记录相关数据，并提供完整的追溯路径，确保产品质量和生产效率
生产计划管理	记录产品生产前的生产计划信息，包括生产的产品名称、商品条码、数量、班次、产品批号、用料和追溯码等信息
生产执行	记录产品的实际用料信息、削减原料库存信息
产品包装	记录包装材料、包装形式、包装负责人、日期、重量等信息
产品存储	记录成品入库信息，包括入库时间、商品条码、追溯码、库房信息等
产品管理	记录产品的相关信息，包括商品条码、规格型号、名称和对应的生产流程等信息
员工管理	记录生产阶段责任人员信息，包括员工信息管理、员工岗位管理、员工班次管理等信息

物流环节追溯信息系统模块包括车辆管理模块、物流管理模块、储存管理模块、分拣包装模块和员工管理模块。物流环节追溯信息系统模块的功能说明及相关追溯信息见表 8-6。

表8-6　物流环节追溯信息系统模块的功能说明及相关追溯信息

模块名称	模块功能说明及相关追溯信息
车辆管理	记录车辆信息，包括车型、车牌号、驾驶员信息
物流管理	记录产品物流过程信息，包括车辆、运输环境、包装箱及托盘编码、始发地和目的地等信息
储存管理	记录产品物流过程中的储存信息，包括包装箱或托盘编码、来源、入/出库时间和数量、库房环境等信息
分拣包装	记录托盘卸货过程的信息，包括托盘编码与卸载后追溯码的对应关系等信息
员工管理	记录物流阶段责任人员信息，包括员工个人岗位信息、员工班次管理等信息

销售环节追溯信息系统模块包括入库管理模块、储存管理模块、产品上架模块、产品销售模块和员工管理模块。销售环节追溯信息系统模块的功能说明及相关追溯信息见表8-7。

表8-7　销售环节追溯信息系统模块的功能说明及相关追溯信息

模块名称	模块功能说明及相关追溯信息
入库管理	记录产品在销售企业的入库信息，包括追溯码、商品条码、入库时间等信息
储存管理	记录产品在销售企业的储存信息，包括库房信息、库存量、产品名称等信息
产品上架	记录产品上架的信息，包括追溯码、货号、上架时间、产品名称等信息
产品销售	记录产品销售信息，包括日期、追溯码、产品名称等信息
员工管理	记录销售阶段责任人员信息，包括员工个人信息、员工岗位、员工班次、员工变更等信息

（二）食品追溯信息系统信息编码

食品追溯信息系统涉及的编码对象应尽量采用国家标准。一般来说，企业的食品追溯信息系统应预留与其他信息系统的接口，以实现追溯系统之间以及与食品追溯公共信息服务平台的对接。

（三）食品追溯信息系统的开发

考虑到食品可追溯性的要求，食品追溯信息系统应尽量满足：支持多样化信息采集方式，实现内部追溯和外部追溯；支持追溯数据的汇总、挖掘和交换；提供外部接口，实现追溯系统与其他系统的对接；可向政府部门或消费者提供产品追溯信息，支持信息查询；对问题产品给予预警、公示等。食品追溯信息系统的开发可分为如下几个阶段。

（1）准备阶段。在需求分析的基础上，提出建立食品追溯信息系统的计划，确定建立的目的、范围、要求以及预算等，包括：食品追溯信息系统建立的基本想法；食品追溯信息系统将发挥的作用；食品追溯信息系统期望达到的效果；食品追溯信息系统建立的规格或规模。由此分析需求，形成食品追溯信息系统基本建设方案。

（2）建立阶段。确定信息系统规格，包括：数据库的规格；输入/输出规格；信息交换的规格。确定食品追溯信息系统涉及的岗位和人员的相关信息，包括：清晰地界定各岗位职能及责任人，每个岗位涉及的信息关键点、信息收集的方式及要求以及收集信息的时段；人员的培训及管理。

（3）系统测试与发布阶段。试运行食品追溯信息系统，检验和评估其系统设计和建设情况；根据试运行的情况，修正和完善食品追溯信息系统；公布食品追溯信息系统及其使用手册；全面启用食品追溯信息系统。

（四）食品追溯信息系统的应用

系统本身或通过食品追溯公共信息服务平台实现追溯相关的查询，食品追溯信息系统应提供系统查询和公共查询功能。下面介绍基于追溯码的信息查询系统。

追溯码（Traceability Code）是在追溯系统中，对追溯单元进行标识的唯一编码。不同类型的产品可采用不同编码结构、编码类型和载体对追溯码进行标识。追溯码用条码表示时可使用 GS1-128 条码。追溯码的条码示意如图 8-7 所示。

追溯码: 01069012345××××21007060102

(01) 069012345×××× 2 (10) 07060102

图 8-7　追溯码的条码示意

追溯码在整个供应链中会经历从最初产生到最终失效的过程，称为追溯码的生命周期，由以下几个阶段构成。

（1）在生产环节产生追溯码。首先确定产品的贸易项目代码，然后确定追溯码中的其他信息，最终组合成产品追溯码。在生产过程中确定该产品原料信息，使产品追溯码与原料信息形成对应关系。

（2）在产品包装阶段打印商品条码和追溯码标签。产品装箱或装托盘时将产品的追溯码与包装箱/托盘编码关联，使产品追溯码与包装箱/托盘编码形成对应关系。

（3）在储存和物流过程中将包装箱/托盘编码与所在库房、车辆等物流信息关联，并形成对应关系。

（4）食品到达目的地分拆包装或卸载托盘时，将包装箱/托盘编码与产品的追溯码关联，使包装箱/托盘编码与产品追溯码形成对应关系。

（5）产品销售到最终客户时，应包含清晰的追溯码标签。

根据《中华人民共和国食品安全法》的规定，没有明确保质期的产品，保存期限不得少于两年。

在食品追溯信息系统中通过追溯码可以查询到产品的生产信息、产品运输信息以及销售信息等；通过员工姓名可以查询到员工参与的所有追溯环节；通过原料的批号可以查询到利用该原料生产出来的产品。食品追溯信息系统查询信息如图 8-8 所示。

若系统具备数据发布的能力，追溯参与方可将追溯环节数据上传至食品追溯公共信息服务平台。该平台的数据查询方式应方便、快捷、实时，支持利用互联网、短信、电话和超市终端等方式。食品追溯公共信息服务平台查询功能示意如图 8-9 所示。

追溯码: 01069012345×××× 21007060102

(01) 069012345×××× 2 (10) 07060102

种植 / 养殖信息		
生产信息	成品储存信息	销售信息
包装信息	产品运输信息	
员工信息		
生产厂商	物流中心	批发商/零售商

图 8-8　食品追溯信息系统查询信息

追溯码: 01069012345×××× 21007060102

(01) 069012345×××× 2 (10) 07060102

互联网	电话、短信	超市终端
查询工具		

食品追溯公共信息服务平台

供应商	生产厂商	物流中心	批发商/零售商
信息源			

图 8-9　食品追溯公共信息服务平台查询功能示意

延伸阅读 8-3

万纬物流数字化驱动高质量发展

万纬物流是万科集团旗下成员企业，冷库容积位列全国第一，2023 年获评"全国冷链仓储百强企业"。万纬冷链具备完善的全温层仓储网络和运输资源池，可为商超零售、连锁餐饮、快消、肉类、果蔬、乳制品、医药七大行业头部客户提供多温区仓运一体化供应链服务。万纬物流近年来在数字化建设方面的成效如下：

1. 物流科技应用

万纬物流自主研发的 OTWB 系统集成（OMS（订单管理系统）、TMS（运输管理系统）、WMS（仓储管理系统）、BMS（账单管理系统））是行业最佳实践业务模型，其专注于仓储及运输的实物现场管理与执行过程,覆盖从订单下达到仓储、运输及结算的全周期流程,提升了冷链运营服务的效率及精准度。它通过整合仓储环节、促进高效运营协同、规范现场作业流程、提高作业效率,为企业降低成本、增加效益提供了强有力的支持。

万纬供应链控制塔(Project-V)是一种集成供应链各个环节的智能化解决方案。万纬供应链控制塔根据需求,提供定制化数据采集、分析、预测和预警服务,实现对整个供应链的可视化、实时监控和控制,可以帮助企业更好地把握供应链的状况,及时发现问题并采取行动,提高供应链的可靠性、灵活性和效率。同时,万纬供应链控制塔也可以通过协同作业、资源优化和风险管理等功能,实现供应链各个环节的优化和协同,以最大化整个供应链的效能。

VX-Link 是万纬物流面向客户全新推出的数据交互平台,打破了信息壁垒,架起了客户与万纬之间的沟通桥梁,为客户提供了更多便捷的在线化服务,具有数据报表汇总、线上预约、一件查询等多样化功能。

冷链智慧园区平台利用 AIoT(人工智能物联网)技术在食品安全质量、能耗优化、运营优化、安防消防等方面实现全面数字化升级。运用物联网技术联通制冷系统及道口设备,建立理论能耗模型,深化能耗管理;重构上位机系统,简化制冷操作,优化控制策略,进一步节能降耗;通过为叉车加装物联网设备,从点检、碰撞、利用率、作业效率、电池、维保等方面自动采集叉车运行数据,提升管理水平,加强安全;运用物联网和 AI 技术将车辆在园区各环节流程数字化,自动采集车辆等待、停靠、作业等数据,实现智能调度,支撑精益运营管理。智慧安防包含 AI 监控平台、人车通行系统和巡查记录仪指挥调度系统,结合 IOC(智慧运营中心)空地一体作战,确保园区安全;智慧消防平台通过物联网技术接入各园区传统消防主机、电气火灾监控、消防水系统监控,全面保障园区消防安全。

2. 提供一体化供应链解决方案

万纬物流致力于为客户提供高效、敏捷、落地的数智化供应链解决方案。万纬物流与国内先进的人工智能决策技术服务商——杉数科技合资,从产能优化、生意布局、供应链网络规划、库存优化、统仓共配等供应链规划决策及执行角度陆续研发了河图(供应链规划)、Planivers(需求、库存及补货计划)、数弈(生产计划)、水滴(智慧仓储)、PonyPlus(路径优化)等多个产品。通过数字世界的算法复刻出现实生活中供应链各环节数据,串联生产、物流、销售全链路信息,统筹规划,建立灵活应对变化的韧性网络模型。同步利用万纬物流丰富的仓储运输资源和优质运营服务能力,实现优化方案真实落地,持续为客户创造真实价值。在复杂多变的市场环境下,通过供应链算法决策平台帮助企业以变应变,实现更精准的洞察、分析和优化,快速降低存货、物流及生产成本,帮企业搭建韧性的供应链网络,从容应对市场的不确定性。

[资料来源:中国物流与采购联合会冷链物流专业委员会,国家农产品现代物流工程技术研究中心,玉湖冷链(中国)有限公司,等.中国冷链物流发展报告(2023)[M].北京:中国财富出版社,2023.]

练习与思考

1. 名词解释

区块链　物联网

2. 简答题

（1）请阐述冷链物流信息管理的原则、内容和要求。

（2）请列举冷链物流温度监控规范。

（3）请阐释区块链的特征、分类和架构。

（4）请列举区块链技术的应用场景。

（5）请举例说明区块链技术在冷链物流中的应用。

（6）请阐述物联网技术在冷链物流中的应用。

（7）请阐述食品安全追溯体系设计的步骤。

本章参考文献

［1］谢如鹤，王国利．冷链物流概论［M］．北京：中国财富出版社，2022．

［2］全国物流信息管理技术标准化技术委员会．冷链物流信息管理要求：GB/T 36088—2018［S］．北京：中国标准出版社，2018．

［3］吕建军，侯云先．冷链物流［M］．北京：中国经济出版社，2018．

［4］国家市场监督管理总局，中国机械工业联合会．冷链温度记录仪：GB/T 35145—2017［S］．北京：中国标准出版社，2017．

［5］全国道路运输标准化技术委员会．行驶温度记录仪技术要求和检验方法：JT/T 1325—2020［S］．北京：人民交通出版社，2020．

［6］全国道路运输标准化技术委员会．冷链运输监控管理平台技术要求：JT/T 1443—2022［S］．北京：人民交通出版社，2022．

［7］唐晓彬，王亚男．从区块链特征看应用长短板［N］．北京日报，2019-12-02（14）．

［8］苏玉钊．基于区块链的智能分布式信息共享系统设计与实现［D］．北京：北京工业大学，2022．

［9］张培培．区块链技术的五大应用场景［N］．学习时报，2019-11-01（A3）．

［10］薛珂．物联网技术在冷链物流中的应用研究［J］．企业科技与发展，2018（2）：222-223．

［11］李洋，刘广海．冷链物流技术与装备［M］．北京：中国财富出版社，2020．

第九章

冷链物流支撑体系

📖》学习目标

本章知识、能力和素质目标要求如下：

- 能够认识到加强冷链物流统计监测的必要性。
- 能够应用冷链物流统计指标开展统计监测工作。
- 能够认识到冷链物流标准化建设的必要性。
- 能够正确认识我国冷链物流标准化现状及我国冷链物流标准存在的问题。
- 能够认识到我国参与国际冷链物流标准编制的必要性和迫切性。
- 能够深刻认识到开展冷链物流统计监测、标准编制等基础性、支撑性工作对我国冷链物流高质量发展的巨大意义，主动践行、参与其中，增强服务国家和行业的使命感与责任感。

第一节　冷链物流统计监测

一、加强冷链物流统计监测的必要性

一是底数不清，数据不准，影响政策。冷链物流行业涉及多个部门，即便有摸清行业底数的要求，但有关部门各自为政，难以取得良好的统计效果。"十三五"以来，有关部门阶段性开展全国冷链物流基础设施摸底调查，在实际工作中，由于工作量大、基层人员缺少冷链物流专业知识，部分数据经不起推敲，以此为基础制定的政府决策必然失准。此外，不同组织对全国冷库保有量的统计结果相差 2000 万 t 以上。地方政府面临"没有数据苦恼，数据失真更苦恼"的问题。

二是底数不清，概念不明，影响市场经营主体的判断。冷链物流行业政策支持力度不断加大，资本关注度高，市场上充斥着来源各异的数据、判断和争论，但到底孰真孰假、孰对孰错，尚没有明确的判断标准，也鲜见主管部门公布权威数据。这些纷繁芜杂的信息和概念影响了冷链物流产业投资者的判断，导致行业发展混乱，长期低质量运行。

三是底数不清，情况不明，影响行业监管和政策执行。各地虽加强了对冷链贸易企业的监管，但主要是亡羊补牢式的纠错，缺少防患于未然的手段。

冷链物流统计监测工作可以反映出一个国家或地区的冷链物流发展水平和产业结构调整

情况，同时也是国家宏观政策制定的重要依据之一。从微观角度而言，做好统计监测可以帮助企业更好地了解市场需求和消费者行为，从而优化产品和供应链管理，提高企业竞争力。

二、我国开展冷链物流统计监测的进展

《国家发展改革委办公厅 国家统计局办公室关于加强物流统计监测工作的通知》指出，加强冷链物流统计监测。"十四五"期间，在全国范围组织一次冷链物流行业调查，全面摸清行业底数。鼓励有条件的地区先行先试，在社会物流统计调查制度基础上，开展冷链物流统计试点。依托国家骨干冷链物流基地、产销冷链集配中心、龙头冷链物流企业、冷链物流平台企业等，加强行业日常运行监测和分析研判。组织开展冷链物流发展综合性指数研究编制工作。同时，国家邮政局出台《邮政快递企业冷链业务发展情况动态监测方案》，要求建立健全邮政快递企业依托现有网络开展冷链业务动态监测机制，摸清实际情况，不断提高监测工作的时效性、针对性、准确性，为分析研判行业冷链业务发展变化趋势，制定完善行业冷链发展政策提供真实准确的参考依据。此外，推荐性国家标准《冷链物流统计指标体系》（GB/T 45442—2025）于 2025 年 6 月实施。该标准规定冷链物流统计指标体系的基本原则、基本内容及核算方法，适用于各类冷链物流经济活动的统计和管理。目前江苏省参考《"十四五"冷链物流发展规划》，设计出全国首张冷链物流企业生产运营情况监测表。

三、冷链物流统计指标体系

《冷链物流统计指标体系》国家标准给出了冷链物流统计指标及二级统计指标的说明。标准贯穿冷链物流的全要素，分别从冷链物流企业和企业内部的冷链物流环节给出了统计指标。冷链物流企业统计指标从冷链物流资产、冷库、载具等要素给出了 8 个一级指标，54 个二级指标，108 个三级指标。企业冷链物流环节统计指标从冷库、载具、冷链货运量等要素给出了 5 个一级指标，19 个二级指标，43 个三级指标。

四、开展冷链物流统计监测工作的建议

为摸清行业底数，精准施策，促进冷链物流行业高质量发展，助力乡村振兴和消费升级，唐俊杰在文献《摸清行业底数 推动冷链物流高质量发展》中提出以下建议：

第一，加强部门协调，建立行业统计长效机制。冷链物流行业涉及部门多，专业性强，不同冷链产品的作业场景各不相同，建议由发展改革部门牵头，有关部门协同，社会组织参与，共同建立冷链物流行业基础设施和运营关键指标长效统计工作机制。各部门以政府购买服务的形式统计本行业数据，并汇总至牵头部门。

第二，科学研判，建立健全冷链物流行业统计指标体系。我国与欧美等地区的农产品生产流通模式、饮食习惯差别很大，并且我国东西部区域经济发展不平衡，不同地区的农业特点和居民消费习惯各不相同，为科学研判各地冷链物流基础设施需求，应结合我国国情，研究完善反映冷链物流重点领域、重点环节高质量发展的统计指标体系。

第三，合理分析，建立基础信息披露机制，为政府和从业人员提供决策依据。参照美国冷藏库统计制度，每两年对全国冷链物流基础设施进行一次摸底调查并向社会披露行业基础信息，一方面提高政府部门制定的行业政策的公信力，另一方面使行业从业者了解冷链物流市场权威数据，为其投资运营提供决策参考。

第二节　冷链物流标准化

一、冷链物流标准化概述

（一）物流标准化

1. 物流标准化的概念

物流标准化是指将物流作为一个大系统，制定并实施系统内部设施、机械设备、专用工具等的技术标准，制定并实施包装、装卸、运输、配送等各类作业标准、管理标准及物流信息标准，并形成全国及与国际接轨的标准体系，以推动物流业发展。

物流标准化包括以下三个方面的含义：

（1）从物流系统的整体出发，制定其各子系统的设施、设备、专用工具等的技术标准以及业务工作标准。

（2）研究各子系统技术标准和业务工作标准的配合性，按配合性要求，统一整个物流系统的标准。

（3）研究物流系统与其他相关系统的配合性，谋求物流大系统标准的统一。

以上三个方面分别从不同的物流层次上考虑实现物流标准化。要实现物流系统与其他相关系统的沟通和交流，在物流系统和其他系统之间建立通用的标准，首先要在物流系统内部建立物流系统自身的标准，而整个物流系统标准的建立又包括物流各个子系统的标准。因此，要实现最终的物流标准化，必然要先实现以上三个方面的标准化。

2. 物流标准化的特点

（1）物流标准化系统属于二次系统或称后标准化系统。这是由于物流及物流管理思想诞生较晚，组成物流大系统的各个分系统在没有归入物流系统之前，早已分别实现了本系统的标准化，并且经多年的应用和不断发展巩固已很难改变。在推行物流标准化时，必须以此为依据，个别情况下可将有关的旧标准化体系推翻，按物流系统提出的要求重建新的标准化系统，这就要求从适应及协调角度建立新的物流标准化系统，而不可能全部创新。

（2）物流标准化体现科学性、民主性和经济性。科学性、民主性和经济性是标准的"三性"，由于物流标准化的特殊性，只有非常突出地体现这三性，才能做好物流标准化。

科学性是指要体现现代科技成果，以科学实验为基础。在物流中，还要求与物流的现代化（包括现代技术及管理）相适应，要求能将现代科技成果转化为物流生产力。否则，尽管各种具体的硬件技术标准化水平颇高，十分先进，但如果不能与系统协调，单项技术再高也是无用的，甚至还起反作用。

民主性是指标准的制定要采用协商一致的办法，广泛考虑各种现实条件，广泛听取意见，使标准更权威，更易于贯彻执行。

经济性是标准化的主要目的之一，也是标准的生命力如何的决定因素。物流过程不像深加工那样引起产品的大幅增值，即使通过流通加工等方式，增值也是有限的。所以，物流费用多一分，就要影响一分效益。但是，物流过程又必须投入大量成本，如果不注重标准的经济性，片面强调反映现代科技水平，片面顺从物流习惯及现状，引起物流成本的增加，自然会使标准失去生命力。

（3）物流标准具有较强的国际性。改革开放以来的事实表明，对外贸易和交流对我国经济发展的作用越来越大，而所有的对外贸易又最终靠国际物流来完成。因此，我国的物流标准在运输工具、包装、装卸搬运工具、流通加工等方面都要与国际物流标准一致。积极采用国际物流标准，完善国内物流标准体系，提高运输效率，缩短交货期限，保证物流质量，有利于促进对外贸易、降低成本、增加外汇收入。

3. 物流标准化的意义

物流标准化是物流发展的基础。由于物流是一个复杂的系统工程，对待这样的大型系统，要保证系统的统一性、一致性和系统内部各环节的有机联系，需要许多方法和手段，而物流标准化是现代物流管理的重要手段之一。

（1）物流标准化是实现物流管理现代化的重要手段和必要条件。

（2）物流标准化是物流服务的质量保证，物流标准化可以规范物流企业活动。

（3）物流标准化是降低物流成本、提高物流效益的有效措施。

（4）物流标准化是我国物流企业进军国际物流市场的通行证，可以使国内物流与国际物流接轨。

（二）冷链物流标准化

1. 冷链物流标准化的概念

冷链物流标准化是指将冷链看作一个综合性的系统，制定系统内部设施设备、专用工具等的技术标准，把运输、仓储、加工等各类作业标准作为现代冷链的突出特征，并形成与国际接轨的标准化体系。

2. 冷链物流标准化的作用

冷链物流标准化的作用主要体现在以下几个方面：

（1）冷链物流标准化是实现物流管理现代化的重要手段和必要条件。从技术和管理的角度来看，要使整个冷链物流系统形成一个统一的有机整体，冷链物流标准化起着纽带性作用。只有对冷链物流系统的各个环节制定标准并严格贯彻执行，才能实现整个物流系统的高度协调统一，提高物流系统管理水平。

（2）冷链物流标准化是保证产品质量的重要措施。冷链物流活动的根本任务是将易腐产品保质保量并及时地送到客户以及消费者手上。冷链物流标准化应对运输、包装、装卸、搬运、仓储、配送等各个子系统都制定相应标准，形成冷链物流的质量保证体系。通过冷链物流标准的约束，能有效地规范各环节的操作规范，促进冷链物流的健康发展。

（3）冷链物流标准化是消除贸易壁垒、促进国际贸易发展的重要保障。在国际经济交往中，各国或地区标准不一，存在各种技术贸易壁垒，严重影响进出口贸易的发展。因此，要使国际贸易更快发展，必须在运载工具、包装、装卸、仓储、信息，甚至资金结算等方面采用国际标准，实现国际冷链物流标准统一化。例如，集装箱的尺寸规格只有与国际一致，与国外物流设施、设备、机具相配套，才能使运输、装卸、仓储等物流活动顺畅进行。

（4）冷链物流标准化是降低成本、提高冷链物流效益的有效措施。冷链物流的高度标准化可以加快物流过程中运输、装卸、搬运的速度，降低物流费用，减少中间损失，提高工作效率，因而可获得直接或间接的物流效益，也是保证易腐货物品质安全的需要。

二、我国冷链物流标准化现状

1. 标准数量情况

2021 年 11 月 26 日，国务院办公厅印发我国冷链物流领域首个五年规划——《"十四五"冷链物流发展规划》，并以专栏形式明确了我国冷链物流行业发展的 10 项重点任务，其中之一便是冷链物流标准体系建设工程，要求"完成冷链物流国家标准、行业标准、地方标准集中梳理工作，提出废止或制修订建议""形成全链条有机衔接的冷链物流标准体系"。

根据中国物流与采购联合会冷链物流专业委员会和全国物流标准化技术委员会冷链物流分技术委员会整理发布的《中国冷链物流标准目录手册》（2024 版）可知，截至 2024 年年底，我国已颁布的现行农副产品、食品冷链物流国家标准、行业标准共计 392 项，其中基础标准 28 项，设施设备标准 61 项，物流技术与管理标准 303 项。其中，基础标准按标准性质分为冷链术语、冷链分类与基本要求；设施设备标准按冷链物流作业环节细分为预冷加工设备、冷库设备、运输设备等标准；物流技术与管理标准根据服务对象划分为初级农产品（水果、蔬菜；肉、禽、蛋；水产品等）、加工食品（速冻食品；冰激凌；奶制品等）、特殊商品（药品、部分化工产品等）等。

2. 标准属性情况

我国冷链物流标准包括强制性标准和推荐性标准两类。强制性标准目前只有 20 余项，其中除 1 项行业标准《冷藏库建筑工程施工及验收规范》（SBJ 11—2000）外，其余均为国家标准，具体见表9-1。值得一提的是，除了上述 20 余项标准外，我国在 2011 年 12 月 30 日还发布过一项强制性国家标准——《冷库安全规程》（GB 28009—2011），但是根据国家标准公告 2017 年第 7 号和强制性标准整合精简工作结论，该标准已于 2017 年 3 月 23 日起转为推荐性标准，不再强制执行。2024 年 10 月，国务院有关部门建议，为深刻吸取近年来冷库特别重大火灾事故教训，要求抓紧修订冷库相关标准规范。国家标准化管理委员会 2024 年 12 月 31 日在国标委发〔2024〕60 号文中下达了《冷库安全规程》的修订任务。

表 9-1　我国食品冷链物流强制性标准一览表

序号	标准号	标准名称	分类	
1	GB 7718—2011	食品安全国家标准　预包装食品标签通则	基础标准	
2	GB 43284—2023	限制商品过度包装要求　生鲜食用农产品		
3	SBJ 11—2000	冷藏库建筑工程施工及验收规范	设施设备标准	冷库
4	GB 50072—2021	冷库设计标准		
5	GB 51440—2021	冷库施工及验收标准		
6	GB 1589—2016	汽车、挂车及汽车列车外廓尺寸、轴荷及质量限值		冷藏车
7	GB 29753—2023	道路运输　易腐食品与生物制品　冷藏车安全要求及试验方法		

（续）

序号	标准号	标准名称		分类
8	GB 14881—2013	食品安全国家标准	食品生产通用卫生规范	综合
9	GB 31605—2020	食品安全国家标准	食品冷链物流卫生规范	
10	GB 31621—2014	食品安全国家标准	食品经营过程卫生规范	
11	GB 31654—2021	食品安全国家标准	餐饮服务通用卫生规范	
12	GB 31646—2018	食品安全国家标准	速冻食品生产和经营卫生规范	速冻食品
13	GB 19295—2021	食品安全国家标准	速冻面米与调制食品	
14	GB 12693—2020	食品安全国家标准	乳制品良好生产规范	乳制品
15	GB 20941—2016	食品安全国家标准	水产制品生产卫生规范	水产品
16	GB 12694—2016	食品安全国家标准	畜禽屠宰加工卫生规范	肉制品
17	GB 20799—2016	食品安全国家标准	肉和肉制品经营卫生规范	
18	GB 31652—2021	食品安全国家标准	即食鲜切果蔬加工卫生规范	果蔬
19	GB 2759—2015	食品安全国家标准	冷冻饮品和制作料	冷冻饮品
20	GB 2749—2015	食品安全国家标准	蛋与蛋制品	蛋制品
21	GB 21710—2016	食品安全国家标准	蛋与蛋制品生产卫生规范	

（表中"物流技术与管理标准"为序号8~21的大分类，跨越全部行）

实际上，表9-1中所列强制性标准与冷链物流行业直接相关的只有少数几项，包括《冷藏库建筑工程施工及验收规范》（SBJ 11—2000）、《食品安全国家标准 食品冷链物流卫生规范》（GB 31605—2020）、《冷库设计标准》（GB 50072—2021）、《汽车、挂车及汽车列车外廓尺寸、轴荷及质量限值》（GB 1589—2016）、《道路运输 易腐食品与生物制品 冷藏车安全要求及试验方法》（GB 29753—2023）和《限制商品过度包装要求 生鲜食用农产品》（GB 43284—2023）等。可见，强制性标准的数量和内容尚需进一步扩充。冷链物流行业不仅是保障人民群众身体健康的民生工程，还是碳排放大户，因此，后续可以在冷链温湿度控制要求、冷库和冷藏车能耗限额要求等方面加强强制性标准的研制力度。

3. 标准归口部门

尽管我国早在2009年就批准成立了全国物流标准化技术委员会冷链物流分技术委员会（简称"冷标委"，代号SAC/TC269/SC5），负责我国冷链物流领域标准的制修订与推广工作。但是，目前我国的冷链物流标准仍然较为分散，各个政府部门和各个行业分割管理、自成体系，尚未形成统一性和协调性。目前我国冷链物流标准涉及的归口管理部门，除了标准化行政主管部门外，还有相关行业主管部门、行业协会、科研单位，以及分设在各部门的全国标准化技术委员会等。以国家标准为例，据统计，我国现行冷链物流国家标准的归口管理部门多达30余个，包括商务部、工业和信息化部、农业农村部、住房和城乡建设部、国家卫生健康委员会、中国商业联合会、中华全国供销合作总社、中国标准化研究院、各类全国标准化技术委员会等。

4. 国际标准制定

经济全球化是时代潮流。当今世界各个国家都很重视本国物流与国际物流的衔接，在本国各领域物流发展初期就力求使本国物流标准与国际物流标准化体系一致。因为如果不这么做，不但会加大国际交往的技术难度，更重要的是在本来就很高的关税及运费基础上又会增加因标准不统一所造成的效益损失和成本上升。概括来讲，国际物流标准有三个重要意义：国际物流标准化是企业进入国际市场、促进全球贸易的保障；国际物流标准化是降低物流成本、提高物流效益的有效措施；国际物流标准化是促进世界整体物流管理现代化的重要手段和必要条件。这些重要意义，也同样适用于国际冷链物流领域。

但是，我们在国际冷链物流标准化方面还有很长的路要走，要去"掰手腕"甚至争夺制高点。什么是国际标准化制高点？通俗地讲，就是主导和参与重要的国际标准制修订，强化国际标准认证，甚至是将标准与专利技术紧密结合甚至捆绑，以保证竞争优势。在这方面，美国的策略是"控制＋争夺"，核心内容就是要使国际标准能够反映美国技术和实力；欧盟的策略是"控制"，无论是 ISO、IEC 还是 ITU，欧洲都居于主导地位。在 ISO 的 160 多个成员方中，少数发达国家制定的国际标准占了标准总数的 95%。中国虽然是 ISO 六个常任理事国之一，制定的标准数量却仅占总数的 0.7%。这说明，发达国家在抢占标准制高点方面优势明显。长期以来，美国、日本等发达国家都把参与制定国际标准提升到战略竞争的高度，不断增加科技投入，产生更多专利、诞生更多标准，努力将本国的企业、行业、国家标准上升为国际标准。举个例子，欧盟 2002 年要求销往欧盟市场的打火机必须安装安全锁。而安全锁领域的主要专利早已属于外国公司，要达到这一标准，我国企业必须支付高昂的专利使用费，使得产品进入欧盟市场受到很大限制。再比如，在 2020 年发布的国际冷链标准《间接温控冷藏配送服务：具有中间转移的冷藏包裹陆上运输》（ISO 23412：2020），最早就是由 BSI（英国标准协会）发布、以日本最大的全球货运商雅玛多（Yamato Holdings）赞助的 PAS 1018 为基础的。而在一年之后，SCG 雅玛多就在泰国通过了该标准的认证，建立了其在国际市场的"护城河"。

中国的冷链物流企业迟早要"走出去"，参与到国际冷链物流市场的竞争中，而一旦在国际标准方面失了先机，就会十分被动，处处掣肘。只有遵循国际冷链标准，不断完善基于标准的认证和专利，才能玩转国际市场的游戏规则。好在当前时机不晚，在 2021 年正式成立的 ISO 的 TC315（冷链物流技术专家委员会）中，中国是 19 个参与成员之一，中国物流与采购联合会已成为国内技术对口单位，负责推动和支持我国冷链物流国际标准化活动。目前我国主导和参与编制了国际标准《冷链物流无接触配送要求》（ISO 31511：2024），《B2B 冷链物流服务–仓储和运输的要求及指南》（ISO 31512：2024）和《冷链物流中食品可追溯性的要求和指南》（ISO/CD TS 31514）等。

⏩ 知识拓展

国际标准的制定阶段

一般情况下，国际标准的制定周期为 2~3 年，一般分为六个阶段，部分阶段允许跳过。六个阶段分别是：

1. 预立项阶段

TC315 委员会（ISO 组织中第 315 个成立的技术委员会，全称是冷链物流技术委员会，英文是 Cold Chain Logistics Technical Committee，成立于 2021 年，秘书处设在日本工业标准调查会（Japanese Industrial Standards Committee，JISC），工作范围是冷链物流领域的国际标准化工作）参与方投票，多数赞成即可进入预备阶段。提案方制定最初的草案（PWI）。

2. 提案阶段

提案方提交立项申请表（Form 4）、草案（PWI）或大纲，并提名项目负责人。委员会参与方对 PWI 表决并提出修改意见，2/3 以上参与方赞同，且 5 个参与方同意派出专家，则准予立项；项目负责人根据建议修改 PWI，生成新工作项目提案（NP）。

3. 准备阶段

各参与方专家组成工作组；工作组成员对 NP 表决并提出修改意见；项目负责人根据修改意见修改 NP，生成工作草案（WD）。

4. 委员会阶段

参与方和观察方对 WD 表决并提出修改意见，2/3 以上参与方赞成，则通过；项目负责人根据修改意见修改 WD，生成委员会草案（CD）。

5. 询问阶段

参与方和观察方对 CD 表决并提出修改意见，2/3 以上参与方赞成，反对票小于总票1/4，则通过；项目负责人根据修改意见修改 CD，生成国际标准草案（DIS）。

6. 批准阶段

参与方和观察方对 DIS 表决，2/3 参与方赞成，反对票小于总票 1/4，则通过；项目负责人根据修改意见修改 DIS，生成最终国际标准草案（FDIS）；ISO 发布国际标准。

[资料来源：王晓晓，韩蕊. ISO/TC315 国际标准制定进展情况介绍与分析 [J]. 物流技术与应用，2023，28（7）：150-151.]

三、我国冷链物流标准存在的问题

1. 标准老化

在我国现行冷链物流标准中，实施 5 年以上的标准占比超过一半。很显然，伴随着我国冷链物流行业日新月异的发展，以及新业态、新技术、新模式的层出不穷，这些标龄过长的标准已不能有效发挥满足市场和创新需要的作用。尽管按照《中华人民共和国标准化法》的规定，标准的复审周期一般不超过 5 年。经过复审，对不适应经济社会发展需要和技术进步的应当及时修订或者废止。但实际上，包括冷链物流行业在内的很多行业，因标准数量庞大、涉及管理部门众多，以及尚未建立有效的标准实施信息反馈和评估机制等，大多数标准的生命周期始于立项，终于发布。标准发布后是否实施，实施情况和实施效果如何，鲜有人问津，本该在实施过程中为行业发展发光发热的标准在发布后销声匿迹。

2. 标准交叉

通过梳理我国冷链物流标准可以发现，很多标准仅从名称上就可以判定，其彼此间会存在着不同程度的交叉重复，甚至是矛盾。这类标准由于归口不同的行业主管部门，在制定过程中缺乏有效的沟通协调，导致标准的衔接性和兼容性不足，无形之中也为标准的推广和企业的执行造成了障碍。表 9-2 列举了存在这类问题的部分标准，其中果蔬类标准居多。以《李贮藏技术规程》（GB/T 26901—2020）和《李贮运技术规范》（NY/T 2380—2013）两项标准为例。二者在对李入库前预冷温度和冷库预冷时间的规定上存在矛盾：前者要求预冷温度为 0～3℃，预冷至果心温度达到 3℃，并提前 2 天将库温降至 0℃；后者则要求预冷温度为 0~5℃，预冷时间以包装容器内部达到储藏温度为宜，提前 1~2 天将库温降至预冷温度。此外，GB/T 26901—2020 规定的储藏温度是 0~1℃，运输温度是 0~4℃；而 NY/T 2380—2013 规定的储藏温度是 0~2℃，运输温度是 0~5℃。这些技术差异，难免让人产生疑问：指标的设定依据是什么？是否经过有效的实验论证？1℃ 和 1 天看似相差不大，但究竟会对李的储藏质量产生多大影响，以及会对企业造成多大的经济负担？企业到底应该按照哪项标准执行，主管部门又该按照哪项标准执行监管？这些疑问，不仅是起草单位在制定标准时需要考虑清楚的技术问题，更应是其责任之所在。

表 9-2 我国存在交叉问题的冷链物流标准一览表

序号	标准分类		标准号	标准名称
1	冷库		GB 51440—2021	冷库施工及验收标准
2			SBJ 11—2000	冷藏库建筑工程施工及验收规范
3	冷藏车		OC/T 449—2010	保温车、冷藏车技术条件及试验方法
4			SB/T 11092—2014	多温冷藏运输装备技术要求及测试方法
5	水产品		GB/T 26544—2011	水产品航空运输包装通用要求
6			MH 1007—1997	水产品航空运输包装标准
7	肉制品		GB/T 28640—2012	畜禽肉冷链运输管理技术规范
8			NY/T 2534—2013	生鲜畜禽肉冷链物流技术规范
9			SB/T 10730—2012	易腐食品冷藏链技术要求 畜禽肉
10			SB/T 10731—2012	易腐食品冷藏链操作规范 畜禽肉
11	果蔬	综合	CB/T 23244—2009	水果和蔬菜 气调贮藏技术规范
12			SB/T 10447—2007/ISO 6949：1988	水果和蔬菜 气调贮藏原则与技术
13			SB/T 10728—2012	易腐食品冷藏链技术要求 果蔬类
14			SB/T 10729—2012	易腐食品冷藏链操作规范 果蔬类
15		李	GB/T 26901—2020	李贮藏技术规程
16			NY/T 2380—2013	李贮运技术规程
17		桃	GB/T 26904—2020	桃贮藏技术规程
18			SB/T 10091—1992	桃冷藏技术
19		梨	CH/T 1152—2020	梨冷藏技术
20			NY/T 1198—2006	梨贮运技术规程
21		苹果	GB/T 8559—2008	苹果冷藏技术
22			NY/T 983—2015	苹果采收与贮运技术规范
23		猕猴桃	LY/T 1841—2009	猕猴桃贮藏技术规程
24			NY/T 1392—2015	猕猴桃采收与贮运技术规范
25		葡萄	GB/T 16862—2008	鲜食葡萄冷藏技术
26			NY/T 1199—2006	葡萄保鲜技术规范
27		荔枝	NY/T 1401—2007	荔枝冰温贮藏
28			NY/T 1530—2007	龙眼、荔枝产后贮运保鲜技术规程

（续）

序号	标准分类		标准号	标准名称
29	果蔬	马铃薯	GB/T 25872—2010	马铃薯 通风库贮藏指南
30			GB/T 25868—2010	早熟马铃薯 预冷和冷藏运输指南
31		洋葱	GB/T 25869—2010	洋葱 贮藏指南
32			GH/T 1190—2021	洋葱贮藏技术
33		生菜	CB/T 25871—2010	结球生菜 预冷和冷藏运输指南
34			GH/T 1191—2020	叶用莴苣（生菜）预冷与冷藏运输技术
35		胡萝卜	SB/T 10715—2012	胡萝卜贮藏指南
36			NY/T 717—2003	胡萝卜贮藏与运输
37		花椰菜	GB/T 20372—2006/ISO 949：1987	花椰菜 冷藏和冷藏运输指南
38			SB/T 10285—1997	花椰菜冷藏技术
39		双孢蘑菇	NY/T 1934—2010	双孢蘑菇、金针菇贮运技术规范
40			NY/T 2117—2012	双孢蘑菇 冷藏及冷链运输技术规范

3. 标准缺失

尽管目前我国已发布冷链物流标准 400 余项，但在部分领域仍然存在空白。比如，信息追溯等重点环节及数字化、绿色化等重点领域的标准还较为匮乏。

（1）信息化标准方面。我国冷链物流行业虽然已历经十余年的发展，但"断链"情况仍时有发生。这是因为我国尚未建立起全国统一的冷链物流信息平台，以及与之相配套的平台建设标准和数据元、数据格式、数据接口规范等信息化标准尚不健全，所以使得我国各冷链物流企业间及各区域性冷链物流平台间形成了"信息孤岛"，数据无法实现对接、交换和共享，难以形成高效率、互联互通的冷链物流服务网络，也难以实现全链条追踪溯源。

（2）数字化标准方面。随着 5G、大数据、云计算、区块链、人工智能等新一代信息技术加速突破应用，数字化建设已成为冷链物流行业的战略方向之一。这些技术在无接触配送、冷库作业、进口冷链食品外包装消杀等方面已然发挥了举足轻重的作用。目前，我国部分冷链物流企业已开始进行数字化转型实践，但数字化标准的制定却尚未与这些技术创新实现衔接，无法为企业提供数字化转型标准支撑。冷链物流行业要实现转型升级和可持续发展，亟须技术标准尽快发力，发挥其技术支撑和战略引领作用，助力食品冷链物流行业走得更高更远。

（3）绿色化标准方面。当前我国冷链物流领域绿色低碳标准偏少，无法满足产业发展需要。由于冷库和冷藏车属于高耗能设施设备，在储存、运输等环节的能耗水平较高，所以在当前的"双碳"背景下，冷链物流行业需尽快落实《"十四五"冷链物流发展规划》提出的"研究制定冷库、冷藏车等能效标准，完善绿色冷链物流技术装备认证及标识体系"，以及《国家发展改革委 市场监管总局关于进一步加强节能标准更新升级和应用实施的通知》（发改环资规〔2023〕269 号）中提出的"加快冷链物流领域节能标准制定修订，补齐重点领域节能标准短板"要求，结合实际情况，研究制定冷链物流各环节的能耗标准、碳排放标准及冷链物流包装的低碳设计标准等一系列冷链物流行业强制性标准，以降低冷链物流行业的温室气体排放。

4. 标准宣传贯彻有待加强

长期以来，我国冷链物流标准工作重制定、轻应用，将更多的精力投入标准制修订中，对标准宣传贯彻工作重视程度不够，宣传贯彻力度小、机制不灵活；又因冷链物流企业标准化意识淡薄、标准制定缺乏实践指导性，我国冷链物流经常出现"有标不依"的问题，标准发布后推广实施效果不明显，这与目前第三方机构协调推进机制、考核评价制度、激励机制、监督和问责机制等不完善有关。

5. 国际标准采标率低

随着经济全球化的发展，冷链物流面对的是全球化的市场环境，冷链物流标准化具有非常强的国际性，要求与国际物流标准化体系相一致。然而，由于缺乏全球化的思考，冷链物流标准在制定过程中较少考虑与国际标准的衔接问题。

四、冷链物流标准化体系

冷链物流标准化体系主要包括五大模块，即冷链物流基础标准、冷链物流技术与操作标准、冷链物流管理及质量控制标准、冷链物流设施设备标准和冷链物流设施设备能耗标准（见图9-1）。

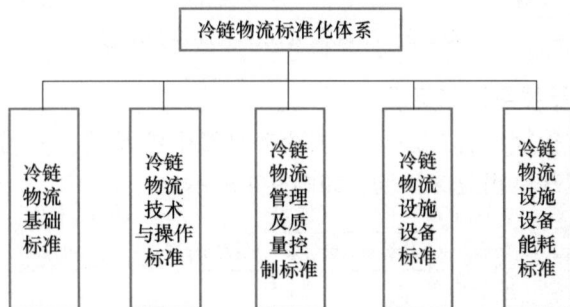

图 9-1　冷链物流标准化体系架构

1. 冷链物流基础标准

冷链物流基础标准主要包括术语、规范、图形与标志，如图9-2所示。

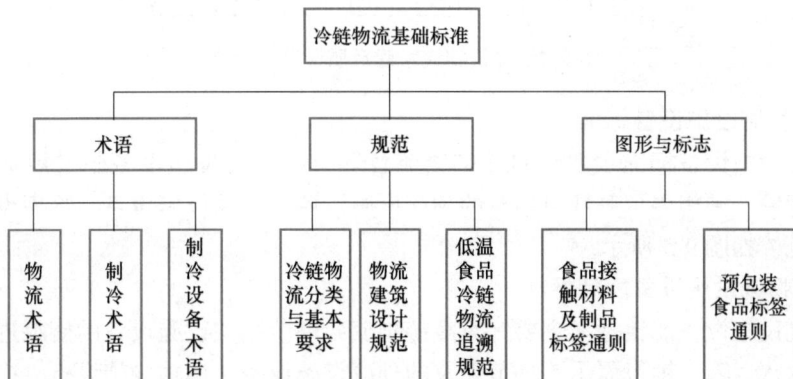

图 9-2　冷链物流基础标准

2. 冷链物流技术与操作标准

冷链物流技术与操作标准对冷链各环节、各种易腐货物冷链技术与操作加以规范，明确各种货物进出冷链的质量要求、在各环节的操作要求和相应的技术条件。具体如图9-3所示。

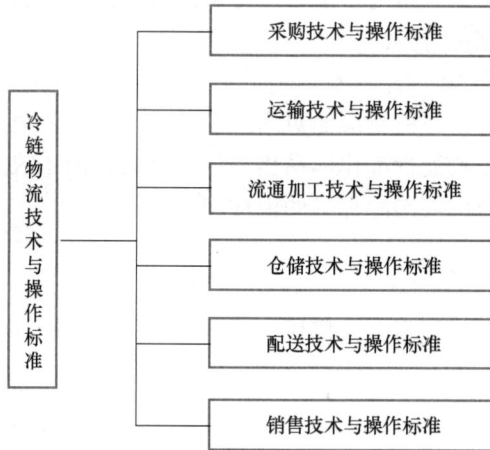

图9-3 冷链物流技术与操作标准

3. 冷链物流管理及质量控制标准

冷链物流管理及质量控制标准主要针对冷链物流中涉及的人、易腐货物、环境、作业等，从物流管理的角度制定相应的规范，如图9-4所示。

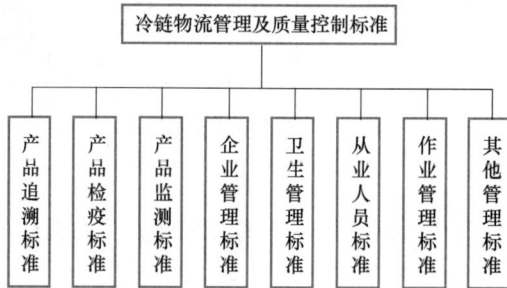

图9-4 冷链物流管理及质量控制标准

4. 冷链物流设施设备标准

冷链物流设施设备标准主要针对冷链物流各环节的相关设施设备制定规范，分别对加工、冷藏、运输、销售展示等环节涉及的预冷设施设备、运输设施设备、冷库设施等的技术要求进行规范，如图9-5所示。

5. 冷链物流设施设备能耗标准

冷链物流设施设备能耗标准主要针对冷链物流各环节相关设施设备的能耗进行规范，分别对加工、冷藏运输、销售展示等环节涉及的预冷设施设备、运输设施设备、冷库设施等的能耗指标进行规范，如图9-6所示。

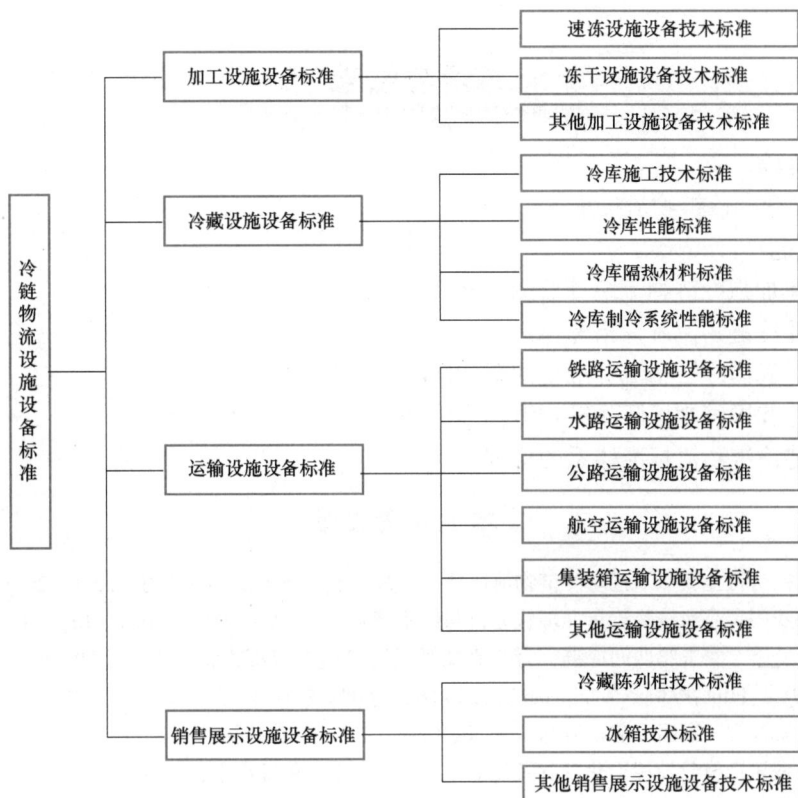

图 9-5　冷链物流设施设备标准

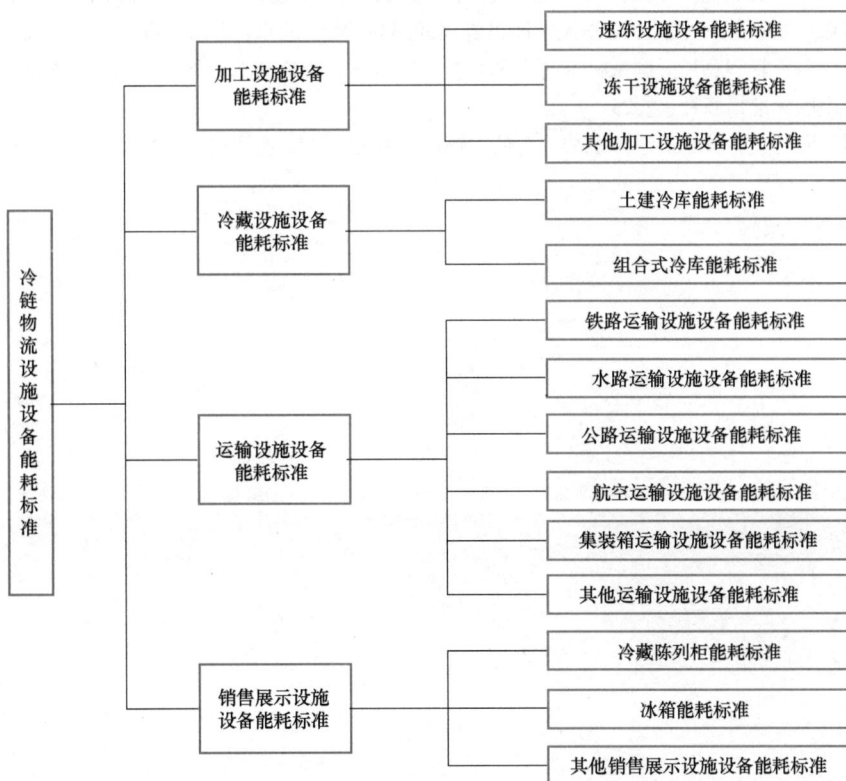

图 9-6　冷链物流设施设备能耗标准

练习与思考

1. 名词解释

物流标准化　冷链物流标准化

2. 简答题

（1）简述加强冷链物流统计监测的必要性。

（2）简述冷链物流统计指标体系。

（3）简述我国冷链物流标准化的现状与存在的问题。

（4）简述我国编制国际冷链物流标准的必要性。

（5）简述冷链物流标准体系的构成。

本章参考文献

［1］唐俊杰．摸清行业底数　推动冷链物流高质量发展［J］．物流技术与应用，2021，26（增刊1）：11.

［2］张金梅．我国食品冷链物流标准现状分析与体系优化［J］．标准科学，2023（12）：44-53.

［3］中物联冷链委．秦玉鸣四问冷链：为何要加强国际冷链物流标准话语权？［EB/OL］．（2023-03-17）［2024-8-21］．https://www.sohu.com/a/531407838_608787.

［4］蔡南珊，安久意．我国冷链物流标准化问题研究［J］．中国流通经济，2011，25（6）：40-43.

［5］安久意．我国冷链物流标准化现状及发展思路研究［J］．标准科学，2010（7）：9-13.

［6］李洋，刘广海．冷链物流技术与装备［M］．北京：中国财富出版社，2020.

［7］中国物流与采购联合会冷链物流专业委员会，国家农产品现代物流工程技术研究中心，玉湖冷链（中国）有限公司，等．中国冷链物流发展报告（2023）［M］．北京：中国财富出版社，2023.

［8］国家市场监督管理总局　国家标准化管理委员会．冷链物流统计指标体系：GB/T 45442—2025［S］．北京：中国标准出版社，2025.

［9］雅玛多控股株式会社．机遇与挑战并存的PAS1018标准［J］．现代物流，2020，110：44-46.